U0494703

The Armada
无敌舰队

[美]加勒特·马丁利 著 杨盛翔 译
Garrett Mattingly

民主与建设出版社

序　言

　　传统上，无敌舰队战败的故事也被视为一个国家遭逢危机又自我救赎的故事——经历了危机和救赎的是 16 世纪末叶的英格兰，它面对和挫败的对手是腓力二世的西班牙，一个势不可挡的强国，一个自封的罗马教会的捍卫者。在时人和后代的眼中，这座由童贞女王统御的小岛竟然击败了西班牙和天主教反宗教改革阵营的庞大势力，可谓天意使然的大事，对于英国和其他国家的新教徒而言，这场胜利也提供了有目共睹的凭据，证明了上帝绝不会抛弃他孤苦无依的子民。

　　胜利的喜讯传来后，一场举国同庆的感恩节与伊丽莎白一世登基 30 周年的纪念庆典一道被安排在了 1588 年 11 月，感恩节的日程包括为期一周的祷告仪式、布道宣讲和列队巡游，与此同时还伴有明亮的篝火和四处回响的教堂钟声。这是一场为天降救赎举办的庆祝典礼，为了共同纪念这起伟大事件，英格兰和起义的荷兰诸省还打造了许多纪念章，其中的一枚刻画了无敌舰队被"新教之风"吹散的景象，还烙有"上帝吐纳风雨，他们因之溃散"的字样。这场突然笼罩西班牙无敌舰队的劫难极大地巩固了 16 世纪晚期正在英格兰呼之欲出的一种国家自我想象，在这种想象中，这是一座蒙神祝福的岛屿，一处崇奉新教的自由乐土。

　　17 年后，在伊丽莎白的继承者詹姆斯一世即位之初，又有一幕显然彰显了天降救赎的好戏再次确认了这种想象。1605 年 11 月 5 日，盖伊·福克斯（Guy Fawkes）的火药阴谋被破获。11 月恰恰是伊丽莎白登基的月份，这位女王留在人们记忆中的光辉在当时与日俱增，此时披露罗马天主教会的惊天密谋刚好提供了新的凭据，证明上帝一直在照看他的这片国度。随着教皇和敌基督的势力又一次遭到挫败，一项年度庆典自 1605 年开始设立,旨在每年提醒英格兰的男女牢记这两次都称得上无与伦比的天恩,为此他们有必要永远忠于信仰的事业。

最后,好像是为了再三强调上帝将非凡的祝福赐予了这个国度似的,奥兰治的威廉——在另一阵"新教之风"的助力下——于1688年11月5日在托尔湾登陆,他将要履行身为光荣革命捍卫者的使命,而这场革命最后确保了新教和自由的决定性胜利。在一个团结的英国威严地迈步向前的进程中,它其实是怀着骄傲的自信依次超越了西班牙和法兰西两大帝国,直到在这世上远迈群伦,它坚信自己是一个尤其得到垂青的国家,它的宗教、自由无不安如磐石,它的舰队也好似有铜墙铁壁。不过等到1888年,当击败无敌舰队的第三个百年纪念日在各地分散的庆典中度过时,典礼本身已经无甚必要了。大不列颠已经统治了海洋。无敌舰队的故事早已被重述了无数次,19世纪的一批杰出史家,如J. A. 弗劳德[1]、J. K. 劳顿[2]、朱利安·科贝特[3]等人,在重述时还补充了新的文献证据,而今这个故事早已深刻地烙印在国家记忆之中。

饶是如此,到了维多利亚时代[4]晚期,世界又迅疾地发生了巨变,这将激烈地改变英国及其世界帝国的前景。1940年的情景一如1588年,这个国家的生存再度命悬一线,某个奉行侵略的强国正咄咄逼人地跨越欧洲大陆,迫使一个又一个国家在其显然不可阻挡的侵略势头之下屈服。两起事件相隔几个世纪,却又如出一辙,此间的张力让一位年届不惑、曾经在哈佛大学接受学术训练的美国史学家加勒特·马丁利心绪难平,很快,当他的祖国加入战争并与英国并肩作战时,他也即将前往美国海军服

---

[1] 詹姆斯·安东尼·弗劳德(James Anthony Froude, 1818—1894),英国历史学家、小说家、传记作家、杂志编辑,著有十二卷本《英格兰史:自沃尔西覆灭到无敌舰队战败》(*History of England from the Fall of Wolsey to the Defeat of the Spanish Armada*)。——本书脚注皆为译者所加,下文不再指出。
[2] 约翰·诺克斯·劳顿(John Knox Laughton, 1830—1915),生前曾任伦敦大学国王学院现代史教授,他可能是第一个主张将海军史划为独立研究领域的史家。
[3] 朱利安·科贝特(Julian Corbett, 1854—1922),海军史家,他的研究曾经为同时代英国皇家海军的改革提供帮助,代表作《海上战略的若干原则》(*Some Principles of Maritime Strategy*)至今仍是军事领域的经典作品。
[4] 即维多利亚女王在位时期(1837—1901)。

役。"写一本有关西班牙无敌舰队战败的书,"他的序言如此开篇,"一定早就有人动过这个念头,而我第一次产生这样的想法,是在1940年6月,那时全世界的目光又一次转向了英格兰的海岸及周边海域。"19年后,即马丁利逝世前的第三年,《西班牙无敌舰队的战败》(The Defeat of the Spanish Armada)——在美国发行的版本简称《无敌舰队》(The Armada)——将会付梓,批评界和大众读者的好评随即如潮涌至。"这部书,"英国历史学家J. H. 普拉姆[1]写道,"无可挑剔,是一部大多数史家都会不惜耗费半生心血以求完成的杰作。"

自从1959年出版以来,马丁利的《无敌舰队》不仅旋即跻身畅销书之列,而且一版再版,当读者们渴望寻找关于1588年划时代事件的叙述类作品时,这部著作依然是最常出现在推荐书单上的第一选择。我们该如何解释本书在数十年中经久不息的畅销和长销呢?马丁利是一位深具职业素养的历史学家,他的研究专长本来是一个相对深奥晦涩的题目——"16世纪的欧洲外交和国际关系",在这个领域他将发表另一部经典作品——《文艺复兴时期的外交》(Renaissance Diplomacy, 1955)。马丁利的研究使他对相关时段史料——无论出版与否——的掌握浩诣非凡,他曾投入大量时间和精力,准备编纂一部纵贯16世纪上半叶英西关系史的多卷本史料集。不过在一丝不苟的学究式研究之外,他还是一位胸中燃炽着雄心的历史学家,他想要写作能够吸引和感染公众的作品,而在平常的学术机构中,这样的作品罕如凤毛麟角,与此同时,他还要以完美无瑕的学术成就作为支撑是书的立论之基。他在1942年第一次得偿夙愿,一部成功的传记《阿拉贡的凯瑟琳》(Catherine of Aragon)在该年问世。他还将再次如愿以偿,而这一次,出现在他笔下的无敌舰队甚至博得了更加轰动的反响。

只需读一读《无敌舰队》开篇的第1章,看看有关1587年2月18日苏格兰的玛丽女王在福瑟林格受刑伏诛的生动描写,我们就能体会到马丁

---

[1] 约翰·哈罗德·普拉姆(John Harold Plumb, 1911—2001),英国历史学家,生前曾任剑桥大学现代英国史教授,曾在1960年赴马丁利所在的哥伦比亚大学任客座教授,他兴趣广泛,研究领域涉及社会史、艺术史等多个领域,作品雅俗共赏,在英国史学界门生众多。

利是一位何其擅长讲述故事的大师。他在摹画细节、呈现戏剧效应等方面委实别具只眼,而类似的神来之笔还会在书中层出叠现,对1588年巴黎街垒日战斗的描写可谓才华横溢,对同年8月英、西舰队的海上持久战的描绘也令人过目难忘,后者还展现出了马丁利对海军事务细节的精通。他在勾勒人物性格上同样才气过人,例如文中对行将老去的腓力二世的刻画,身在埃斯科里亚尔修道院的腓力操劳国事,"双眼布满血丝,筋骨疼痛,手指僵直",他宵旰忧劳,"将重任加诸己身,做起了西班牙帝国的头号职员"。在马丁利的书中,16世纪的欧洲在我们眼前栩栩如生。值得一提的是,这样的妙笔也出现在了另一位史家费尔南·布罗代尔[1]的作品中,两人同处一个时代,虽然彼此间风格路数迥然,但布罗代尔那部在《无敌舰队》面世十年前首次出版的《腓力二世时代的地中海和地中海世界》也以僻处埃斯科里亚尔修道院的这位孤独君王为主人公,为我们留下了一幅难以忘怀的肖像画。马丁利作品中的细节描写、人物性格刻画,谋篇布局上的布景与闪回,并没有阻遏和毁坏故事的内在动力与连贯性。他有一个伟大的故事要讲给世人,他以明晰、凝练、深邃的笔触,出色地完成了叙述。

因此,仅就对于这一段著名历史插曲的勾画和再创作而言,马丁利的《无敌舰队》不仅在当时,而且至今仍然无与伦比。但是在另一方面,和布罗代尔的《腓力二世时代的地中海和地中海世界》不同,该书在历史学意义上的新颖程度还可以再作商榷。《无敌舰队》展现了令人钦佩的清澈文笔,就无敌舰队一役做出了专家式的权威论述,却似乎并没有为既有的故事框架带来实质性的改变。对此或许只有一点例外,这便是马丁利就梅迪纳·西多尼亚公爵的历史评判所做的翻案,1588年以后的几个世纪里,梅迪纳·西多尼亚在指挥无敌舰队期间的表现只为自己招来了无穷无尽的蔑视和非难。马丁利是一位决心要为过去的历史人物讨回公正的史家,而历史上与公正无缘的失败者至少与胜利者一样为数众多。在马丁利充满同情的描述下,梅迪纳·西多尼亚是一位按良心办事而且富有才干的统帅,

---

[1] 费尔南·布罗代尔(Fernand Braudel, 1902—1985)是20世纪享有盛誉的法国历史学家、法兰西学院院士、年鉴学派第二代学者中的翘楚和集大成者,其在史观、视野和研究方法上的诸多创见已为当今史学界广泛借鉴。

马丁利讲述了公爵一路上遭逢的可怕难题，描画了他在主公下达的时常前后违忤的命令中左支右绌，欲兼得而不可为的挣扎状态，日后彼得·皮尔森（Peter Pierson）曾就公爵及其作战生涯开展过一项资料翔实的研究，马丁利为梅迪纳·西多尼亚所做的辩护在皮尔森出版于1989年的《无敌舰队的指挥官》（Commander of the Armada）一书中得到了有力的印证。

然而，作为增进历史性理解方面的一项贡献，本书的真正力量还不在于此。马丁利最突出的成就表现在他没有仅仅把无敌舰队的故事局限于英国，或者英西双边关系的历史剧本中，而是将此事置于全欧洲这场大戏之下，这场历史剧不仅涉及伦敦和马德里，巴黎、布鲁塞尔和罗马也都深深地卷入了戏剧冲突。在这里，身为精研外交的历史学家，作者回到了自己的本行。在此前没有任何历史学家曾经获得过彻底成功的地方，马丁利成功了，他揭示了一张覆盖欧洲大陆的盘根错节的多边关系网——譬如，发生在法国，以吉斯公爵夺取巴黎为最高峰的一系列事态发展，原来与腓力的无敌舰队终能扬帆起航彼此息息相关。凭着高超的技艺，他在编织一个复杂故事的千丝万缕时做到了条分缕析，将英格兰的事业放在了更为寥廓的欧洲语境下予以论述，无敌舰队一役也被纳入新教势力与天主教反宗教改革阵营相互对抗的宏大叙事之中，变成了这场囊括寰宇的全面战争中的转折时刻。从另一重角度来看，这场战役甚至成了后来在1940年春夏之际臻于顶峰的另一场全面战争的预演。

不可避免地，本书对1588年诸多史事的解读在收获教益的同时，也存在某些疏漏之处。在回首这段历史时，很明显马丁利将视线更多地锁定在欧洲的场景上，从而牺牲了故事中大西洋的历史维度。整个故事或许更适宜从德雷克完成于1577年至1580年的环球航行开始起笔，是这次周游而非苏格兰的玛丽女王在1587年的死刑处决，让利益遍及世界的西班牙帝国感到了真切的威胁。同样，对1587年至1588年的全神贯注还制约了故事另一端的叙述视野，这个故事无论如何不应该以1588年无敌舰队的战败和溃散而告终。新的入侵舰队将会在16世纪90年代再度向不列颠群岛进发，未来十年里，西班牙权势的骇人程度在同时代人的眼中似乎并不逊色于从前。

当然，1588年这一战确实导致了一些重要的后果。征服英格兰的宏图大计在该年落空，对西班牙人和英国人的集体意识产生了持久的影响。就西班牙而言，这暗示着因为自己的罪过，上帝已经转而与他的选民彼此敌对。这种意识连同此后接连不断的挫折和战败，为西班牙的国民心理蒙上了一层挥之不去的失利阴影，直至20世纪的最后数十年才得以云开雾散。另一方面，对英格兰来说，这场大捷则宛如一针强心剂，在全体国民的心中奠定了胜利的意识，这种集体意识不仅在汉诺威[1]和维多利亚时代结出了辉煌的硕果，还让英国人在面临德国1940年发起的猛攻时，能够举国上下坚定一心，勇于成为这场泰坦之战[2]中活下来的那一个。

时间又到了1988年，庆祝击败无敌舰队的第四个百年纪念日来临，当一场令人印象深刻的庆典展览在格林威治的海军博物馆（Naval Museum）拉开帷幕时，看上去无敌舰队的故事终于耗尽了它对国民情感的所有号召力。就像马丁利本人首先期冀的那样，当年涉事的各方都已各领褒贬，得其所哉。伴随英国的国民心理自20世纪中叶以来的变迁，多数时候，无敌舰队一役已然难以在集体意识中唤起共鸣，故事的遗音余韵正随尘埃落定。结果便是，无敌舰队的战败作为一起遥远的历史事件，到今天不过意味着按时重放的富有戏剧性的文献纪录片而已。而马丁利早已通过卓越的叙事技巧将英格兰当年的伟业雕琢成一部好戏，在全欧洲的舞台前方上演，其实他才是这条路的先行者和奠基人。虽则如此，1940年那场黑暗和光明的伟大角逐尚且距今未远，现实的呼应更为马丁利戏剧化的历史重塑灌注了动人心扉的力量，仍将继续感染读者与之同行，并确保他对于1588年这段往事异彩纷呈的召唤能够不断吸引新的读者展卷共赏。

J. H. 埃利奥特[3]

---

[1] 英国汉诺威王朝（1714—1901），因王朝首位国王乔治一世本为德国汉诺威选帝侯而得名。
[2] 亦称诸神之战，指古希腊神话中俄特律斯山上以克洛诺斯为首的十二位泰坦神与下一代奥林波斯山上以宙斯为首的十二主神之间的十年鏖战。
[3] 约翰·赫克斯特布尔·埃利奥特（John Huxtable Elliott, 1930— ），当代英国历史学家，牛津大学钦定讲座教授，在伊比利亚半岛现代史的研究上建树颇丰，著有《旧世界与新世界：1492—1650》（*The Old World and the New, 1492—1650*）、《大西洋世界的帝国：英国和西班牙在美洲，1492—1830》（*Empires of the Atlantic World: Britain and Spain in America, 1492–1830*）等。

前　言

写一本有关西班牙无敌舰队战败的书，一定早就有人动过这个念头，而我第一次产生这样的想法，是在1940年6月，那时全世界的目光又一次转向了英格兰的海岸及周边海域。[1] 如果说这个想法有令我痴迷的地方，那是因为虽然已有不少人就这个题目著书立说，可是把那场海战置于更广阔的全欧洲语境中予以重述，看起来仍然饶有趣味，这种视角曾一度受到青睐，不过自从1914年以前的和平年代开始，战役和语境之间的纽带便在人们的视野中逐渐瓦解了。在马汉[2]和一系列帝国理论家的塑造下，1588年的那场战役在人们心中似乎变成了一场制海权之争、一场意在争夺通往亚洲和美洲的新航路的现实较量。从这些观点来看，为经济利益而战既正当又理所当然，为彼此冲突的思想体系而战，为维护信仰的相对正确而流血，则显得荒诞不经和骇人听闻。

然而1588年的人们会对此持有异议。对他们而言，英国和西班牙的舰队在英吉利海峡上的碰撞是一场末日决战的开端，决战双方分别代表光明与黑暗，即将迎来最终的殊死搏斗。身处哪个阵营取决于你的立场，整个欧洲大陆已经被清晰的鸿沟一分为二，虽然多数国家名义上未曾参战，可是真正意义上的中立国并不存在。欧罗巴大陆的每一寸土地都在屏息谛视海峡中的战斗，因为人们能够真切地感受到，战争的结果不仅将要决定英格兰和苏格兰、法兰西与尼德兰的命运，还将决定基督教世界未来将何

---

[1] 随着法国于1940年6月沦陷，纳粹德国基本占领了欧洲大陆本土，希特勒的下一个目标将是入侵英国。
[2] 马汉（A. T. Mahan, 1840—1914），美国军事理论家、历史学家，生前曾任海军学院院长，强调"制海权"，其《海权对历史的影响》《海军战略》等著作曾引起较大的时代反响。

去何从。意识形态之战从来都是具有革命意义的战争，它们不费吹灰之力就能逾越国境，而且在参战人群的想象中，至少就他们的意愿来看，这将会是毫无保留的全面战争。站在1940年的历史关口，当然要比以往的某个时刻，例如1890年，更容易理解这一点。

西班牙进攻英格兰是大陆军事强国企图建立欧洲霸权的首次尝试，在现代历史上，这个模式还将一次次地反复重现。早在1940年，我就曾构思过一本小书，它将以标准化的叙述为基础，主要致力于提出多方面的问题，这些问题都是基于，或者说让人觉得都是基于西班牙成功入侵英格兰所引发的。不过，在我的设想尚未取得深入进展的时候，它就不得不因为其他事情的干扰而暂告中止了。在得以回归该计划前，我收获了些许新知——诚然，这不过是些浮光掠影的认识，但委实要比一位久坐书斋的中年历史学家所能期待的丰富得多——其中的一些涉及海战和两栖联合作战，另一些则与无敌舰队当年驶过的水域有关。

等我终于有时间再次回到无敌舰队的命题时，完成这本书已不再是一项紧迫的任务，不过着手写作的想法仍在召唤着我，因为书中的战役不仅仅是西班牙和英格兰的海上决斗那么简单，它实则是现代历史上第一次重要国际危机的焦点所在。由于时间很充裕，我决定这一次从原始文献入手，注重蒐求档案资料和印刷品，对于即将提及的地点，我尽可能多地实地参观乃至故地重游，之所以这么做，既不是因为我坚信这套程序更加纯正，也不是为了得出什么惊人的新发现，原因其实很简单，这就是我喜欢的工作方式。除此之外，我从迈克尔·刘易斯[1]教授发表在《水手之镜》（*The Mariner's Mirror*）上的系列文章《无敌舰队的火炮》（"Armada Guns"，第XXVIII-XXIX卷，1942—1943）中获益良多，该文向我展示了，只要拥有崭新的视角和若干新鲜的材料，就依然能够在公众熟知的老生常谈中铺就另一条新颖而重要的阐释路径。还有吾友伯纳德·德沃托[2]的《决

---

[1] 迈克尔·刘易斯（Michael Lewis, 1890—1970），英国历史学家、海军史专家，同时是一位小说家，他曾长期在格林威治的英国皇家海军学院任教。
[2] 伯纳德·德沃托（Bernard DeVoto, 1897—1955），美国历史学家、作家，研究方向为美国西部史。20世纪20年代，马丁利与德沃托都曾在伊利诺伊州西北大学供职。

定之年》(*The Year of Decision*, 1943) 和《横渡宽广的密苏里河》(*Across the Wide Missouri*)[1]，刚脱下戎装不久，我便开始拜读这两部书的手稿；我渴望复原 16 世纪末那一帧帧彼此串联的历史画面，使之如德沃托笔下落基山西麓的历史那样跃然纸上，但我很好奇自己的成功能否达到老朋友的一半。

最后，我终究没能发现什么前所未闻的惊人阐释，不过对未出版材料的钩沉和对已出版文献的再度检视，倒是令我得出了些许宛似零珠碎玉的新证据，它们削弱了一些既有观点，又使另一些得到夯实。还是拜这段艰辛的基础工作所赐，时不时地，我确乎听到了袅袅如诉的音符，看到了触手可及的映像，它们赋予这一段人尽皆知的故事以新的活力。故而，虽然这里的文字大抵与当下通行的学术观点并无二致，我仍奢望它能充分展现出论述重点转移和史料细节增订上的努力，以证明这并不完全是一次旧调重弹。

既然本书的写作并非专供学界方家的探讨，而是服务于对历史感兴趣的任何读者，书中便没有附加脚注。但考虑到部分研究这段历史的学生兴许会在翻阅之余，对于文中的判断和立论的背景稍感好奇，我先在文末附上了一份总体说明，解释了本书主要依据的史料和已出版的著作，接着对每一章涉及的主要文献作了简要注解，任何与大众观点抵牾的新见解，其后都列有专门的论据介绍。

我的档案踏勘工作得到了资金支持，包括一笔富布莱特助研奖学金和两份来自约翰·西蒙·古根海姆基金会的津贴。我曾觍颜得到众多图书馆员、馆长、档案保管人的鼎力相助，他们来自英格兰、欧洲大陆本土或美利坚，此处恕不一一。对于我和我的学生，西曼卡斯综合档案馆（Archivo General de Simancas）的里卡多·马达莱诺博士（Dr. Ricardo Magdaleno）及工作人员帮助良多，本人铭谢在心，一刻不能淡忘，一并需要致谢的还有路易斯·B·赖特博士（Dr. Louis B. Wright）和华盛顿特区富尔杰莎士比亚图书馆（Folger Shakespeare Library）的其他工作人员，感谢你们的

---

[1] 拍摄于 1951 年的同名电影在我国旧译为《蛮山血战》或《横渡野疆》。

理解与合作。受益于海军中将 J. T. 菲尔斯特纳（J. T. Furstner）的热忱鼓励，以及荷兰海军史专家、莱顿大学教授 T. H. 米洛（T. H. Milo）的专业辅助，我在荷兰的短暂停留得到了远远超乎事先设想的收获。我的朋友艾达（Ida）和利奥·格肖伊（Leo Gershoy）阅读了大部分手稿，并给出了颇为有益的建议，爱德华·麦克（Edward Mack）仔细阅读了每一行内容，此前三十年，他正是这样不辞辛劳地几乎读遍了我的所有作品。查尔斯·H. 卡特（Charles H. Carter）先生同样巨细无遗地审阅了全部书稿，还帮我制作了索引。我要感谢美国海岸和土地测量局潮汐和洋流研究处提供的潮汐表，还有我的同事哥伦比亚大学天文系教授扬·施尔特（Jan Schilt）以及海顿天文馆的休·赖斯博士（Dr. Hugh Rice），后者为我解答了有关英吉利海峡上的暴雨和汐流等方面的疑问。在研究和写作的每一个阶段，我都理所当然地受益于妻子的全心参与，因而对笔者而言，正如往常一样，本书有几分属于我，就有几分属于她。

关于历法的说明

　　书中提及的所有日期，除非特别标注，否则概为新历，也就是说，书中依据的是每个人现今正在使用的格里高利历[1]，虽然它直至1582年才由教皇格里高利十三世公布，但到1587年已经被西欧大部分地区采用。当然，这些地区中不包括英格兰。在保守主义的坚定支配下，英国人抵触改革，在超过一个世纪的时间里，他们的春分继续安排在3月11日，而没有像海峡对岸那样移至3月21日。结果英国的历史学家一直声称英格兰、西班牙舰队的第一天交锋发生在1588年7月21日，与此同时，西班牙人却从来都将这一天记为同月的31日。

　　这使得任何在此落笔的史家，但凡兼涉英格兰和大陆事务，难免进退两难。一些史家以类似7月21/31日的书写形式规避上述难题，然而大多数人单是看到众多日期并存便已然心生排斥，更不要提这些日期还要装扮成纷争的派系了。为此，既然在随后的叙述中，发生在英格兰和大陆的各起事件之间的顺时性常常颇为重要，而在两种历法之间往来切换又实在易生混淆，在新旧两种历法之间做出抉择对我来说就是一种必要之举了。我选择使用新历，因为它更符合真实的季节走向，而在某些季节，十天已经足以造成光照程度的变化，并直接影响到人们对天气的预期。倘若有些读者对于以大陆历法体系记载英格兰的事务感到烦扰，只需减去十天，就可以恢复旧历的原貌。当然，每个礼拜的日子依然如故。周日仍旧是周日，无论在罗马还是伦敦。

---

[1] 1582年，罗马教廷主持了历法改革，由于此前通行千余年的儒略历已出现十天的误差，因此根据新的格里高利历，当年10月4日后的第二天将直接跳至10月15日，跨越十天。天主教国家很快采用了新历，但新教国家出于宗教对立情绪，一度对历法改革坚辞不受，如英国直到1752年的9月才改用新历，9月2日后的第二天为9月14日，跨越十一天（因误差比1582年又多了一天）。

关于船只及其火炮的说明

尽管在无敌舰队一役中，双方几乎使用了欧洲已知的每一种船只，涉及大量令人眼花缭乱的型号，以及更加让人目不暇给的名称，但在做出合理而简明的分类后，对之加以描述仍然是可能的。

盖伦帆船（galleon）是大西洋海域的标准战船。它们多半在船首至船尾之间设有双层甲板，将主战火炮安装在侧舷，并在前后船楼上搭载轻型速射火炮。虽然以日后的标准来看，它还是显得过于短粗、高耸，但比起同时代等量吨位的商船，当时盖伦帆船已然更加狭长、低平。

同样安排在前线的还有武装商船，它们为盖伦帆船提供了支持；那些重达300吨（英制）以上的武装商船能够携带长重炮（culverin）和半加农炮（demi-cannon），是一种常见的大型战船。其中，最可怕的英国大型战船要数利凡特公司（Levant Company）的武装商船，它们在建造时便以航行的速度和操作的便宜为鹄的，装配了足以驱散海盗的重型火炮，正因如此，它们有时竟会被来自伊比利亚半岛上的敌人误认为盖伦帆船。形制最大的地中海商船是卡拉克帆船（carrack），拥有巍峨的悬伸艏楼、艉楼和深深的货仓；其中一些设有三层甲板，那些被葡萄牙人用于东印度贸易的卡拉克帆船正是如此。波罗的海的霍尔克船乌尔卡船（urca）通常在大小和高度上赶不上卡拉克帆船。浑如黄油桶一般的外形使这种船只十分适宜航海和载货，但反过来也让它们比卡拉克帆船还要缓慢和笨拙。

小型船只被用于侦察勘测、派遣调度和近岸作业，英国人一般称其为"轻帆船"（pinnace），无论它们装备了怎样的船具。我用这个术语指代双方舰队中的同类船只。西班牙人会按照由大到小的顺序，进一步区分扎布拉船（zabra）、弗拉加塔船（fragata）、帕塔耶船（pataje）和帕塔科船（patch）。所有这些类型的船只都像英国的轻帆船一样，在水中模样低矮，但却比大型船只更加快速和易于操纵，而且需要时可以用桨驱动。除了独立服役的轻帆船，双方舰队还都将他们较大的舰载艇称作轻帆船。这些小艇或拖曳在船尾，或装载于甲板之上，既然它们并没有被单独分派船员，也就并未出现在船只的名册中。

其他种类的小型沿海船只，如霍伊平底船（hoy）和卡拉维尔帆船（caravel）、克鲁斯特帆船（crumster）与加里奥特桨帆船（galiot），有时也用于作战。他们常常采用贯穿首尾的纵帆装置；克鲁斯特帆船与加里奥特桨帆船经常被置于船尾曳行。

加莱桨帆船（galley）和加莱赛战船（galleass）都是纯粹的战舰；它们平时借助风帆巡航，但战时亦使用桨橹。加莱桨帆船身躯狭长，入水后船身颇矮，火力较轻。加莱赛战船之所以会诞生，源于人们想要将加莱桨帆船的航速和盖伦帆船的火力、适航性融为一体的尝试。这种尝试并没有完全成功，但它们确乎称得上是令人畏惧的战舰。与无敌舰队同行的那不勒斯加莱赛战船配备有50门火炮，其中一些是大口径长重炮，该船还载有300名士兵、水手和300名桨手。

16世纪的火炮甚至比船只还要纷繁复杂。无论是前膛装填、以摧毁船只为目标的重型主战火炮，还是后膛装填、着意于击杀人员的小型火炮，都可以分为三个主要类型：波特炮（pot gun）形状极其粗短，类似毕雷炮（perrier），是迫击炮（mortar）的前身，后者最初只是其中一些炮型的名字；加农炮（cannon）家族都是些厚实的中程火炮，当中的首要类型是半加农炮，它浑如蹲伏着的怪物，有9英尺长的炮管和6英寸宽的膛孔，可以直射32磅重的实心弹（round shot），射程约为500码，是18世纪臼炮（carronade）的始祖；最后是长重炮家族，它们是18世纪长程火炮（long gun）的先辈。

理论家们时常宣称，一门长重炮能够将18磅重的炮弹——半长重炮（demi-culverin）的炮弹重量减半——有效平射至700码外，随意发射的话（最大射程）则高达2英里左右。因此，船舶之间相隔"长重炮的射程"，意味着两船的间距约略小于2英里，距离达到"半长重炮的射程"意味着两船相隔大约 350 码。事实上，纵然这些火炮统称为长重炮、半长重炮，但由于每门炮在膛孔、炮口口径、重量和性能上大相径庭，又由于 16 世纪各地区在重量和尺寸上的五花八门达到了不可思议的程度，而多数兴之所至的作者对于精确性却漠不关心，最后的数据也就要一再进行校正。所以，一位弹道学专家也许会提到，某一门如此这般规格的长重炮将一枚 9 磅重的炮弹射至 2500 步外的位置，但何谓 1 步、1 磅，他其实并不具备精确的认识，对于笔下誊抄的外国人的陈述（理论家们全都仰仗相互传抄），他也不了解对方使用的数值是与自己一致抑或迥然不同。迈克尔·刘易斯教授便在做出总结后表示，我们所掌握的有关无敌舰队火炮的信息大体上只具有相对的准确性。

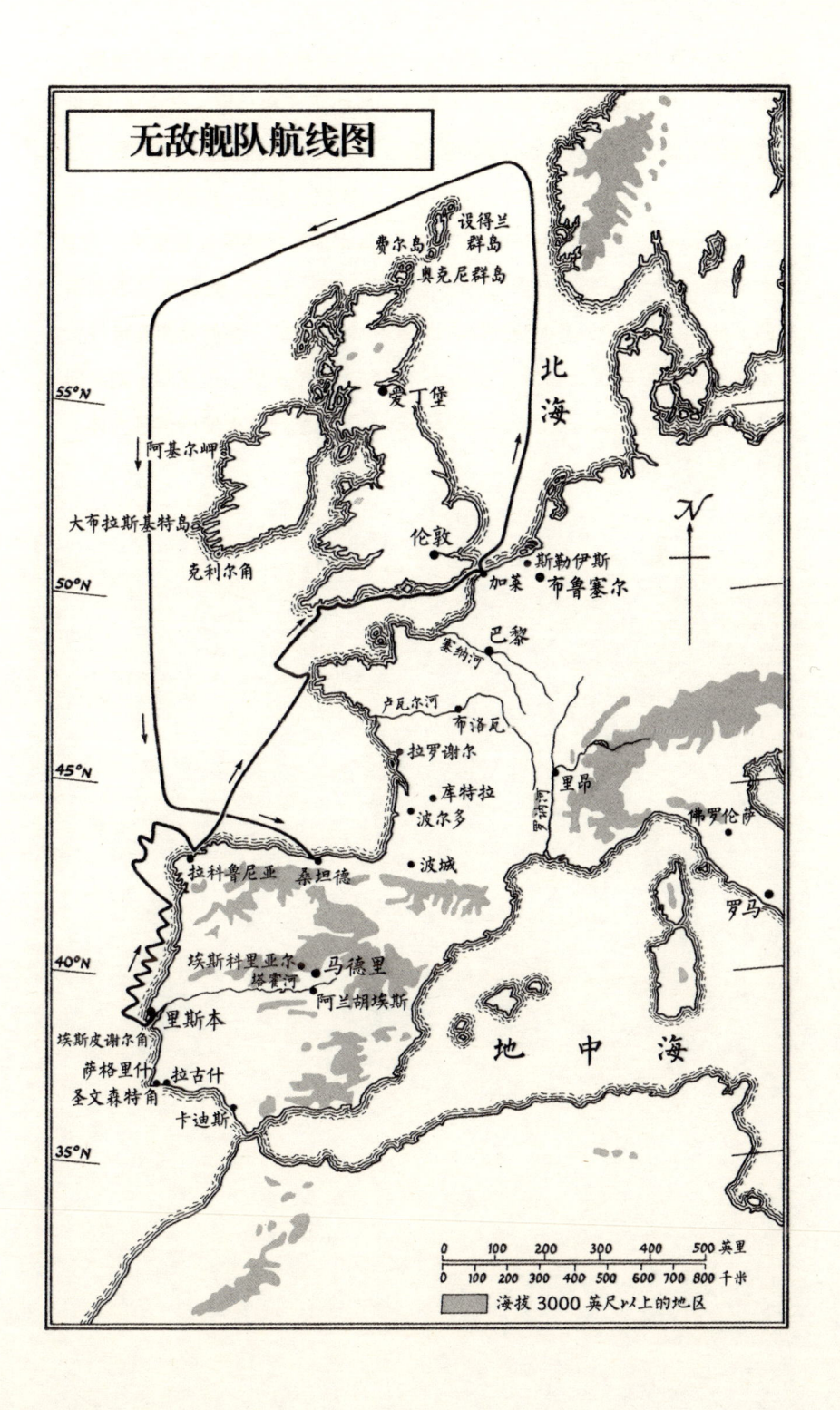

无敌舰队航线图

目 录

序言 I
前言 7
关于历法的说明 II
关于船只及其火炮的说明 I2
无敌舰队航线图 I5

1 **揭 幕** I
   福瑟林格,1587年2月18日

2 **一座城市的天真** 6
   伦敦,1587年2月19日

3 **一位女王的心术** I5
   格林威治,1587年2月19日至22日

4 **欢快时节的尾声** 27
   巴黎,1587年2月28日至3月31日

5 **行动计划** 38
   布鲁塞尔,1587年3月1日至22日

6 **苦涩的面包** 48
   罗马,1587年3月24日至30日

7 **上帝的显豁意旨** 64
   埃斯科里亚尔圣洛伦索修道院,1587年3月24日至31日

8 **"风令我前行"** 76
   伦敦和普利茅斯,1587年3月25日至4月12日

9	火燎髭须	87
	卡迪斯湾，1587年4月29日至5月1日	
10	"无论根据何在"	102
	葡萄牙海岸，1587年5月2日至5月20日	
11	木桶板和财宝	112
	圣文森特角和亚速尔群岛，1587年5月21日至6月18日	
12	断其一臂	120
	斯勒伊斯，1587年6月9日至8月5日	
13	美满的时日	134
	库特拉，1587年10月20日	
14	胜利之用	145
	法国，1587年10月21日至12月16日	
15	不祥的一年	158
	西欧，1587至1588年，仲冬	
16	以宏伟战舰为伴	172
	格林威治和英国近海，1588年1月至3月	
17	怀着奇迹降临的希望	185
	里斯本，1588年2月9日至4月25日	
18	街垒日 I	200
	巴黎，1588年5月12日及早先时候	
19	街垒日 II	213
	巴黎，1588年5月12日及稍晚时候	
20	无敌舰队起航	224
	里斯本到拉科鲁尼亚，1588年5月9日至7月22日	
21	"天时和地利"	234
	从普利茅斯、拉芒什海峡、比斯开湾到北纬45°，1588年4月18日至7月30日	
22	迈入竞技场	243
	利泽德半岛到埃迪斯通群礁，1588年7月30日至31日	
23	第一滴血	254
	埃迪斯通群礁到起点岬，1588年7月31日	

24 "总价骇人的优质炮弹" 263
　　起点岬到波特兰角，1588年7月31日至8月2日

25 令人惊叹的阵列 275
　　波特兰角到加莱锚地，1588年8月2日（星期二）至6日（星期六）

26 地狱燃烧者 286
　　加莱附近，1588年8月6日至7日

27 阵列溃乱 296
　　加莱锚地到格拉沃利讷，1588年8月8日

28 迟到的奇迹 304
　　泽兰海岸和北海，1588年8月9日至12日

29 "我本人正是你们的将军" 310
　　提尔伯利，1588年8月18日至19日

30 德雷克落网了！ 319
　　西欧，1588年8月至9月

31 漫漫归乡路 330
　　从北纬56°附近的北海海域绕过爱尔兰，去往西班牙港口，
　　1588年8月13日至10月15日

32 一位高个儿男子的末日 342
　　布洛瓦，1588年12月23日

33 来自上帝的风 353
　　埃斯科里亚尔修道院，1589年元旦

34 没有一丝沮丧 359
　　里士满，1589年元旦

结　语 363
　　纽约，1959年元旦

文献通释 369
章节附注 375
译名表 397
出版后记 409

I
揭　幕

福瑟林格
1587 年 2 月 18 日

  比尔先生周日晚上才把死刑判决书带回，但是到了周三清晨，未等曙光爬上高高的窗棂，福瑟林格[1]的大议事厅早已布置停当。尽管什鲁斯伯里伯爵[2]迟至昨天方才返回，人们却无法再忍受丝毫的迁延，急不可耐地要求执行死刑。没人知道下一个从伦敦疾驰而来的驿使会捎来怎样的旨意，也没人知道，倘若再等一天，其他同伴是否会意志动摇。

  平时摆设的家具都已搬离大厅。在大厅进深的拦腰地方，木料燃起的烈焰在烟囱下熊熊闪耀，与令人汗毛竖立的酷寒彼此交锋。人们朝向大厅高端[3]搭建了一座小型平台，模样像是提供给巡演艺人的小巧舞台，伸入大厅有 12 英尺长，8 到 9 英尺宽，不足 3 英尺高。平台的一侧设有一段阶梯，台面用新伐木材铺就，上面严严实实盖着黑天鹅绒布。在平台上，正对着阶梯放着一把同样罩着黑天鹅绒的高背椅，前方三四英尺外则铺着黑色的地垫。紧邻垫子的地方坐落着像是一张低矮长凳的物什，然而丝绒未能遮住的边角却分明地显露出，那是一具木质断头台。时间将才早上 7 点，这"舞台"的管理者已经在满意地眼看着一切准备就绪了。郡长的差役已经全部就位，他们头盔、胸甲一应俱全，努力使自己看起来勇武英伟，纵然

---

[1] 福瑟林格（Fotheringhay），位于英格兰中部北安普敦郡。
[2] 第六任什鲁斯伯里伯爵乔治·塔尔伯特（George Talbot, 6th Earl of Shrewsbury, 1528—1590）。
[3] 福瑟林格的大议事厅在一座可能建于 1100 年左右城堡内，属于中世纪英格兰、威尔士、爱尔兰和苏格兰低地常见的一种本地建筑形式。通常，这种大厅的两旁设有耳房，存放食物和酒水的一端被称作"低端"（lower end），另一端属于会客厅等私人空间，被称作"高端"（upper end）。

动作僵硬，长戟也被紧紧地攥在手里。观众全都经过拣选，包括来自邻近地区的两百多名爵爷和乡绅，他们一大早就被紧急传唤而来，此时已经排队进入大厅的低端。

舞台的主角让他们等待了三个多钟头。差不多30年前，她嫁给了未来的法国国王，在卢瓦尔河畔那辉煌而险恶的宫廷里，她一次次错失了领悟更为重要的政治教训的机会，却习得了掌控社交场面的诀窍。现在她从大厅一侧悄声穿过一扇小门走了进来，在众人发现自己之前便已在大厅中现身。她迈向平台，六位侍从两人一组尾随其后。她无视延颈企踵、窃窃私语的观众，看上去对执掌自己生死的官员也同样漠然。在一位虔诚人士眼中，步履柔缓的她仿佛行进在前去祷告的路上。只有在拾级而上，继而坐进黑丝绒椅子的一瞬间，人们才隐约感到她似乎也需要他人的援助之手。就算她的双手在安放于膝上之前曾有过一丝颤抖，也未曾有人察觉。接着，尽管大厅里的氛围十分静穆，她却仿佛是在向观众雷鸣般的掌声答礼致谢一般，第一次转过身来面向他们，有人觉得在她脸上看到了微笑。

身着黑天鹅绒的她好像淹没在了相同颜色的高背椅中。冬日阴郁的光不仅使得她白皙的手黯淡了几分，还令她头巾的黄金色与堆叠在头巾下的棕发的红金色也失去了色彩。但看客们仍然可以清楚地望见她喉上精致的白色蕾丝褶边，再往上，是一片反衬着黑暗的洁白的心形花瓣，那是她的脸庞，上面点缀着一双乌黑的大眼睛、一张小巧而流露出渴望与不甘的嘴。这就是令里奇奥为之殉身的女人，是她让达恩利勋爵这个年青的傻瓜，还有亨特利伯爵、诺福克公爵、巴宾顿，以及其他上千位无名男子在北方的荒野和绞架上身名俱裂。自从她鼓动拜倒裙下的臣民们越境来袭，她的传奇光环便像一柄利剑悬挂在英格兰的上空。这是最后一位富有此等传奇色彩的被俘公主，她是法国国王的遗孀[1]、遭放逐的苏格兰女王、英国王储，而且（沉默的现场见证者中想必会有人认同这一点）就在这一刻，如果她

---

[1] 玛丽·斯图亚特（1542—1587）5岁时被送往法兰西，于1558年4月24日与法国王太子弗朗索瓦完婚。7月10日，弗朗索瓦加冕为法兰西国王弗朗索瓦二世，于1560年12月5日去世，年仅16岁。

的权利得到伸张，本应该是英格兰的合法女王[1]。她在刹那间吸引了所有人的目光，接着便深深陷进椅子的一团暗影之中，浑似身边的法官并不存在。在众人的目不转睛中，她感到了满足。

肯特伯爵[2]和什鲁斯伯里伯爵与她一同进门，几乎没有人注意到他们已经在女王对面落座。比尔先生立于一旁，清了清嗓子，展开羊皮卷，开始朗读判决书。他其实没有必要紧张，因为是否有人聆听委实是件值得怀疑的事。"目无法纪……招亡纳叛……欺君犯上、密谋弑君……叛国罪……死刑。"公文的字句对于玛丽·斯图亚特和厅堂里的其他人来说无关紧要，他们心知肚明，宣判与罪行无关。本次判决不过是这场政治决斗中发起的又一轮攻势，在场的多数人自记事之日起便目睹了这场战争，实际上，早在敌对的两位女王出生前，决斗便已开始。交战的两派于60年前开始形成，一方捍卫旧教，另一方代表新教，出于命运的捉弄，其中的一方甚或双方都常常团结在女人的统领下。历史见证了阿拉贡的凯瑟琳与安妮·博林的矛盾、玛丽·都铎与伊丽莎白·都铎的冲突、伊丽莎白·都铎与洛林的玛丽的较量，而伊丽莎白·都铎与绞刑台上的这位囚徒玛丽·斯图亚特之间的决斗，如今已经持续了将近30年。最敏锐的政治家们兴许会好奇，过去20年中，英格兰究竟如何成功地容下了这两位前世注定的仇家，并让她们同时存留在世上。

无论伊丽莎白做了什么，玛丽·斯图亚特都必定竭尽所能寻找一切办法破坏表姐的计划、贬损她的身份。在双方的殊死搏斗中，挥出的刺击没有犯规一说。当带来优势的武器从手中滑落后，玛丽尝试了弱者可以随手抓起的所有武器。除了谎言、眼泪、逃避、威胁和乞求，她还利用王冠、美貌和信仰去尽力赢得任何男人为她的事业赴汤蹈火。他们最终证明自己是柄双刃剑；但是，就算他们现在砍了她的头，她也利用他们给敌人留下

---

[1] 伊丽莎白的母亲安妮·博林怀上她的时候，与亨利八世的婚姻是私下缔结的，此时亨利八世犯了重婚罪，甚或可能根本没有与安妮·博林结婚，因此伊丽莎白继承王位的合法性受到了一些人的质疑。另外，由于伊丽莎白信奉新教，玛丽·斯图亚特借由欧洲各国对于异端的恐惧以及罗马天主教对于异端分子的排斥，对外宣布自己拥有英格兰王位合法继承权，拒绝承认伊丽莎白一世为英格兰女王。
[2] 第六任肯特伯爵亨利·格雷（Henry Grey, 6th Earl of Kent, 1541—1615）。

了伤口，在英格兰的牢狱中，玛丽甚至比在苏格兰的王座上给表姐的国家造成了更大的混乱。她还打算再度出击。现在，她转过下巴颏儿，向比尔先生的结束语表示厌倦。

彼得伯勒教长[1]的紧张还要甚于比尔先生，在忍受他结结巴巴地重复了三次开篇词后，玛丽轻蔑地打断了他的发言。"教长先生，"玛丽对他说，"我会怀着真切而神圣的天主教信仰死去，一如活着。您就此所说的一切都是徒劳，您的祈祷对我并无益处。"

她非常肯定，信仰是一把不会伤到自己的武器。玛丽在福瑟林格遭到的监视固然严密，但狡猾胆大的亲信们在易装后出入英吉利海峡[2]的各个港口为她捎信，使她得以接触外界信息。报告称，北部地区仍属于天主教，西部亦然，甚至就在这里，在新教异端的据点，在英格兰的中间地带，在伦敦，越来越多的人正日渐重拾古老的天主教信仰。此前，因为身为王储的自己是天主教徒，将在信奉异端的表姐驾崩后和平继承大统，数量庞巨的天主教臣民保持了平静，但现在，这位异端女王如若处死她的正统继承人，这些臣民们必将揭竿而起，愤怒地扫除所有这些不公的恶行。同时，与为了保全狱中的自己进行斡旋相比，为死去的苏格兰女王报仇这一名号必然更能激起海外的天主教国王们的热情。

玛丽是位虔诚的天主教徒，在她身上，很少有哪一点像这件事一样不会引起人们的质疑，但单纯秉持信仰死去对于她是不够的。决斗还将继续。为此所有人必须知道，她不只是赍志而殁，而且是为之殉道。也许，她并不总是天主教信仰最坚固的梁柱；也许，对于天主教这项事业来说，她施下的那些令人生疑的诡计所造成的伤害，有时要超过她的奉献所产生的助益。可是寒光凛凛的斧头会永远削去旧日的过错，会让低语的谰言沉寂。活着，她能用话语鼓动人们扑向她的敌人；死了，她的血明显能够更加有力地鼓动他们为自己复仇。近几年，她尤为钟爱一句寓意模糊的箴言："我死即我生。"殉道将会使她的诺言和威胁一并兑现，而她只需要演好这出

---

[1] 即理查德·弗莱彻（Dr. Richard Fletcher, Dean of Peterborough, 1544/5—1596），彼得伯勒在今东英格兰地区。
[2] 本书下文中如未特殊指明，所谓的"海峡"皆指英吉利海峡。

戏的最后一幕。

故而，她高擎起十字架苦像，让长厅的每个角落都能看清自己对宣判的挑战。她的声音如得胜般上扬，盖过了彼得伯勒教长，常常比他抬升的语调更为高亢、清越，使得那属于古老信仰的天主教祷词听起来神秘而富有支配力，一时竟凌驾于热切的新教英语祷告之上。教长诵毕，女王的祷词又持续了一分钟，现在她使用的是英语；她在为英国人民和自己的王室表姐伊丽莎白的灵魂祈祷；她原宥了所有敌人。接下来，她的侍女们忙碌起来。黑天鹅绒长袍被褪至女王的膝盖以下，露出紧身马甲和一袭绯红的丝质衬裙，她这身从头到脚都是血红色的殉教者衣着与四周的晦暗形成了鲜明对比。蓦地，她向前走出了几步，静静地屈膝跪地，俯身在矮小的断头台上。"在你手中，主啊……（In manus tuas, domine...）"随后人们听见了两下沉闷的挥斧声。

还有最后一个仪式环节等待完成。行刑人必须展示头颅，并按惯例喊出一些词句。只见戴面罩的黑衣人弓腰，直身，继而高呼："女王万岁！"但他攥在手中的不过是属于敌对美艳女王的方头巾，以及别在上面的一顶精致的棕色假发。紧接着，一颗皱缩、枯萎、苍白的人头滚向了讲坛边缘，它娇小而发亮，有着萧疏的银色发茬儿，这才是殉教者的头颅。玛丽·斯图亚特一如既往地深谙如何令敌人难堪。

2

一座城市的天真

伦敦
1587 年 2 月 19 日

  伦敦因为驿使的到来而苏醒，福瑟林格的消息传开后，人们迫不及待地燃起篝火，不多时，钟声欢奏，枪炮齐鸣，每条街都张灯结彩。难耐的愁云一扫而空，恐怖的日子一去不返。玛丽·斯图亚特长期以来成了每个伦敦人心头的阴影，伊丽莎白登基后，英格兰的一举一动无不笼罩在玛丽的威胁之下。过去一年中，公众要求处死玛丽的吁请一浪高过一浪，似乎只要玛丽活着便天无宁日。

  首先，伊丽莎白上次庆祝寿辰时已经五秩晋三。就算女王身边最合适的人选中还有追求者——自打安茹公爵[1]之后，就再也没有追求者上门——女王将会绝嗣也已是无人否认的事实。她会是都铎王朝的末代君主，而其继承人玛丽·斯图亚特则年轻十岁，春秋鼎盛。关于这个问题，臣子们没能也不可能达成一致意见，每个人都在不停掂量王位易主的可能性。只要玛丽活着，她继承表姐王冠的可能就始终存在。甚至连女王议会里最激烈反对玛丽的敌人——莱斯特[2]、伯利[3]、哈顿、沃尔辛厄姆，也曾尝试在玛丽那里留条退路，万一苏格兰女王比自己的女主人享寿更久呢？当最坦率的新教政治领袖也认为，确保让玛丽相信自己将会投诚才是万全之策时，

---

[1] 即当时法国国王亨利三世的弟弟，安茹公爵弗朗索瓦（Francis, Duke of Anjou, 1555—1584）。

[2] 即首任莱斯特伯爵罗伯特·达德利（Robert Dudley, 1st Earl of Leicester, 1532—1588），伊丽莎白一世的宠臣和挚友。

[3] 伯利勋爵威廉·塞西尔（William Cecil, Lord Burghley, 1520—1598），伊丽莎白一世时期的重臣。

次一级的人物也都努力做好两手准备便是很自然的了。心怀不满的北方领主和乡绅也寄希望于玛丽的胜利，以便复兴旧教，拨乱反正。自从伊丽莎白践祚，天主教一派始终在暗中筹划反攻，封建特权和地方保守主义的余烬乃是其依靠的基石，西班牙的密谋者和派遣神父则时不时地煽动火苗。政府对北方起义的血腥镇压抑制了火势，但没能将之彻底扑灭；在希望的诱惑下，火苗仍在秘密喘息，因为王储事实上仍是一位天主教徒。只要玛丽尚在，天主教势力就会作为强大的政治派别一直存在，绝不会死去。

一些伦敦人曾在玛丽女王[1]重振天主教时高高兴兴地去望弥撒，在路过施行火刑的史密斯菲尔德[2]时强忍住恶臭引发的不适；一些伦敦人有可能会藏起表面的勉强，重拾旧教，只因为这是保全生意和家人的最好办法；不少自耕农和乡绅尽管在新的信仰下生活幸福美满，却仍对旧时光心存留恋。就算对于这些人来说，这股持续存在的天主教势力也是一种可怕的威胁。苏格兰的过往已经证明，一个新教国家无法接受一个信奉天主教的君主，即使教会的任命在苏格兰并不像在英格兰这样直接服从王命。[3]同样，在英格兰，尽管一代人以前，阿拉贡的凯瑟琳的女儿[4]确实曾把教会带回到罗马的道路上，但经过伊丽莎白长达29年的治理，无论是王国的边陲、中心腹地、南部和东部各郡、繁荣的各个沿海港口，还是伦敦这座大城本身，都已心向新教。有太多的爵爷、乡绅把自己的政治资本押注在新教上，有太多的商贾，他们如今的生存之道在旧式的教会政府支配下必然会遭受阻挠；有太多的自耕农、工匠已经习惯了前往刷成白墙的新教教堂聆听布道，那里的讲道者衣领下佩戴着日内瓦[5]式的白色双饰带。整整一代新人已经

---

[1] 指前文中的玛丽·都铎，英格兰女王，1553年至1558年在位，期间复辟天主教，大肆屠戮新教人士，有"血腥玛丽"之称。
[2] 史密斯菲尔德（Smithfield），在今伦敦金融城的西北方向，曾一连多个世纪连续充当行刑地，苏格兰民族英雄威廉·华莱士和英格兰农民起义领袖瓦特·泰勒均在此地就义。
[3] 1560年，弗朗索瓦二世去世，玛丽于次年返回苏格兰亲政。由于她信仰天主教，引起了新教贵族的不满。1567年7月24日，她被迫退位并将王位传给只有一岁大的詹姆斯，史称詹姆斯六世。
[4] 即玛丽·都铎，为英王亨利八世与阿拉贡的凯瑟琳的唯一后嗣。
[5] 新教加尔文派的发源地。

成长起来，滋养他们的是英语《圣经》、克兰默的《公祷书》和福克斯的《殉道史》；整整一代新人已经成长起来，心中怀着对天主教徒、西班牙人和外国干涉的恐惧与忿恨。设若玛丽·斯图亚特登基，考虑到她的身世及其周边人士的性格，她一定会试图复兴罗马天主教会，那时必然发生的将不是怀亚特领导的短暂骚乱[1]，而是举国沸腾、你死我亡的宗教战争。

没有必要向伦敦人饶舌内战的景象。一个世纪以来，英格兰始终在被一场梦魇困扰，担心都铎世系的覆灭会再次把王位交到冲突各派的角力场中，担心曾引发混乱无序时代的所谓的玫瑰战争[2]会又一次上演。由于大众的忧虑，在书市和舞台上，有关玫瑰战争的编年史体裁的散文和诗歌脍炙人口，但若回顾约克和兰开斯特的长期冲突，那些为争夺王位而挑起的最严重的争斗，与宗教问题导致的骇人内战相比，也不过只是稀松平常的武装暴乱罢了。曾经发生在哈勒姆和安特卫普的故事早就妇孺皆知，从许多商人、流亡者那里，伦敦人还知晓了佛兰德和布拉班特在这二十年间发生了翻天覆地的变化。[3]当年曾被圣巴托罗缪之夜[4]的故事吓坏了的孩子如今已长成须眉男儿，但对于宗教战争的恐惧却并不专属于孩子。巴黎的水渠中满溢的鲜血、卢瓦尔河上漂浮的死尸、诺曼底的滚滚狼烟和荒无人迹，这些绝非无稽之谈。街上有靠哭诉从好心肠的市民那里赚几个便士的乞丐，如果说他们中间某些人一生中距离宗教裁判所[5]的牢房从未比伊普斯维奇的监狱[6]更近，那些假肢和伤疤也并不会透漏这个简单的事实。所以当牧师们提醒教区居民，一处人民推翻合法的统治者、彼此刀兵相向的土地是

---

[1] 史称怀亚特叛乱（Wyatt's rebellion），是一场爆发于1554年的英格兰民众起义，因身为主要领导人之一的托马斯·怀亚特（Thomas Wyatt, 1521—1554）的名字得名，参与者多为新教徒，其公开理由则是反对英格兰女王玛丽·都铎与西班牙国王腓力二世联姻。

[2] 玫瑰战争（1455—1485），15世纪下半叶爆发的英国内战，战争双方为以红玫瑰为族徽的兰开斯特家族和以白玫瑰为族徽的约克家族。

[3] 上述地区属于当时爆发革命的西属尼德兰，新教与天主教的宗教冲突加剧了双方战争的残酷性。

[4] 1572年的圣巴托罗缪节的夜晚，大量法国新教徒遭到天主教徒的屠杀。

[5] 中世纪天主教审判异端的特设机构，以酷刑著称，主要设立在法、意、西等国。

[6] 16世纪上半叶曾有多位新教人士在伊普斯维奇被关押和处决，尤以玛丽·都铎复辟天主教期间为甚，史称"伊普斯维奇烈士"（Ipswich Martyrs）。

被诅咒之地时，人们会紧咬双唇，坚定地点头，而当他们低头为仁慈的女王伊丽莎白的圣安祈祷时，他们的声音里有着罔顾一切的真诚。

16世纪饱尝分裂之苦，因此对统一与和平的渴望也至为强烈，国王则成了人们唯一寄予厚望的社会秩序的象征。因此，按照多数讲道者的教导，即使是最邪恶的君主，他的性命也是神圣的，无论君主品质如何，效忠乃是人们的天职。人们把曾献给普世教会的无限忠诚逐渐转移至世俗君主身上，这为日后的下一步转移做好了铺垫，届时取代后者的将是一个抽象的概念——民族国家。总之，当时的英格兰与欧洲其他地方一样，君主的神圣性这种亵渎上帝的信条已经隐隐浮现。16世纪，确乎是属于君主们的。

不过，在英格兰，纯粹因为如下这个被投注了个人情感的等式，君权神授的普遍信条此时尚未突显。英国人一致赞同，英格兰的伊丽莎白在列王之中如同鸟中凤凰，她独一无二，超越了衡量君主的一般标准。在这一点上，他们无比正确。伊丽莎白·都铎与英国人之间长达45年之久的君民互爱，在历史上还从未有过。现而今，很难断定这份感情是如何开始的，其中又包含着怎样的成分，它在那些年中升腾为熊熊烈焰，从中流露出了某种炽热的真诚，这一点却是无须怀疑的。当年的某些修辞或许矫揉造作，却并不能因此否定其背后的真实。

毫无疑问，我们在君民双方那里均能发觉某些虚饰、算计和私心，这些在所有风流韵事中可能从来都不会缺席。如果伊丽莎白·都铎想要彻底统治英格兰——她身上有着都铎王朝君主掌管权柄的决心——就必须赢得人民的爱戴，因为除此之外，她再无依靠。她登上的是已然摇摇欲坠的王位，国库空虚，货币贬值，人民穷困、消沉、彼此敌对。王国刚丢掉在大陆的最后据点，也是荣耀的金雀花王朝的仅存遗产——加莱，因而难以掩饰其败给法国人的事实。过去多年中曾导致比邻的法国落入无政府状态的分裂和绝望，正在英格兰显现出更严重的征候。即使是在一个世纪以前的玫瑰战争时期，也不曾遭遇如此严峻的外侮和内患。英格兰在欧洲形单影只，身边只有环伺良机、虎视眈眈的列强，他们之所以按兵不动，只是碍于彼此间的猜疑。比起之前诸王，伊丽莎白的王位继承资格并不那么令人信服，何况她还要自我作古，成为首位独掌权柄的不婚女王。她既要抵御外敌，还要统驭贪婪、野心勃勃的贵族和以暴烈、难以驯服著称于欧洲的英国人民。她所拥有的，只是孤立无援的妇人之智。

在那个年代，成功的君主们正在纷纷转型为高效而集权的专制者，连最孱弱的瓦卢瓦王朝的法国国王，在其统治最脆弱的时候，亦能够将三级会议玩弄于股掌间，而伊丽莎白却要穷尽毕生之力，在宪政的镣铐下实行统治。要知道，倘使大陆的政治理论家们知晓宪法的具体条款，一定会斥之为荒诞而不合时宜的封建遗毒。终其一生，她的统治都饱受质疑、处处掣肘，她能获得的正当税赋极为有限，还不及西班牙的腓力二世从单单一个米兰公国榨取的油脂可观。除了一些仪礼性质的卫队，她没有任何常备军，除了实际上划归独立的地方治安法官领导的差役，她麾下没有任何治安力量，在处境最为危险的那些年，出于保护女王的考虑，她的国务秘书弗朗西斯·沃尔辛厄姆爵士才建立了只存在于某些充满敬畏的史家笔下的"一张无所不在的间谍网"。这个令后世印象深刻的英格兰反间谍系统寒碜到只能依靠报酬极低的多才异能之士代行调查，为其提供帮助的是些仅有临时身份的线人，统领该项事务的则是一位负责沃尔辛厄姆日常书信回复的兼职办事员。除了领导有方和自愿工作的热忱，很难说它比当时任何一位优秀大使为获得所需信息而维持的情报系统规模更大、效率更高。它可能已经引来了佛罗伦萨、威尼斯这类城邦国家的政府的哂笑，因为哪怕是为了维持单独一座城市的治安，这点力量也是不够的。伊丽莎白·都铎没有半点依靠强力统治国人的可能，因此，她唯有代之以一位聪明女子统治情郎的驭人之术。

她从一开始便有意地迎合人民，摆弄姿态、倾吐蜜语。正是为了他们，女王才傅粉施朱，同时又刻意保持些许距离，让自己被一众达官显贵环簇；为了他们，她才让自己可以瞬间变得和蔼可亲、风趣迷人，每年强忍几百英里旅程的疲倦和颠簸，以便让更多的民众得以一瞻天颜。她每年要在数十篇蹩脚的拉丁文演说和愚蠢的游行前安坐，在众多庄园宅邸中一展优雅的舞姿，还要随时觅得正确的字眼和笑容，来抚慰臣民的心。凭着可靠的直觉，她把自己装扮成臣民心中的自己，就像是必须如此行事的情人。她也经常显露骄傲、专横（女王自当有女王的派头），不忘时而令他人忐忐忧忡地感到即将失去她的爱宠。她有千面姿容，在拥抱之后报以掌掴，对忠言回以刺耳的责骂，她警告臣子们不得插足君王的事务，吹嘘自己就算离开他们也会毫发无损，而他们离开自己将百无一用。像情人间的争吵一样，她懂得在突如其来的暴风雨后，继之以同样势不可当的日丽风清。总之，她进退得宜，既不干扰臣民，又足够频繁地加以提醒，自己对他们的爱无出其右。在女王的言行中，有多少源于处世艺术，多少发自个人天性，不要指望区区一个历史学家能够解答，须知，就连所罗门王也曾因为一个更为简单的问题而颇感困惑。[1]

如果说伊丽莎白对人民的逢迎并不全然出于自愿，如果说她迫切需要赢得他们的爱戴，知道自己的王冠别无依靠的话，那么反过来在人民一方，随着岁月的流逝，他们也会发现，自己的忠君是建立在自利这个日益牢固的根基之上的。当欧洲各国正因为境内外的混战而四分五裂时，英国人却在独享和平。这里没有王家税务员从他们的口袋里攫取劳动果实，产品能卖出高价，商业运转良好，货币供应充裕；利润可以有保障地再次投资，投入土地、航运业或是纺织品、金属材料的扩大生产，这是历史上第一次，英格兰的纺织业、冶金业在世界上日渐占据了引人瞩目的地位。这里不会有铠甲铿锵作响的士兵穿街过市，除非他们正从境外前线返回家乡，夜晚突然传来的敲门声也只会来自邻居或是运货的马车夫。一个男人可以自得其乐地畅饮啤酒，只要合情合理，持有何种观点全凭自己高兴，只要偶尔出席教区教堂的集会，就完全满足了女王所期盼的全部顺从。一言以蔽之，伊丽莎白的统治在英国人的记忆中最为温和、仁慈，在周边世界的黑暗无序的衬映下，英格兰的繁荣更加光彩夺目。不过，单纯的减轻赋税、放任自由，还不足以让人们产生为政府事业献身的热情。

撒娇邀宠当然需要对手，这是一个双方共同参与的游戏。某种程度上，为回应女王的友好示意，臣民们宣誓忠心奉献，这只是那个时代常见的夸

---

[1] 据说《旧约·传道书》为所罗门王所著，以智慧著称的他在文中表达了对很多问题的困惑。

张习俗，其中一些宣誓更属于故作姿态，多半只是为了追逐个人利益而裹覆的糖衣。但除非我们误解了当时留下的所有记载，否则便应相信，君民双方都明白，他们的关系绝不只是一场游戏。对于那些只是在女王路过大道时才勉强隔着拥挤的人群从肩膀上方瞥见陛下尊荣的普通英国人来说，伊丽莎白依然是那位葛洛瑞娜[1]，是为她的岛屿和人民笼上金色符咒的仙后；她是活着的英格兰守护神，是国民梦寐以求的理想君主的化身。她隐秘而悉心保护的贞洁是国民不受外国君主辖制的保证，使英格兰得以免受其他不幸之地正在遭受的苦难，这使她在某种意义上属于全国所有人。

在伊丽莎白一方，她更不会将此完全视为一场游戏。她毕生没有丈夫，永远不会有孩子。人们会好奇，她对人民投入的热情和人民的回馈在多大程度上填补了女王自己的生命缺憾？他们有多爱戴她？那些喷洒香水的廷臣、乡绅、自耕农、工匠、胼手胝足的海员、粗野的劳工，他们会因为伊丽莎白保护了英格兰的和平和繁荣而感恩吗？女王在登基伊始向臣民们宣称，对自己而言，放眼太阳底下这片尘世，没有任何东西会比他们的爱戴更为珍贵。在统治临近尾声时，女王又晓谕人民："你们曾拥有过、未来也许还会拥有许多更为强大、睿智的君主，但你们从未拥有过、也绝不会再拥有一位更加热爱你们的君主。"人民在多大程度上仅仅因为这些话就笃信了这一切？伊丽莎白与她的人民之间的关系，正如所有伟大的情事一样，终究以秘密告终。

如果玛丽·斯图亚特依然活着这一事实对于英格兰的威胁，仅限于伊丽莎白女王驾崩后可能引发内战，很可能英国人只会继续怀有一种似有还无的担忧，最后不过摇摇头，选择隔岸观火。但自从苏格兰女王跨境来到英格兰，过往的每一年无不越发清楚地证明，只要这位天主教的王储存在于世，他们的伊丽莎白女王就没有一天不面临生命威胁。许多疯子，其中一些怀着异想天开的念头，另一些则是雇来的亡命徒，只需

---

[1] 葛洛瑞娜（Gloriana）是 16 世纪诗人埃德蒙·斯宾塞（Edmund Spenser）在其诗作《仙后》（*The Faerie Queene*）中用以指代伊丽莎白一世的主角名字，后来成了伊丽莎白一世的流行称呼。这个名字可能产生于 1588 年英格兰与西班牙无敌舰队交战期间，提尔伯利的英军向女王致敬时高呼的口号"葛洛瑞娜！"，有"荣光女神"之意。伊丽莎白巡阅提尔伯利一事见第 29 章。

要在凑得够近之后动一下刀子或手枪——伊丽莎白素来以忽视自身安全、不带警卫出行而遭人诟病——整个政府机构就会瘫痪：那时将不再有议会、地方行政长官、王室官员（他们的任期将会随着女王的死亡而终止），将没有惩罚暗杀者的权力机关，甚至直到玛丽·斯图亚特如愿继承表姐的王座为止，全国都将持续处于彻底的权力真空状态。这样一桩暴力行径带给王国内多数天主教徒的惶恐实则与其他人一般无二，但饶是如此肇事者也将在所不惜。甚至连行动本身是否出自玛丽的亲自批准，届时更是无关紧要。只要某个狂徒在丰厚赌注的诱惑下孤注一掷，英格兰的历史便会因此改写。

自从北方起事以来，各类阴谋和有关阴谋的传言便应声而起，近年来更益发密集。或许这座城市从未听闻过如此纷繁不绝的流言，或许政府中的清教党人言过其实，夸大了它们的可怕程度，但是危险的存在确实足够真实。一个半疯的年轻人曾夸口要行刺女王，结果在距离女王100码内的地方被捕，那时他手里握着一把手枪。接着，在弗朗西斯·斯洛克莫顿那里发现的文件揭示了一个涉案面极广的阴谋，那些天主教徒旨在发动叛乱、解救玛丽、刺杀伊丽莎白，同时协助法国吉斯公爵的部队入侵英格兰。随之，威廉·帕里冷血地透露，他已经被罗马提前赦免了刺杀伊丽莎白女王的罪行，而且还将得到大量现世的酬劳，而他已经怀揣着明确的目的踏上了英格兰的土地。从德尔夫特又传来消息，在其他刺客接连失败后，一位唤作杰拉德的私底下信仰天主教的勃艮第男侍，在奥兰治亲王威廉[1]的私人宅第里成功地枪杀了亲王，而威廉乃是新教事业的第二号领袖。英格兰虽躲过此劫，却因之战栗不已。人们由此回忆起12年前发生的海军元帅科里尼[2]遇刺案，而科里尼正是组成新教世界"三头政治"的第三号人物。现在，三位领袖中只剩下伊丽莎白幸免于难。在所有这些意在夺去伊丽莎

---

[1] 即奥兰治的威廉（William of Orange, 1533—1584），首任奥兰治亲王，尼德兰起义的领导者，1581年被选为联省共和国首任执政，于1584年遇刺身亡。
[2] 科里尼（Gaspard II de Coligny, 1519—1572），法国海军元帅，法国宗教战争期间新教胡格诺派的早期领袖，1572年8月24日夜被吉斯公爵的追随者刺杀，这起事件也是圣巴托罗缪之夜大屠杀的一部分。

白性命的行动背后，始终只有一位受益者——玛丽·斯图亚特。那个秋天，全英格兰的贵族和各郡的主要士绅郑重其事地签订了一份《保王协定》[1]，以示拥君之心，并避免女王沦为下一位受难者。订约成员将依靠自身力量去对付危及女王安全的敌人，所有可能实施或是参与商议的不法分子，以及他们背后的谋士、助手、煽动家，都将被斩草除根。谋杀可以获得许可，倘使这是回应谋杀的唯一办法的话，他们对于内战的恐惧正由于伊丽莎白日益面临的危险而成倍地放大。英国人已经下定决心，下一次破获暗杀行动之时，便是玛丽的末日。

为了等来下一次暗杀，他们忍耐了将近两年，直到安东尼·巴宾顿的阴谋不幸败露。这位巴宾顿先生和他的朋友们确实有意行刺伊丽莎白，以保证苏格兰女王继承王位，对于这一点，当时无人怀疑，今天看来更确凿无疑。当时人们相信，玛丽本人深深卷入了这场密谋，这在今天可能受到了一些合理的质疑，但是就算玛丽完全不知情，她的清白对于伦敦人也无关紧要。这起案件一如此前的种种阴谋，是，并且只能是为了玛丽的利益而策划的，只要她活着，伊丽莎白女王就处在危险之中。正因如此，伦敦人才会在听到玛丽被处决的新闻后点燃篝火，走街串巷，鸣钟相告，一时间处处急管繁弦，鼓乐喧天。"就好像，"一位那个时代的见证者表示，"他们坚信的新时代开启了，从此所有人都将生活在和平之中。"

---

[1] 保王协定（Bond of Association），签署于1584年。斯洛克莫顿谋反案在1583年败露后，弗朗西斯·沃尔辛厄姆、伯利勋爵威廉·塞西尔等人于翌年发起保王运动，所有签名人均有义务诛除任何危及英王的嫌疑人，该协定获得了伊丽莎白一世的授权。

3
一位女王的心术

格林威治
1587年2月19日至22日

  这起在伦敦人眼中简单明了的事件，对于他们的女王而言却全然不同。伊丽莎白仍下榻在格林威治，那里有她众多宫殿中最怡人的一座，殿前的草茵一直蔓伸至泰晤士河畔，透过窗户，女王可以看见高耸的帆樯在王国的水上通衢里穿梭如织。仅仅一个礼拜前，就在格林威治，她最终签署了处死玛丽的判决书，她的新秘书威廉·戴维森先生此前引弓不发地保管着文件，直到人民的焦急和议会的争辩终于打消了女王的抵触。签署完毕时，女王仍提醒戴维森，比起在公共行刑人手下丧命，还有更合宜的办法来处决一位女王。但公开行刑正是她的顾问们倾向的方式，他们没有再与女王交涉，而是直接将这些关键文书交给了比尔先生。伊丽莎白对此事的了解表面上到此为止，但如果她真的相信，那些自从11月初以来便多次联合上奏、不惜动用一切论据和修辞技艺来说服自己签署判决书的臣子们，在拿到文件后竟然不会毕其功于一役的话，那么极少犯错的她，对于谋臣也实在缺少一点知人之明。这当然不是事实，凭着与生俱来的政治本能和对游戏规则的驾轻就熟，她必然早就清楚，连通福瑟林格的道路即将传来怎样的新闻。

  只用了不到24个小时，什鲁斯伯里伯爵的公子便带着消息驶过泥泞长路，来到格林威治。当他牵着气喘吁吁的座驾抵达宫殿庭院时，女王正上马前去行猎，并没有在一片熙攘之中发现他。信使因此先向伯利勋爵呈报了这个足以令他欢喜的消息，但是多年侍奉君侧的经验使他明智地意识到，故作被动在此时是必要的，他乐于由其他人来禀报女王。伊丽莎白的其他侍臣显然也不约而同地采取了伯利的策略。捷报早已传遍了伦敦，还没等伊丽莎白返回宫殿，格林威治的大街小巷便已沸沸扬扬，直到此时，消息才不得不被上报给女王。

关于伊丽莎白得知消息后的情景，我们有两个记载版本，它们截然相反——正如我们可以预料到的那样，但凡涉及伊丽莎白，总会出现互相矛盾的说法。在秘书戴维森先生关于自身蒙难经历的记述中，他自怨自艾地写道，一位佚名的信息提供者曾告诉他，在得知苏格兰女王被处决后，伊丽莎白女王保持了惯有的风度，喜怒未形于色。但是玛丽之子、苏格兰国王詹姆斯六世得到的报告却是，英格兰女王甫一听闻发生在福瑟林格的悲剧便大惊失色，陷入深深的悲恸。她千真万确地垂下泪来，在她一生之中，无论面对何等意外，人们似乎都从未目睹过如此景象。

这一回，两份记载可能都存在些许的真实。伊丽莎白早就在姐姐玛丽·都铎的统治下学会了隐藏自己的想法和情感。假使她因为得知自己签署的判决书发挥了应有的效力而吃惊（这种惊讶无论如何也不至于无法克制），她的第一个本能反应将会是，绝不能在宫殿中挤满各式廷臣和其他旁观者的公共场合流露出真实的情感。如果伊丽莎白在人民欢呼雀跃时落泪，她也一定会选择一个大家都看不见的地方。

她后来必定曾在另一群更合适的观众面前潸然泪下，那时的她需要眼泪。在处死苏格兰女王招致的各种风险中，最显而易见而且迫在眉睫的，是来自苏格兰的威胁。苏格兰国王基本是被母亲的敌人们抚养大的，在詹姆斯六世日渐成人的岁月里，他的首席导师[1]为了彰显自己的教导职责，出版了一部论述那位被上帝遗弃的女人玛丽·斯图亚特的著作，书中使用的语言会令所有译者犯难，只得把不得体的隐晦内容保留拉丁语原文。书中的玛丽不仅犯下了其他臭名昭著的罪行，还被指控谋害自己孩子的父亲。即使是在摆脱了布坎南的熏陶后，詹姆斯也没有对母亲表现出任何逾常的热情，他对母亲的最大关心，不过是英格兰能否确保玛丽在软禁中的人身

---

[1] 即乔治·布坎南（George Buchanan, 1506—1582），16 世纪苏格兰杰出的历史学家和人文主义学者。

安全。在听到母亲的死讯后,他最真实的感受很可能是解脱。

虽则如此,对于一位国王来说,眼看自己的母亲沦为公共行刑人斧下的牺牲品,终究是一件令人尴尬的事情。而更为尴尬的是,身为苏格兰国王的他十分明白,本国的暴民历来视诛除国君为自己专有的古老特权,他们并不喜欢边境那边的异端敌人越俎代庖。可以想见,一些好战的苏格兰贵族会怂恿詹姆斯拾起火与剑的老办法,为了母亲的死,向英格兰复仇,海外势力也会鼓动自己挥兵南下。玛丽是一位天主教英雄、前法国王后、现任法王的兄嫂,她还是实力强大的法国吉斯公爵的表亲[1]和政治盟友。在苏格兰以外,还有多股势力也视玛丽之死如同对自己的切身冒犯,这些人全都渴望将玛丽的独生子推上复仇的前线。伊丽莎白已经听说过苏格兰反英集团的日渐强势,他们正越发强硬地坚持,玛丽在狱吏手下亡命,已经构成间不容发的开战理由。面对尊严加于己身的重担,假如詹姆斯打算搪塞过去的话,他需要伊丽莎白与自己唱一出双簧。不久之后,就连不屑为玛丽·斯图亚特流下一滴眼泪的首席秘书沃尔辛厄姆[2],也意识到了局势的凶险,他敦促伊丽莎白哪怕通过贿赂和勒索,也要为苏格兰国王筹集一大笔抚恤金,要把钱袋向任何可以收买的苏格兰人敞开,同时还要加强北方边境的守备。眼看苏格兰可能南侵,已经左支右绌的英格兰必然处境更为不利,而自己的女主人却对此漠然置之,诚恳的沃尔辛厄姆简直要因此忧心成狂。但伊丽莎白其实心下已有主意,她认为眼泪要比鲜血和金子更为便宜,她要以詹姆斯可能接受的最低价码,买得苏格兰的中立。

眼泪,只是第一笔赔偿金。周五,伊丽莎白的老朋友和新任御前大臣克里斯托弗·哈顿发现,如同雷雨云般阴郁的女王正斥责戴维森不该如此鲁莽,在没有得到自己明确批复的情况下便下达判决书。周六,伊丽莎白又将自己难以抑制的暴怒一股脑儿倾泻在了枢密院会议全体与会人员身上。人们应当好好读读关于女王雄辩的完整抄本,这一席陈辞让伊丽莎白

---

[1] 当时的吉斯公爵亨利一世的父亲是洛林的弗朗索瓦(Francis of Lorraine),他与玛丽·斯图亚特的母亲洛林的玛丽(亦称吉斯的玛丽[Mary of Guise])是兄妹关系。
[2] 从亨利八世统治晚期开始,英格兰王室拥有两位秘书,其中一名位阶略高,或称首席秘书。此时伊丽莎白的两位秘书分别为沃尔辛厄姆和戴维森,其中沃尔辛厄姆位阶更高。

的顾问们捻须心惊,强项诸公如海军大臣[1]、巴克赫斯特勋爵[2],甚至是声名赫赫的伯利,都无不愁眉泪眼、语无伦次。我们从伊丽莎白侍从的描述中知晓,女王的勃然大怒常常令人目不敢视、不堪忍受,而这一次发怒则更甚于从前。一位枢密院大臣日后表示,终伊丽莎白一朝,他从未见过圣上这般动容。不过这场申斥自有其背后的要旨,尽管身份尊贵的枢密院大臣们像被鞭打的学童一样哭天抹泪,却能在饱受一顿口舌挞伐后全身而退,可是对于另一个人,伊丽莎白却要拿他作为牺牲。虽然枢密院的臣子们跪请伊丽莎白息怒,女王还是下达了逮捕秘书戴维森并立即押送伦敦塔囚禁的命令,整个决定过程雷厉风行。而在都铎王朝,当一位像戴维森这样的枢密院大臣被送入伦敦塔的叛徒之门[3],这通常意味着十有八九他会落得个身首异处的下场。在指出牺牲戴维森有可能会平息苏格兰的怒火时,女王的一位苏格兰朋友见缝插针地评论道:"总要有一个人死在公众面前。"此话虽然玩世不恭,但女王看起来正打算如此行事。

不过,对苏格兰的偿付最后并未达到让戴维森献出项上人头的地步。受命审判这位不幸之人的大臣裁定戴维斯有罪,判他缴纳一笔 1 万马克的罚金,其囚禁在伦敦塔内的时间将随女王高兴而定,这终于让苏格兰人悻悻地表示了满意。伦敦塔中的牢狱生活可以形同炼狱,也可以像当年伊丽莎白一度体验过的那样,不过受些纤芥之疾。[4] 戴维森的待遇似乎并不那么严酷,18 个月后,当更为重大的事件喧喧嚷嚷地将舆论焦点从他身上转移开后,戴维森悄无声息地获得了释放。判定他缴纳的大笔罚金被全额免除,他将继续领取秘书一职的薪俸,日后他曾抱怨自己深陷赤贫,但那也只是一种相对意义上的窘迫罢了。

诚然,人们不可能不为戴维森从历史中突然隐逝而颇感遗憾,但也不

---

[1] 即埃芬厄姆的查理·霍华德(Charles Howard of Effingham, 1536—1624),后文中抵抗西班牙无敌舰队的英国舰队统帅。
[2] 即巴克赫斯特勋爵托马斯·萨克维尔(Thomas Sackville, Lord Buckhurst, 1536—1608)。
[3] 叛徒之门(Traitor's Gate),伦敦塔的城堡大门。
[4] 1554 年 1 月,托马斯·怀亚特以拥立伊丽莎白之名发动叛乱。起义被镇压后,伊丽莎白于 3 月 18 日被关进伦敦塔,5 月 22 日被释放,之后又被软禁将近一年时间。

必太过遗憾。正是他在秘书这一新职位上获得的唯一值得注意的任务为他招致了毁灭,但威廉·戴维森多少有点呆板,这使人好奇,他在那个以八面玲珑乃至委曲求全为生存前提的环境中,究竟能立足多久。判决书刚签署时,伊丽莎白就曾先是转弯抹角地向他询问,除了公开行刑是否还存在一种不甚无礼的除掉玛丽的方式。戴维森无法理解女王,等他理解了,又无法掩饰自己的震惊。当伊丽莎白明白无误地表达了内心所想后,他闷闷不乐地同意按照女王的指示就这件事给艾米亚斯·保莱特爵士写信,接着又将保莱特的拒绝信转交给女王。考虑到保莱特在信中愤然拒绝在未经法律批准或是缺少判决书的情况下让玛丽伏诛,而戴维森义正词严地表示赞同,人们有理由怀疑,可能正是这些加剧了伊丽莎白的不满,导致她后来对侍奉自己的这群较真、讲究的清教徒大发雷霆。总之,她的新任秘书无论如何都将难逃女王的斥责。对于道德重心在这几个世纪中的变迁,一些历史学家缺乏敏感,在审视戴维森和伊丽莎白有关此事的态度时,他们赞同前者反对后者,却忘记了两种情况下玛丽均性命难保。此外,他们还忘记了,按照当时的习俗,虽然人们可以容忍暗杀王室成员的行为,但无法容忍将他们判决死刑。这些史家还忘记了,戴维森和保莱特都签署过《保王协定》,他们都曾据此做过眼下拒绝去做的事情。[1] 真相乃是,这些哭丧脸的爵爷面对错综复杂的种种繁难,神经已经紧绷太久,以至于宁愿求同存异,拧成一股绳,坚决要将伊丽莎白驱赶到无法回头的境地,而伊丽莎白其实对此心知肚明。她曾经给过戴维森一个机会,逃出这个将会同时陷他们二人于不利的套索,可是戴维森却只是将套索拽得更紧。

她至少向戴维森发出过一次警告。当时判决书还未送达福瑟林格,伊丽莎白暗示戴维森,自己梦见苏格兰女王已死于戴维森之手,而她并不知情,梦中的自己满怀悲伤和愤怒,假使戴维森那时在身边,她会对他施以重罚。但戴维森仅仅回复说,他很高兴当时自己不在女王身边。她是否还在更早以前提醒过戴维森?当戴维森离开女王,去御前大臣那里领取国玺

---

[1] 前文已述,协定规定成员们应当不择手段处死所有危及伊丽莎白安全的嫌疑人,自然也包括伊丽莎白暗示的秘密处决方式,但现在签名人却转而要求必须走正当判决的途径。

为判决书盖章时，伊丽莎白曾示意他造访弗朗西斯·沃尔辛厄姆爵士在伦敦的宅邸，向这位首席秘书展示女王署过名的判决书。此时，沃尔辛厄姆已幸运地连续数周卧病在床。女王特意调侃了一句："这件事带来的悲伤几乎会干脆利落地要了他的命。"考虑到沃尔辛厄姆对苏格兰女王怀有出了名的深仇大恨，难道伊丽莎白只是开了一个无心的玩笑？伊丽莎白的反话时常大有深意，很可能她是打算让戴维森想一想，如果给沃尔辛厄姆看一眼玛丽的判决书只是一帖安慰剂，那么玛丽之死的消息是不是并不能完全治愈这位同僚。孰料，可怜的戴维森却迟钝地没有听懂其中的暗示。即便这样，我们还是很难不对他心生怜悯，按照卡姆登的观点，戴维森是被选定的替罪羊，那些心怀嫉妒的朋党之所以能坐视他在仕途上平步青云，是因为他们早已料到，玛丽之死所带来的灾祸至少会落在某个人的头上。无疑，在戴维森被迅速清扫出局后，他的位置必然任由其他尚未出局的选手接管。

伊丽莎白以这般态度面对戴维森，并不只是为了对苏格兰虚与委蛇。她如此行事，乃是着眼于全欧洲。伊丽莎白为玛丽的小叔子、现任法国国王[1]亲自写下一份有关该事件的详细报告，其中洋溢着惊愕、震怒和哀恸，英格兰驻巴黎的外交官则负责将这份文件广为传播。威尼斯大使向本国执政团报告称，处在痛苦中的英格兰女王对于签署判决书并将之交予戴维森深感后悔，女王表示，之所以批复文件，只是为了满足国民的要求，不想她的官员却孟浪地僭越了自己的职分。女王已经下令逮捕戴维森，褫夺其职务，她将竭力补救残局，以寄哀思。其他各国政府也获知了相似的故事，在此刻的伦敦，女王的贴身顾问们据说正因此事而处境不妙，似乎真的由于惊扰圣虑而芒刺在背。就连伊丽莎白最痛恨的仇敌、身居巴黎却渴望倚仗佛兰德的老战友金戈跃马打回伦敦的门多萨[2]，也致信腓力二世称，

---

[1] 即当时的法王亨利三世，他是前法王弗朗索瓦二世的四弟。弗朗索瓦二世和亨利三世之间的一任法王是查理九世（1550—1574），他是弗朗索瓦的三弟。

[2] 即博纳蒂诺·德·门多萨（Bernardino de Mendoza），是西班牙镇压低地国家起义时期的悍将，1578年被腓力二世任命为驻英格兰大使，暗中充当间谍。1584年，他因参与弗朗西斯·斯洛克莫顿谋反案（Throckmorton's plot）而遭驱逐。此后他又担任西班牙驻法大使，与法国的天主教同盟过从甚密。

英格兰女王因为处决玛丽一事忧伤成疾，竟至于卧病在床。必要时伊丽莎白从来都是一位非凡的演员，纵然如此，如果说她现在是在表演的话，这也是她所有演出之中最令人叹服的一次。

这是否全然只是一场表演，我们无须太过纠结。面对伊丽莎白这样一位复杂的角色，还是不就任何事宜做出定论较为妥当。人们或许怀疑伊丽莎白是在演戏，对于将署过名的判决书交给戴维森可能引发的后果，她之所以故作一无所知，其实是为了撇清干系，人们或许还会怀疑，她在事态急转直下时表现出的惊讶并不是出自真心。提及伊丽莎白眼中的苏格兰表妹，人们也许早就在心中为这份姊妹之情打了折扣。伊丽莎白与玛丽之间除了敌对别无其他，玛丽是她和她的王国面临的最为致命的威胁，假使能以另一种方式铲除祸患，人们可能会觉得伊丽莎白应当能够节制自己的悲伤。但是伊丽莎白的悲叹并不一定出自个人的忧伤和懊丧。在这件突然降临到她身上的事件中，有太多的理由适于流泪。也许比起英格兰的任何人，伊丽莎白都更能看清，福瑟林格的斧头挥落的那一瞬，多么彻底地斩断了英格兰与过去的纽带。

处在53岁这个年纪，已经很难与辉煌的过去作别，从头面对一个崭新的世界和未知的境况了。自从登基之初，在法国的土地上短暂经历了一场灾难性实验后，这一课便让她懂得了战场胜败的变幻莫测和军费无度的确凿无疑。此后，伊丽莎白不遗余力地避免做出任何不可撤销的承诺。她的外交政策就是绝不秉持一定的外交政策，以保证船舵能够在最轻微的触碰下及时得到调整。她一以贯之的，恰恰是随机应变。"享受时间的嘉惠"是那个时代主要的治国艺术箴言之一。时间解开了众多绳结，让许多孤注一掷的决定变得无足轻重，揭示了这个万花筒般的世界的始料未及，最精明的政治家会乐于以不变应万变，做一个谨慎的机会主义者。但伊丽莎白绝非只是利用时间：她迷惑了时间，有时似乎完全抹掉了时间的痕迹。如果她看上去一成不变，那是因为总在应时而变。当整个欧洲在不可遏阻地滑向深渊，日复一日，年复一年，落入经济崩溃和手足相残之中，伊丽莎白却仿佛依靠反复无常和举棋不定，向她钟爱的岛屿施加了超越时间的符咒。没有一位英格兰外交家可以肯定，今日之因必然促成某种明日之果，因为女王可以仅凭心血来潮，便使昨日之景重现，表面上她好像不动声色，实际上却又让前年之事再度重演。欧洲视她如圆缺无定的月亮，这是她的廷臣们赠予她的称谓，如小妖精般诡计多端，像水银一样难以捉摸。只需要看她如何施展那些复杂的回旋外交，在一座座峭壁的边缘保持平衡，就足以令清醒的政治家们晕眩。若要效仿她，连欧洲最坚韧的男性也会神经磨损。可是倘使证据可信，伊丽莎白自己却是乐在其中。

她面临的难题是要统治基督教世界里最难以驯服的王国之一，要在一群急于强调其男性优越性的粗鲁廷臣之中保持自己独立的意志和判断，绝不将自己置于某个男人可以放话"你必须如此这般"的境地。她凭恃的是女性的智巧和诡谲，是对明确旨意的有意回避，对谜语和模棱两可的本能偏好，以及故弄玄虚的怪诞技艺。她的目的是要将身边的廷臣和顾问、外交官和使节、欧洲大陆的国王和各股势力全都放入苦心打造的连环锁中，让部分与部分之间巧妙而精致地互相牵制，达乎均势，而她自己则自由自在，见机行事。多年以来，伊丽莎白都在其匠心独运的场面布景中扮演芭蕾领舞的角色。只要有权定下调门，她就有充足的自信引领全局。

不过，再具魔力的舞蹈，想要超越时间也终究是梦幻泡影。在超过四分之一世纪的时间里，伊丽莎白为她的岛国抵御了历史车轮的进逼，以一串取悦全场的独特舞步转移了四周的注意力，使英格兰能够在河清海晏之中顺着轨迹自然前进。伊丽莎白并非被我们称之为伊丽莎白风格的时代性情的女主人，而是孕育它的母亲，而且她也像多数母亲一样，无力预判儿女的作为。人民不仅从女王那里继承了胆气，还添之以独属他们自己的决心、女王不曾怀有的激进想象，以致伊丽莎白不能不费力束紧他们膨胀的野心。看到自己的臣民恣肆地畅行于西班牙声明主权的大洋之上，伊丽莎白想必心怀欣慰，但很难证明，她曾对这些航行的深远意义了然于心。伊丽莎白乐于让姐夫腓力二世[1]在低地国家面对动荡不安的局势，使其无法将那里作为入侵岛国的跳板，但她丝毫也不赞同仅仅因为对方是天主教徒就呼吁发起圣战的风气，正如她根本无法赞同腓力仅仅因为新教徒的身份

---

[1] 西班牙国王腓力二世曾与伊丽莎白一世的姐姐玛丽·都铎成婚。

就要烧死对方的决心。伊丽莎白冷静、猜疑而不抱幻想地看到，她的人民正在热情的驱使下变得与阴暗、激进的西班牙人一样无法理喻。可是，人民的热情仍在潜滋暗长，逐渐搅乱了她借以维持自由的精巧均势。凯旋的"金牝鹿"号帆船[1]驶入泰晤士河，激起了人们心中的贪欲或理想主义，引得女王越来越多的臣民们与荷兰人并肩作战，或以他们的枪炮唤醒西印度群岛土著居民奋起反抗。越来越多曾感恩和平的人们如今渴望发动战争，议会中的平衡正在不易察觉却又无从避免地发生改变。曾几何时，伊丽莎白借助传统家族来制衡新兴势力，以宗教上的保守派去平衡清教徒，现在议会则全力向她施压，迫使她迈出无法挽回的一步，走上一条直抵终点的道路，中途难以退出。

当然，向她施压的实际上是过往的历史：裂隙既已无法弥合，那么任何魔法都不能永远延宕破裂的发生。西班牙如同一位巨人，脚步固然迟缓，然而其践踏在欧洲的每一步无不昭示着冲突的临近。欧洲已然失衡，只剩下致命的分歧留待武力解决。伯利已向事实低头，女王也已接受现实。伊丽莎白派出弗朗西斯·德雷克带领她的一支舰队袭击西印度群岛；她还派出莱斯特带兵赴尼德兰，不情愿地接过了自沉默者威廉[2]遇刺后便掷于自己脚下的新教欧洲的领导权。伊丽莎白有理由不喜欢这个头衔。德雷克袭扰卡塔赫纳[3]的远航令西班牙受辱，但在激化了西班牙的敌对情绪之余，并没有伤及后者的筋骨，甚至未曾给女王换回一份体面的分红。莱斯特指挥的尼德兰战事更成了挥之不去的烦恼和旷日持久的灾难之源。伊丽莎白锱铢积累地将资财尽责地输入荷兰的保险柜（似乎从未有人注意到荷兰人的金库本是空空如也），却因为财政管理的不善和军需官的中饱私囊，很快便像流沙一样荡然无存，只剩下忍饥挨饿、衣不蔽体的部队，仿佛这些

---

[1] "金牝鹿"号（*Golden Hind*）是一艘英国大型帆船的名字，以其在1577年至1580年期间完成环球航行而声名远播，船长便是后来为国驱驰的海盗弗朗西斯·德雷克（Francis Drake）。

[2] 沉默者威廉（William the Silent），即奥兰治的威廉，见前注。

[3] 卡塔赫纳（Cartagena），南美洲北部港口，位于今哥伦比亚共和国沿加勒比海沿岸。始建于1533年，以西班牙地中海港口卡塔赫纳命名。在现代早期，它是西班牙与其海外帝国之间的主要贸易港口。

款项全然未曾到位，而荷兰人却越发怀疑起伊丽莎白的动机，越发不知餍足地予取予求。两年的战事让伊丽莎白花费了超过25万镑，数千名健壮的自耕农和骁勇的士绅血染沙场，其中还包括伊丽莎白的宠臣菲利普·西德尼，可是所有这些努力不过使西班牙人不可阻挡的脚步略微有所放缓罢了。上年7月，沃尔辛厄姆曾在致莱斯特伯爵的信中称："有两件事与女王的天性相违，一件事是她怀疑战事将会经久不息，另一件事则是开支的快速膨胀，这令她心烦意乱，对卷入这场战争后悔不迭。"自那以后，势头始终未有好转。不到两个星期，伊丽莎白又获知罗兰德·约克和威廉·斯坦利爵士这两位叛将把祖芬的堡垒和德文特[1]出卖给了西班牙人，那一年微薄的奋战成果至此荡然无存。就在福瑟林格的新闻传来的前一天，伊丽莎白刚刚与新任荷兰使节完成了一场暴风雨式的激烈会谈，伊丽莎白断然拒绝了荷兰人关于提供新一轮贷款和追加援助的请求，并直率地向使节们透露了她对联省议会的失望。这场看上去永无止境的毁灭性战争为女王力所不逮，她所担忧的继续参战的恶果眼看便要一一出现。伯利与莱斯特、沃尔辛厄姆和戴维森，她的整个顾问班子却像是在联合与自己作对，迫使她做出一个又一个致命的决定。

臣子们对于苏格兰女王的猛然发难就是这样的一例。截至目前，与西班牙的战争仍是有限度的。英格兰从未宣战，也没有与西班牙直接对垒。自从沉默者威廉遇刺，伊丽莎白就努力维持这样一种模棱两可的状态，她用警告和禁令来限制手下将领的行动，在开战的同时保留言和的幻觉，仿佛天堑之上仍可能搭建桥梁，好像瓦釜未破、舟楫未沉，撤兵之路依旧开放。在这迂回曲折的游戏中，苏格兰女王是重要的一环，在超过20年的时间里，玛丽发挥着锁钥般的作用。只要伊丽莎白的毁灭意味着玛丽·斯图亚特的胜利，姐夫腓力就会在倾全力与英格兰女王为敌前三思而后行。玛丽虽然暂时淡出了舞台，但她骨子里是个法国人，而法国是西班牙–哈布斯堡势力的世仇。无论玛丽亏欠西班牙什么人情，只要一有机会，她就会倒向法国和吉斯家族。腓力最终将会发现，让一位亲法的天主教女王登上英格兰

---

[1] 祖芬（Zutphen）和德文特（Deventer）均位于今荷兰的中东部地区。

王座，比宗教异端更能威胁到他对低地国家的松散控制，更会妨害他在欧洲日益扩张的霸权。腓力圣明的父亲，帝国的皇帝[1]，终生将离间英法作为谋略的主旨，宁愿忍受英国的怠慢和回绝，也不愿将这个海岛王国驱向法国的怀抱。腓力过去的表现证明，他将在这个方面踵武其父。伊丽莎白也希望腓力一仍旧贯，这样一来，只要玛丽活着，腓力被激怒的宗教正统意识和受伤的尊严就会继续被利益导向所平衡。正如伊丽莎白一样，腓力也同样不愿试探底线、冒险开战。

然而，无论是伊丽莎白·都铎最老辣的外交敌手，还是其最亲密的谋臣，均不曾成功解读她的心思。现在没人可以佯装读懂了女王。在用所言掩藏所思这项政治技艺上，女王堪称宗师。无论言及公共问题抑或私人事务，她总是用有力而潦草的字迹写满一页页纸，笔下的语句山回水绕，如同一条盘卷的大蛇，将女王的隐秘结论、暗示、寓指、承诺、否决缠绕一团，最后在文辞适足达义之时，又不着痕迹地遁去。在议会和公开谈判的场合中，她允许自己时而直抒胸臆、口若悬河。然而，最了解女王的人恰恰会最不确定能否从她的滔滔不绝中觅得真实意图，哪怕只是最微不足道的残片。

但是倘若伊丽莎白身上果真存在某些我们可以确信的东西，那便是她对于战争的厌恶。这是不是因为，在众多治国技艺中，女人在这一点上很难假装与男人一样娴熟？是因为战争的粗野暴力冒犯了她对秩序的复杂感情？单纯只是因为战争耗资巨万？又或者，是由于伊丽莎白年少时一度朝不保夕，因此一生中从来视控制周遭环境、主宰自身命运为首要之务，而战争却不可逆料、不由自主，在天性上就与之相悖？缘由或有万千，她却只是笃定地厌战。她已经被迫违背意志与西班牙交战，却始终希图撤兵。她曾期冀玛丽·斯图亚特的生命会为自己保留另一扇重要的、敞开的终战之门。延长玛丽的生命意味着自己要冒生命危险，但这也许在伊丽莎白看来无足轻重。伊丽莎白·都铎在意的东西很多，却并不包括自己的性命。对于四周因为处决玛丽而高涨的欢呼声，伊丽莎

---

[1] 即神圣罗马帝国皇帝查理五世。

白的心中其实怀有绝望的抵触，而这着实出自真情的流露。现在，又一扇通往和平的门已经永远掩闭，伊丽莎白正躺在格林威治昏暗的寝宫中，望着一如战争般似无止境的狭窄长廊。从今以后，遁逃的机会将微乎其微，对于女王泪水的真诚，我们不必怀疑。

4
欢快时节的尾声

巴黎
1587年2月28日至3月31日

  福瑟林格的新闻花了十天才抵达巴黎。即使考虑到海峡上的风暴和陆路上的片片沼泽，消息传递的时间也实在过于漫长。由于怀疑法国大使参与了玛丽的阴谋，英格兰中断了两国官方之间正常的外交联系和跨海交通。法国驻英大使的信使已经有两个礼拜未从伦敦返国了，当法王仍在翘盼他的特使能找到理据来挽救即将被处决的兄嫂时，英国驻法大使却已经在阅读有关刑斧落下的通信了。

  除了英国使节，第一个获知这则消息的是西班牙常驻法国大使堂博纳蒂诺·德·门多萨，在那个冬日中的巴黎，这是典型情形。法国宫廷中流传的消息几乎全都逃不过堂博纳蒂诺的耳朵，就这一点而言，发生在法国的事情里能挑起他兴趣的寥寥无几。王太后凯瑟琳·德·美第奇时不时会与他私下闲谈，在向他寻求同情和建议的同时蓄意泄密。非常明智地，他对此几乎一个字也没当真。国王的大臣们一个个急切地向他表示敬重，他的征询会得到热情且面面俱到的回答，而其他国家的使节却只能得到倨慢无礼的对待。就连亨利三世自己，有时也喜欢就法国的政策内容向他做出流利而雄辩的垂训，而这位西班牙大使也常常自诩，能够从法王的长篇冗语中捕捉真实寓意的浮光掠影。

  门多萨极少信赖这些信息来源。同样，他也并不依赖自己手下平常充当间谍的使节，他们只能带回一些零散的信息碎片。他之所以是巴黎消息最为灵通的外交官，是因为他作为天主教正统理念的捍卫者的代表，替西班牙国王出任神圣同盟[1]的幕后老板，而后者是一个极端天主教组织，正在暗中策划反对法国王室的阴谋，同盟首领吉斯公爵亨利及其兄弟们（他们把大部分西班牙提供的经费用作个人津贴）则向堂博纳蒂诺提供信息作为回报。此外，用不着百般诱惑，自会有一些小人物因为忠于信仰甚于国君，虽不情愿却仍然主动登门告密。门多萨还暗中与巴黎的一个叫作"十六人委员会"的组织保持着接触，这个组织正着手将城市暴民发展成一股革命力量。流亡的苏格兰、爱尔兰和英国天主教徒全都怀揣着谣言、恐惧和个人谋划，定期前来觐见为自己的信仰的捍卫者服务的大使。门多萨还非常信赖定居各地的密探和游走四方的密使提供的情报，他们训练有素，充满献身精神，对这股力量的战略部署巩固了从波兰到戈尔韦[2]的各条天主教战线。除非当时的观察家犯了错误、间接证据引起了误导，否则我们还可以断定，到了1587年，在对他的国王有所隐瞒的情况下，博纳蒂诺·德·门多萨已经与耶稣会[3]建立了紧密的联盟关系。而近来新打通的另一条信息渠道也平添了门多萨的信心。一位不显眼的来访者数次向他保证，英格兰驻法大使爱德华·斯塔福德爵士正焦急地盼望向西班牙国王示好，愿以任何方式提供帮助，只要"不违背他的女主人伊丽莎白女王的利益"。在2月28日的清早时分，这位中间人为西班牙大使带来了第一手的新闻：在十天前的福瑟林格，苏格兰女王已被斩首。

不久，全巴黎都得知了有关处决的各种不断添油加醋的故事版本。当爱德华·斯塔福德最终向法国枢密院递上关于本次事件的英国官方报告时，神圣同盟的宣传家们早就拟好了自己的判决。在他们看来，这场死刑针对的是一位公教信徒，因而是一场以司法程序作为掩饰的谋杀，是英格兰的耶洗别[4]犯下的最近一起，同时也是最昏暗无道的一起罪行。不仅如此，

---

[1] 神圣同盟（Holy League），由吉斯公爵亨利一世（Henry I, Duke of Guise, 1550—1588）于1576年创建，是法国宗教战争期间的天主教组织，旨在铲除新教，该组织还寄托了吉斯公爵谋求王位的企图。

[2] 戈尔韦（Galway），爱尔兰西部滨海城市。

[3] 由伊纳爵·罗耀拉（Ignatius of Loyola）等人为对抗新教改革在1534年创立的天主教修会，为男性半军事化组织，强调绝对服从教皇。

[4] 耶洗别（Jezebel）是《圣经》中以色列王亚哈的王后，以残忍无耻著称，曾鼓励异端，杀害先知以利亚。这里显然暗指伊丽莎白。

在这场谋杀中，法国国王瓦卢瓦的亨利即使不是积极的同谋者，也算得上是被动的从犯。如果得不到法国的保证，如果法王的所有愤怒不是只限于官样文章的话，英格兰女王绝不敢越过雷池。出于对吉斯兄弟的嫉妒，又被那群无神论政客的不实之言蛊惑，法王竟选择与英格兰女王、纳瓦拉国王[1]这样的异端结盟，无视西班牙的友谊，置天主教会的安全于不顾。正如那些彻头彻尾的异端，对于此等信仰上的懈怠，上帝必将迅捷地降下他可怖的审判。

那年冬天，巴黎的多数布道坛都传响着近乎叛国的雄辩。狂热的托钵僧和蛊惑人心的教士彼此争相施展诽谤和影射的手段，散布骇人的谣言。侍立王侧的某某人士暗中是一位新教徒。另一位某某人士早就将灵魂出售给了魔鬼。无人知晓异端的流毒和巫术究竟在多大程度上侵蚀了宫廷和上流阶层，大家只是听说 1 万名胡格诺派教徒[2]已经在巴黎的地窖和偏僻小路潜伏完毕，时刻准备在夜深人静之时起事，割破所有天主教徒的喉咙。（也许是因为对圣巴托罗缪之夜记忆犹新，开创了这种宗教论辩新形式的巴黎人格外担忧屠杀会反过来加诸己身。）眼看虔诚的子民将要惨遭异端的贪婪掠食，人们只能私下臆测国王袖手旁观、无动于衷的原因。

在巴黎布道坛上司空见惯的近乎叛国的言论，若放在伊丽莎白一朝的英格兰，但凡露出蛛丝马迹，也要让当事人付出耳朵作为代价。如果在英格兰出现类似从巴黎出版物上散播开来的那种诽谤言辞，枢密院一定会迅速将之消除，并认真处理涉事的作者和印刷厂主。众所周知，比起都铎时代的英格兰，巴黎，至少在巴黎大学的校区内，对于发言和写作总是给予更大的自由许可。但至少自从 150 多年前奥尔良和勃艮第两大公爵领之间彼此反目、爆发混战以来，争论者的言辞还从未像如今一般聒耳、放肆，不受王权的束缚。亨利三世似乎对他们置若罔闻。法国国王用餐时借以将廷臣隔离在外的小巧栅栏俨如再好不过的象征，它恰似那堵不断筑高的心墙，将国王的精神与外部世界割裂开来。

---

[1] 即当时的纳瓦拉国王亨利，他于 1589 年继承法国王位，史称亨利四世，是波旁王朝的开国君主。
[2] 法国新教徒的专用称谓。

瓦卢瓦的亨利即位至今不过13年，在承袭王位前，他曾当选为波兰国王，年轻时还以雅纳克和蒙孔图两处战斗[1]的胜利者闻名于世，那时的他仿佛是加在胡格诺教徒身上的天降之鞭，是捍卫信仰的圣骑士。但自那以后，一切就偏离了正轨。再也没有讨伐异端的捷报传来，令人兴奋到颤抖，午夜也不再是刺激的屠场，只有成效不彰的军事调动、沉闷无趣的双边对话，只有妥协、躲闪、卑劣的迂回、僵局和败北。重组王国的伟大计划仅限于纸上谈兵，王室日益债台高筑却又束手无策，国库日益空虚。王室权力坍塌的速度甚至超过了他母亲[2]担任摄政的日子，一个又一个庞大的省份脱缰而去，被胡格诺派、神圣同盟或是自私的贵族地方长官霸占。只有靠私人军队的巡视和市民的团结自卫，某些地区才像孤岛一样得以相对确保社会秩序，至于其他地方，无政府状态依然盛行，到处内战频仍，盗匪剪径。

13年足以使一个快活、自信的青年变成迟缓、犹疑的老人。那双手，那双美丽纤长的手，永远不曾停歇，伴随着流畅、悦耳的嗓音不安分地挥舞，像是在为语意编织精致奇巧的纹饰；等到国王沉默的时候，又会随意把玩些什么，有时是猕猴、蜜饯，有时是暖手筒、能够置于膝上的小狗，有时则是某位年轻俊美的男宠的发和耳。尽管他心有不甘地用红色和白色脂粉堆砌出健康相貌，俨然是某种尸体防腐术取得的成功，也终究掩饰不住脸孔的皱缩和沉滞。他的眼眶年复一年越发深陷下去，越来越像在尸首上一般，从中向外凝视的双目充满了病态、愠怒和怀疑。看上去，瓦卢瓦的末代君主已经被死亡隐秘地抱紧。

国王坦然地做出了选择，就像对待体内的死敌一样，他也对王国中公开的敌人视若无睹。他仍然用王室的奢华款待观众，依旧是和蔼、庄严的天下共主。他严肃地聆听谋士们的意见，向他们讲授施政技艺的智慧和微妙。他订正法令，俨然对法令的实施心存期望，他起草详尽的改革方案，仿佛自认为仍有能力践行改革。他会见外国大使，给本国使节去信，好像

---

[1] 雅纳克（Jarnac）、蒙孔图（Montcontour）均为法国西部城市，两城先后于1569年3月、10月爆发了宗教内战，天主教一方两度获胜，胡格诺派连遭重创。
[2] 即凯瑟琳·德·美第奇。

法兰西还像父王[1]在位时那般强盛和团结。他努力尽到为王的职责，完成宗教奉献，好像凭此便可以凌驾于所有批评之上，置一切品评于度外。他餐桌上的那面小巧栅栏宛如一堵难以刺穿的墙，处在背后的他可以任由自己喜欢，随时遗世独立。

1587年的嘉年华庆典欢快至极，国王的秘书布律拉尔对于花费忧心忡忡（他总是如此），可是盛大的舞会依然令人应接不暇。只是在短暂的间隙，寻欢作乐之徒才会如同泡沫一般，从卢浮宫的音乐中和灯火下迅速散尽，一路手舞足蹈来到公共大街上，此时笃信王（The Most Christian King）[2]陛下也正在变幻无定的古怪伪装背后参与狂欢，他最常扮成一位女侍，大叫着，欢笑着，被那些英俊年少的廷臣簇拥在中心，巴黎市民则将这些人称作他的"甜心"。宫廷人员似乎从来不眠，清醒的市民们早就习惯了随时撞见狂欢者，并懂得在一天中的任何时刻规避更为刺耳的吵嚷。唯一可能中断庆典的是国王，他有时会忽然离去，褪下狂欢的华裳，换上忏悔者的粗布长袍，前往他钟爱的位于圣奥诺雷区的圣方济各会修道院，传说他在那里整日跪倒在地，斋戒、自我鞭打，一面啜泣，一面祈祷。在这无度的虔诚之中，并不存在虚伪。这不是意在安抚民意的刻意之举，而且事实上也无补于事。修道院中的痛苦悔悟与嘉年华会上歇斯底里的放荡一样，都是亨利纵容激情的一种方式，他以此妄自菲薄，求得谦卑，全然对旁观者视若无睹。人们或能猜到，眼泪和鞭打反而会使随后一二日必然上演的纵乐更加痛快淋漓。

在此之前，国王的消遣丝毫没有因为玛丽·斯图亚特的性命之虞而笼上阴影，但是玛丽的死讯却突如其来地中断了一切玩乐。这很可能并不是源自个人感情上的悲伤。当玛丽·斯图亚特还在瓦卢瓦宫廷中接受众臣祝

---

[1] 即法国国王亨利二世（1519—1559）。
[2] 此处指代亨利三世。笃信王（拉丁文 *Rex Christianissimus*）是法国国王世袭的另一尊号，由于法兰克王朝和罗马教会的历史性合作，法国被认为是第一个经教会确认的现代国家，又由于首任法国国王克洛维已经被教皇认可为罗马的保护者，历代法王均把这一尊号视作自己专享的殊荣，并借此申明法国在基督教世界的特别权益。不过历史上这一尊号也曾偶被罗马教廷授予其他政权的君主。文艺复兴时期，教皇尤利乌斯二世还试图将之永久转交给英王亨利八世及其继承人，但未能成功。

酒时，她的小叔子还在襁褓之中。当她乘船驶离法国，去迎接在苏格兰的黑暗命运时，亨利年方 10 岁。到了亨利称王的这些年，玛丽·斯图亚特这个名字大多时候代表了一连串令他疲于应对的借款恳请，还有根本无力实施的作战需求，代表了法国与英格兰错综复杂的双边关系中的各种不快，并且一次次地为自己招来她的亲属吉斯家族的欺侮和威吓。亨利本无过错，却要为西班牙－耶稣会－神圣同盟这个集团的行径背负不白之冤。直到今天，亨利的所作所为完全值得称赞，他曾授意特使利用自己的权势采取任何合法手段去挽救玛丽的性命，大使也始终兢兢业业，照章办事。可既然如今满盘皆输，不走运的王后已经被人从棋盘上剔除，亨利也许会静下来反思，多年来，玛丽其实是他的对手吉斯家族操控下的一粒棋子，吉斯的亏输，当然便是自己的收获。他兴许会希望，既然主要的干扰因素已经移除，那么他与英国人的关系至少会有所好转。

虽然如此，荣誉、政策以及照顾民意等诸多方面的考虑，全都迫使国王率领宫廷人员沉浸在哀悼声中。玛丽是他兄长的妻子、曾经的法兰西王后，是势力昌炽而且广受欢迎的吉斯家族的表亲。她以一位立场坚定的天主教信徒的身份在异端手上殒命，人民无不将之归因于她对信仰的忠诚。她魅力十足，关于她的回忆至今仍回荡在亨利的宫廷中，甚至连吉斯的敌人们也未曾忘怀。如果说国王的悲恸和愤怒仅仅是出于政治的需要，那么就在他身边，许多人的感情流露却着实是内心的真实写照。

在宫廷之外的巴黎街巷上，悲恸和愤怒不仅出于人们的真情实感，而且几乎一发不可收拾。长期以来，吉斯家族在将玛丽的经历——无论涉及爱情还是政治——呈献给巴黎人之前，都会先为她鎏上一层极其讨喜的光芒。在万千民众的心中，关于那位亨利二世的儿媳、弗朗索瓦二世的王后的记忆渐已模糊，现在的玛丽很久以来乃是一位深受爱戴的女英雄。如今，描绘她黑衣裹体悬尸窗棂的画作、歌颂她毅然殉道并降厄于迫害者的民谣已经在大街小巷中广为流传。接下来的一个星期，玛丽的悲情故事更成了巴黎多数布道坛上的主题，在一位格外辩才无碍的演说家的感召下，某处的听众竟然泣下如雨，以至于演说家不得不弃坛而去，中止了这场未完的布道。人群开始在卢浮宫外游行，高呼向英国报仇，深感负有义务的国王亨利不得不派人知会英使爱德华·斯塔福德爵士，恳请他为自身安全考虑，千万不要离开大使馆。

在巴黎人宣泄暴怒和哀伤的洪流中，有几分出于真情，几分来自宣传和煽动，今天的我们只能自行臆测了。巴黎人与法国别处的人民一样，因为经历了一个急剧变化而令人迷惘的时代，心中的恐惧和焦虑正如火燎原。比起亨利二世时期，钱币的价值还不如先前面额的四分之一，可是即使物价已经如此腾贵，税赋的压力和对于时局的不确定感仍然使得商人、匠人的收益大幅缩水、起伏不定。与此同时，在全国各地，许多象征教会和国家的地标式传统建筑被扫荡殆尽，古老的价值观面临挑战，古老的王权正遭撼动，对于自己的生命和财产安全，人人怀有旦夕之危，好像百年战争[1]期间的惨淡旧日又再次降临。将法国遭遇的所有不幸归咎于胡格诺教徒，迫使这个为自身生存而战的绝望少数派团体用心险恶地密谋颠覆王国，这样才能为笼罩在人们心头的无名恐惧赋予具体的外形，为民众的不安找到发泄的渠道。声讨异端似乎能让惴惴不安的人民聊以自慰，好像再多一次冒失的暴力冲突，便能治愈这个恰恰是因为不辨方向地滥施暴力才弊病丛生的世界。巴黎人本来便因为苏格兰女王之死而情绪颓丧，现在更因为这些弦外之音，被推向了癫狂的边缘。

然而，无论任何时候，当忠诚被连根拔除，人民在情感的洪流中盲目地随波逐流时，就很可能会有一些政治党团暗中钻营，希图因利乘便。在情感的波澜起伏之下，巴黎和其他法国天主教城市或许失去了理智，可是在神圣同盟的领导者对民众感情的操纵中，却未曾存在半点的不理智。这并不是说，在将形形色色的同盟成员撮合起来的各种动机和利益中，没有任何亢奋和莫名的情绪。但是，同盟的目标，它真正的对手，都是清晰而明确的，它的处事手段也是拿捏有度的。显而易见，同盟的存在首先服务于教皇的宗教利益以及拥护教皇掌握绝对权力的天主教教士，他们正致力

---

[1] 从1337年至1453年，主要发生于英法两国之间的漫长战争，法国是主战场，虽然赢得了最终胜利，但期间曾付出惨痛代价。

于反击法国的胡格诺教徒和高卢主义者[1]。与此同时，同盟也为觊觎王位的吉斯公爵服务，反对瓦卢瓦统治者和波旁家族的继承权，而且由于西班牙是幕后金主，后者的国际利益也是同盟开展活动的考量因素。同盟的对手需要被扣上异端的大帽，他们是良善的法国天主教徒的敌人，同盟的公开目标将是为捍卫法国的正统信仰而战。

从开展活动的一开始，同盟中的布道者们便发现，英格兰处决天主教徒是他们必须大做文章的题目之一，法国政府绝无可能在这一点上加以反对。同时，它明白无误地强调了，将来的法国如若像英国那样落入异端君主的股掌，将会出现怎样的景象。在那些日子的英格兰，罗马天主教会的派遣神父受到了真实而又残酷的欺凌，与此同时，信奉新教的英国人、荷兰人乃至西班牙本国人，在西班牙宗教裁判所受到的凌辱也同样真实而残酷。今天我们已经很难判定，哪一方的殉难被更加夸大和歪曲。好战的清教徒和神圣同盟双方的宣传家都在同宗教友的痛苦中发现了可资利用的东西。

对苏格兰女王的处决就是在这样的旋律下着手宣传的。两个星期之中，巴黎的布道坛不分大小，四处传响着殉教女王的无瑕美德、敌人们的奸邪以及佞友们的背叛，接着便迎来了纪念活动的高潮——女王在巴黎圣母院的庄严葬礼。为了这次活动，神圣同盟专门请来了令人敬畏的演说家布尔日主教[2]大人。主教把惯常的悼亡颂辞变成了一曲赞歌，他没有按照惯例将颂辞献于王室，而是献给了洛林家族[3]，特别是吉斯公爵和马耶讷公爵[4]，他赞美二人是法兰西的西庇阿[5]兄弟，是战场上的雷霆，二人已经做好准备，要为殉教的表亲复仇，因为玛丽是神圣教会的支柱，是上帝受苦受难的子民的希望和欢乐所在。主教的修辞并没有因为亨利三世和王后的

---

[1] 高卢主义（Gallicanism），法国天主教会内部寻求限制罗马教皇的权力，争取本土自治的宗教运动，其成员被称为高卢主义者。
[2] 布尔日主教博讷的雷诺（Renaud de Beaune, bishop of Bourges, 1527—1606）。
[3] 即出自洛林地区的吉斯家族。
[4] 当时的马耶讷公爵即吉斯公爵亨利的二弟查理，亦称吉斯的查理（Charles of Guise, Duke of Mayenne, 1554—1611）。
[5] 古罗马共和国时期的簪缨世家，名将辈出。

出现而有所收敛，国王夫妇以一种引人注目的低调姿态落座于耳堂里的专用长椅上。瓦卢瓦的末代君主或许陷入了深思，他仿佛正在目睹自己的葬礼，聆听献给他的继位者的颂词，不同之处在于，倘若他是长眠于棺椁之中的尸体，而不是按照位阶尊卑和亲属顺序排定的首席吊唁者，那么他的名字就不会如现在这样陷入沉寂，被人刻意漠然置之。如果说过去的13年里几乎诸事都不顺遂，他至少测试出了法国君主制这种坚韧的制度能够承受百般不幸的能力。倘若苏格兰女王之死可以缓解来自吉斯家族的压力，在展示完适当的外交式愠怒之后，能够拉近法国与英格兰的关系，那么亨利完全愿意平静地忍受布道坛上发起的另一轮攻击，毕竟英格兰是法国面对强敌西班牙时唯一可能携手的同盟力量。

  3月13日这天，各国大使们也纷纷前来巴黎圣母院参加玛丽·斯图亚特的葬礼，他们对于玛丽之死可能造成的后果众说纷纭。可能是出于职业敏感，爱德华·斯塔福德爵士对法国宫廷和巴黎掀起的狂怒情绪深感惊恐，以至于到了最后，沃尔辛厄姆不得不恼火地制止他继续就这个话题进行汇报，因为他的信函只会徒然增添伊丽莎白的苦恼，枢密院却要为此承受女王的所有不快。另一方面，意大利的观察家们虽然也向罗马、威尼斯和佛罗伦萨禀报了弥漫于法国的复仇情绪，但都一致同意如下判断：整体来看，处死玛丽提升了英国的地位。这一行动不仅铲除了英国国内历次叛乱的天然领袖，打消了法国干涉英国事务的合理动机，还为16世纪的高级政治[1]走向推开了另一扇关键大门，一个全新的英法同盟正呼之欲出。任何一个不曾全心全意效忠西班牙的意大利人，都会对限制西班牙这个想法满怀憧憬。没有哪位意大利政治家不曾暗地里翘盼，欧洲会从不可通约的宗教敌对激情中恢复平静，回到权力政治下精打细算的游戏中来。或许正是由于以上两点原因，对于玛丽之死的后果持有犬儒主义现实考量的意大利外交家才会沉迷于这种愿景。不过，在那年3月，多数老于世故的巴黎政治家也都会对意大利人的想法表示赞同。

---

[1] 在国际关系研究领域，"高级政治"（high politics）一般指一个国家的国内及国际安全议题，与涉及经济、社会议题的"低级政治"（low politics）相对。

堂博纳蒂诺·德·门多萨更加高瞻远瞩，这位西班牙大使与其耶稣会盟友观点一致，在他们心中，苏格兰女王的利用价值早就不复当初。很久以前他已推断出，只要得不到外国干预的保证，英国天主教徒就不会发动大规模的起义；可一旦外国干预显露出危险苗头，玛丽又会被当作祸首论处，从而性命不保。尽管在观察家们的眼中，玛丽似乎依然在过往光辉的笼罩下显得至关重要，可在门多萨看来，玛丽·斯图亚特已经踏上祭坛，只等着随时被清理出棋局。早在两年前，对于敌人可能除掉玛丽，门多萨已经怀有几分预期。针对英格兰的计划尚处在酝酿阶段，对方在此时动手，而没有等到计划付诸实施的最后一刻（可能就差六个月？一年？两年？），倒也在一方面简化了这盘游戏的复杂程度。同样，门多萨还早就对英法结盟的可能性不甚看好。在法国，他唯一信任的势力便是神圣同盟及其首领吉斯公爵。虽然这种信任充其量也只是半信半疑，门多萨还是希望，当计划实施之日来临时，法国的主人将不再是瓦卢瓦的亨利，而是吉斯的亨利。在向着这一目标迈进时，玛丽·斯图亚特的死带来了另一个契机，为门多萨提供了撬动王室权力的另一根杠杆。在给马德里和罗马的信函中，门多萨清楚明白地表达了正在上千个受神圣同盟控制的布道坛上公开暗示的消息：法使蓬波纳·德·贝里艾佛尔[1]对伊丽莎白女王的特别访问是一个假象；法国大使的使命不但与阻止处决苏格兰女王无关，相反，乃是为了坚定伊丽莎白的杀心。在马德里和罗马、在布鲁塞尔和布拉格，神圣同盟的朋党和耶稣会的神父们也纷纷貌似独立地对这则谎言给予确认。为了信仰的胜利，必须削弱法国国王的地位，为此不仅要割裂臣民们对国王的忠诚，还要诋毁他在全欧洲人眼中的形象。

不过，眼下法国还不是门多萨算计的主要对象，他的视线始终锁定在英格兰。两年多以前，他在英格兰的使节生涯以被驱逐而告终。那时他被无礼地赶上了甲板，无奈地乘船返回主人身边，因为他的阴谋"扰乱了英格兰王国"。"告诉你们的女主人，"他最后朝着目睹自己登船的女王的

---

[1] 蓬波纳·德·贝利埃弗尔（Pomponne de Bellièvre, 1529—1607），当时法国政坛的重要人物，在16世纪70年代到80年代，他曾频繁出任驻外使节，与伊丽莎白有过多次秘密商谈。

臣子们开口道，"博纳蒂诺·德·门多萨来到这世上不是为了扰乱王国，而是为了征服它们。"

从那以后，为了个人的复仇和信仰的胜利，门多萨开始细针密缕地编织起伟大的计划，仿佛着了魔。其实早在被逐前很久，他已经是这个计划的主要提倡者之一了，一直以来，他都试图让国王腓力坚信英格兰和苏格兰天主教徒的实力，坚信伊丽莎白麾下军官们的怠懒和腐败，以及英国民兵的粗拙和理应受人蔑视的虚弱。门多萨比任何人都要更加清楚，腓力一贯的迁延拖沓、他那不可救药的谨小慎微乃是制约计划的主要障碍，臣民们为此不无公道地称呼腓力为"审慎之王"。门多萨的首要打算是利用玛丽之死来激励自己的主人，一接到消息，他就立即坐下来拟定了一份将要呈交腓力的纪要，内容囊括了他所了解的英格兰、法国以及基督教世界其他各地即将做出的反应。他无须提醒国王，如果西班牙现在攻取英格兰，此前面临的危险将不复存在，不会再有一位法国王后白白利用西班牙人的胜利登上另一尊王座。他也没有提及那份苏格兰女王签署过的重要文件，不久前已由他亲自转寄回西班牙。他谈论的只是虔诚、荣誉以及单纯的自我防卫的需要，三者在共同呼唤西班牙降下惩罚，让英国为这最后一次暴行付出代价。"职是之故，"他总结道，"我祈请陛下加快推进在英格兰的事业，及早加以落实，因为上帝的显豁意旨已然众目昭彰，他将把这两个王国的王冠全部授予陛下。"

5
行动计划

布鲁塞尔
1587年3月1日至22日

在致函腓力的同一天，博纳蒂诺·德·门多萨还给腓力派驻尼德兰的总督帕尔马公爵亚历山大·法尔内塞去信，向他通告了玛丽的死讯。正待在布鲁塞尔冬季营地的帕尔马其实对此事早有耳闻，此时的他已经在重新评估欧洲的局势了。外部形势也是荷兰反叛所引发的复杂军事难题的一部分，在这个难题所牵涉的诸多变量中，一个令人恼火的未知因素现在可以消除了。在玛丽穿越英格兰国境自投罗网的同一年[1]，不满的尼德兰人也第一次高举义旗，矢志推翻西班牙国王的统治。从此以后，国王腓力为了逼迫反叛的臣民重拾顺从（自然也包括对罗马天主教廷的顺从），持续不断地耗尽了西班牙的金币和鲜血，腓力的诸多武将文臣为解主上之忧而远赴北疆，却声誉扫地，客死异乡。时不时地，这个难题还会因为玛丽·斯图亚特的存在而更趋复杂。腓力的指挥官们总要一心二用，时刻准备利用驻扎尼德兰的军队前去解救苏格兰女王，而英格兰对于西班牙可能干预本国朝政的恐惧，又令两国的关系不断恶化。

当亚历山大·法尔内塞于1577年12月前往尼德兰投奔至舅父奥地利的堂胡安[2]麾下时，堂胡安这位热爱冒险的骑士正痴迷于美妙的设想之中。届时他将踏过狭窄的海峡，拯救苏格兰女王，他会奏凯伦敦，废黜伊丽莎

---

[1] 即1568年，尼德兰于是年开始了追求独立的"八十年战争"。

[2] 奥地利的堂胡安（Don Juan of Austria, 1547—1578），神圣罗马帝国皇帝查理五世的私生子，他为同父异母的兄弟、继任帝位的腓力二世的扩张事业戎马一生，曾领导1571年西方联军取得了战胜奥斯曼土耳其的勒班陀大捷，被许多史家认为是那个时代最出色的军人。

白，在不列颠的土地上重建古老的天主教信仰。对于如此丰功伟绩，显然只有一种合适的报答，在达恩利和博斯维尔[1]已成过去后，面对与勒班陀的英雄成婚的选择，玛丽·斯图亚特将没有理由踌躇不前。堂胡安被委派的工作是戡平尼德兰的叛乱，直到他生命的最后数月，这个目标似乎依然遥不可及。然而，尽管西班牙只控制了一些星散的城镇，尽管军饷遭到克扣的部队已处在崩溃边缘，将官们也相继殒命沙场，可是试图拉拢苏格兰、英格兰的天主教徒，联合教皇、吉斯家族以及西班牙国王，最终促成女王玛丽与国王胡安相携登临大宝的那场阴谋，却如同老朽的车轮，仍然在嘎吱作响中固执地行进。"每个人都相信，"甚至早在组建起自己的尼德兰政府[2]之前，堂胡安便在给腓力的信中表示，"治愈尼德兰骚乱的唯一药方便是，英格兰应当交由忠于陛下之人来统治。倘若相反的情形继续下去，低地国家将会走向毁灭，这对于您的王权而言将是一大损失。"而这似乎也是他秉持至死的信念。

在 1587 年 3 月，这个主张其实比十年前更具有说服力。一方面，女王亲自供养的英格兰军队现在就驻扎在尼德兰，无论是在多数欧洲政治家看来，还是以起义者自己的惯常论调（虽然并不总是前后一致的）为据，英国的帮助都是荷兰独立的主要支柱。另一方面，在帕尔马公爵亚历山大的治理下，如今西班牙在尼德兰的事业至少已经开始转危为安，步入兴旺。

在政治和外交领域，帕尔马都证明了自己与最伟大的敌人奥兰治亲王棋逢对手。在战场上，他是所处时代毫无争议的第一名将。同时代人对帕尔马的军旅生涯大书特书，他的勇气和冲锋，他体格的强悍，他随时准备与部下一起同甘共苦、出生入死的决心，所有这些无不名闻遐迩。在记载中，出现频率仅次于上述内容的，还有他那令敌人丧胆的疾风迅雷般的作风、把握时机的良好直觉，以及在觉察出物有所值时咬定青山的耐心和韧性。尽管如此，对于帕尔马在理智分析和组织全局上的能力，记录者还是未能揭示全貌，正是因为这些才华，他才将战争艺术提升到了 16 世纪罕

---

[1] 达恩利勋爵亨利·斯图亚特与博斯维尔伯爵詹姆斯·赫伯恩是玛丽从法国返回苏格兰后的前后两任正式丈夫。
[2] 1576 年堂胡安接受任命赶赴尼德兰，1578 年死于任上。

见的水准。帕尔马对军事地形有着举世无双的感知力，如果他的士兵们抱怨自己用铁锹干的活儿比用长枪还多，那是因为帕尔马知道，当湍流改道、堤坝决口，一条新掘的沟洫可能会比一场血战更能带来他想要的结果。帕尔马的脑海中有一幅尼德兰的战略地图，上面布满了所有水陆交通的精细网络。先前的指挥官们，甚至包括伟大的阿尔巴[1]、沉默者威廉，都曾在低地国家的复杂地势中跟跟跄跄，像是好斗的男孩儿们在陌生的灌木丛中乱打一气，而帕尔马的行动却无不经过精妙计算，在切实可行、井然有序的计划操控下付诸实施。

　　与此同时，在帕尔马手上，这帮顶着西班牙军的虚名、七拼八凑起来的雇佣军，竟然迸发出前所未有的作战潜力和团结意识。先头部队和围攻部队变得态度严谨、训练有素，不再像是临时凑数的市民附属武装。彼此迥异各色各样的装备、组织、战术、语言、军事传统，以及西班牙人、意大利人、德意志人、瓦隆人被打造得浑然一体，近乎一台精密仪器。诚然，早在帕尔马出生前，甚至早在他的外祖父查理五世[2]亲历战场之前，西班牙步兵的名声就已然四处显扬，令人胆裂了。不过，日后的西班牙军队之所以仍然锐不可当，乃是因其具备高度的专业水准，而他们赢得的传奇色彩与赫赫声名多半应当归功于帕尔马亲王。

　　凭借这支军队，帕尔马开始在南方系统地征服失地，希望得到一处合适的据点。在佛兰德和布拉班特，一个又一个主要城镇在他的施压下屈膝臣服，直至最后，他已经准备好将北欧的商业中心安特卫普这座大港紧紧攥在手心。在经过了一场以交战双方破釜沉舟的死战、英雄主义的坚守和无与伦比的工程技艺而名垂青史的围城战后，安特卫普终于在1585年8月出降。祸不单行，就在一年前的1584年7月，一次发生在德尔夫特的疯狂枪杀还导致奥兰治亲王在自家宅邸的楼梯上殒命，沉默者威廉的死对

---

[1] 阿尔巴公爵费尔南多·阿尔瓦雷斯（Duke of Alba, Fernando Álvarez de Toledo, 1507—1582），他在1567年至1573年间出任尼德兰总督，曾残酷镇压当地人民的起义。
[2] 查理五世（Charles V, 1500—1558），神圣罗马帝国的著名皇帝，他在位时通过联姻、征战、海外拓殖等手段，使帝国的版图得到了前所未有的扩张，除美洲外，还领有西欧、中欧和南欧的大部分土地。

于荷兰的打击甚至比安特卫普的失守还要沉重。帕尔马已经蓄势待发，打算趁势彻底收复荷兰和泽兰。在西班牙国内，消息最灵通的一位大臣甚至向一位下属打下包票，扬言战事已进行到最后阶段，胜利收官指日可待。

不料，奥兰治亲王遇刺和安特卫普失陷最终驱使英格兰下定决心，加入到荷兰的战事中来。英格兰早就向荷兰提供了充足的财务援助和志愿武装，西班牙由此对英格兰产生的憎恨全然有理有据，但伊丽莎白的谋臣们并不满足，他们终于说服女王，使她相信，任由西班牙军队在荷兰大获全胜，将会为英格兰带来难以承受的风险，那时西班牙人大可以继续渡过北海，进犯英格兰本土。伊丽莎白随后与荷兰人签署了一份措辞模棱两可的协议[1]，由此获准派遣英国卫戍部队入驻布瑞尔和弗拉辛二地，如果腓力想要将帕尔马的军队投放到英格兰，这两个港口将会是首选之地。赶在战争于1586年打响前，伊丽莎白又向尼德兰派去5000名步兵、1000名骑兵，统率他们的自然是女王宫中最负盛名的人选——莱斯特伯爵罗伯特·达德利。

关于这支英军（专指莱斯特征募来的部队，不包括约翰·诺里斯[2]麾下那支久经战阵的雇佣军）的优劣，一直以来存在不同观点。部队士兵的本国同胞倾向于将其描述为卑鄙的流氓和浪子：未经训练、装备拙劣、衣不蔽体。（千真万确的是，他们中间的一支分遣队基本上只配有弓箭，另一支分遣队，据其队长记载，搜遍整个军营也找不出三件完好的衬衫。）荷兰人则对他们无出其右的盗窃和殴斗印象深刻。可是，在领教了这帮人的厉害后，帕尔马却再未小瞧过他们。在默兹河畔湿滑的泥泞中，这帮步兵中的排头兵在接近两个钟头的时间里浴血奋战，顶住了精选出阵的西班牙老兵的长枪，直至最后，退让的也并不是这些临时征募来的英国新兵。对于发生在沃恩斯菲尔德的那场激战，我们记住的是菲利普·西德尼的

---

[1] 1585年8月10日，伊丽莎白一世与尼德兰反叛军在伦敦郊外的无双宫（Nonsuch Palace）签署了《无双宫条约》（Treaty of Nonsuch），伊丽莎白将向尼德兰提供武装和军费，为此尼德兰将布瑞尔、弗拉辛二地授予英格兰派军驻守。

[2] 约翰·诺里斯（John Norris, 1547—1597），第一任诺里斯男爵之子，那个时代英格兰声望最为卓著的战士，参与了伊丽莎白时代的所有重要战争，绰号"黑杰克"（Black Jack Norris）。

死[1]，但尼德兰前线的士兵们则记住了英军的战斗场面，他们披坚执锐，跨乘重甲战马，手握支撑在胸甲上的骑士枪向敌军冲去，长驱直入，势如破竹，能够轻松横扫数倍于己方人数的敌方轻骑兵和火枪手。从那以后，帕尔马对英国重骑兵深感忌惮，对于重骑兵以外的其他英军兵种，他也同样不曾大意，这从他在估算敌方要塞的卫戍力量时总是专门标出驻防英军人数的习惯中可以看得出来。

由于英国的武力和财力增援，也由于英军入盟对于荷兰人士气的鼓舞，帕尔马在1586年的攻势没能换来所有人预想中的胜利。他成功保住了后方的供应线，紧扼祖芬城不放，但是仍然无力打破北方诸省的战事平衡。当冬季迫近，他已经是在靠着行军速度、作战勇气和绝对的智谋优势，才得以在足够强大的敌军面前维持主动，而后者若能得到合宜的指挥，本来早已能够将帕尔马围在布拉班特忍受饥饿。由于英国的干预，帕尔马对荷兰和泽兰二省中心据点的进攻计划已经远远落后于时间表，事已至此，他终于自然而然地回想起了堂胡安的判断——欲得尼德兰，先取英格兰。

如果说他对这个计划缺乏热情，那么部分原因是，对于征服英格兰，他并不如舅父那样满怀信心，还有部分原因则要归结为，他实则对于夺取尼德兰更感兴趣。亚历山大·法尔内塞的文件中留下了关于政治和军事形势的详尽分析，内容不仅涉及地理和经济、财政、后勤和补给、军队的规模、纪律和武器这些具体事实，甚至还旁涉心理因素，每一队乃至每一位士兵胸中的野心、嫉妒、恐惧、仇恨和忠诚，都在他的计算之中，不惟对自己麾下的士兵如此，对方阵营的军士也毫不例外。他唯一没有诉诸文字，甚至没有在写给母亲的信中流露分毫的，是自己的动机。不过，如果说他首先忠诚于尼德兰人，全体尼德兰人，这也并不令人惊讶。因为他的母亲，还有他那位杰出的外祖父，都曾统治过这片土地上的生民。[2] 而至今为止，他自己在尼德兰度过的岁月也已经超过了在其他任何国家生活的时间，差

---

[1] 菲利普·西德尼（Philip Sidney, 1554—1586），伊丽莎白时代著名的诗人、廷臣、学者和战士，战死于英西战场之上。
[2] 查理五世于1506年继承了尼德兰，他的私生女、亚历山大·法尔内塞的母亲玛格丽特·德·法尔内塞曾于1559至1567年任尼德兰总督。

不多从十年前开始，这里的人民就已经让他倾注了全部的注意力。

他是比利时这个现代国家的缔造者（未来将会揭示这一点）。对17个省中南方10省的再征服，正是出自其双手和头脑的杰作。不过，这项工作在当时尚未完全大功告成。这里曾是欧洲的膏腴之地，她的人民现在却食不果腹。在饱经军旅践踏后，田地正被归还给野草和荆棘。诸多工业城镇萧条冷清、城池半空。在安特卫普交易所，高悬的铭文仍在自豪地标榜"为来自任何一片土地、操持任何一种语言的商贾服务"，曾几何时，这里一度汇聚了每一片土地、每一种语言的利益诉求，而现在，只剩下为数不多的票据交易人还在往来徘徊，打算掠去那些身着破衣烂衫的船长们最后的必需品。在这座通都大邑的港口中，最后一批霍尔克货船正在船坞中怠惰地腐烂。只要荷兰舰队仍然封锁着斯凯尔特河的入口，它们还将在那里继续腐烂下去。看起来，能否重新打通入海口，进而勘定荷兰叛乱，不仅关乎这些收复省份能否恢复旧日的财富和荣光，甚至决定了它们的生死。而这便是我们从帕尔马小心掩饰的语言幕布背后解读出的动机，也是帕尔马怀揣的伟大目标。

当腓力二世第一次与他商议有关英格兰的行动时，帕尔马告诫说，西班牙可能会为了一座空中楼阁付出惨重代价，并规劝腓力继续静待良机。一旦屯驻尼德兰的军队卷入英格兰事务，法国也许会对疏于防卫的南方诸省下手，正如他们此前曾多次尝试的那样。对于久经沙场的帕尔马而言，想到自己的后备军那时可能被尽数消灭，后方基地也被彻底铲除，而自己正身陷北海对岸的艰难战役之中分身乏术，真无异于一场梦魇。纵然他相信吉斯公爵和神圣同盟会掩护自己的侧翼和后方，以上的设想属于杞人忧天，也仍然有一个问题尚待解决，那就是如何与来自西班牙本土的舰队会合。

帕尔马曾一度思量过这样一条计策，他将完全依靠自己的部队发动一场跨海突袭，部队将在夜幕掩盖下乘驳船快速进发，在所有人发现他们已经驶离佛兰德之前登陆英格兰。但实施突袭的机会早已错过，现在双方战事已开，他的部队想要登陆英格兰，能够提供掩护的将不再是夜幕，而只能是本方舰队的正面炮火。可是在远海，或是在过于宽阔以致难以用链条封锁、用近岸炮火压制的内陆航道上，荷兰人才是主人。能够提供掩护的舰队只能远远来自西班牙。那么来到之后，这支舰队将往何处停泊？在夺取布瑞尔和弗拉辛之前，帕尔马手上没有任何一个深水港口可供海船安全停靠，他的护卫舰队在发起横渡前无处抛锚，倘若西班牙人进入海峡后遭遇风暴或者英国人的炮火，他们将无处躲避。因此，虽然有越来越多的人力劝腓力，若不拿下英格兰，他将永无可能平定荷兰人的反叛，帕尔马公爵却愈加坚信如下观点：成功入侵英格兰离不开一个重新统一的尼德兰。

英国未来的干涉是否会像在1586年一样给他增添麻烦？帕尔马对此并不确定。虽然在战场上表现平庸，但在议会的圆桌上，莱斯特伯爵却拥有极高的天分去制造分裂和敌对，去激怒友人。他认为自己的军衔远可以抵消其军事经验上的欠缺。约翰·诺里斯爵士是一名令人畏惧的英国老兵，曾在奥兰治的威廉麾下作战，功勋卓越，他本应成为莱斯特伯爵的左膀右臂，却被解除了指挥权。回到英国后，他咆哮着表示有生之年再也不愿为莱斯特效命。另一位为荷兰人打仗的能干的战地指挥官霍亨洛伯爵，是一位蛮横、喜欢喝酒喧闹的雇佣兵，他在战场上的表现与酒后斗殴时一样令人生畏。莱斯特第一次来荷兰时，他是吵吵嚷嚷的拥护者。现在几个月过去了，霍亨洛的朋友们都在担心，假若他与莱斯特再度碰面，会不会引发一场流血冲突。霍亨洛眼下正忙于开除莱斯特的部下，驱逐后者的卫戍部队，逼迫所有莱斯特一方的成员——无论英国人、荷兰人——辞职，因为莱斯特伯爵已经回国。在海峡的另一侧，莱斯特伯爵遭遇的事情和在低地国家一样不易对付。如果说在与殿下的面见中，他不大可能挽救自己招致的艰难时运并让国家在海外重拾他一手毁掉的希望的话，他至少有办法安抚一下女王，让这位世上他唯一真正恐惧的人儿稍稍息怒。不过他刚一动身离开，荷兰联省议会便也遣使来到不列颠，指责莱斯特威逼荷兰市民以他的方式作战，却因此点燃了派系斗争，几乎导致当地爆发内战。

帕尔马对所有这些了如指掌。每一座荷兰城市、伦敦，甚至女王的宫廷全都布满了他的眼线。他的成功应部分归功于精确的情报，现在他有理由期待英国的干涉就此将会削弱。非但如此，他还有更加充分的理由看低英国人。就在11月份回到英国之前，莱斯特安排了他的两位将官来指挥荷兰防线的两处重要据点，一处是刚刚夺取不久的德文特城，另一处是祖芬城外的堡垒，用于观察和围困祖芬城内的西班牙卫戍部队，两人都是天主教徒。荷兰人曾为此激烈抗议。他们也许可以容忍罗马天主教徒举行自己的宗教活动，哪怕这种放纵冲击了伯爵在政治上奉行的清教主义，但绝对无法容忍将重要军事据点的独立指挥权交给天主教徒。对此莱斯特只是傲慢地答复道，他愿以自己的性命来为部下的忠诚担保。他很幸运，不必真的兑现诺言。1587 年 1 月 28 日，威廉·斯坦利爵士向西班牙部队敞开了德文特的城门，并且率领麾下 1200 名剽野的爱尔兰步兵投入了西班牙的阵营。就在同一天，罗兰德·约克也将祖芬城外的堡垒拱手让给了西班牙人。

就我们对约克的了解来看，利益之于他，也许的确与宗教同等重要。但是威廉·斯坦利爵士却绝非可以收买之徒。他来自一个古老而显赫的家族，自从博斯沃思战役[1]之前，这个家族的命运便与都铎连为一体。他曾为女王效命，期间尽职尽责。他深得莱斯特的信任和赏识，已经被告知，将会成为伯爵在尼德兰的继任者以及女王的爱尔兰副总督。西班牙一方给予的好处绝无可能抵消他因叛变蒙受的损失，何况帕尔马曾向腓力保证，他与斯坦利的商谈没有一个字涉及酬劳。斯坦利的所作所为全然出自良心的呼唤。在那个动乱不安的世纪，宗教的泾渭分明和势不两立突破了国境线，威廉·斯坦利爵士也像其他人一样，面临效忠国家抑或秉持信仰的两难抉择，在率领德文特倒戈很久以前，他就已经明白，自己必须做出选择，那时的他已然知晓了选择的结果。在德文特易手数个礼拜后，他又试图劝降另一位英国将领，许诺给予对方待遇优渥的西班牙军衔，当这位将领愤慨地回复称，自己宁愿做一个忠心的乞丐也不愿违背良心当一名富有的叛徒时，斯坦利对之报以赞许。"这些，"他回答说，"也正是我自己的辩词的主旨［他是说他的叛逃乃是出于不堪忍受的两难选择］。此前我为魔鬼服务；现在我为上帝效劳。"

---

[1] 博斯沃思战役发生于 1485 年 8 月 22 日，是英国玫瑰战争的收官之战，得胜的亨利·都铎于此后不久建立了新的都铎王朝。

来到低地国家避难的英国天主教徒常常向帕尔马保证，他们的国内同胞中，有许多人在信仰上持有与斯坦利一样的态度。帕尔马公爵清楚，这些人中有的视效忠西班牙如效忠上帝，有的会为了足够高的价钱乐于侍奉魔鬼，不管怎样，他对于下一年做成更好的买卖并不感到担心。"祖芬堡垒……和德文特，后者是上个夏天所有战役的真正鹄的，是通往格罗宁根及所有这些省份［北方内陆地区］的锁钥，"帕尔马在致腓力的信中写道，"这些进展只让殿下付出了一点微不足道的代价。而更妙的是，背叛产生的效应一定已然在英国人和尼德兰叛乱者之间播下了怀疑的种子，今后将没有人知道有谁值得信任。"

总的来说，这位欧洲无出其右的将军终于等来了前所未见的良机，有可能就此结束这项旷日持久的工作。在仅用了腓力在西班牙召集的一半人力、只花了帕尔马最初猜测的一半开销之后，公爵已有充足的自信抹去内陆的抵抗据点，切断沿海城镇的居民与内河之间的交通联系。一旦部署完成，如果届时叛乱者仍然无意悔改，针对荷兰、泽兰的毕其功于一役的时刻便将到来。未来将要啃下几块硬骨头，但这绝不会比当年的安特卫普更难对付。到时候，北海沿岸港口将落入他的手中，荷兰的海上力量将为其所用，如果西班牙国王仍旧渴望征服英格兰，天平将极大地向着帕尔马倾斜。对帕尔马而言，如此下注，要比立刻发动侵袭更加值得期待。

尽管如此，在得知苏格兰女王玛丽被处决的信息后，他还是立即致信腓力，好像这一次英格兰对于西班牙的尊严和天主教信仰的最新冒犯已经使得入侵成了不容回避的当务之急。也许帕尔马真的相信，腓力既然无力拯救玛丽，必将自感有义务为她复仇。也许他仅仅是猜到了，对于腓力而言，复仇远没有营救那么棘手。无论理由何在，在帕尔马的信函和行动中都表现出了这样的态度，即苏格兰女王之死为他的行动计划带来了决定性的变化。在拿下德文特后，他曾经寻求北进，想要沿东北方向清扫伊赛尔河流域和通往格罗宁根的道路，沿西北方向进抵乌得勒支，继而抵达阿姆斯特丹。但从3月初开始，他对地图的研判完全集中于斯凯尔特河口，他下达的前几道命令乃是向西南方向调拨部队，并将辎重转移至佛兰德。如果要与来自西班牙的舰队会合，在缺少弗拉辛这样的理想深水港的情况下，至少需要找到一个方便驳船集中的地点。那里应当连通大海，坐落在斯凯尔特河东岸。隐藏在毕芬兰背后的卑尔根奥松姆看起来不错，当然，更好的选择或许是奥斯滕德[1]和斯勒伊斯[2]这样的西佛兰德港口。

同时，他还将尝试与英国进行和平磋商，既然英格兰女王在会谈与开战之间倾向于前者，那么西班牙越是表现出渴望谈判的姿态，英国就越会在大战来临时措手不及。而大战必将来临，而且指日可待，自从听见玛丽的死讯，帕尔马已经对此确信无疑。

---

[1] 奥斯滕德（Ostend），今比利时西北部沿海城市。
[2] 斯勒伊斯（Sluys），今荷兰西南部城市，属于泽兰省。

6

苦涩的面包

罗马

1587 年 3 月 24 日至 30 日

　　得知玛丽·斯图亚特死讯的当天，博纳蒂诺·德·门多萨赶在睡前口授了三封急信。第一封是给主人西班牙国王腓力的。第二封是给帕尔马的，比较简短，因为他与帕尔马历来保持着频繁的联系。第三封将要寄给西班牙驻罗马大使奥利瓦雷斯伯爵恩里克·德·古兹曼。马德里、布鲁塞尔、罗马构成了一个楔子的三角，门多萨则期待将这枚楔子钉入英格兰的心脏。舰队如若想要起航、陆军如若想要开拔，必须要由马德里一锤定音。入侵部队部署在布鲁塞尔，门多萨自己曾在这支部队中效命，至今仍然怀有强烈的自豪感，认为它是世上无与伦比的常胜之师。还有罗马。门多萨并不喜欢将教士与政治结合起来，但从很久以前他便认为，教士在这项计划中不可或缺。

　　在门多萨眼中，奥利瓦雷斯伯爵深谙与教士的相处之道。他以一种古兹曼家族（或者门多萨家族）应有的姿态与红衣主教交谈，不卑不亢。他不仅对上任教皇格里高利十三世毫不妥协，也不曾对现任教皇西克斯图斯五世稍加让步，在罗马，敢于这般对待西克斯图斯的人再没有第二个。奥利瓦雷斯与门多萨一样，对于主人腓力的行动迟缓缺乏耐心，虽然他并不像门多萨那样怀着个人怨憎，却也和后者一样急于和英国人清算总账。在当前情况下，任何为形势所需的事务，奥利瓦雷斯都毫无疑问堪当重任。

　　有关玛丽之死的新闻传来后，门多萨心中的洪钟随之叩响。他有一种直觉，强烈到难以形诸言语——事态的紧要关头乃至转捩点已然到来。当前这个时刻将至关重要，在罗马，任何西班牙可能有所作为的外交事项都不应当遭受忽略，着力点应当清晰、显豁、拳拳到肉，无论它们此前已经被强调过多少次。

门多萨开始逐条检视这些事项。首先，苏格兰女王理应得到殉道者的身份；她惨遭谋害，原因在于她是天主教徒，是英国天主教的希望所在。教皇大人应该明白无误地知道这一点。同时，她已经在数月之前临死之际多次彻底断绝了与其异端不孝子的关系，并将对英国王位的主张以及她对英国人民的垂怜遗赠给了最虔诚的天主教国王陛下——西班牙国王。女王曾在信中表达这一心愿，而门多萨持有这封信函的副本。另外两份副本则分别保存在西班牙和罗马。教皇大人也有必要认识到法国国王的狡猾，后者假称曾差遣专使赴英拯救玛丽，但这只是彻头彻尾的欺骗。事实上，法国大使很可能怂恿了伊丽莎白，反而加速了玛丽的死。门多萨对此言之凿凿，仿佛他曾亲耳听见会谈的内容。现在除非严厉恫吓亨利三世收手，否则他必然会为了伤害西班牙而联手异端。应当有人提醒教皇大人，在法国，教会唯一能够依靠的只有吉斯公爵和洛林家族。同时，鉴于攻取英格兰的大业即将开启，教皇应当对英国天主教徒给予特殊关怀。一旦帕尔马公爵的军队登陆英格兰，他们的支持将必不可少，但现在他们需要的是一位领袖。威廉·艾伦博士理当立即受封红衣主教，以便届时能以教皇特使的身份伴随登陆的西班牙军队同行。那时所有的英国天主教徒，无论身份公开或隐秘，都将信任和遵从艾伦博士。就这样，门多萨的沙哑嗓音陪伴着秘书的鹅毛笔在纸上疾走，而他半盲的双眼则在凝视火炉中的死灰。大使终于口授完毕这漫长一日的最后一封急信，那些掷地有声的句子碾过信函，如同西班牙长枪兵终于迎来了敌人——士兵们并不会加快步伐，而是在新的压力下彼此靠近，紧密合作。这是一封长信。

没有谁的信使比门多萨的更加卖力。但在那个季节，在巴黎到罗马的最短路线上，冰雪尚未融尽，一路污秽难行，更不要提南方还有胡格诺教徒沿途袭击。直到 3 月 24 日清晨，门多萨派赴罗马的信使才马蹄得得地经过了西斯托桥[1]，沿着朱利亚大道[2]来到了西班牙使节宅邸的庭院。他是

---

[1] 西斯托桥（Ponte Sisto），罗马古城中心的历史名桥，连接了穿城而过的台伯河的两岸。
[2] 朱利亚大道（Via Giulia），罗马古城中心的主干道。

所有携带着相同消息赶往罗马的各地信使中最早抵达的一位。

奥利瓦雷斯随即着手行动。当天下午，他面见了教皇的国务秘书红衣主教卡拉法，将门多萨的来函要旨知会后者，并附加了两条自己的意见。其中之一是一则建议，或者毋宁说是一点要求，即教皇应当为玛丽女王在圣彼得大教堂[1]举办安魂弥撒。另一则提议是，眼看对于异端女王的复仇已越发刻不容缓，教皇应该预先为西班牙提供一笔贷款，以弥补美洲的银矿运抵延迟造成的损失。这笔贷款可以以教皇此前以个人名义允诺的一笔款项担保，当时双方商定，一旦西班牙士兵登上英格兰的土地，他们将从教皇这里得到100万达克特[2]。为了从这允诺的款项中预支部分现金，奥利瓦雷斯已经在软磨硬泡中耗费了一年多的光景，在他和卡拉法之间，这是一个老话题。苏格兰女王的死讯令卡拉法颇受触动，他应允奥利瓦雷斯，自己将立即与教皇就这些提议进行商讨。当晚的某个时刻，西克斯图斯五世获悉了福瑟林格的行刑事实，但我们并不知道他就此发表了怎样的言论。

即使我们知道他说了什么，也依然会如堕五里雾中。终其一生，西克斯图斯五世的性格和政策始终隐藏在泡沫般的词句之后。我们对他的部分了解来自他人的言说。在他担任教皇期间，罗马充斥着关于菲利斯·佩莱蒂[3]的各种故事，有的恶毒，有的惊悚，有的意在戏谑，有的充满尊敬，有的纯然出自激愤，有的满纸荒唐言。他让罗马人意乱神迷，在五年的时间里，两具会作押韵诗的塑像帕斯奎诺和莫福利奥[4]以及代他们发言的作者们，几乎没有谈论过教皇之外的任何话题。西克斯图斯还令外交使臣们神魂颠倒。所有大使都在转述有关教皇的逸闻，内容大多活灵活现地刻画了他的荒谬和轻率，而这些也许是各国使臣们出于恐惧的报复之举。不过菲利斯·佩莱蒂的形象之所以被淹没在驳杂的言语中，至今难以辨认，主要原因还在于教皇自己。当他开口时，词语汇聚成一汪急湍，不由自主地、

---

[1] 位于梵蒂冈，是罗马教廷所在地。
[2] 达克特（Ducat），当时欧洲通行的货币单位。
[3] 菲利斯·佩莱蒂（Felice Peretti），教皇西克斯图斯五世的本名。
[4] 帕斯奎诺（Pasquino）和莫福利奥（Morforio），陈列于罗马城中的两具著名塑像，他们都是古罗马时代的作品，文艺复兴时期的罗马人发明了一种新的讽刺文体，他们借这些古罗马塑像之口，作匿名讽刺诗，嘲弄教廷，表达不满，并将诗作贴于塑像的底座上。

不可预料地奔涌而出，不顾后果地表露情感，表面上显得十足赤诚。然而所有这些话却又没有揭示任何隐情。有人揣测，此举之所以频频出现，与其说是出自有意的欺骗，倒不如说是一种宣泄，严肃、慎独的性格使他无法疏导表面的冲动，语言的洪流因此就成了有效的发泄途径。虽然正是他为教皇国带来了和平与秩序，为罗马城带来了水源[1]，从他留下记录的言论以及围绕着他的闲言碎语中，我们却几乎得不到任何理解这位伟大统治者的线索。想要理解西克斯图斯五世，人们必须观其行，而非听其言。

譬如，他时常提及英格兰的伊丽莎白，言语中洋溢着钦佩之情：贤哉此女！赫赫圣君！她虽然只统驭着一座小岛的半壁河山，却将基督教世界的两大国王玩弄于股掌间。她有一颗何其勇敢的心，又多么好谋善断，泰然自若！她若是天主教徒，世上还有谁比她更值得欣然结交，引为知己！相比之下，教皇倒也经常提起西班牙的腓力，然而此时他的口吻若非谐谑般的不耐其烦，便是干脆大发雷霆。可是人们却不应仓促得出结论，以为西克斯图斯在祝福伊丽莎白，诅咒腓力二世。腓力与教皇犹如辕下并辔的双马，背负着同一具重轭，二人为此大受其苦，但彼此间却因此成了永远的合作者。恢复基督教世界的统一是他们共同肩负的任务。为此腓力将是不可或缺的同盟，而敌人恰恰便是伊丽莎白。西克斯图斯明白，异端负隅顽抗之处，背后总有英国人的诡计和黄金在撑腰。在曾经的法国、如今的尼德兰以及近来的苏格兰，新教革命无不仰仗英国的支持。德意志和斯堪的纳维亚的新教君主们也在寻求英格兰的帮助，以求将天主教东山再起的兵锋拒之门外，保持安全的距离。西克斯图斯兴许会对腓力报以哂笑，或者怂恿腓力出于自身的考虑与英国人做个了断，但他也深深明白兹事体大，知道这关乎基督教世界的全体命运，在后特伦托会议[2]时代，没有哪位教皇像他那样专心致力于克复失地，希望将路德启衅后易手的地区重新收归公教。西克斯图斯兴许不吝于高声赞美英格兰女王，但与此同时，他又会

---

[1] 西克斯图斯五世在位时曾大力推动罗马城的市政建设，包括水利系统的重修。
[2] 特伦托会议是指罗马教廷于1545至1563年期间在北意大利的特伦托、博洛尼亚召开的大公会议，是在马丁·路德掀起的宗教改革的刺激下召开的，被视为天主教反改教运动的具体体现。

对任何旨在推翻女王的行动给予所有力所能及的支持。无论西克斯图斯对苏格兰女王之死怀有怎样的感受，报以何种言辞，他所重视的问题只有一个——这能否充当一根马刺，激励驽钝的西班牙国王付诸行动？在随后的几个礼拜，西克斯图斯的行动似乎表明他对此颇以为然。

截至 24 日夜，奥利瓦雷斯的消息已经通过各种方式传递给法国、威尼斯、佛罗伦萨等各主要国家的驻罗马使节，多位红衣主教也已获得信息，在罗马的众多屋顶下，许多人从不同的侧重点出发提出了西克斯图斯所重视的问题。但有一座狭小且疏于装饰的屋舍，它生硬地嵌在英国学院[1]的身旁，距离西班牙大使馆不远，别处再没有哪个地方比这里的提问更加焦急了。将信息透露给其他使节的方式或许多种多样，但奥利瓦雷斯派往这一处卑微住所的却是自己的侍从，甚至似乎在他知会卡拉法之前，侍从就已经出发，而且还携带着奥利瓦雷斯亲笔书写的字条。那里住着门多萨曾向奥利瓦雷斯热心推荐的一位人物，他便是坐落于杜埃的那座英国学院的创建者和校长，也是位于罗马的这座同名英国学院的联合创建者——威廉·艾伦博士。

罗马的英国学院今天依旧矗立在蒙塞拉托大道旁，大抵保留了艾伦所处时代的景致，只是紧邻的那座小房子已经不复存在。好在我们可以从散落的古代信件里约略窥见这座小屋的样子。小屋的门直接迎向大街，它的旁边是一条逼仄的小巷，或许只能算是一条有天顶的过道，将人们引向后方的昏暗庭院。穿门而过，你将步入外厅，艾伦博士的访客会在此等待主人出现，这里是艾伦的仆人夜间入睡的地方，白天也时刻回响着他们嬉笑和打闹的声音。外厅的后方想必就是奴仆们烹饪用的厨房。艾伦博士的房间在二楼的主楼层，位于整栋宅邸的前方，有双螺旋的楼梯通往那里。那是一间书房，里面陈放着一张大桌、几条板凳和长凳、一口巨大的箱子（这还是来自教皇陛下的馈礼）以及一个用来放书的悬挂式吊架；往前有一座

---

[1] 英国学院（English College），一座位于罗马的天主教神学院，1579 年由威廉·艾伦等人创办，旨在为英格兰和威尔士培养教士。1568 年，威廉·艾伦已经在今天的法国杜埃（Douai）建立过一座英国学院，位于罗马的英国学院在创建时曾以杜埃的同名学院作为模板。

低矮的圆拱，圆拱下有一块如单人小室一般的内凹的空间，大小刚好足够摆放光秃的床架。在床架上方供奉着十字架苦像，旁边还有一些悬挂衣物的木钉。

这里的朴实无华并不能完全归因于贫穷。诚然，艾伦博士收入无多，却要面对频繁的索取，但他还不至于负担不起些许挂饰，或是一两张座椅。多年后，当他已经在红衣主教的职位上度过好一段时日，他却仍然像当初一样身无长物。不过，这种物质上的匮乏绝非刻意标榜的自我节制，再没有比这种想法与威廉·艾伦的初衷更加背离的了。毋宁说，真正的情况是，尽管寓居此处达两年之久，他依然只将这儿视为近期的人生逆旅，并不值得大事安顿。在许多晚近的被放逐者的住处中都能看见一样的场景，他们只是将当下的落脚看作暂时的寄宿。威廉·艾伦离开英格兰已经22年了。从那以后，他再没有去过牛津，他早年曾在牛津大学为自己赢得值得尊敬的地位，在良心的驱使下，30岁前便牺牲了从大学得到的一切。已经有比22年更长的时间，他没有见过父亲位于兰开夏郡罗萨尔的住所，纵然他曾在年轻而又疾病缠身时思乡之苦日趋强烈，以至于他的比利时医生告诉他，必须在回家和死亡之间做出选择。自从离开英格兰，他与很久之前的另一位流亡者一样饱尝放逐之苦，知晓了在陌生人家中，楼梯的上下何其陡峭，流浪人吃到的面包何其咸苦。[1]

背井离乡的这些年中，艾伦从未停止工作和计划，总希望将来有一天能够重归故里。1561年，当他辞去牛津大学圣玛丽学院的院长一职时，他和多数海外避难的英国天主教徒一样，曾以为这样的日子不会长久。一些被放逐者已经将希望寄托在年轻而孀居的法国王后身上，当年夏天她乘船驶抵了苏格兰。另一些人开始谈论教皇对伊丽莎白的罢黜谕令，盼望法国或西班牙早日行动，又或者，最好两国能彼此协助，一道实施惩罚。但更多人还是寄望于不那么暴力的方式。希望上帝要么带走安妮·博林之女，要么软化她的心。他们之中的乐观派，甚至连同一些老道的政治家，都对

---

[1] 此处"另一位流亡者"是指但丁，"楼梯"句和"面包"句皆为《神曲·天堂篇》第17章中的诗句化用而来。

后一种情况发生的可能性心怀希冀。一个女人不可能长时间独自统治像英格兰这样暴乱的国度，而她最有可能的追求者都是天主教徒。一旦结婚，她就将脱离清教徒的掌控，届时英格兰自然会与罗马言归于好。许多年中，流亡者们始终对美梦成真的可能性坚信不疑。

事与愿违，希望的曙光终究黯淡了下来。当艾伦在1562年返回英格兰时，他被眼前的景象惊呆了，他目睹了古老信仰的衰落，看见众多曾以天主教徒自居的人民正在参加国教的仪式，他们的所作所为还得到了教区神父们的首肯乃至鼓励。艾伦在1565年离开英格兰，事实证明这是他最后一次离开，此时他已经确信，他的国家若想在未来回归公教的羊圈，一支经过训练的全新的教士队伍将必不可少。这就是他在杜埃协助创建英国学院的初衷。

随后，北方叛乱爆发。叛乱失败后，新一波流亡者到来，比起前辈，他们要更加愤恨和绝望。他们见证了为宗教冲突而流的第一滴血，当绞刑和充公在北方愈演愈烈时，他们甚至变得更加怒不可遏。尽管他们之中的多数选择待在尼德兰，但是其他人还是高喊着复仇的口号，为了寻觅良机涌向巴黎、马德里和罗马。只有罗马听取了他们的呼吁。腓力国王心中尚有其他挂碍：永不安分的尼德兰人、反叛的摩尔人、胆敢在他的海上横行的土耳其海军，无不令他分神。他也曾遭到英国人的严重挑衅，但眼下他几乎愿意以任何代价换取与不列颠之间的和平。倘使法国能够结束他们的国内宗教战争，他们可能会比西班牙更愿意攻打英格兰，可惜事实并不如愿。虽然只有英国人在聆听，教皇庇护五世还是在1570年2月25日颁布了谕令《至上统治》，宣布伊丽莎白女王为异端，是真正信仰的迫害者，将之革除教籍。此外，庇护五世还行使了一项罗马教廷历来宣称拥有但经常有名无实的权力，他剥夺了伊丽莎白"对于王位的虚假所有权"，取消了人民对她的效忠宣誓，命令所有人从此以后不得遵守她的法律和命令，违者将同样以革出教门论处。

这份谕令仅仅使一项业已紧张的事态更加严重。"我理应坚信教会的原则，而非议会的法令。"一位天主教流亡者曾经向伯利勋爵阐释了一种温和的立场。但是，对于天主教徒和新教徒来说，如此行事意味着要选择遵从国际权威，而非本国法律。各国政府因而纷纷否定这项谕令，尼德兰的腓力政府、法国的瓦卢瓦政府、英格兰的都铎政府都将这些人斥为叛国者和造反分子，并采取相应手段予以打压。但在16世纪，无论天主教徒还是新教徒都有很多人随时做好了准备，愿意在良心驱使下以任何方式捍卫自己的信仰，包括密谋和武装反抗。庇护五世的谕令似乎正是要号召英国的天主教徒走上这条道路。

教皇的谕令必定从一开始就对威廉·艾伦产生了影响。他在信中经常把英国称为自己"迷失的祖国"，我们并不清楚这份谕令是何时让他得出结论，认为这指明了救赎的唯一道路。到1575年，他已深深卷入了一起密谋，试图以武力拯救苏格兰的玛丽女王，并将那位在他眼中逐渐沦为僭主和篡位者的女人赶下王位。当他的朋友尼古拉斯·桑德尔[1]在1577年来信声称"基督教世界的形势将依赖于一场对英格兰的勇敢袭击"时，我们可以确定，他对此表示了认同。而在桑德尔赶赴爱尔兰起事并命丧他乡之后，艾伦更成了英国流亡者的主要发言人，现在他们都在高声呼唤一场针对伊丽莎白的境外干涉。

在接过桑德尔重担的第一个十年，艾伦屡屡失望。各种言之凿凿的谋划、确定无疑的新十字军远征，一起接一起地无果而终。"如果这一次计划仍然不能顺利实行，"他在1582年写道，"我的生命将永远充满苦涩。"几个月后，这场精心安排的计划化为泡影，可他只是耐心地继续投入到下一轮长达数月的准备工作中，伺机卷土重来。当下一次计划复遭落空时，他已准备好在绝望中放弃政治了，可是就在直诉衷肠的同一封信中，他又再度宣告了新计划的开启。他无时无刻不在争辩、写作，解决实际问题，指导两座学院的管理，安排书籍的付梓和秘密发放，积极参与地下工作的运行，忙着将教士和学生、信使与流亡者送进或送出英格兰。恼怒的政府搜出他的书，付之一炬。但据他估算，仍有数十个题目超过2万册的印本在英格兰暗中流传。王室代表在乡间追逐他的教士们，骇人听闻地折磨他

---

[1] 尼古拉斯·桑德尔（Nicholas Sander, 1530—1581），英格兰天主教神父，也是最早揭示英国天主教徒的苦难生活的作家之一。

们，采用旧式的中世纪下作酷刑，包括绞刑、用马拖拉和大卸四块等[1]，来处决他们之中的一些人士，又用船将其他人送出国外。但截至1587年，艾伦依然自信有超过300名教士得以保全性命，他们生活在贵族和主要地方绅士的宅院中，遍布整个王国，保护了信徒们的精神和心灵，敦促后者随时做好准备迎接解放的那一天。

这些还只是初步的胜利而已。关键战役尚未揭幕；旧时的悲伤仍在等待抚慰。艾伦面向平信徒和教士共同阐释了这一点，他这样写道："仁慈的主，您知道我们时常一起哀悼：因为我们的罪，我们多半余生乃至全部残年不得不在祖国之外的地方侍奉您，而这些侍奉最应献诸祖国，它本应是过往岁月中这些侍奉至为感恩之所；我们哀悼，我们的工作竟只能为陌生人所接受，我们能以生活和侍奉使之合意的竟是陌生人，而非家中至亲。"然而，只要他们秉持信仰，艾伦和同伴的侍奉就永远不可能合乎英格兰的意愿，除非有一位天主教徒荣登王位。

这里还存在另一重焦虑，也是另一个加快行动步伐的理由，所有英国流亡者均意识到了这一点，但艾伦却感受最深，因为正是他一手促成了当前的局面。从一开始，他便对派往英格兰的神学院学子委以重任，他们负责规劝信众，使之与异端分子保持距离，信众将不得参与国教的仪式，以免犯下致命罪行。艾伦感到，只有这么做，才能保持信众队伍的完整。不过这也就意味着真正热诚的天主教徒必须公开自己的信仰，而此时新教徒对北方叛乱、教皇庇护五世的谕令、里多尔菲阴谋[2]和圣巴托罗缪大屠杀仍然记忆犹新，这般行事着实会刺激他们紧绷的神经。

政府的回应乃是更加猛烈的迫害。为此，教皇格里高利十三世在1580年终于被说动，同意对前任教皇颁布的谕令给予解释，但事态却因此进一步恶化。格里高利十三世表示，在伊丽莎白及其异端教唆者受到诅

---

[1] 指英格兰国王爱德华三世于1351年颁布的《叛国法案》（Treason Act），其中涉及一系列残酷刑律，包括以上提及和未提及的多种酷刑程序，用于惩罚犯下最高叛国罪的男性罪犯。

[2] 1571年被破获的叛国阴谋，由意大利佛罗伦萨银行家里多尔菲（Roberto di Ridolfi, 1531—1612）主使，他希望促成苏格兰女王玛丽与诺福克公爵的联姻，并推翻伊丽莎白一世的统治，阴谋的筹划还涉及罗马教廷和西班牙。

咒、被革除教籍的同时，根据"情势变迁原则"[1]，天主教徒仍旧可以服从她、尊其为女王，而不必害怕自己被革出教门，直到公开执行谕令可以召集所有虔诚的天主教徒履行反叛的职责为止。结果，天主教徒被允许"在所有国内事务中"宣称永远效忠女王，只要他们心中不忘使命，随时准备在良机闪现之时响应号召，推翻伊丽莎白，就已经足够了。为此伯利勋爵又陷入了恐慌，开始着手罗织新的叛国罪名和律令，这次针对的不是公开的言辞和行为，而是"精神和心灵中隐秘的叛国罪"。对天主教徒的迫害力度竟又再度加强。

面对拷问台和绞刑架，艾伦并不担心缺少慷慨赴死的英国教士。但是新教徒却有一样武器，比绞刑架更加有力。1559年时，周日缺席教堂礼拜需要交纳12便士的罚金。到了16世纪80年代，罚金已上升到每月20镑，由于只有屈指可数的富人才能月复一月地缴纳得起这样一笔庞大的金额，议会竟然出台了相应法案，拖欠罚金的人将被合法没收土地和动产。在艾伦复兴英格兰信仰的历次计划中，他最为依仗的便是信奉天主教的土地贵族。但倘使继续遭受如此严苛的罚金盘剥，大地产所有者这个阶层就将难以继续发挥它的领导作用。庇护五世的谕令越晚执行，那些公开信仰的天主教中坚分子的处境就会越发黑暗和凶险，他们将逐步被贫困和虚弱缠身，与此同时，遭受"分裂者"背叛的风险也就越来越大，这些"分裂者"是指参加国教仪式却对传统信仰报以同情的英国人。艾伦也非常倚重"分裂者"，但他知道，自从他有意割裂心怀同情的这部分人与公开信仰取向的天主教徒的联系以来，随着时间一年年过去，前者与罗马、与罗马的公然追随者之间的纽带已经越来越弱。如果神圣的惩戒迟迟不能来临，英格兰的天主教派也许会衰弱到无力施援的地步，而没有他们的协助，艾伦确信，境外入侵的失败恐将难以避免。

这就是十年来艾伦始终急于实施计划的原因。然而事到如今，当机遇真的若隐若现时，就像这种事情每每发生的那样，艾伦却又感到仍有时

---

[1] rebus sic stantibus，字面意思为"只要情势不变"，是一则允许在情势发生根本改变时已有条约不再适用的法律原则。

间再做思考。熟悉的论据正在他的头脑中列队浮现。熟悉的梦境开始在他的眼前激荡。英格兰是一片敞开的土地。港口数量众多且环境安全。这里遍布牛群、给养丰富，便于就地补充辎重。她的城市兵力空虚，防守形同虚设。没有哪座城能够抵御一场为期三日的围攻。她的人民已经不习惯战争，绝不是西班牙老兵的对手。而且更重要的是，三分之二的英国人要么是天主教徒，要么对天主教暗怀同情。公开追随罗马的天主教徒将会立刻加入登陆的天主教军队。他们从来只是因为恐惧才屈从于女王，而现在他们已经解除了对伊丽莎白的效忠义务。一些属于"分裂者"的显贵（艾伦手握着他们的来信）也会鼎力相助，他们或是出于良心考虑，或是野心使然，又或者是因为对女王及其身侧的受宠之辈愤懑不平。剩下的大部分人会作壁上观，观望事态的发展。只有那些在伊丽莎白的庇佑下飞黄腾达的得势者和冒险家，以及另外一些被称为清教徒的邪恶分子才会为女王作战，但是这些人（全部来自南部和东部诸郡）都已在安享逸乐和贪得无厌中腐化。他们难以与北部和西部的吃苦耐劳的天主教徒匹敌，后者以乡间的粗茶淡饭过活，仍然娴于刀剑。艾伦的眼前已经浮现出他们的身影，内维尔家族[1]和他们的亲属将欢迎大军抵达威斯特摩兰郡[2]，达克雷勋爵将再次披挂上阵，率领朋友和佃户前进，诺森伯兰伯爵的儿子们会率领珀西家族的乡村起事，为他们死于谋杀的父亲复仇[3]，蒙太古子爵[4]、摩尔利勋爵[5]、洛弗尔爵士[6]、斯托顿男爵[7]也会共襄盛举，所有这些名字都饱含力量，而其他名字甚至更加强大和难以想象，它们是牛津和德比、坎伯兰和南安普

---

[1] 内维尔家族（the Nevilles），中世纪晚期英格兰政治望族，曾与珀西家族并列为玫瑰战争期间最显赫的两个北方家族。
[2] 威斯特摩兰郡（Westmorland），位于英格兰西北部，内维尔家族的成员曾世代出任威斯特摩兰伯爵。
[3] 指珀西家族的第八任诺森伯兰伯爵亨利（Henry Percy, 8th Earl of Northumberland, 1532—1585），他因拥护天主教，企图与吉斯公爵里勾外连并释放玛丽·斯图亚特而被关入伦敦塔。他后来被发现自杀于塔中，但很可能是伊丽莎白一世的政府暗中所为，此事在当时引发了轩然大波。
[4] 蒙太古子爵安东尼·布朗恩（Anthony Browne, Viscount Montague, 1528—1592）。
[5] 摩尔利勋爵爱德华·帕克（Edward Parker, Lord Morley, 1550—1618）。
[6] 托马斯·洛弗尔爵士（Sir Thomas Lovell, 1539—1604）。
[7] 斯托顿男爵约翰·斯托顿（John Stourton, Baron Stourton, 1553—1588）。

顿[1]，最后，如果到时对伦敦塔的闪击战能够奏效，阿伦德尔伯爵[2]也会重新纵马疾驰，将霍华德家族的旗帜加入到起义军的庞大阵列中来。在这一干贵族之中，会有一人身着红衣主教服饰骑于马上——那正是教皇的特使，他的老友和族人将钦佩地簇拥在他身后，爵爷们将恭敬地立在他的左手边。在看清特使的面孔前，威廉·艾伦想必会带着自责从眼前的梦境中转身而去。

不出意外的话，威廉·艾伦应该不会缺席当晚在他那阴冷的书房中举行的聚会，有一位教士会从隔壁的学院前来，此人乃是耶稣会士罗伯特·帕森斯神父。过去数年中，在英格兰，耶稣会士帕森斯的大名已经变得与威廉·艾伦同样遐迩皆知。帕森斯曾与爱德蒙·坎皮恩一道赴英格兰传教，这两位耶稣会士好似一支入侵的军队，所到之处 路掀起无以复加的惊慌情绪，从那以后，他证明自己是一位杰出的的小册子作家。然而，如果说即使是敌人也会渴望为威廉·艾伦美言几句的话，帕森斯的声名却已经鎏上了一抹险恶的色调，这也许可以部分归咎于他所属的神秘组织。耶稣会士在对其不甚了了的大多数人们心中总是犹如幽暗的谜团，以传说中阴险诡异的处事方式著称。

两人的形貌和脾性也一如名声那般截然相异。艾伦一眼看去便是来自北方的乡绅，他身材颀长，双腿笔直，举止雅致高贵。他的须发曾经色如黄油，眼下却正在泛白，因为忧虑，也因为染疾的痛苦，他的脸庞开始浮现皱纹，病痛已经折磨了他三年，并且还将陪伴他七年之久，固然如此，这仍不失为一副"饱含甜美与和蔼"的面容，他的前额高而窄，鼻梁很长，仿佛出自精巧的雕琢，眼睛的颜色则宛如天朗气清时北风吹拂下的莫克姆湾[3]。他说话缓慢而轻柔，但并不犹豫，言语间散发着泰然自若的权威风范，

---

[1] 这里依次指的是牛津伯爵爱德华（Edward de Vere, Earl of Oxford, 1550—1604）、德比伯爵亨利·斯坦利（Henry Stanley, Earl of Derby, 1531—1593）、坎伯兰伯爵乔治·克利福德（George Clifford, Earl of Cumberland, 1558—1605）、南安普顿伯爵亨利·里奥谢思利（Henry Wriothesley, Earl of Southampton, 1573—1624）。

[2] 阿伦德尔伯爵腓力·霍华德（Philip Howard, Earl of Arundel, 1557—1595），1585年被投入伦敦塔。

[3] 莫克姆湾（Morecambe Bay），英格兰西北部著名河口，有多条河流在此入海。

很少伴随肢体动作。他有异乎寻常的耐心，几乎从不发火。多数人只是因为他的外表便已暗生倾慕、私加信赖，还有许多人最终竟决定为他献身。或许没有迹象证明他拥有机敏而非凡的智力，但他却是天生的领袖，俨然"为成就大事而生"。

帕森斯比艾伦年轻14岁，据说他曾改宗，在此之前差不多是一名清教徒，他来自英格兰的另一片天地、另一个阶层。他有着矮壮的身材、黝黑的面容、粗糙的头发、清澈的棕色眼睛，这是英国人的寻常相貌，但在西南部地区更为常见。处在其他英国人中间，这个地区的人民身上带有一种来自凯尔特边区的味道，但是他们的血统却可以追溯到比第一批凯尔特人登陆英伦更早的时代，也许与巨石阵、好人罗宾[1]的传说以及奎恩托克山[2]的年代不相上下。帕森斯生于下斯托伊[3]，他的父亲据称曾是一名铁匠。他粗大的手脚、宽厚的肩膀、水桶般的胸膛在向我们暗示，若不是成了一名学者，他大概会成为一名生意兴隆的铁匠。他的头颅也很大，五官长得粗糙而大得超出常例，在平静时看起来缺乏雕饰、几近野蛮，但人们很少能看到它们处于平静状态。这些面貌特征被内在的智力、幽默和热情点亮，得以持续地注入活力，再加上那生动而幅度极大的手势、滑润而柔和的嗓音，使他拥有了演说家的风度，与其雄辩的文辞恰相匹配。听过帕森斯讲话的人绝不会轻易将他遗忘，但他们却会轻易地忘记，初次晤面时，他们曾因为帕森斯的笨拙和粗野而介怀。做见习修士时所受的清规戒律不仅使帕森斯得以掩盖其狂热的探求精神，至少能够保持表面上的耐心，还赋予了他来之不易的，虽然偶或缺乏稳定的自控能力。他的渊博亦高人一筹。他可以在两种文风之间自由切换，这边以愤怒和讥诮的口吻书写充作战斗檄文的小册子，那里又用至为纯朴、甜蜜和最合情理的笔触，完成另一批英语敬虔著作。

表面上，几乎再没有什么比帕森斯和艾伦彼此成为搭档更令人感到不可思议了，但在六年的时间中，较为年轻的这一位却成了艾伦的左膀右臂，

---

[1] 好人罗宾（Robin Goodfellow），英格兰古代神话人物，曾被莎士比亚写入《仲夏夜之梦》。
[2] 奎恩托克山（Quantock Hills），英格兰西南部萨默塞特郡的古老山脉，今为著名风景区。
[3] 下斯托伊（Nether Stowey），奎恩托克山下的一处村庄。

他曾作为特别使节觐见西班牙国王和教皇，在为成就大业而铺谋设计、磋商谈判方面，除了艾伦，世上无出其右。在所有帮手中，帕森斯有着最迅捷的舌和笔、最机敏的才智和最丰富的头脑，但这还只是促使他们相互靠近的部分原因而已。没有任何人，包括艾伦自己，比帕森斯更加狂热地笃信外国干涉的势在必行，这才是艾伦选择帕森斯的真正缘由。他们也有一些共同点，两人都是流亡者中最为激进的不妥协分子，都以自己的方式怀着特别的热情渴望一直未能践行的殉道，更有甚者，可能只是为了重新触碰英格兰的土地。不过两人的合作还有另外一些更为深层的原因。他们的特质正好互为补充，以至于二者的力量总和远大于纸面上的单纯相加。似乎他们从对方身上发觉到了自己缺失和渴望拥有的关于家园的东西，好像一旦合作，两人便组成了中世纪英格兰所曾经拥有过的健全社会的一个缩影。

我们通过各种途径了解到，他们一起奋斗，完美合作了至少十年。这始于他们的第一次相会，在无敌舰队的幸存者们历尽艰辛返回港口后，又延续了许久，直至艾伦在罗马辞世、帕森斯在西班牙闻讯并且悲痛欲绝为止，期间从没有谁见到两人之间出现过裂隙。

1585 年秋，他们一起旅行至罗马，从此以后，二人便开始并肩工作。譬如，近来他们正合作致力于一项复杂的谱牒学研究，试图证明身为爱德华三世[1]的后裔，腓力二世是仅次于玛丽·斯图亚特之后最有资格继承英格兰王位的正统君主。他们已经将资料送交腓力审阅。从那以后，他们又开始用英语写作一部小册子，要为把德文特城献给帕尔马亲王的威廉·斯坦利辩护。当奥利瓦雷斯的信使抵达时，他们也许正在埋首进行这项工作，因为他们只是在三周前才获悉德文特的信息，而三周后这部著作便会付梓。

这是一部短小却满怀机心的著作。它公开宣称的目标是要打消一名天主教绅士的疑虑，这位绅士来自斯坦利的军团，他对于自己和指挥官目前的处境感到疑惑。就斯坦利而言，将委托给自己防卫的荷兰城市拱手让与西班牙人是正确的吗？对于普通士兵来说，既然已经宣誓为女王效劳，现

---

[1] 英国金雀花王朝时期的君主，1327 至 1337 年在位。

在却发现自己处在女王敌人的阵营里，又当作何感想？但是这部书的内容范围还要更为宽广。它的写作对象并不仅限于在尼德兰服役的英国天主教徒，而是着眼于英格兰的全体天主教信众，无论他们的信仰是秘密抑或公开的，如果说到这里为止，艾伦的阐述只限于暗示的话，该书接下来则通过精当地援引《圣经》和教会法，十分显豁地诠释了意旨："既然伊丽莎白已经被教会和教宗公开判处为异端，是上帝的教会之敌……她的名字已被革出教门，其王位已遭罢黜……那么王国内所有依据女王的权威施行的司法判决，都将因为违背上帝和人间的法律而失效，她所资助的战争也将是非法的。依据法律，没有任何人可以［向一位异端君主］提供服务或帮助，否则将被开除教籍……［因为］那些背离上帝之人再没有资格要求臣民宣誓效忠。"艾伦对自己国家的期盼无非是寄望于国内外所有参加宗教战争的英国人都能效法斯坦利军团的抉择，而且，"为了全能的主，为了世间最伟大、公正的君主［当然是指腓力］，在举世无双的［帕尔马］将军麾下战斗……成为出色的助手……使我们的人民重新归顺基督的教会，将我们的天主教友人和兄弟从那应当诅咒和不可饶恕的异端重轭下解救出来"。如果玛丽·斯图亚特的死意味着决定的时刻最终来到——艾伦当然希望如此——那么眼下比往常更为紧迫的任务便是迅速完成这份书稿，付梓，并通过秘密渠道暗地里在英格兰分发流传。

在其他事情上，艾伦和帕森斯只需要决定直接的行动步骤就可以了。而这个最大的问题已经被他们翻来覆去地讨论过多次；两人已经事无巨细地从所有角度考量了每一种可能。在日常政治中，他们都是现实主义者。自从玛丽·斯图亚特在海峡对岸被囚禁、营救的可能性微乎其微以来，他们就在心中为她的价值打了折扣。甚至在玛丽被囚禁之前，他们就已经认为吉斯家族和其他法国盟友毫无用处，他们很久以前便在心中认定，除非发动一场足以迅速突进到玛丽面前的奇袭，否则在入侵军队登陆英格兰土地的几小时内，甚至更有可能在进攻舰队起航之前，苏格兰女王就会性命不保。

当晚，他们决定次日清晨去拜见西班牙大使，就一些需要合作的特殊行动路线征求大使的建议和指示。帕森斯可能已将措辞委婉的引导性问题一一列出，到时将由大使带回西班牙。经过之前一段时间的试探后，艾伦和帕森斯发现这是与奥利瓦雷斯打交道的最便利的办法。这种做法使大使对他们的审慎、睿智以及身为基督徒的谦卑给予了高度评价。

帕森斯还承担起立即与罗马主教团磋商的任务。他会试探三四名自己最信任的红衣主教的态度。教皇西克斯图斯应当对玛丽之死报以他所能做出的最强烈的回应。最好能将一些材料递交给教皇，使他明白法国人在玛丽一事上的疏忽，乃至其他更严重的错误。此时亦有一项新的计划即将启动，用以促使玛丽的儿子詹姆斯六世皈依天主教。就此事而言，眼下实在是太不合时宜了。必须小心谨慎地对待这项计划，既不能表现出过高的热情，以免激发腓力的怀疑，也不能表现出明显的冷淡，因为这样会激怒教皇。除此以外，现在还是为艾伦晋升红衣主教一职添砖加瓦的时刻。自始至终，这件事一直由帕森斯专门负责。

至于艾伦，他将会致信帕尔马那里的英国流亡者，还将把此时此刻为故国所需的辞章经兰斯一地中转，最终送抵英格兰和苏格兰，他与苏格兰当地的天主教贵族长期保持着间接的接触。但现在他的首要之举是发函给腓力。这封信将会是一份语气恭敬但气势雄壮的吁请，要求惩罚那位穷凶极恶的女王、那位当代英国的耶洗别。这封信将不会提到英国军队在尼德兰的战果以及德雷克最近在西印度群岛的劫掠。艾伦比其他人更加了解收信者。为了打动他，这封信只会言及英国天主教徒的悲惨处境，他们除了腓力别无依靠，南望王师之心如久旱望云霓，何况西班牙国王对于上帝和基督教的公共事务更负有旁人无力承担的重任。当然信的最后还要保证，胜利对于这位信仰的捍卫者而言几如探囊取物。多年来，在给苏格兰的玛丽致信时，艾伦始终采用"最令人敬畏的女王"这样的称呼，以表示他对伊丽莎白的效忠已经转交给玛丽。而在用拉丁语写信时，指代伟大君主的惯常称谓通常必须更加隐晦，但艾伦在信函末尾明确地摆明了自己的位置。他的落款是"您最虔诚的仆人和臣民，威廉·艾伦"。在玛丽·斯图亚特驾崩后，他已经准备好改奉西班牙的腓力为自己的合法君王。

7
上帝的显豁意旨

埃斯科里亚尔圣洛伦索修道院
1587 年 3 月 24 日至 31 日

　　门多萨写给西班牙的信件可能与写给罗马的信件同时抵达了目的地。根据威尼斯大使听闻的消息，玛丽·斯图亚特的死讯传至埃斯科里亚尔修道院的时间是 3 月 23 日夜。此时也确实应该到了。从巴黎到马德里的路途要比到罗马的难走，加斯科涅的路段更加危险，旧卡斯蒂尔的路段则更为荒凉和陡峭，但距离却近得多。派赴西班牙的信使第一个出发，他得到了大使马厩中最好的座驾，而且只要抵达国境边界，他的信囊就会由王家驿骑接管，加速运往南方。但是，我们对于日期的可靠性并不能完全肯定。因为虽然腓力总在用自己的笔努力纠正文件的错误，但终究无力改正下属的每一处舛讹和疏漏。门多萨发来的这封急件便缺少接收的日期。不过 3 月 31 日前，各国外交使团大概对玛丽的死还一无所知，他们在马德里被冻得瑟瑟发抖，那里距离埃斯科里亚尔修道院只有大概 30 英里的路程，可是即使道路没有因为雨雪而污秽难行，大使们通常也只能枯等一个礼拜，才能获悉已然陈腐的宫廷碎语。对于此时此刻国王在山上的所作所为，他们只能诉诸猜测。

　　无论这则信息最终于何时抵达，直到 3 月 31 日，腓力没有采取任何应对措施。造成这种局面的原因可能不止一个。当外交信囊抵达埃斯科里亚尔修道院后，不管内容有多么紧急，都要先由专员查收，再由另一个专职文书破译，最后，经过处理的文件将与原件一起拿进一间了无生趣的小屋，放到长桌上的特定角落里。如今，国王醒着的时候大部分时间都会在这里度过。各种官方文件都堆叠摆放在这张长桌上。这里有大使的通信，副王和总督的报告，来自海关、国库和自治城市官员的各类公文，还有形形色色的请愿书、备忘录、司法调查结果、码头、造币厂、矿场乃至王室的账目。每一天，纸片都会从四面八方飞来，卡斯蒂尔、阿拉贡，现在还有葡萄牙，以及腓力的其他领土，如那不勒斯、西西里和米兰，弗朗什孔泰与比利时诸省，墨西哥、秘鲁以及巴西，"黄金之地"果阿，非洲的索发拉，还有东西各大洋上的诸多岛屿。自从历史肇始以来，地球上还从未有人像西班牙的腓力二世这样统治过如此浩瀚的版图。没有谁曾经顶着如此众多的头衔，掌管着各种王国、公爵领、伯爵领、公国以及林林总总的其他采邑。而且也没有人曾经需要阅读如此海量的文件，这一点确定无疑。或早或晚，就算不是全部，腓力也会读完其中的绝大部分。他会用蛛网一般的潦草笔迹在页边留下精明的政治家式的评论，以及对于拼写和语法的琐碎纠正，每一处评注无不像是一位见证者，在向后代展示他那令人惊愕乃至目瞪口呆的勤勉。自然而然地，有时他也会落后于进度。如果门多萨的使者如此快马加鞭送达的信息竟然一连数天甚至数个礼拜滞留在国王的办公桌上而没有得到审阅的话，那么在获得如此待遇的急件里，它既不是第　份，也不可能是最后一份。

即使如此，较为重要的函件总会相当迅速地得到注意。通常来讲，如果腓力迟迟不做出行动的话，那是因为他有三思而后行的习惯。他喜欢井井有条地罗列对某个既定步骤的正反两方面意见，最好每种意见要以书面形式列出纲目，并佐以相关资料。身处谋臣的拥簇之中，他惯于倾听，但不常发言。最后，直到在沉默中，在令人欣慰的文山背后，伴随着烛光的摇曳，当副秘书已经在角落里呵欠连天时，腓力才会缓慢、固执地独自得出自己的观点。

除了其他性格特质，埃斯科里亚尔圣洛伦索修道院也象征和揭示了国王的此等性格特质。早在多年前，当腓力还在尼德兰为父亲的事业作战时，他就已经在构想未来的圣洛伦索修道院了。从最初的设想开始，这座修道院兼王宫的地址就定在了西班牙。几乎刚一返国，他便开始着手寻找合适的建造地点。在打下第一根木桩、掘出第一条壕沟前，他曾经来到埃斯科里亚尔，在破败村庄后面光秃秃的山坡上踱步，掬饮山上的清泉、闻嗅山间寒冷的空气，让风和雨扑向面颊。一旦做出决定，他迅即将一支劳工大军召集到选定的地点，随同而来的还有一座圣哲罗姆会修道院的全体修士，他们对此多少怀有几分困惑和恼怒。此后，腓力的身心再也无法离开了。他喜爱这里田园牧歌般的简朴，甚于富丽堂皇的托莱多和柔曼怡人的阿兰胡埃斯，他喜欢用木头搭建的凑合将就的修道院，宁肯住进教区神父简陋的卧房甚或是临时准备的逼仄小屋，也不愿回到他那极为舒适的宫殿中去。在修建圣洛伦索修道院的二十年中，他经常和建筑师一起仔细研读设计图纸，与工头一起攀登脚手架，用王公贵族都不曾见过的关心和友善来鼓舞匠人。这幢建筑的主要轮廓和众多细节委实出自他的本心。

很早以前，他就计划在修道院的中央建造一座高贵的教堂，离世的父王还有自己未来的尸骨都会安葬于此，为他们的灵魂举办的弥撒仪式将在这里一日多场、日复一日的进行，直至时间的尽头。从那以后，腓力似乎便被一种恐惧感萦绕着，他开始害怕自己不能活着看到陵墓竣工。他如此急迫地催促工程的进度，以至于谋臣们纷纷抱怨，国王为了一座修道院花费的时间竟然不逊于照料他的诸多王国。只要国王的代理人还能在威尼斯找到另一幅悦目的画作、在佛兰德发现另一张可心的挂毯，或是在那不勒斯、罗马遇到另一尊满意的古典雕塑，修道院的内部装饰就永远不会完工，虽然如此，现在距离最后一块石料和瓷砖得以安放终究还是过去两年多了。腓力已经开始生活在了自己的梦想之中。用巨石垒造的这组庞大建筑群就像腓力披在自己身上的一袭华服，诉说着他的独特自我。瞭望全欧，再也没有其他建筑曾经如此鲜明地回响着某一个人的个体精神了。

修道院坐落在群山的山坡上，在身后，瓜达马拉山脉的锯齿状山脊陡然抬升，在眼前，连绵起伏的山脉迅速向远方退去。山上的修道院仿佛是建在基座之上的纪念碑，赞美着脚下西班牙的平原。建筑本身高悬的位置，四围辽远的景致，身后迤逦向北、荒凉冷落的背景风光，与笼罩着它的光线、空气和静寂彼此糅合，渲染出了席卷一切的幽居和与世隔离之感。用当地出产的花岗岩砌成的外墙形貌巨大、不事雕饰，仿佛是从山上长出来的一般。纤瘦而深深嵌入墙内的窗户好似张开嘴巴的山洞，又仿佛蓄势待发的炮孔。

在这组建筑群的中心，修道院教堂高耸的穹顶拔地而起。它的轮廓不禁使人联想到圣彼得大教堂，二者的相似性没能逃脱同时代人的眼睛，又或者圣洛伦索修道院从来便没有打算向世人隐瞒这一点。无论谁被德意志的选帝侯们推举为皇帝[1]，腓力都认为自己才是上帝遴选的帝王，是负有神圣使命的真命天子，与教皇并驾齐驱。虽然体现这种意涵的圣洛伦索修道院的教堂在规模上输于罗马的那一座，但是放眼16世纪的欧洲，除了圣彼得大教堂与梵蒂冈的建筑群，便再也没有其他可以与埃斯科里亚尔的建筑群在规模上相提并论了。两处均是引人注目的复合体，一身二役，兼作宫殿和教堂。二者都是当时的摩登建筑，代表了欧洲截至16世纪80年代最新的营造风尚。最后，它们还都散发出反宗教改革的气息。但相同之处到此便戛然而止了。腓力时代的圣洛伦索教堂丝毫不像圣彼得大教堂内部那样铺张扬厉，有着人人景仰的富丽堂皇，也从来没有圣彼得大教堂外部那种收纳寰宇的开阔胸襟和磅礴气势。腓力的圣洛伦索教堂掩蔽在高墙环绕的修道院的中心，好似坐落在堡垒最深处的内部要塞，又仿佛步兵方阵中央的神圣军旗。如果说圣彼得大教堂象征着罗马教廷在精神上的反击，代表了天主教信仰的自信和夸张的自我标榜，那么圣洛伦索教堂则像是正统信仰在借助世俗之剑自我防卫，面对挑战严阵以待。

在腓力心中，修造这座伟大的修道院是对异端分子的蔑视和恫吓，那些奸恶的欧洲革命分子打算不顾任何风险糟践一切。他有一些惯于发表的老生常谈，将每一次事故和延宕都归罪于异端间谍的谋划，既然腓力心中的成见已然壁垒森严，那么在现实中铸就一座相似的堡垒也就顺理成章了。修道院中心的教堂同时也是一座坟茔，根据建筑群结构的整体规划，这里会用来为腓力及王室成员举办数不胜数的弥撒仪式，但是比这种功能更足以体现腓力的心灵图景的，是它傲立中心的地理位置，这昭示出在腓力心中，他和他的家庭在基督教世界中的地位——正如他为修道院选择的地势一样，同样充分表明他要高踞所有臣民之上。不过，除了腓力对于自我公

---

[1] 前任神圣罗马帝国皇帝查理五世在1556年退位后，他的弟弟费迪南一世继承了皇帝称号，他的儿子西班牙国王腓力二世虽然没能得到帝号，却继承了哈布斯堡帝国除奥地利、德意志之外的其余所有版图。

众形象的公开营造，埃斯科里亚尔修道院所展现出的意涵尚且不止于此。在这幢伟大建筑的隐秘中心，紧邻教堂的地方，掩藏着少量套间。其中最重要的一类是用来读书或工作的场所，它们的采光状况良好，但室内空间布局多少有些不够合理，离开这里不远，有一间凹进的卧室，室内有一扇开向教堂内部的小窗，透过百叶窗就能看到附近高高的圣坛。修道院、宫殿、陵墓犹如层层面纱，背后掩蔽着这样一处用于隐退和逃避，几乎可以说是用来藏身的所在。

腓力为埃斯科里亚尔修道院选择的兴建地点在一定程度上确保了令他与世隔离，但这仍然不够。在他大兴土木的这片光秃多石的山坡上，除了圣洛伦索修道院便再也没有合适居住的土地了，修道院对周边旷地的征用更使得当地的居住空间已经饱和。不仅如此，圣洛伦索修道院虽然内部体量庞大，但考虑到国王计划在此修建学校、图书馆、工匠作坊和医院，余下的空间至多还能安置人员扩增后的圣哲罗姆会修士以及经过遴选的王室家庭成员，此外就再没有其他地方预留给廷臣、乞求者和兜售计划之辈了。早先王室驻跸马德里或者巴拉多利德时，他们总会如蚁附膻。那些招人厌烦的来客，无论是对腓力殷勤有加的姑表和姨表兄弟、各路王公要人，还是他的委托人或盟友派来的眼尖而纠缠不休的使节，都再也无法觍颜利用他的好客脾性上门叨扰或是干脆在他的门阶旁安家不归了。

修道院本身已然遗世独立，在它的内部，腓力又为自己成功营造出了更深一层的隔阂。那些挤作一团、全无王室派头的房间之所以被设计出来，正是为了拒来访者于门外，腓力在里面度过的时间也一年更比一年长。这里客厅太小、走廊过窄，无法容纳大批的来客。既然外人造访的路线极易控制，主人的眼角稍作匕斜就足以扫视每个房间，不速之客便再也无法不请自来。腓力是一个对家庭满怀深情的人，但是他的家眷也都下榻在别处。腓力喜欢并且信任他的修士们，但是他去聆听合唱的路却要经过一道隐蔽的门和一段暗梯。即使是国王这些套间的公共入口也是封闭和秘不示人的。一旦进入里面，腓力便拥有了真正的隐私。16世纪仍然像中世纪一样，隐私被视为专属于隐士的不值得妒羡的权利。一个人越是显赫，他就越要在清醒的白天被更庞大的人群夹道簇拥。也许正是对隐私日益增长的热情而非对传统信仰的虔诚，使年岁渐长的腓力在人们的眼中呈现出一种苦行僧的形象。

从某种角度而言，事实的确如此。他的不辞辛劳中存在真实的苦行主义，他的双眼布满血丝，筋骨疼痛，手指僵直，他将重任加诸己身，做起了西班牙帝国的头号职员。年事渐高的他肩上的担子还在不断加重，他不仅放弃了田猎、舞会、宴饮这些一般君王的传统娱乐，还淡忘了自己的真正喜好，如鲜花和绘画、乡间远足和陪伴孩子的天伦之乐。每当来到重大抉择的关口，他总会在怀疑的苦痛中发自内心地陷入宗教冥思。我们知道的是，腓力坚信上帝对国王的期许要高于其他人，对西班牙国王的期许更尤其高于其他国王。为此他自觉地挑起了这可怕而又独一无二的重担。他在隐士小屋般的幽室中感受寂寞，聆听着时辰颂祷礼，只有这样，他才能够与上帝安排的难题角力，与修士一样，他们都要面对孤独的角斗。

根据我们的了解，腓力在隐士小屋般的幽室里枯坐了一个礼拜，没有写下一行与英格兰有关的文字，唯一的行动是与自己的忏悔神父就苏格兰女王的丧礼仪式进行了磋商。除此之外，他再没有与任何人商议。如果我们曾认为，由于英国人作乱而升起的边塞狼烟已经在二十年中不断迫使腓力立刻采取行动的话，那么他真正开始认真考虑此事的时间，其实只有四年左右。在他的脑海中，在卷帙浩繁的文件里，一个愈加清晰的轮廓还在不断酝酿，西班牙正在着手推进应对方案，国王的计划已经告知负责此事的官员，当然，仅限于他们在现阶段应当了解的范围。工作何时进入下一个阶段，笨重的行政机器又将于何时提升速率，一切只能留待国王发话。

直到16世纪80年代早期，当时腓力刚从形同散步的葡萄牙远征中归来，最后一片砖瓦正要安放到埃斯科里亚尔修道院的屋顶上，此时讨伐英格兰的计划才确定提上日程。兼并葡萄牙意味着西班牙在大西洋上的实力显著增强。葡萄牙人不仅是这片大洋的先驱者，在远方的印度洋上，他们也凭借航船的炮火击碎了埃及人和土耳其人的战船，最后建立起一个掌控了海洋的帝国。在非洲和巴西的近海水域里，他们的盖伦帆船与法国、英国和西班牙的闯入者平分秋色。在西班牙征服葡萄牙的最后阶段，当时争夺亚速尔群岛的双方激战正酣，西班牙的舰队指挥官指挥着葡萄牙的舰队，面对另一位葡萄牙王位争夺者——克拉图的堂安东尼奥[1]——自法国港口招募来的舰队赢得了两场辉煌的胜利。这是以大西洋帆船的作战方式完成的战斗，尤其在第二场战役中，西班牙人自信已经像击败了堂安东尼奥舰队中的法国战船一样击败了英国战船。指挥作战的舰队指挥官堂阿尔瓦罗·德·巴赞是一位参加过勒班陀战役、头发已经斑白的老兵，他怀着胜利的欣喜表态，只待国王下令，他就将负责对付整支英国海军。

作为答复，腓力要求评估进攻英格兰所需的海军力量。国王的要求是务实和冷静的，舰队指挥官的最后评估也丝毫没有贬低英国海军的实力。圣克鲁兹侯爵[2]表示，共需要150艘大型船只，所有可用的盖伦帆船（这也正是当时通用的战舰）都要征调入伍，余下的商船也要尽可能以大船为主，而且配备全副武装。另外，40艘乌尔卡船将负责存储和运送辎重（或许可以称其为大型货船），320艘其他各类附属船只也将各司其职，这里面包括通信快船、巡逻哨艇，以及用于侦察、追击、航速快且配备武装的中型快船（称作扎布拉船和弗拉加塔船）。除了以上提及的510艘帆船，还应补充40艘加莱桨帆船和6艘加莱赛战船，整支舰队将配备3万名水手，同时搭载6.4万名士兵，这会是一支全欧洲前所未见、远远超乎时人想象的庞大海上力量。经过堂阿尔瓦罗计算，要满足一场为期8个月的战役，装备这支海军所需的军械，如火绳枪、盔甲、长枪、火药和炮弹、绳索、锚、饼干、大米、油、腌鱼等，一共只需要380万达克特。然而根据随后几年腓力购置舰只、囤积货物的实际花销来判断，这笔钱笃定远远不足。也许舰队指挥官给出的数字是3800万。但无论是哪个数字，加上奏请腓

---

[1] 1580年，葡萄牙国王红衣主教"纯洁者"恩里克一世去世，没有指定王位继承人。在他死后，克拉图的堂安东尼奥和西班牙腓力二世等几人都声称有王位继承权。1580年7月19日，堂安东尼奥在圣塔伦宣称继位，但没有多久就被西班牙的军队打败，赶出葡萄牙。之后他试图在亚速尔群岛的特塞拉岛统治葡萄牙，在那里建立了反对派政府。1581年，他在逃亡法国期间受到凯瑟琳·德·美第奇的热情款待，她将他视为自己反对腓力二世的工具，在许诺付出一定的条件后，堂安东尼奥获得了一支由葡萄牙流亡者和法、英冒险者组成的舰队。1582年7月26、27日，圣克鲁兹侯爵率领一支西班牙-葡萄牙联合舰队在亚速尔群岛击败了堂安东尼奥的舰队，后者的反对派政府于1583年瓦解。

[2] 堂阿尔瓦罗·德·巴赞即圣克鲁兹侯爵。

力的其他要求以及日渐上升的债务压力，都已超出腓力的能力范围。而且即使他负担得起数字更为惊人的第二笔金额，也不可能像变戏法那样一下准备好所有船只，行动延期数年在所难免。此外，为凑齐舰队指挥官需要的五百余艘帆船，势必还要尽数征召西班牙和意大利各港口的所有船舶。综合考虑下来，就如何执行任务而言，舰队指挥官的估算是合理的；但就财政现实状况而言，这个数字又是荒诞的。

腓力手头还有另外一份评估需要掂量，如果说上一份评估来自他最优秀的舰队指挥官，那么这一份则来自他最好的陆军首领，二者非常相称。圣克鲁兹吁请全军出动，从西班牙扬帆进发，发动整齐划一的海上远征，由他自己执掌帅印。而在帕尔马公爵亚历山大的方案中，只要具备有利条件，足以不劳海军大驾。在他看来，倘能得到英国天主教徒的帮助，3万步兵和4000骑兵已经足够完成作战任务。倘使风向和潮汐如人所愿，一夜之间，他便能借助驳船将这支大军从尼乌波特和敦刻尔克运过海峡。日后拿破仑·波拿巴和阿道夫·希特勒的打算都与帕尔马如出一辙。帕尔马明确提出，此举若想获得成功，必不可少的条件是彻底的出其不意。可是如何将英国人完全蒙在鼓里，让他们对于汇集在佛兰德海岸上的3.4万人和七八百条驳船浑然不觉，他却未置一词。也许帕尔马心下认为，时机来临时，如果英国舰队胆敢挡道，他从尼德兰征召的援军将足以扫清障碍。但腓力意识到了此间的要害。帕尔马的计划格外仰仗出其不意，这使腓力备感压力，以至于潦草地写下："几无可能！"

在麾下两员最得力的指挥官各自提出计划后，腓力自己拿定了主意。帕尔马应当得到来自意大利的陆上支援，尽管这支部队的实力也许并不能完全达到他的要求。一旦时机闪现，他要带领军队和驳船来到佛兰德海岸做好一切准备。与此同时，圣克鲁兹会在里斯本召集远征舰队，这是一支西班牙的无敌舰队，它将负责对付英国海军，并搭载和护送强大的西班牙步兵渡海。无敌舰队将向英吉利海峡进发，剑指英格兰。帕尔马需要指挥部队相机登上驳船，西班牙舰队会顺道与他在海上会合，并护送这些驳船抵达已经选定的登陆地点，那里距离泰晤士河口不远。等到堂阿尔瓦罗引领帕尔马安全抵达英格兰，并且把无敌舰队自身从西班牙运来的步兵护送到岸，他还将站出来，继续为帕尔马确保海上运输线的安全通畅。假如英国舰队主动挑起战斗，或是我军大举进攻的良机出现，堂阿尔瓦罗还应积极参战，主动摧毁敌人，不过无敌舰队的首要职能仍然是运送大军登陆。堂阿尔瓦罗是否充分理解了行动的要旨，我们无从得知，但帕尔马显然已将计划牢记心中，一如堂博纳蒂诺·德·门多萨至少在苏格兰的玛丽离世前半年就已经全然明晓了自己的角色。

在某种程度上，这是个好计划。虽然英国如果不能走向内部分裂，这样一支外部入侵力量并不足以夺取全岛，但这个计划并不像帕尔马的想法那样，过度倚重英国的天主教徒。使用就驻扎在海峡对岸的帕尔马的老兵渡海作战，比起从西班牙一路运来整支入侵大军要更加合算。（好像腓力能够依照堂阿尔瓦罗的要求召集足够的陆军部队，或是能够找来充足的船只运送他们似的！）而在陆上作战时，运用帕尔马举世无双的军事技艺也是极为可取的。这个计划并没有置登陆后的帕尔马于不顾，不至于让他们在万一失去运输线、丧失撤退的可能后，陷于要么全军覆没要么必须孤注一掷彻底征服英格兰的境地。而且，通过减少和简化舰队的职能，或许可以期望海军东拼西凑出来的物资是够用的。这当然也是个复杂而又严苛的计划，没有为错误或是突发事故预留太多空间，但别无他法的腓力仍然决定信赖指挥官们的技艺和忠诚。

开弓没有回头箭，不过就最初的情况来看，西班牙的战前准备仍然笼罩在将信将疑的试探性气氛中。大批合同被承包出去，涉及数量可观的饼干、鱼干、帆布和索具。新的步兵连队正在组建，旧有的连队则要补充满员。在德意志和意大利，国王的代理人正在找寻海军军械，首选加农炮和长重炮等重型火炮，但最终放宽至比轻武器大不了多少的小型火炮，凡是能被搬运到船舶上的铜炮或铁炮，都被他们悉数带回。安达卢西亚[1]和比斯开湾的各个港口挤满了五花八门的船舶，它们来自拉古萨、那不勒斯、热那亚、法国、丹麦和汉萨同盟[2]的订约城市，这些舰船或被租用，或被强行征调，

---

[1] 安达卢西亚（Andalusia），西班牙最南部的古称。
[2] 13至17世纪北海、波罗的海沿岸城镇组成的商业、政治同盟。

将要为最后的决战服务。在里斯本，新造的盖伦帆船装上了桅杆，旧舰船也已修缮完毕，虽然它们多数仍然只是一具空壳，既没有火炮，也缺少船员。海岸上的热火朝天显然在预示正发生着什么，不过截至当时，那种场面还没有紧迫到与即将和英格兰展开生死之战相吻合的程度。那年春天驻留马德里的意大利大使们，包括一名威尼斯人、一名热那亚人、一名佛罗伦萨人、一名曼图亚人以及两位教皇派来的代表，在谈起眼前的一切是否与针对英格兰的战前准备有关时，也都没有十足的把握。

或许腓力自己也还没有下定决心。一方面，英国人的挑衅已经让他忍无可忍：德雷克在厚颜无耻地劫掠西班牙沿海和西印度群岛，莱斯特的军队仍然屯驻在尼德兰，英国天主教徒的处境也在不断恶化，对于最后这一点，自从在英格兰缔结姻缘[1]以后，腓力便自感负有施以援手的特别义务。教皇劝告他当机立断，英国流亡者们乞求他加快日程，在朝堂之上，主战派也日益占据上风。唯一让腓力举棋不定的原因也许还在于自己，正如他曾写下的那则信条：越是波澜万状，就越要踟蹰慎行。

另一方面，围绕计划的确仍有许多事端在牵绊腓力。首先面临的便是经费问题。穷尽墨西哥和秘鲁的白银，仍然不能将他从日渐深陷的债务泥潭中解救出来，年复一年，他只好不断将部分税收抵押出去，借款一旦掷入尼德兰战场，就像掷入无底洞一样杳无声响，他却要为此偿付越来越高的利息。葡萄牙曾经神话般地垄断了霍尔木兹和印度的全部财富，现在却和西班牙一样濒临破产的边缘，甚至处境更糟。而腓力知道，比起陆军，海军的开支有过之而无不及。

比经费问题还要糟糕的是事态的不确定性。任何一场战争都是一次冒险，在审慎之人眼中都是不受欢迎的。腓力热衷于想象这样的自己，他从未主动寻求战争，他只是为了防御而开战，他从不滥用力量去劫掠或者压迫邻居。"他害怕战争，"帕森斯神父曾经这样轻蔑地描绘腓力，"就像曾经被火灼伤的孩子害怕火焰。"他尤其害怕与英格兰作战。对于这个自

---

[1] 1554年，腓力二世曾与前任英格兰女王玛丽·都铎成婚，腓力名义上拥有英格兰国王的称号。

己曾任国王的国度,他委实有所了解,他知道这项计划或者任何与此相关的其他安排,都将是孤注一掷的赌博。不止一次,面对那些宣称征服英格兰轻而易举的文件,他都以潦草的笔迹在页边批注了一个简略的词汇——"胡言!"在早先的岁月里,当他仍然是玛丽的丈夫时,他曾写下:"英格兰王国现在和未来都必须保持海上力量的强大,社稷安危全然仰赖于此。"而今英格兰依旧是海上强国,最富有经验的船长们也都会提醒他,挑战对方不可能毫无风险。

曾有一度,该计划看上去如若取得成功甚至将比失败更加危险。假如他的军队推翻了英格兰,而玛丽·斯图亚特还活着,那么苏格兰女王必将登上英格兰的王座。没错,她至少是天主教徒。近来她还对自己大献殷勤,也许成为女王后,她会一如既往地对西班牙感恩戴德。但是她的心终究属于法兰西,腓力早就从先父那里懂得了一个道理,对于本国最大的威胁莫过于法国和英格兰的联合。如果西班牙人牺牲了鲜血和财富,只换得法国国王再次成为欧洲最强大的君主,那真是苦涩的讽刺。对于在英格兰恢复正统信仰的努力,上帝难道竟要索取如此高昂的代价吗?

至少这种风险现在已不复存在。我们不能确定这对腓力有怎样的影响,我们也无从得知,在面对门多萨的来信苦思冥想时,他又怀有怎样的想法。我们只知道在一连多日没有触碰纸笔,秘书们也闲于无事之后,3月31日夜,从埃斯科里亚尔修道院那处宛如心房的神秘幽室里突然传来了律动。一批简短有力的公文被同时派发出去。圣克鲁兹必须在春天结束前做好起航的准备。卡塔赫纳、马拉加的船只和货物务必立刻抵达里斯本。比斯开湾的造船工人可以预先支取他们要求的 2.5 万埃斯库多[1],唯一的条件是加紧工期!巴塞罗那的海军兵工厂要复查库存的军械和货品,调动一切闲置物资,为大西洋上的无敌舰队提供装备。另一封内容与此相似的公文发往了那不勒斯。给热那亚的信函则用强调的语气责问硝石未能按期送达的原因。致帕尔马的函件简洁而含蓄地表达了如下大意:鉴于近来的诸般事体,早先商定的计划将会加速实施。门多萨也收到了同样简短的信函。他将前

---

[1] 埃斯库多(escudo),旧时西班牙货币单位。

伊丽莎白一世，绘于英格兰和西班牙彼此间的紧张状态达至顶峰之时

（上左图）审判玛丽·斯图亚特一幕的素描画（上右图）玛丽卷入安东尼·巴宾顿的阴谋，最终只是将自己推上了法庭。这封信是她写给巴宾顿的最后一封信，除了她的签名，信上还有两位主要密谋者克劳德·诺（Claude Nau）和吉尔伯特·屈勒（Gilbert Curle）的签名（下图）一幅描绘苏格兰女王玛丽受刑的荷兰画作。画中的玛丽在等待自己的命运降临时手中紧攥着一个十字架苦像，而厅外正在焚烧她的外衣，以防它们被用作圣髑

（上左图）弗朗西斯·沃尔辛厄姆爵士，16世纪80年代期间紧伴女王左右（上右图）威廉·塞西尔，伯利勋爵，骑在他的灰色骡子上（下图）伊丽莎白在枢密院接见两位荷兰使节，沃尔辛厄姆、达德利和玛丽·斯图亚特也同时在场

（上图）教皇西克斯图斯五世（下左图）威廉·艾伦博士（下右图）耶稣会神父罗伯特·帕森斯

西班牙国王腓力二世

LAPROLIDA
TROPICVS·CA
ÆQVINOCTIALIS
ELPERV
TROPICVS·CAPRICORNI

（左图）1575年，在建中的埃斯科里亚尔修道院（右图）堂阿尔瓦罗·德·巴赞，圣克鲁兹侯爵（下图）一份世界航海图，反映了1585年腓力领有的帝国疆域。"自从历史肇始以来，地球上还从未有人像西班牙的腓力二世这样统治过如此浩瀚的版图"

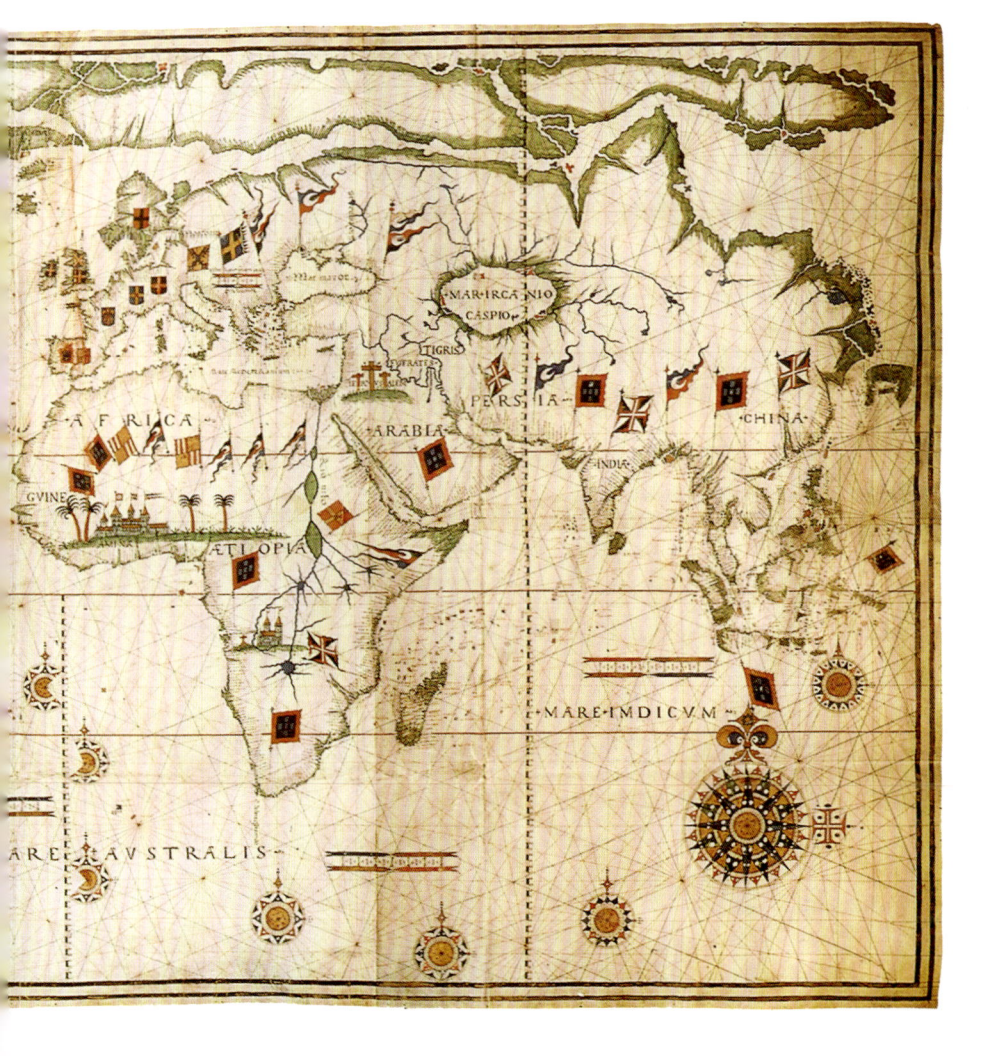

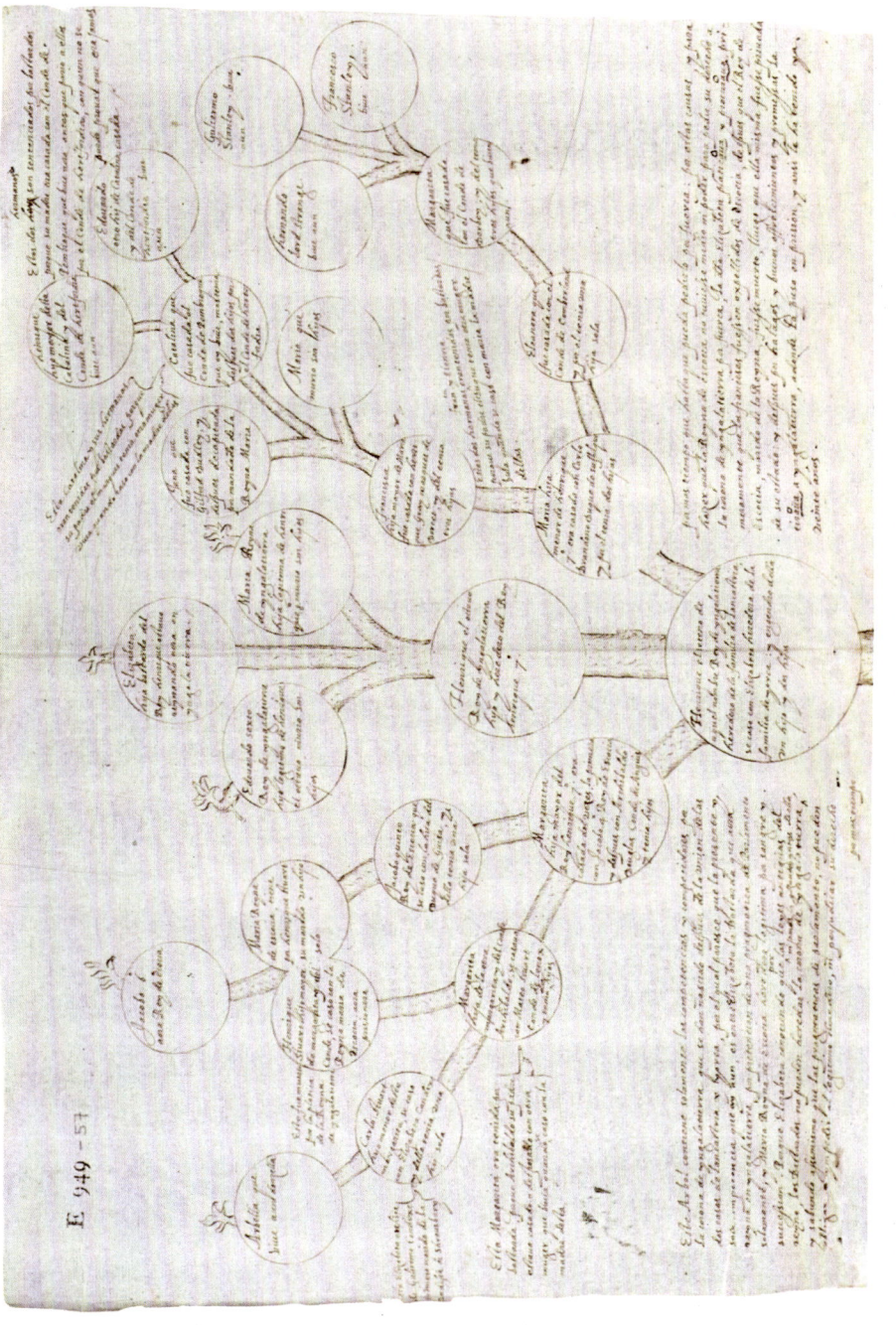

一项由艾伦和帕森斯承担的谱牒学研究,意在证明身为爱德华三世的后裔,腓力二世是仅次于玛丽·斯图亚特之后,最有资格继承英格兰王位的正统君主。

去会见苏格兰驻法国大使，吊唁女王之死。门多萨没有得到关于其他事项的新的指示，他可以由此认为自己的建议获得了认可。

同一天晚上，另一批鼓鼓囊囊的信件也得以起草，它们将被送去罗马，措辞要直白得多。腓力从未忘记，寄给帕尔马和门多萨的信函有可能被胡格诺教徒截获，对这些人来说，封印没有任何神圣意味，也没有什么密码永远安全。但寄往罗马的包裹则不必担此风险。因此，除了向红衣主教卡拉法致以热情问候，他还就一系列行动向威廉·艾伦做出了详细说明，并对艾伦此前在信函中表达的恭顺故作不知。最后，腓力还拟就了一批将要交给奥利瓦雷斯的函件和文书。奥利瓦雷斯将再次为及早拿到借款而奔走。他要提醒教皇，法国国王不值得信任。他还将把支持腓力继承英国王冠的所有文件献给教皇，争取说服教皇为腓力秘密举办一场简短的授职礼。当然，腓力会把王位移交给自己的女儿。他对于获得新的王国并不感兴趣。只是由于苏格兰女王被残忍处死，他才比以往更加急切地想要推动这项事业的发展。

此外还有另一封信函，它显然将被呈递给罗马教廷。"［对于玛丽之死］我深感悲痛，"腓力写道，"因为她本来会是领导那些国度［英格兰和苏格兰］重归天主教信仰的最适宜人选。但既然上帝以其智慧另作安排，那么他必然将会挑拣新的人选，促成神圣事业的最终胜利。"以上这些可以视为腓力独自沉思的结果。腓力由此获得了迎接未来诸多试炼的力量，在换作其他任何人都可能畏缩不前的时刻，腓力径直前行，好似被异象指引，俨如一名梦游者。当他终于做出抉择后，他的目光或许会再次停留在门多萨来函中的一段话上："因为上帝的显豁意旨已然众目昭彰，他将把这两个王国的王冠全都授予陛下。"

8
"风令我前行"

伦敦和普利茅斯
1587年3月25日至4月12日

  当腓力二世正在埃斯科里亚尔修道院的隐秘居所中沉思玛丽·斯图亚特之死造成的后果时，有一位海员正在格林威治的宫廷外气恼，他和腓力一样对上帝赋予自己在这世上的职责所在坚信不疑，而且远远比腓力更早明白，他们二人之间的这场战争是出自上帝的安排。与西班牙国王相似，弗朗西斯·德雷克也是从父亲那里最早获知了自己的今生使命，虽然父亲只是德文郡的一位低级牧师，德雷克却由衷珍视他的言辞，这和腓力对侍父王神圣罗马帝国皇帝的态度如出一辙。除去两人在脾性上的差异，腓力国王和弗朗西斯·德雷克爵士在对待自己的基本信条时态度颇为相似，他们都对此怀有不容置疑的忠顺和虔诚。

  从身为平信徒传道者的父亲埃德蒙·德雷克那里，弗朗西斯习得了单纯的清教信仰。一切发生过的事，无不因为上帝的意志才发生。而有一件事必然符合上帝的意志，那就是彻底摧毁教皇和他的所有成就。一个人若站在上帝这边，是蒙神拣选的子民，确切的标志之一就是对罗马教会及其追随者报以决绝的敌视。在这一点上，弗朗西斯·德雷克从未动摇过自信，当他发动未经本国政府允准的针对西班牙国王的私战时，他心中的自己仿佛是《旧约》中的英雄，正在上帝的护佑之下劫掠偶像崇拜者。

  不过，德雷克本人对西班牙开战的直接原因却既非出自传承，也不是源于某种抽象的意识，如公共或宗教义务云云。就像参孙针对非利士人发动的个人战争一样，其中的真正原因在于心中深埋的怨怼。年轻时的弗朗西斯·德雷克曾经参与约翰·霍金斯[1]兴旺的海上贸易，并一道在圣胡安·德·乌卢阿岛的港湾遇险，当时霍金斯的武装商船遭到新西班牙[2]驻防舰队的阴险突袭，结果大败亏输。[3]德雷克带着他所知道的所有幸存者，仅仅靠一艘漏水的小船逃回了普利茅斯港。而当霍金斯随后带着仅剩的另一艘逃脱的商船步履蹒跚地归来时，对于战斗的结果，他只是说道："'朱迪斯'号[4]在同一天晚上抛弃了我们，置我们于大不幸中而不顾。"他没有对这位手下提起诉讼，但德雷克或许认为人们会对他指指点点，指摘他出于对西班牙人的恐惧竟然离弃自己的统帅临阵脱逃，他的荣誉必将因此蒙受损害。确定无疑的是，他的钱袋早已先一步遭到损害。他积攒的微薄资本全部投进了此次远航，现在血本无归。

就在第二年，弗朗西斯·德雷克开始着手赢回金钱和名声。自从他不光彩地返回普利茅斯以来，18年中，他已经多次衣锦荣归。第一次发生在1573年8月的那个星期日[5]，带着一小群德文郡的伙计和一艘俘获的西班牙中型快船，他把从诺布雷·德·迪奥斯港[6]劫掠的黄金运回了故乡。最重要的一次凯旋发生在1580年秋季[7]，他率领"金牝鹿"号顺利完成环球航行，绕过雷姆岬[8]归来，船上满载着从太平洋上截获的金银、珠宝、香料和丝绸，价值之高，足以让所有股东分得高达百分之四千七百的红利，剩下的则归属船长和女王陛下[9]。到了最近，他再次归来时已经拥有了一支强大的舰队，这支舰队竟敢闯入伊比利亚半岛的港口，挑战西班牙国王，还令国王在西印度群岛的商业蒙受重创，虽然伦敦商人视此次远征为一场

---

[1] 约翰·霍金斯（John Hawkins, 1532—1595），伊丽莎白时期著名的英国海军统帅、商人、海盗、奴隶贩子，他可能是从大西洋三角贸易中获利的第一个英国人，也是德雷克的表兄。
[2] 新西班牙（New Spain）是西班牙在美洲殖民地的副王辖区，以墨西哥城为中心。
[3] 霍金斯和德雷克在美洲遭到西班牙围捕一事发生在1567年。
[4] 霍金斯率领的这支船队共有6艘船，"朱迪斯"号（*Judith*）即由德雷克指挥的其中一条小船。
[5] 1573年8月9日。
[6] 诺布雷·德·迪奥斯港（Nombre de Dios），位于今巴拿马科隆（Colón）省的大西洋海港。
[7] 1580年9月26日。
[8] 雷姆岬（Rame Head），英格兰康沃尔郡南部海岬，南侧为英吉利海峡环裹。
[9] 伊丽莎白不仅支持亦商亦盗的霍金斯、德雷克等人，甚至私下入股。

失败，因为他们为此投入的每一英镑都损失了5个先令，但西班牙人也绝没有从中占得半点便宜。整个1586年，秘鲁和墨西哥的白银分毫未能运过大西洋，这使得一些塞维利亚大商人几近破产，还在腓力国王的银行家们中间掀起了一场小规模的恐慌。

在德雷克后期的冒险中，女王不仅出借自己的船只，还得到了属于王室的分红，但是伊丽莎白一世始终否认知晓德雷克的计划，并拒绝为其私掠行为承担任何责任。在西班牙人眼中，弗朗西斯·德雷克形同海盗。但德雷克却自认为是在与西班牙国王交战。他曾不止一次向腓力国王表达个人的蔑视。对他而言，二人彼此间的这场战争从圣胡安·德·乌卢阿的袭击发生时便已打响，除非有一天两人中的一人死去，除非有一天西班牙国王尊严扫地，也尝到了弗朗西斯·德雷克当年带着残兵败将和残破不堪的"朱迪斯"号颜面无存地返回普利茅斯港时的滋味，否则他绝不肯善罢甘休。

这种认为一个人、一名卑微的骑士能够与基督教世界最伟大的国王交战的想法，全然是一种骑士的浪漫。在16世纪的现实社会中，人们只会视之为笑料，只有堂吉诃德这样的疯人才能做得出来。然而德雷克对其中的可能性坚信不疑，虽然他绝非疯子，但他总是怀有一种超越寻常心智的骇人自信，这是他身上的一点过人之处。令人吃惊之处在于，全欧洲竟然逐渐开始认同德雷克的想法。饶舌者、小册子作家，甚至是能干的政治家和外交家，都开始以这样一种方式谈论英西之间的这场海战，好像它是腓力国王与弗朗西斯·德雷克之间的一场个人决斗。最早可以上溯至1580年，德意志和斯堪的纳维亚的新教君主、法国的胡格诺领主以及西班牙的其他敌人就纷纷开始索取德雷克的肖像画，德雷克那矮壮敦实的身材、宽厚的肩膀、张扬竖立的棕色髭须、红润愉快的面容、似乎从不闭合的大而有神的蓝色眼眸从此以后便远近皆知了。后来当英格兰和西班牙的海军在海峡中交手时，无论德意志人、法国人，还是西班牙人、意大利人，都会将英国舰队仅仅视为德雷克个人的延伸。"德雷克在周日现身，"他们写道，"德雷克击沉了那么多船只……德雷克损失惨重……德雷克离开了怀特岛[1]……德雷克在加莱出现……德雷克战败……德雷克奏凯。"就好像女王的舰队不存在其他指挥官，好像这已经完全不再是女王的舰队一样。间谍和书信作家[2]们如此描述，"德雷克正纠集全部力量……德雷克计划伏击运宝船……德雷克将会南下巴西"，仿佛女王舰队的行动完全取决于这位海盗的古怪主意。

当弗朗西斯·德雷克往来奔走，从伦敦到格林威治，又从格林威治经格雷夫森德[3]返回伦敦时，他一定发自内心地希望大家的普遍看法是正确的。从水手那里，从南方隐约传来的逸闻中，从他的朋友和赞助人——女王秘书弗朗西斯·沃尔辛厄姆——细节丰富的来信里，德雷克知晓了西班牙正在酝酿大动作。他认为自己懂得如何借助突袭破坏西班牙的准备工作，这是他从加勒比海上的多次实战中学到的。这一次，他个人的战争也将是英格兰的战争，倘使他的打击足够沉重、快速，西班牙国王的庞大计划将会在无敌舰队起航前便胎死腹中。然而正如伊丽莎白周围的人经常悲叹的那样，英格兰被一位女人统治着，没有女王的指令，女王的舰队无法出动。眼见3月将尽，德雷克已经为了那句指令枯等数月。曾有一度，女王允许他一日面见九回。可现在，他已有好多个礼拜不曾亲觐天颜。

德雷克的传记作家们解释说，伊丽莎白正为这位大英雄的西印度群岛之行而懊恼，这次航行未能盈利，反而徒耗钱财。伊丽莎白无疑是失望的。1586年的冬天，有太多非同寻常的事端在指望她的钱袋，她很可能对这次派往加勒比海的突袭抱有期盼，希望能够从西班牙运宝船那里幸而猎获一笔丰厚的收益。而当时廷臣们倾向于解释说，女王的心依旧牵挂于苏格兰女王之死，她因为处决带来的悲伤和愤怒而心烦意乱，以至于对其他次要的事情甚少关心。

---

[1] 怀特岛（Isle of Wight），英国第一大岛，坐落在英吉利海峡中，北向与本土的汉普郡相距6公里。
[2] 书信作家（letter writer）是盛行于欧洲现代早期的作者群体，他们创作的长篇书信后来经人整理出版，具有较高的文学和史料价值。
[3] 格雷夫森德（Gravesend），英格兰肯特郡西北部古城，位于泰晤士河南岸。

两种解释可能都存在一定程度的真实性。在玛丽死去一个月后，伊丽莎白仍然处于深深的哀悼之中，仍然在接见廷臣时闷闷不乐、疾言厉色，对平时喜欢的娱乐活动提不起兴趣。要知道，此时连苏格兰人都已经日渐恢复了冷静，因此女王流露出的悲伤着实令法国人印象深刻。伊丽莎白在竭尽所能地防止西班牙和法国或者苏格兰达成联盟，围绕这个目标卖力表现是值得的。同时，她还在设法推迟西班牙人的进攻。在2月底和整个3月里，女王虽然极度悲伤，但还是通过权宜的迂回手段落实了几项提案，这些提案是她在1月间通过沃尔特·雷利手上的一名西班牙囚犯直接交给西班牙国王的。另外，虽然我们不确定议会中有多少人对此有所了解，但伊丽莎白还在继续与帕尔马公爵进行谨慎的谈判。如果事态还能回到福瑟林格的斧头落下前的日子，回到当初那种微妙的平衡和不确定的状态，伊丽莎白愿意为此不遗余力。

　　除此之外，对于把握更大的机会就更不能忽视了。西班牙对英格兰的威胁来自三条战线。第一条战线在尼德兰。只要帕尔马还陈兵于佛兰德海岸，伊丽莎白对荷兰人的需要便不亚于荷兰人对英国的仰赖。纵然在伊丽莎白看来，荷兰的掌权派既倨慢无礼又吝啬小气。英国派赴远征军这件事，截至目前无异于一场军事和财政上的巨大灾难。但无论如何，还是有必要为忍饥挨饿的英军寻找更多的经费，并再次打消荷兰人的疑虑，巩固双方的同盟关系。尽管心怀怒气，在玛丽死后的那一个月，伊丽莎白还是抽时间把这些事宜提上了日程。

　　她还抽出时间来思考第二个可能的危险来源——法国。法王亨利三世也许是个可悲的失败者，但他却在外交上取得了胜利。没有人再将他的襄助视作理所当然。每个人都相信他的不可信。如果说门多萨和腓力二世相信，亨利很可能选择在无敌舰队起航的那一天与英国和纳瓦拉联手的话，那么斯塔福德、沃尔辛厄姆，也许还有伊丽莎白自己，都在担心他会在任何一个时刻加入西班牙和吉斯家族的阵营。英国和西班牙的政治家在一件事上是意见一致的，他们都相信只能依靠武力与法国国王打交道。西班牙人将希望寄托在神圣同盟身上。伊丽莎白的议会主战派则倾向于借助德意志的新教军队来加强胡格诺派的实力。这一次，伊丽莎白渴望看到德意志的君主们能被说服，为了宗教而非酬劳干上一仗。话虽这么说，她依然不曾对此怀有严肃的期待。叹了一口气后，她答应付给德意志人高达 5 万镑的津贴，当对方的叫价竟又涨到 10 万镑时，她虽然有所犹疑，但终究没有退缩。与此同时，她还要设法挤出另一笔钱，赞助身无分文的纳瓦拉国王。对女王而言，纵然耳畔有沃尔辛厄姆在热情高唱普天之下的新教徒应当共同担负新教事业，这些苦涩的药丸依旧无法变甜。不过她还是理智地认识到，在被危险环绕的当前，让法国人忙于阋墙之争是值得的。

末了，还有最主要的威胁等待化解，那就是可能来自西班牙的海上攻击。在海上，英国人绝非毫无准备。16 世纪，没有人在许多场战斗的间隙始终让主战舰队保持动员状态，但是感谢约翰·霍金斯，在这方面伊丽莎白要比其他所有君主都要准备得更加充分，她拥有更好的船只，并都以尽可能少的花费修造完毕并保持养护。她的"海狗"[1]们自信能够在任何时候击败出现的西班牙人，但是这场即将发生在西班牙海岸或英吉利海峡的激烈海战毕竟是一次可怕的冒险，是一笔昂贵的生意。弗朗西斯·德雷克自认为知道一种花费更低的办法，他发誓只需要一次直捣海岸的突袭，就能将西班牙人拦阻在港口以内。伊丽莎白仍然举棋不定，不知道该不该再次激怒自己的国王姐夫，也不清楚这是不是一笔必需的开销，而且她很清楚，以德雷克的火爆性格，必然会彻底毁掉自己后退的最后可能。可是假如无敌舰队来袭的时间真能稍作延后，乃至推迟长达一年，谁又能知晓这会结出怎样的纯属意料之外的时间之果？没准儿这次突袭仍然能够装扮成一次个人的冒险，不至于给她的和平谈判造成致命伤害，也不会陷自己于无法转圜的地步。

最终形成的计划鲜明地带有伊丽莎白亲自干预的痕迹。德雷克将会从女王那里得到 6 艘船，包括 4 艘头等规格的盖伦帆船和 2 艘轻帆船。他获准与伦敦的商贾进行磋商，只要商人们乐意赞助，他可以尽可能多地补充新的船只。海军大臣已经应允，要将他自己的一艘盖伦帆船和一

---

[1] "海狗"（sea dog）是伊丽莎白对她的海员们的戏称。

艘轻帆船也提供给德雷克。而德雷克已经将属于自己的4艘停泊在普利茅斯的船只进行了整备。这支小型舰队的目标是捕获船只，利润将按股份分配，从这一点来看，此次航行也的确类同于个人的一次商业冒险。但如果读一读德雷克关于目标的说明，诸如"破坏西班牙舰队的计划，终止它们在里斯本的集结"，具体方式则留待他的自由裁量，甚至可以"在敌人的港口内摧毁他们的船只"，人们就会明白，他其实获得了女王的委任。他向西班牙国王挑起的这场个人战争，最终果然逐渐演化成了英格兰的国家战争。

如果德雷克没有就这件事与弗朗西斯·沃尔辛厄姆进行商谈，那才是咄咄怪事，他想必对沃尔辛厄姆提及了延迟出发日期可能面临的危险——议会可能会因此变得更加反复无常。据他说，他是3月15日（这是旧历日期，即罗马新历的3月25日）接到委任的，但在那之前几天，门多萨的间谍获知德雷克已经在召集女王的船只，着手完成战前准备了。在那之后第三天，德雷克就与伦敦商人签订了协议，女王的船只也已经从格雷夫森德起锚。德雷克并没有随这些船只一道进发。也许他是专为面见女王而留在了格林威治。倘使如此，这就是一次秘密接见。事毕，他和自己的夫人火速赶往多佛[1]，一艘轻帆船从那儿将他们送上旗舰。得到委任后的第十天，他亲率舰队驶入了普利茅斯湾。

他仅仅在这里逗留了一个礼拜，期间焚膏继晷地沉浸于工作。他自己的4艘船即将整备停当，女王的4艘船也将要完成物资供应，但日程的匆忙一定造成了他的草率行事，因为事后证明，普利茅斯的小分队和女王的船只在供应水准上比不上伦敦人提供的船只。他还面临着其他麻烦。可能就是在普利茅斯，消息泄露了出去。当然，消息的散播时有发生，即使在潜艇部队中[2]也在所难免。现在人们得知，德雷克的目标原来既不是西印度群岛和西属美洲大陆——虽然那里有可供劫掠的贸易集镇、利润丰厚的

---

[1] 多佛（Dover），英格兰肯特郡良港，该地与法国加莱之间的多佛海峡是英吉利海峡的最窄处。

[2] 此处原文为silent service，字面意思为"沉默的部队"。在历史上，由于潜艇部队要求行动隐秘，因此该词在英语世界中成了一些潜艇部队非官方的代称。

种植园，有从运宝船队身上揩油的机会，有大把的银比索[1]，足以令最卑微的水手变身富翁——也不是疏于防守的巴西海岸，甚至不是亚速尔群岛，而是卡迪斯[2]和里斯本的港口，那里堡垒森严，到处遍布全副武装的船只（人们都这么认为），除了沉重的回击，什么也别想从那里得到。此外我们至少能确定，有关德雷克将目标锁定在卡迪斯的消息传入门多萨的耳朵时，德雷克舰队的水手正开始大面积逃亡，造成这种局面的原因可能在于德雷克自己，他在清查叛徒时多少有些容易做得过火。这一回他可忙得手忙脚乱，要做的远不只是通知地方当局追捕逃兵，他还为此致信海军大臣，陈述此事对女王事业的危害，要求予以严惩。与此同时，为防患于未然，他又将士兵们依序编入旗舰的值班表。当来自伦敦的最后几艘船只——"皇家商人"号和其他4艘船舶——伴随着起伏的波浪于4月1日（旧历）出现在视野中时，他已经做好了起航的准备。

翌日清晨，在旗舰"伊丽莎白·博纳文图拉"号的船舱中，德雷克写好了致友人沃尔辛厄姆的告别信函，他这封信既一如既往地体现出句子支离破碎的特点，又蕴蓄着超出往昔的激情。关于船上的同伴，他写道："……我们全都说服自己，达成了令人愉悦的共识，这超出了我们对彼此的期待，这在任何其他舰队中都绝无可能出现。我感谢上帝我看见的不是个人，而是全体成员都为了我们仁慈的女王，为了我国反对敌基督及其追随者的事业团结如一人。我感谢上帝，诸位尊贵的先生们，如伯勒船长、芬纳船长、贝林厄姆船长[3]，他们今日与我并肩合作，我感到非常审慎、诚实和无可比拟的高效。如果在尊敬的阁下展信之时看到舰队已经起航，并深知全体船员正如阁下会乐于看到的那样，对于这场战斗坚毅决绝，您一定会得出判断，对方的区区力量绝不足以令他们分崩离析。"

"……我向阁下保证，在这儿，没有一分一秒被荒废……"但紧随其后的却是一段隐晦的暗指，可能仍有一些人"心怀不忿，这种人几乎在所有行动中都不会受到欢迎……"他还抱怨道，"很难准确报告这些人的恶

---

[1] 比索（peso），西班牙货币单位。
[2] 卡迪斯（Cadiz），西班牙西南部海港城市。
[3] 在伊丽莎白赞助的4艘主力舰中，此三人即除旗舰外的其他三艘舰船的船长。

行，他们要么隔岸观火，要么热衷于政府的鼎革，而我希望上帝永远不要让他们活着看到这一天"。人们可以推断，在德雷克动笔的时刻，他还无法确认在他目前的船员中谁是那些所谓的阴暗奸诈、希图与其事业作对的敌人。但日后德雷克将十分确信，他的副指挥官伯勒船长就是其中之一。

提笔写信时，他可能想到的是议会中的主和派，那些不愿与西班牙开战的人（"仙后葛洛瑞娜"[1]本人自然不在其中），他们是他和沃尔辛厄姆的敌人。沃尔辛厄姆是否曾经提醒过他，女王也许会改变心意，削减赋予他的自由裁夺权？德雷克在信中对于他极力加快工作进度的强调，听起来似乎他曾受到旁人的驱策。沃尔辛厄姆当然还知道，近来伊丽莎白与帕尔马的谈判取得了谨慎的进展，女王不会仅仅为了袭击西班牙海岸而担负破坏谈判的风险。然而，即使现在改变对德雷克的指示，也已经无法追上他的脚步了。"风令我前行，"他以胜利的口吻煞尾，"我们的船已经扬帆。出于对上帝的敬畏，他已应许我们，将会获得胜利，正如敌人将会有理由认为他正在为女王陛下而战，在国外如在本土。前进！于女王陛下所赐宝船'伊丽莎白·博纳文图拉'号上，1587 年 4 月 2 日。"

然而女王真的改变了心意。一位廷臣正怀揣着女王的最新指示，快马加鞭地赶往普利茅斯，在得知西班牙国王渴望捐弃前嫌、避免事态进一步恶化后，伊丽莎白命令德雷克"避免使用武力强行进入任何属于国王的港口，也不允许对国王的城镇和停泊于港口内的航船进行袭击，或者对那片土地采取任何敌对措施。虽则如此，女王仍然乐意看到，您和在您麾下效力的女王臣民竭尽所能地（在尽可能避免基督徒流血的前提下）将西班牙国王及其臣民的海上船只和财物纳为己有，只要这些船只驶入海面"。无论弗朗西斯·德雷克爵士和女王的其他臣民有多么好战，伊丽莎白显然想要明白无误地表明，她并未与西班牙国王处于交战状态。

倘使德雷克收到并遵从如上指示，接下来的事情当然会截然不同。不过虽然某些德雷克的传记作家用戏剧性的笔触强调了此事，错过指示本身却并不像他们所声称的那样纯属侥幸。这段时间有好几封撤销进攻指令的

---

[1] 同时代人对伊丽莎白的昵称，见第 1 章注释。

文件相继起草，其中第一份由枢密院大臣签署，但这份本该已经被送达普利茅斯的文件的落款日期是4月9日。就在这一天（新历4月19日），连远在巴黎的门多萨都已获知了德雷克已经出海的消息。看起来奇怪的是，有关起航的传闻竟没有对格林威治的审议产生影响。当一艘轻帆船带着枢密院的命令前去追赶德雷克时，后者早在九天前就出发了。他其实并不需要提前这么长的时间躲避追赶者。随后大风又将信使的轻帆船吹回海峡，这必定只是前方那场风暴的余波，德雷克早在多天以前便遭遇了同一场风暴，当时他的舰队在菲尼斯特雷角[1]附近被不幸吹散。可是尽管诸事不顺，这条轻帆船却在海峡内不慌不忙地游弋，甚至劫获了一艘利润颇丰的葡萄牙商船，船长对于追赶德雷克的任务显然有自己的判断，这压根儿不是什么十万火急的事情。

　　一位杰出的历史学家在审视撤销命令的前后经过时评论道，此事"鲜活地体现了伊丽莎白身为战争指挥官的性格特点"。他的话点到为止，但已足以表达他反对女人从事所谓男性事务的观点。伊丽莎白的众多臣子也持有相同的意见。然而假如有人更加深入地探寻撤销命令的内在细节，他会越发察觉到，这就是伊丽莎白的一贯性格，无论此刻是战火纷飞还是大下太平。首先，事情的前后经过俨然蒙有一层神秘的面纱，某些地方更像是有意为之。文件的语言闪烁其词又模棱两可；只是在涉及财务安排时，为了确保女王在任何一次劫掠中的利益分红，才格外措辞直率、切中要点。要知道，文件的内容可能出自伊丽莎白的御笔。而事情最后（是否出自人为安排无从得知，尽管看起来让人倾向于持肯定态度）在两条彼此相反的政策路线上同时经营，都取得了最大收效。沃尔辛厄姆负责致信斯塔福德（他是否知道斯塔福德竟会将消息知会门多萨？），向他知会女王禁止德雷克进入任何西班牙海港的消息，伯利则将手放在心口，以其荣誉向帕尔马的代表德·卢担保，女王陛下已经派人径去追赶德雷克，禁止他向西班牙国王做出任何敌对行动，倘若无法完成使命，负责追赶的船长将遭受重罚，不过在发过这样的誓言后，看来伯利是无法洗刷荣

---

[1] 菲尼斯特雷角（Cape Finisterre），位于西班牙西北部沿海，今加利西亚地区。

誉上的污点了。所有这些安排都拥有付诸实施的公开证据,以便维持英格兰与西班牙未曾开战的假象,使正在尼德兰进行的谈判得以继续下去。同时德雷克却能够完全不受制约地借助任何自认为可取的手段,阻挠西班牙舰队的会合。伊丽莎白大约已经感觉到,德雷克对于个中奥妙的把握,丝毫不亚于任何人。

9
火燎髭须

卡迪斯湾
1587年4月29日至5月1日

  4月29日，周三下午4点钟，在落成于查理五世一朝、位于阿兰胡埃斯的狩猎别墅里，花园中的风景正醉人心脾。放眼新卡斯蒂尔的高原，再没有别处如阿兰胡埃斯这般花团锦簇，而5月之初，又是此地风物至为殊胜的季节。腓力常常会在此度过整个5月。只有加冕葡萄牙国王的那一年，他因诸事缠身错过了阿兰胡埃斯的5月。于是他将留恋之情诉诸纸笔，在字里行间思念起了花园中的春日扬葩、晚来莺啼。今年他更早早地拾掇停当，体面又迫不及待地离开了马德里。春日里，入暮前的阳光对于他的痛风最为相宜，而傍晚也正是他来到园中游赏百卉千葩的良辰。就在他徜徉于花海中时，手下人收到了一份寄自巴黎的函件。堂博纳蒂诺·德·门多萨在信中报告，4月12日德雷克已率领30艘左右的船只驶离普利茅斯港。几乎可以断定，德雷克此行是为了阻止西班牙舰队集结，其首要目标很可能是卡迪斯。也许是因为当天国王流连忘返，比平日在花园中驻留了更久，也许是由于痛风发作，使得他当夜更早歇息，直到次日清晨，他才获悉了门多萨的警报。无论原因何在，此刻都为时已晚。

  4月29日，周三下午4点钟，伯勒船长爬上了德雷克的旗舰"伊丽莎白·博纳文图拉"号。伯勒是一位老派海员，曾出任英格兰海军大臣的副司令，现在他又在德雷克麾下担任副指挥官，负责掌管"金狮子"号，这是女王赠予的4艘新舰船中的一艘。此次登船是否出自舰队指挥官德雷克的信号召唤，伯勒本人事后没有记录，随着时光远逝，他当时在德雷克后甲板上看到的大多数面容令人已无从知晓。那大概是某种战时会议，但不是全员大会，因为多数落在后面的船只此时还只能在海平面上觑见半个船身，这与伯勒过去习惯的那一类会议大相径庭。

时机已经显露。在低矮而形如驼峰的海岬之上，卡迪斯城即将展现出轮廓，来自西南方向的顺风已经鼓满舰队船帆。舰队指挥官的背后散布着18天前他从普利茅斯带来的其他船只。虽然风暴导致舰队在菲尼斯特雷角附近分散，整体来看，这次航行仍然既迅速又顺遂。有一艘轻帆船在风暴中丢失了，但有新的船只收之东隅，其中之一是一艘易于驾驶的葡萄牙卡拉维尔帆船，因此当舰队在罗卡角[1]附近会师时，一共拥有26艘各式船舶。在前领航的是4艘归女王所有的战舰，"伊丽莎白·博纳文图拉"号、"金狮子"号、"无畏"号、"彩虹"号，这些是性能优越、船体坚固的盖伦帆船，吨位在400到500吨之间，威风凛凛地装备着足以毁灭对方船只的火炮。此外还有3艘伦敦利凡特公司提供的高桅横帆船，几乎与女王的盖伦帆船一样大小，为了应对利凡特公司贸易的重重危险，它们清一色配备了重型火炮，区别只在于铁炮更多，铜炮较少。舰队的二级阵线包括7艘军舰，吨位从150到200多吨不等。用于侦察、警戒、护送邮件和近海作业的是11或12艘较轻船只，称作中型快船或轻帆船，吨位从区区25吨到近乎100吨，但它们同样可以应付远海作业。敌人方面，遍观西班牙周边的近海水域，除了数量有限的加莱桨帆船，能否在当年春天找到如此众多而又适宜作战的战舰，不由得令人生疑。

假如不是此前已经拿定主意，那么就是在罗卡角的时候，卡迪斯被确定为第一个目标。据两名被抓获的荷兰商人报告，那里有大量船舶正在会合，准备下一步前往里斯本组建无敌舰队。在后甲板上，眼下德雷克正询问伯勒，他们的行动应当安排在当天下午还是次日清早。

伯勒大约罗列了一些倾向于等待的理由，指出风可能会在清晨之前减弱，舰队理应召开一次正式会议，拟定作战计划，之后仍然可以在入夜时分大约8点左右于外湾抛锚停泊。

---

[1] 罗卡角（Rock of Lisbon）的葡萄牙语名字即 Cabo da Roca，位于葡萄牙西海岸，是葡萄牙乃至欧洲大陆的最西端。

"我的看法是这样的，"德雷克应道，"尽管有一些理由让我们留到早上，我们却一刻都不能再多等了。"

伯勒又直言劝告了一番，但会议已然定下了调子。当这位副指挥官返回"金狮子"号后，他看到自己的长官仍然驻足在甲板上，目光朝向卡迪斯的海港，而舰队的其他船只正乱成一团地靠拢到旗舰身后，伯勒的这一段记述不无沮丧，这或许是因为他从未在这类行动中见过如此混乱的局面。但是只要舰队还在身后跟随，德雷克就并不那么在意是否秩序井然。他懂得出其不意、攻其不备的好处，现在他握有先手，并决意攥紧这一优势。

4月29日，周三下午4点钟，再没有比此时更令卡迪斯城感到悠闲自在的时刻了。多数贵族和市民中的头面人物正在观赏巡回剧团表演的一出喜剧。在大广场上，更多的观众正在为翻筋斗的大胆表演叫好，伴随着翻滚，这名训练有素的杂技演员身上的肌肉产生了一阵阵律动，足以媲美严格精巧的诗律。既然有十几个国家的海员挤满街道，人们有理由猜想，酒馆也会在他们身上赚上一笔。人群熙来攘往，纵情欢愉，港口外有一排大型船只正虎视眈眈的消息虽然已为少数人知晓，却传播得非常缓慢。众人的注意更多地被杂技和喜剧演员所吸引，全然不知道敌方的前导舰船几乎已经抵达海港的入口，逼近至人称"赫拉克勒斯之柱"的纪念碑附近。那是胡安·马丁内斯·德·里卡德和他手下那帮勇敢的巴斯克人，一些人说，他们在猜测逐渐靠近的舰队的身份。不是的，另一些人应道，人数太多了。那想必是敌人了；没错，是法国人或者英国人，甚至可能是恐怖的德雷克。

他们还算幸运，卡迪斯市民随后会同意这一点，因为港口并非毫无防备。几天前，堂佩德罗·德·阿库纳刚好率领8艘加莱桨帆船和1艘加里奥特桨帆船从直布罗陀赶来这里，他们正在悠闲地巡逻，最远将会抵达圣文森特角[1]以及在那里与里卡德会合的地点。其中两艘加莱桨帆船因为差事需要，刚好被派往上卡迪斯湾的雷亚尔港，但是余下的舰船现在仍然停

---

[1] 圣文森特角（Cape St. Vincent），葡萄牙西南部海岬，位于卡迪斯西侧，直布罗陀在卡迪斯的东南方向。

靠在卡迪斯的港口内，靠近旧城堡的所在地。舰队想必处于整装待发的良好状态，因为不久之后堂佩德罗便能率领舰队有条不紊地从下卡迪斯湾的出口鱼贯而出，还派出其中一艘加莱桨帆船前去盘问陌生来客，此时德雷克的舰队仍在航道上。这艘船径直向前冲去，飞快划动的桨叶闪烁着光芒，火绳枪手和长枪兵在艉楼上严阵以待，船首的青铜撞角森然可见，西班牙的旗帜则在桅杆顶端猎猎作响。它意欲上前招呼来船，但在它闯入射程之前，对方的加农炮弹已经开始在它旁边掠过。"伊丽莎白·博纳文图拉"号以及其他几艘前导舰船可能首先开了火。假如德雷克依然按照惯例行事的话，这时他就会升起英国军旗，令旗舰后甲板上的船员奏响号角。

恐慌的情绪正在城中蔓延。行政长官以为英军打算洗劫这座城市，由于害怕发生巷战，他命令妇女、儿童、老人、跛子全都进入旧城堡避难。不料这座要塞的长官却害怕蜂拥而来的平民会阻碍自己的防卫，竟然关闭了城堡的大门。一时间，城堡外几乎只有过道宽的逼仄街道上挤满了逃难的人群，街道的尽头就是紧闭不开的城堡大门，不明就里的人们还在从四面八方杂沓而至。人山人海之中，歇斯底里的情绪爆发了，密密叠叠的人群不断向无路可退的门前卫兵们挤去，一点点迫近。直至要塞长官恢复了理智，开启了城门，又或是因为街上、下方广场上的民众终于知道了前方的情形，停止了推搡，惨剧才得以停止，然而此时已经有约略25名妇女和儿童死于践踏。

同一时间，卫队正在火速集结，士兵匆忙领到分发的各式武器，来不及准备就开始向各个关键据点进发。一小队临时拼凑的骑兵小心谨慎地出现在南门，开始巡逻普恩托，那是一片城墙外的岩石荒地，上下海湾正是从那里开始分界。行政长官认为英国人最有可能从这里登岸作战。他将手下最好的一支步兵队派去协助正在巡逻的骑兵，又命令另一支队伍负责城门的防御。所有这些便是自从海湾传来炮响后城内发生的一切。

而在远处的海面上，吨位更大的英国舰队正首先与堂佩德罗·德·阿库纳的加莱桨帆船较量，虽然战斗的结果对于双方来说都不存在太多疑问。人们倾向于视卡迪斯湾的这场对垒为新纪元的开端，相信它反映了海战的跨时代飞跃，标志着大西洋之于地中海的胜利不期而至，以及加莱桨帆船在过去两千年中一统海洋的历史终结。这种观点很诱人，但也具有某种误导性。加莱桨帆船看起来如同可怕的战争机器，它们体形狭长，带有形制诡异的青铜撞角，艏楼上布满士兵和加农炮，操纵起来兼具速度、优雅和精确，它们不受风向制约（至少在平静的水面上如此），可以协调一致地旋转、环行，宛如一场水上的芭蕾表演。它们很可怕，但那只是相对于其他加莱桨帆船而言。它们的青铜撞角在彼此之间的交战中是骇人的武器，能从侧面将敌舰探出来的一排桨叶整个截断，或是从侧翼迎头撞击敌舰，给对手留下致命伤，虽则如此，仍然不会有哪位加莱桨帆船的船长在头脑正常的情况下，愿意尝试撞击一艘重型帆船。它们的黄铜火炮能够在其他加莱桨帆船拥挤的甲板上降下一场弹雨，火炮的尺寸相对于地中海贸易中的小型商船而言，威慑力已经足够惊人，但是在加莱桨帆船通常装备的 5 门铜炮中，有 4 门可能仅适用于杀伤人员，第五门即船首炮，炮弹一般也只有 4 到 6 磅。而反观德雷克的 7 艘最重的船只，任何一艘发射一通单侧舷炮射出的弹药都足以超过堂佩德罗整支舰队的火力总和，更何况德雷克的战舰还具有明显的射程优势。

加莱桨帆船并不是用来与装备了重型火炮的大型帆船较量的，除了在压倒性的武力优势下，它从未打败过后者，即使是发动接舷战也无济于事。加莱桨帆船的船体太低、太脆弱，容易遭受炮火攻击，而自身携带的火炮又太少。早在本世纪初叶的数十年中，葡萄牙人已经在战场上展示过大型帆船的优势，他们的武装商船在面对土耳其人和埃及人的加莱战船时接连取得胜利。就在不到一年前，英国人又一次目睹了同样的事例。当时利凡特公司的 5 艘高桅横帆船从近东的港口返航，在潘泰莱里亚[1]，它们被驻防西西里岛的 10 艘西班牙加莱桨帆船拦停，等到会谈无果而终后，它们与西班牙人开战，每艘船都被迫以一敌二，结果却是西班牙舰队遭受重创，被迫撤退，毫发无损的英国商船继续畅行无阻。这 5 艘船中的 3 艘眼下就在德雷克带来卡迪斯的这支舰队中服役。因此，无论对面的西班牙加莱桨

---

[1] 潘泰莱里亚（Pantelleria），地中海西西里海峡上的一座岛屿，正处在西西里岛和突尼斯海岸之间。

帆船就像德雷克报告的那样有 12 艘，还是哪怕 20 艘，其实都无甚差别。就算对方总是能够潜藏在浅滩背后或是划到平静的风眼之中以躲避大型帆船的追击，最终也都无济于事，无论如何，加莱桨帆船终究只适用于攻击同类。

如果堂佩德罗在开战之初还没有觉察到这一点的话，他很快就会意识到自己在火炮上令人绝望的劣势。他足够英勇地发起了战斗，可是当英国船只的侧舷炮以冰雹般的实心弹雨覆盖了本船时，他的船首炮甚至还没能进入射程。他赶紧调转航向，向着远离城镇和锚地的海域撤离，随后又再度卷土重来，或许是想要接近那些较小的英国船舶，却只是徒劳地再度从英军的高桅盖伦帆船那里领教了一番侧舷炮的威力，又一次被迫掉头遁走。他的目的是拖延英军，为那些停留在锚地的船只赢得一个撤往相对安全的上卡迪斯湾的机会。也许他还希望引诱一些英国盖伦帆船驶入遍布下卡迪斯湾东向岸侧的浅滩水域，那里地形诡谲，暗藏凶险。但是英国人满足于将来袭的加莱桨帆船赶走，并没有上当。最后，堂佩德罗带着前甲板满是伤员的旗舰和另外两艘损毁程度令德雷克误以为已经沉没的船只，跟跟跄跄地撤往了圣玛丽亚港，那座掩蔽在浅滩之后的港口坐落在下卡迪斯湾大陆一侧的海岸上，与卡迪斯城有 4 英里之遥，在它的东北方向。

笼罩卡迪斯全城的恐慌情绪现在蔓延到了卡迪斯的锚地。也许有多达 60 艘各色船只正拥挤在此地动弹不得。它们中间的确有一些要前往里斯本组建无敌舰队，其中包括 5 艘乌尔卡船，这是一种桶状的货船，装满了酒和饼干，还有不少荷兰霍尔克船也可能即将为入侵舰队服务，它们是被西班牙人强行充公的，船上的帆也被一并扯了下来。但是卡迪斯毕竟是一个繁忙的海港，许多地中海的船只聚集在此，它们的目的地是法国、荷兰或者波罗的海的沿岸港口，目前只是停靠在这儿，等候前往圣文森特角的顺风。这里还有从大西洋远道而来打算向东驶过直布罗陀海峡的船只，它们只是由于某些临时原因才暂且在此逗留。年复一年，每当适宜的时节到来，比如现在，许多等待组建船队远航美洲的船只也会来此下锚。甚至还有一艘迷航的葡萄牙船只，载着打算运往巴西的货物，也正停靠在卡迪斯港。又因为卡迪斯是通往不远处的赫雷斯的港口，多个国家的商船之所以来这儿，其实是为了装载这座小镇名满天下的雪利酒，打算运回去售卖给英吉利的酒徒——虽然祖国与西班牙缠斗多年，但这场战事丝毫没有影响英国酒徒对敌国佳酿的忠诚。

在这乱作一团的众多船只中，能动弹的船舶无不在挣扎逃离。最轻巧的那些正拼命挤向旧城堡的防波堤，加莱桨帆船就曾经在那里停泊。还有一些或是吃水够浅，希望冒险渡过浅滩，或是熟悉航道，全都努力前往上卡迪斯湾寻求庇护。但是还有许多大型船只要么没有足够的水手准备起航，要么没有可以升起的风帆，要么干脆因为人员慌乱而陷入瘫痪，而临近的船只又因为这些大船的止步不前，被堵塞在港口内一动也不能动。好多条船就在下锚的地方无助地打转，好像嗅到狼味的羊群一样瑟缩不安。

混乱之中，有一艘船与众不同。锚地外围停泊着一条为黎凡特贸易而造的700吨级大船。她可能最早来自拉古萨[1]，英国人根据其航线称她为"阿格西"，这是所有拉古萨船只的英语诨名，但是她的归属地或者至少是执照所在地却是热那亚，船长也是一名热那亚人。当时船上满载着将要运回意大利的胭脂虫红、洋苏木、兽皮和羊毛，她想必只是在等待转流的潮汐以及借以出港的岸风，以便穿越直布罗陀踏上归途，否则无法解释全体船员为何都待在船上。我们永远无从得知她的船长为何决定参战，我们只知道，当德雷克及其重装舰队抛下加莱桨帆船迫近锚地时，这艘阿格西的每一尊火炮都在向个头不如自己的英国船只开火，试图阻止对方攻击锚地的商船。

一艘700吨的黎凡特商船是个需要认真对待的敌人。女王的盖伦帆船赶紧布好阵势（在锚地羊肠般的狭道里，几乎没有供舰队调遣所用的空间），卓有成效地将这艘固执的热那亚商船击成了碎片。英国人后来心有不甘地提及那40门沉入海湾的加农炮，懊悔没有办法打捞它们。直到行将沉没之时，那艘阿格西仍在顽强地开炮。我们不清楚她的船员里是否有人安全上岸，但至少德雷克的船只并没有捞起任何一个，因为他们始终不知道对手的国籍。我们也不知道热那亚船长的名字，不知道他下场如何。假使他

---

[1] 拉古萨（Ragusa），位于西西里岛东南部的海港城市。

是一位西班牙人，是腓力国王某一艘盖伦帆船的指挥官，那么在决意迎战整支英国舰队，直至自己的船只葬身鱼腹后，他的英勇应当会得到恰切的颂扬。但是人们会怀疑，他的热那亚主人是否也能够欣赏他的勇气。如果他竟然安全回到热那亚，很有可能会听说热那亚并没有与英格兰处于交战状态，他也许会在海滩上仔细思量一则公理：从战利品法庭[1]要回一艘中立船只，至少要比从海湾的水底捞起它更加容易。

这艘阿格西的沉没也结束了海港内各条船只的抵抗。德雷克现在得以将舰队停泊在它们中间，开始清点他想要的战利品和值得运走的货物，为已经洗劫一空或是本就空空如也的损毁舰船做上标记。夜幕降临时，第一批霍尔克船被英国人四散拖走，然后被放火点燃并解开缆索随波漂流。不一会儿，船舶上的火焰便照亮了整座海港，在卡迪斯城的白墙上投上了一层耀眼的光芒。

这项工作并非没有受到阻拦。时不时地，城中的旧城堡会倾其所有发射一通火炮，而当作业小组渐渐驶入锚地深处后，位于海港一侧的下城区也开始向这里射击了。但这两轮攻击在火力上更像是为了驱逐平日登陆的摩尔人，其强度并不足以控制整个港口，英国舰队对此只是给予了一点必要的注意而已。相比之下，西班牙加莱桨帆船更加令人分神。在入夜前，两艘西班牙战船从雷亚尔港小心地探出身影，越过普恩托，向任何可能的敌方目标胡乱射击。伦敦人提供的几艘船只负责看守舰队侧翼，好几次它们已经将敌船赶走，但对方总能在快速回撤和成功躲避英军的长重炮攻击后再度迂回前来，将他们的轻型实心弹射向距离最近的英国轻帆船。从圣玛丽亚港派来的加莱桨帆船也在玩同样的把戏，他们一次出动两艘，躲避在相对安全的浅滩里，远距离发射船首炮，而且最终在英军这一侧取得了一场小小的胜利。

就在夜幕垂落之际，一对前来助战的加莱桨帆船撞见了此前被英军捕获的那艘葡萄牙卡拉维尔帆船，不知是因为懒散、疏忽还是热衷于独自冒

---

[1] 战利品法庭负责审理战争期间俘获的船只是否属于合法所得，中立国有权利要回被无辜占有的船只。

险，这艘船当时远远落在英国舰队的后方。在锚地的英军尚未觉察的情况下，这艘船与其他英舰的联系被切断了。她轻蔑地无视西班牙人的招降，还用她那模样类同玩具枪的火炮不住地射击，仿佛自己是一艘盖伦帆船，但是这样的船只恰恰正是加莱桨帆船的盘中餐。一阵暴风雨般的致命炮击过后，她的甲板上只剩下五位负伤的水手侥幸保住了性命。这艘船以及船上的阶下囚被加莱桨帆船当作战利品带回了卡迪斯。

根据我们了解的情况，除了这起意外事件，无论是西班牙人的城堡还是加莱桨帆船，当晚都没能再给英国人造成任何伤害。周四清晨，破坏工作几近完成，于是德雷克率领舰队主体来到普恩托附近一处新的锚地，这里是通往上卡迪斯湾的入口。前一天晚上，他已经看到有一些船只从这条通道逃之夭夭。他从一些被俘获的水手那里得知，上卡迪斯湾内附近停泊着一艘宏伟的盖伦帆船，那是圣克鲁兹侯爵的私人财产。她刚刚从比斯开湾的船坞中来到卡迪斯，准备装载火炮、招募兵员。也许她就是计划中西班牙入侵舰队的旗舰。毁灭宛若皇冠的她，将会成为这次卡迪斯突袭中的完美一击。

德雷克下令在普恩托的对面抛锚，他离开"伊丽莎白·博纳文图拉"号并登上自己的驳船，组建了一支由轻帆船和中型快船构成、并由"皇家商人"号——也就是来自伦敦的船只中最大的那一艘——提供支持的别动队，他将带领这支小型船队突入上卡迪斯湾。德雷克打算亲自烧掉那艘宏伟的盖伦帆船，一些轻帆船则负责烧掉头天夜里未曾驶离普恩托背风处的小船，另一些将要前往侦察上卡迪斯湾的顶端，那里大约停泊着40艘帆船，它们抛锚的地点或是在一片浅滩和防卫雷亚尔港的火炮背后，或是在被称为圣彼得里河的狭窄水道之中，这条水道上横亘着一座木桥，将卡迪斯城和大陆连接起来。

所有这些发生在上卡迪斯湾的行动，都被城中情绪紧张的守军看在眼里。他们在焦急的警戒中度过了整个夜晚，比起港口里燃烧的船只，更让他们忧虑的是英军可能会登陆作战。当英军在调动各种小船时，他们还自信地以为这就是登陆部队的先锋。当英国人的轻帆船扑向圣彼得里河的入口时，他们猜想德雷克的第一步计划也许是烧毁水道之上的桥梁，以阻拦西班牙援军从大陆赶来，他们于是开始祈祷，希望那里的两艘加莱桨帆船会将轻帆船赶走。

直到这时，形势对于西班牙人而言还不算太坏。一队从赫雷斯派来的步兵经过整夜行军，已经在黎明时分抵达卡迪斯。另一支步骑混编的部队也在两小时后到达，海湾的周遭地区现在充斥着军事调动的喧嚣，随着方阵的行进，尘土飞扬，号声嘹亮，骑士枪尖的寒光在浓密的橘树叶下隐隐闪现。尊贵的梅迪纳·西多尼亚公爵也正带着他所能召集的全部武装赶赴在驰援的路上。总之，这座城也许迎来了转机。

城中的人们也在希望的撩动下活跃起来，在朝向普恩托的城门的两侧各自竖起两尊巨大的旧式青铜长重炮，它们雄伟的炮管长约18英尺，每一尊都重达数吨。这些长重炮可以将18磅的铁质加农炮弹射到两英里开外的地方。假如港口炮台装备的是这样的长重炮，事态的发展可能会完全不同。现在，热情澎湃的民兵用人力将其中一尊青铜巨兽运过普恩托的崎岖荒地，安置在一处小型岩石的凸起处，这里正好便于俯瞰下卡迪斯湾的顶端。海湾另一边便是英国舰队的大型战船，最近的一艘是"金狮子"号，与此地只有略多于一英里的距离。

"金狮子"号的船长、舰队副指挥官威廉·伯勒这会儿并不在船上。他正为许多事情心神不安，包括虏获的酒和饼干等战利品的分配、部队位置的暴露——本方舰队现在正处于两侧浅滩中间的狭窄水道里，敌人一旦派出加莱桨帆船来袭，或是借助船只发动火攻，我方将门户洞开——又比如尚未给出解释的轻帆船和舰载艇的动向，他们在下卡迪斯湾顶端那边要干什么？但最令他感到不安的原因，还在于至今没有召开过一次例会。考虑到德雷克正一股脑儿冲入一座陌生的海港，周围遍布危险，身后的船只杂乱无章，而他竟然从未征询过有关航道或是敌方堡垒的信息，从未采纳过任何人的建议，或是正式下达过一道命令，在伯勒看来，这完全是在自招祸殃。他必须承认，截至目前一切尚未越出正轨，但除了彻底完成战利品的转移、回到海上，难道留在这里还有其他事情要做吗？总是一味地作战，几乎从不交谈，从不就航海图和下一步指令召开会议讨论，从不权衡各条路线的得失，对于高级军官的意见置若罔闻，看起来再也没有比这更加违反常规的了。伯勒并没有试图提醒人们,当他率领一整支舰队在波罗的海赢得一场会战时,德雷克还没有指挥过比"朱迪斯"号更大的战船。他也不是为了强调自己身为英格兰海军副司令的个人尊严。但他确实想要知道当下到底是什么情况。现在他正乘坐驳船前往"伊丽莎白·博纳文图拉"号,决心问个水落石出。

登上旗舰后,他被告知德雷克已经去往上卡迪斯湾,随同前去的还有若干艘轻帆船和"皇家商人"号。这就是人们已知的所有信息。假如伯勒没有公然表达不满的话,他的表情也一定流露出了心声。随后他又乘驳船前进,要求登上"皇家商人"号,在他途经普恩托时,圣克鲁兹的盖伦帆船的吃水线以上部分已经熊熊燃烧了。"皇家商人"号的船员们告诉伯勒,舰队指挥官这会儿已经返回下卡迪斯湾。最后,伯勒终于回到"伊丽莎白·博纳文图拉"号上见到了长官,可是后者正兴致勃勃,没有交谈的意愿。伯勒只好带着无处排遣的怒气返回了自己的战船。

当"金狮子"号对面海岬上的炮手发现它正位于射程之内时,伯勒还未回到甲板上。本来即使对于长重炮而言,射击700码以外的目标也像伊丽莎白时期的炮手们不无恰切地形容得那样,只得"听天由命"。不过近来西班牙人运气不错,有一发炮弹果然射中了"金狮子"号的吃水线,击断了炮手长的腿。当伯勒赶到"金狮子"号上时,船上的士官长已经下令运锚,准备向圣玛丽亚港曳船撤退,以远离对方的射程。伯勒对命令表示同意。船体被击穿已然够糟糕了,但下一次晦气的炮击也许就会打断桅杆,或是击中弹药库。

眼看独自曳船撤退的"金狮子"号远离了其他英舰,西班牙加莱桨帆船再次出击。6艘加莱桨帆船围攻一艘无风航行的盖伦帆船,总会有机会让对手领教一下厉害,尤其是假如它们中的一些能够绕至目标后方进行包抄的话。它们现在有意识地保持精准的队形前进,一共两列,每列3艘船,同时足够分散以缩小对手的打击目标,领头的一对战船在共同发射完所有火炮后会盘桓着驶向两侧,以便身后的下一对战船能够接着开火,配合过程如同训练有素的骑兵中队。但伯勒成功地在原地回旋船体,并借机向它们发射了一通侧舷炮。一时之间,"金狮子"号将6艘欲置其于死地的敌船玩得团团转,尽管没有谁留下记载,但想必就在此时,南风乍起,因为已经看到自己的副指挥官陷入危局的德雷克终于能够派遣"彩虹"号盖伦帆船、6艘武装商船以及自己的轻帆船前来支援"金狮子"号。依靠顺风和身后的增援部队,伯勒转而采取了攻势,率领自己的这部分舰队突进至外湾,切断了加莱桨帆船返回圣玛丽亚港的路线,令它们在位于外航道边缘上名叫拉斯·珀卡斯的礁石背后来回躲闪。随后,他带领他的小舰队游弋到卡迪斯旧城堡和圣玛丽亚港卫戍火炮的正中间,决定在这里抛锚。尽管这一举措随后为他招致批评,但在当时,没有任何人对他的决策持有异议。事实上,选择这个位置堪称巧妙。在这里,他刚好能够灵巧地阻拦西班牙加莱桨帆船的行动,但凡有风,后者要从礁石后面驶出来袭扰两支小舰队中的任何一支,就不能不冒着被另一支截断后路的风险。

这当儿,德雷克关心的其实不是伯勒的处境,而是风向。整个早上,风一直断断续续、似无还有,直到正午刚过,当诸事已毕,舰队即将返回海上时,将伯勒带往下卡迪斯湾入口的南风刚好开始消歇。离普恩托不远的那支小舰队赶紧扬帆起航,德雷克所在的旗舰也顺势回到了队列的头部,一时间,旗帜招展,鼓号喧闹,仿佛在向徒然兀自开炮的城市投以讥哂。而后,还没等到旗舰来到"金狮子"号早上停泊的位置,鼓胀的风帆就开始变得慵懒,在一如油脂般平滑的海面上,这支小舰队开始在毫无舵效的情况下随波逐流。

此后的12个钟头,天上没有一丝风。从某种角度来看,对于这样一场既英勇无畏又大获成功的突袭而言,这真是个令人尴尬、虎头蛇尾的结局。但从另外一种角度来看,这又可能是最耀武扬威的结局。就在中午,梅迪纳·西多尼亚公爵已经进入卡迪斯,他带来的援军包括300名以上的骑兵和3000名左右的步兵。市民们在无助和恐惧中度过了前一天夜晚,现在他们怒不可遏,至少要让英国舰队吃一点苦头,以借此出一口恶气。在两座海港堡垒中,有一些火炮的最远射程可以覆盖到英国舰队,于是现在勤勉地发射个不停。海岬上的长重炮也重新开火,这次换作"伊丽莎白·博纳文图拉"号成了射击目标。在公爵驾临的激励下,朝向普恩托的城门的守卫部队将他们的另一尊长重炮也移到了前滩上,这样的话,"无畏"号和"皇家商人"号也被纳入了攻击范围。那些加莱桨帆船，同时也是这种无风天气下唯一可以行动的船只再次出现在海上，盘旋着划起了芭蕾。在海边，市民和水手将挤在旧城堡下方的一些小船塞满了可燃物，点燃之后，让它们随着潮水顺流而下，漂向英国人。加莱桨帆船还前来协助，将这些着火的船只拖向更有利的位置，并试图为之提供火力掩护。暝色四合，西班牙人的进攻热情却高涨起来，这一回卡迪斯湾又被引火船照亮，前一天夜里的情景俨然再次重现。

然而一切努力均化作了徒劳。尽管英国舰队面临的环境极为不利，困在狭窄而又地形叵测的浅滩之间举步维艰，可无论是海岸上的火炮还是水上的加莱桨帆船和引火船，都不能对奋力自卫的它们造成半点伤害。没有一艘船、一位船员因此受伤。海岬上的长重炮再也没能迎来早上的好运。位于前滩上的那尊长重炮只不过在目标四周激起了几朵浪花，城中的火炮则一如既往地成效欠佳。让我们回忆一下历史情境，这有助于为卡迪斯的长重炮寻找开脱的理由。16世纪的火药非常昂贵，因此射击练习在和平时期并不受到鼓励。而且当时火药的质量也很不可靠，不仅找不到两尊相似的加农炮，就连为指定炮孔制造的炮弹的尺寸都不太可能完全相同，以至于炮弹和所属炮膛的直径之间的"偏差"常常大到让人吃惊的地步。结果，使用指定长度的炮膛，以指定方式装填弹药就能将指定尺寸的炮弹打出指定的距离，这样的事情只有在课本上才会发生。真实情况殊为不同，甚至连最老练的炮手也不能确定下一次开炮的结果，不知道炮弹是会直接命中目标，还是会像气馁地打了个饱嗝似的落在前方几百英尺外，又或是就在脚下的沙滩上炸开花，也许竟会害死自己和战友。总而言之，远距离有效命中目标的几率微乎其微。

如果英国舰队将自己从海岸炮火中幸运脱身的原因归功于敌人糟糕的武器和射术的话，那么它们之所以能够在加莱桨帆船和引火船的进逼下全身而退，则要感谢本方船员的驾船技术和警惕性。无论怎样盘桓、躲避，加莱桨帆船总是在进入自己的射程之前就被英国人的炮火驱逐开来。（英军水手能够合理地抛出船锚并灵活地拉紧或松开锚索，这样就可以在短时间内大幅旋转船身。）对于引火船这个最大的威胁，英国人同样可以娴熟地操纵小艇拖动或者挡开来船,使其顺流漂远,或是在浅滩中自行烧尽。在这期间,来自舰队指挥官的一则笑话从舰队的一侧高声传至另一侧,笑话调侃西班牙人今夜正在为我军代劳,烧毁他们自己的船只。周四晚上在卡迪斯湾的英军像前一天晚上一样,几乎没能入眠,但他们却通过这样的方式娱乐了自己。在如此度过12个钟头后,海岸火炮、加莱桨帆船或是引火船只都已经无法再使他们中的任何人感到害怕了。

最终,岸风在午夜过后不久逐渐转强,直至足以推动舰队穿过航道。堂佩德罗仍在后方尾随,他的舰队包括剩下的全部8艘加莱桨帆船、1艘加里奥特桨帆船以及另一艘桨式帆船,后者可能是从梅迪纳·西多尼亚公爵那里分派而来负责追踪德雷克舰队的"中型快船"。黎明时分,加莱桨帆船首先开火,德雷克抛锚接战。堂佩德罗本来只寄希望于截获某一艘掉队的敌船,因此小心翼翼地力求避免公开对战。他派人给英国舰队指挥官捎去一份恭维的信函,一并送达的还有作为礼物的酒和蜜饯,在以传奇故事中两个骑士之间应有的礼数互致敬意后,两位指挥官开始商讨交换战俘的事宜。可是就在他们的小艇往来于平静的海面上时,一阵清新的晨风扑面而来,于是德雷克致以告别的姿态,转而消失在了前往圣文森特角的航线上。

根据德雷克的估算,在卡迪斯港,他一共击沉、烧毁和捕获了37艘大小船只。罗伯特·隆是一位自愿参加远征的绅士,他认为这个数字大约在"30上下",城镇中的一位佚名意大利见证者也给出了同样的数字,而西班牙官方在并非用于宣传目的而是呈递给腓力国王的报告中称损毁船只共有24艘,财产损失高达17.2万达克特。也许其中的差别来自人们是否将一些小艇以及那些执行任务不利的西班牙引火船计算在内。"我们的损失,"腓力在获悉这则新闻后说道,"并不十分巨大,但是这种行径实在胆大包天。"

物质上的损失并非微不足道。如果说在损毁的船舶中,有一些商船来自中立国,许多船上的货物并非是为里斯本而准备的话,那么仍有相当多的物资确实是打算移交给圣克鲁兹侯爵的,那些乌尔卡船与荷兰船无疑是在执行无敌舰队的运输和供应任务,而那艘宏伟的盖伦帆船更是侯爵所拥有的最可怕的战舰之一。当德雷克吹嘘自己在卡迪斯一把火烧掉了西班牙国王的胡子时，同胞们并不认为他是在骄矜自夸。但他这句话要表达的意思其实比听起来要远为谦逊。勒班陀战役结束后，土耳其苏丹曾经自称："当威尼斯人击沉我的舰队时，他们只是烧掉了我的髭须。可它还会再长起来。而当我占领塞浦路斯时，我已经斩断了他们的一条臂膀。"德雷克清楚，西班牙国王的髭须也会再长起来。在向沃尔辛厄姆汇报卡迪斯突袭的同一封信中，他写道："我向尊贵的大人保证，西班牙国王为入侵英格兰已经和每日所做的那样的准备前所未闻……如果不能在敌人的大军聚合之前予以制止，后果将不堪设想……凭着上帝的容许，我的这次效劳也许会带来些微改观……［但是］在防务方面所做的一切工作都是非常有利的……我几乎不敢将听到的有关西班牙国王麾下军力的全部消息禀报于您。唯望圣朝加强防备，尤以海防为重！"接着，他像做出预言一般加了一句："要照看好苏塞克斯[1]的海岸。"当他率领舰队驶向圣文森特角时，德雷克已经对接下来的工作了然于胸。

---

[1] 该郡在英格兰东南沿海。

10

"无论根据何在"

葡萄牙海岸
1587年5月2日至5月20日

  在卡迪斯的时候，德雷克想必听到了消息，圣克鲁兹之外最著名的西班牙海军军官胡安·马丁内斯·德·里卡德现在正带着相当于德雷克一半兵力的小舰队，在圣文森特角附近某地航行。5月2日向西驶离卡迪斯时，德雷克可能已经有了寻找里卡德的计划。他最大的收获是俘虏了一艘也在寻找里卡德的送信的小艇，腓力在小艇运送的那封加急函件里叮嘱里卡德退往里斯本，以规避实力更强的英国人。德雷克于是向海中驶去，像展翅一般令两翼的船只散开，向北再次进行了一次海上排查。他还是迟了一步。里卡德早已得知德雷克的军力，并预先猜测到了腓力的命令。当德雷克还在圣文森特角附近徘徊时，里卡德麾下的7艘粗壮的比斯开战船和5艘轻帆船已经随着涨潮进入了塔霍河[1]的入海口，在守卫里斯本的堡垒附近抛锚靠岸了。

  5月9日，德雷克确信里卡德已经逃脱，于是立刻终止了搜索。在看到信号后，他的船长们纷纷登上旗舰等待开会，当然，按照往常的惯例，毋宁说是等待德雷克下达指令。德雷克告诉大家，舰队将会重新驶回圣文森特角，他们将从那里登陆，夺取萨格里什[2]城堡和周边的其他据点。他没有说明缘由。"他情绪激动……自己和英勇的同侪们正在为女王的事业而效忠，他的声名也因此得以愈加显扬。"罗伯特·隆如此写道，这位绅士冒险家参与了这次远征，也许是寄望于从航海经历中开采创作的宝藏。

---

[1] 塔霍河发源于西班牙东部，在葡萄牙里斯本注入大西洋。
[2] 萨格里什（Sagres），葡萄牙西南部海角，临近圣文森特角的东南侧。

"身为一位天生的战略家,德雷克早已领会到那处著名海角显而易见的重要性。"一位伟大的维多利亚时代的海军史学家[1]也如此写道,他是德雷克最虔诚的崇拜者。但是除了这些基于读过的骑士浪漫传奇和纳尔逊[2]的战役记录作出的评价外,关于德雷克,我们还得到了他的副指挥官、那位心怀抵触的战友威廉·伯勒的评价,而后者的话听上去不无刺耳。在得知计划的当晚,伯勒以一种可怕的无礼态度给德雷克写了一封信。他非但驳斥了认为自己的指挥官是被萨格里什的供水设施所吸引的想法,因为"除了一座水塘,当地半英里内没有取水的地方,通往水塘的路况还很恶劣",还对德雷克是被城堡中的黄铜大炮所诱惑的想法不以为然。"如果您能够达到目的,"伯勒写道,"您又能从中得到什么呢?无论根据何在,没有任何人会从中受益,除了您可以在心中感到自我满足,认为'我在西班牙国王的土地上有所作为'。"

伯勒毫不怀疑圣文森特角所处位置的重要性,他还暗示这是已经被充分肯定的共识,所以会议才决定令德雷克向那里进发。伯勒提醒德雷克,他身为指挥官的职责是在圣文森特角附近巡逻,破坏西班牙的战前准备。登陆作战既有风险,又无必要,何况海军大臣已经专门就这样的尝试给出过警告。也许令伯勒愈发义愤填膺的缘由还在于,本次决定一如既往地没有经过恰当的会议程序,他作为英国海军的副司令,竟然是从低级军官的大声争吵里而不是德雷克本人的亲口告知中,得知了这项计划。

伯勒对于德雷克动机的判断何其错谬,今人已经难以说清。伯勒似乎想当然地认为,舰队可以在缺少锚地的前提下,长期执行巡逻圣文森特角的任务。当然,日后英国舰队指挥官的确可以经常在附近没有基地的情况下,长期保持对某个相似据点的控制。可是问题在于,伊丽莎白时代的军舰还不具备这么久的适航性。从便利的角度考虑,倘若德雷克打算在这儿

---

[1] 这里所指的史家即著有《德雷克和都铎时代的海军》的朱利安·科贝特。原文见 Julian Corbett, *Drake and the Tudor Navy*, vol. 2, Harlow: Longmans, 1898, p.90。
[2] 霍拉肖·纳尔逊(Horatio Nelson),英国海军传奇统帅,一生战功累累,尤其以在拿破仑战争期间的卓越指挥而闻名于世,他在1805年的特拉法尔加海战中率军决定性地击败了法国、西班牙联军,自己亦英勇捐躯。另外,纳尔逊还曾在1797年2月14爆发的英西圣文森特角海战中立下殊勋。

度过整个夏天，那么获得一处不受敌方炮火威胁的锚地，使舰船可以就地进行倾侧检修，让海员在海滩上得到休息，就是必要的了。在德雷克的多次加勒比海远航中，他每次都力求得到这样的基地。当然，在驱使这位老海盗做出决定的动机中，也有掠夺战利品的渴望，不仅如此，想要在西班牙国王的土地上留下值得记载的一笔，对于立誓与腓力为敌的德雷克而言，也委实是一股动力。

受天气阻碍，德雷克的登陆行动拖延至5月14日，而这时他选择的目标已不再是萨格里什，而是一座舒适的海港拉古什[1]，从那里沿海岸向东约15英里就是卡迪斯。拉古什曾经是一座富饶的城市，但最近这些年，它的贸易急剧衰退了。德雷克可能期望这座城市的防守力量较为薄弱，虽然即使拿下该地，他也不确定究竟能在这座城市盘踞多久。他率领舰队在即将入夜的时刻来到拉古什西侧的海湾抛锚，清晨来临时又下令士兵登陆，没有遇到任何阻拦。陆军副将安东尼·普拉特负责在沙滩上集合队列，1100名士兵刚好组成一个纵队，散兵冲锋在前，火绳枪手则前后各有两排、左右各有两列，长枪兵在中间严阵以待。英军的布阵表现出的职业水准给葡萄牙人留下了深刻印象，只见他们的纵队保持阵型，沿着选择好的路线穿过平整而开阔的乡村，进抵拉古什城下，一路上横笛吹奏着胜利的军乐，鼓点震天价响，俨然像是在德文郡治安官面前列队前进接受检阅。

英军的登陆尽管未受阻挠，却一直有人在旁监视。入侵者现在已经发现，好几队骑兵正在侧翼暗中尾随，他们看起来服饰粗陋，不像军人，却都是乘着好马的出色骑手。这些骑兵保持在英军滑膛枪的射程之外，但是随着纵队渐渐接近城市，负责跟踪的骑兵数量也开始逐步增加，内陆地区的高地上也开始出现步兵调动的迹象。英军沿着拉古什的内陆城墙行进，发现所到之处的防卫全都比报告中要严密得多，各处都配备了由巨炮、城墙炮[2]、滑膛枪、火绳枪组成的交叉火力。眼看在相互开火中不占上风，英军主动中止战斗，沿原路返回了海湾。负责本城防卫的堂赫尔南·特勒

---

[1] 拉古什（Lagos），葡萄牙西南部沿海城市，临近萨格里什的东侧。
[2] 城墙炮（wall gun），在口径和火力上介于滑膛枪和轻型火炮之间的一种火器，同样前装火药，因通常安装于城墙之上而得名，也用作舰船的侧舷炮。

正是阿尔加夫[1]地区的总督,早先备感震惊的他现在终于暂时松了一口气。堂赫尔南一方面深知要塞的卫戍力量其实要比城墙上夸饰的模样虚弱得多,另一方面则不确定那些临时凑数的农民、渔夫能在面对训练有素的英国老兵时抵挡多久。他手下的步兵团无一能够执行突击,但是在看到英军撤退后,他还是亲率200名扈从骑兵,联合之前散布在平原上的骑兵一道投入了战斗。

在紧迫不安的情绪下,英国纵队花了两个钟头才沿路返回登上小艇。一路上,敌人用滑膛枪不断从城墙和橄榄树后向他们射击。需要运送的伤员人数不断上升。那些衣着古怪的骑兵一轮轮地上前袭扰,逼迫英军时不时停下脚步,重新组织阵列进行反击,直到他们最终抵达海滩,获得了船上巨炮的掩护,才终于迎来喘息之机。

威廉·伯勒当下根本没有机会就此指出,他早已发出警告,认为登陆作战危机四伏,而当前发生的事情已经验证了他的论断。在过去的48个小时里,副指挥官的来函让德雷克一直愤懑不满。这封信的措辞并不得体,但都铎时代的军队里仍然保持着自由随性的风气,多数人并不会认为这封信以下犯上、不合法度。富有天才的德雷克与多数人想法不同。他记得(也许并不十分精确)伯勒曾经想要阻止他进入卡迪斯港。他想起(也许并不完全公正)在他们还没有在上卡迪斯湾烧尽船只前,伯勒就急不可待地打算就此撤离。他还记起——其中夹杂着多少仇恨,我们只能自行猜测——就是因为伯勒,他的旗舰"伊丽莎白·博纳文图拉"号竟然冒着被海岬上那见鬼的长重炮轰击的可能滞留了12个钟头,而假如伯勒没有撤离,在那里的本该是"金狮子"号。他却不曾记得(也许没人告诉过他)在那个无风的夜晚,伯勒与他一样陷入危险,他自然一厢情愿地觉得伯勒处境安全,以为伯勒与自己之间的距离不是几英里,而是几里格[2]。在做出以上这些最坏的估计后,一般的指挥官恐怕只会在盛怒之下认定伯勒既愚蠢又懦弱,但是德雷克的眼光还要更加深邃。他知道,一起牵涉极广的阴谋正

---

[1] 阿尔加夫(Algarve),位于葡萄牙南部,即文中提到的圣文森特角、萨格里什、拉古什的所属地区。
[2] 按英制,用于海上时,1里格(league)等于3海里,即5556米。

在英格兰暗中酝酿，那些亲西班牙、亲教皇的党徒们正倾尽全力试图击败虔诚的新教徒，巴不得新教的事业毁于一旦。他明白，从自己决定公开与西班牙国王为敌的那天起，随着自身地位的提升，他已经被密谋者牢牢盯上，那些敌人匿迹藏形、无处可寻，却又一直在女王耳边诋毁自己，煽动自己手下的海员逃避兵役，向西班牙的城镇和舰队报告他的进攻计划，有时德雷克也能凭借自己的机敏摘下某些恶棍的面具，例如那位被德雷克在圣朱利安湾[1]斩首的"黑巫师"托马斯·道蒂，此事发生在"金牝鹿"号驶入太平洋之前。道蒂的主要罪行，或者说今天唯一能够证明的罪行，不过是他公然宣布德雷克的行动逾越了指令。伯勒今天的行动如出一辙，他同样控告德雷克违反了女王陛下军队中的惯例。曾有一次，弗朗西斯·德雷克以布道失敬为由，把船上的随军牧师五花大绑后锁在甲板上，随后他将全体船员召集到自己周围，"盘着两腿坐在一只储物箱上，手里拿着一对拖鞋"，告诉牧师，"弗朗西斯·弗莱彻，我现在正式将你从上帝的教会中逐出，上帝的慈爱和恩典从此与你无关，我还要向魔鬼和他的使者告发你的罪行"。这样一位人物当然不可能顺从地让下属给自己上一堂有关海军礼仪的课程，哪怕对方曾长年身居高位。想到这些，德雷克随即着手在"伊丽莎白·博纳文图拉"号上召开军事法庭，在庭上，他至少把伯勒来函的部分内容公布给各位军官，并且当众宣布马奇安特船长，也就是舰队的陆军军士长未来将接管"金狮子"号，而伯勒则遭到逮捕，被关押在他的船舱中。在攻打拉古什以及战事结束后的一个月里，伯勒每天都困在这里，不断为自己的性命担惊受怕。

在将伯勒软禁起来后，德雷克大概已经忘记了他的存在。英军士兵们刚一结束在拉古什城前劳而无功的阅兵巡游就慌忙登上了甲板，德雷克立刻下令起锚，带领全军消失在了天际，接着在进行下一次长距离调戗前往萨格里什时又回到了近海地区。当蒙在鼓里的堂赫尔南·特勒还在忙着为拉古什征调援军的时候，德雷克的部队已经在萨格里什的海滩登陆，他们攀过蜿蜒的石壁栈道，蜂拥而至地出现在光秃秃而又狂风肆虐的海岬之上。

---

[1] 圣朱利安湾（St. Julian's Bay），在马耳他岛的北侧中部沿海地区。

新行动的整个基调是如此迥异，轻灵、有条不紊、毅然决然，以至于人们不禁猜想，对拉古什发动的袭击会不会只是一场佯攻。

一栋被改造成防御工事的庄园宅邸拦腰坐落在通往萨格里什城堡的路上，但英国人抵达时，宅邸内没有一兵一卒，于是登陆部队继续直扑向前。当时的萨格里什城堡宛如一顶皇冠，点缀在海角尖端突出的陡崖之上。东侧的海湾里，一座悬崖下的小城镇横卧在海滨上，城堡以南，遥远的大海彼岸就是非洲弯曲的轮廓线，而在西侧，巨浪正从3000英里宽的大西洋海面上翻涌而来。正西偏北的不远处则是圣文森特角隆起的海岬，那里是伊比利亚半岛和全欧洲在西南方向的尽头。那位目光如炬、形迹如苦行僧般的"航海家"亨利王子[1]，就曾坐在萨格里什的海岬上远眺未知的大海。在这片由四近峭壁把守的小片开阔高地上，亨利修造了一系列后来为德雷克所发现的当地最古老的建筑群，包括亨利自己的居所以及用作图书馆或是安置天文学家、水手等相关人员的房舍，它们被统称为"王子之家"。正是在这光秃的悬崖上方，接连孕育出宏伟的蓝图，欧洲人由此铺设了一条海上长路，得以通往传说中的东方和意想之外的新大陆。在某种意义上，弗朗西斯·德雷克在今世的全部探索事业只不过是当年亨利王子伟大梦想小小不言的副产品罢了。

萨格里什城堡早就不再是王家驻地，也已经与学术中心和宏图大业无关，而是沦落为卫护周边渔村不受摩尔人袭扰的普通要塞。除了海鸥，所有来客都必须从城堡北面入内，而那里有一道坚固的城墙。这堵厚实的石墙高达40英尺，四周矗立着4座圆形瞭望塔和1座门楼，每处都配备有一尊铜制的大型"波廷格尔投石器"，也就是可旋转式城墙炮，从长长的炮管中可以射出半磅重的炮弹，击杀300码外乃至更远处的来敌。这种投石器采用后膛操作，射速相当快。即使只留下少量兵力在此驻守，这样的城堡也足以令缺少攻城炮的敌人无计可施。

德雷克要求城堡投降，但只收获了礼貌却坚定的回绝，于是他命令滑

---

[1] 亨利王子（Henry the Navigator, 1394—1460），葡萄牙亲王，国王若昂一世之子，因大力奖掖航海事业而获誉"航海家"，是新航路开辟和葡萄牙崛起的早期关键人物。

膛枪手和火绳枪手向驻防部队持续射击,以尽量逼迫对方撤离城墙上的射弹孔。英军没有加农炮或爆炸装置,只好使用饱蘸沥青的柴火,德雷克亲率士兵,不顾城墙上的射击,将柴火堆积到城门下方。经过两小时持续不断的攻击,大门几乎变成了一堆摇摇欲坠的灰烬,英军滑膛枪手的火舌不断扫过城堡的内部防线,大量敌方士兵战死或受伤,要塞长官在被两度射穿身体后终于决定投降。德雷克对他开出了慷慨的条件。堡垒中的士兵和居民被全部释放,除了武器,可以带走全部个人财产。下午过半的时候,英军夺取了城堡,这次成功突袭令周边地区的其他据点惊恐不已,以至于圣文森特角附近的一座修道院和另一座小城堡在没有发射一枪一炮的情况下主动投降。

有人怀疑德雷克是否清楚自己攻占的便是"航海家"亨利的城堡,是欧洲所有的殖民帝国——无论存在于过去、此时还是将来——的摇篮。人们还想知道,即使清楚这一点,他又是否会在意。他所惦记的可能只是如何清扫圣文森特角周边地区的敌军,夺取一个能够有效照看舰队锚地的要塞。再有的话,可能便是在西班牙国王的土地上打一场胜仗。至于萨格里什城堡,他甚至没有想过据为己有,他的打算不过是将其变成一个于己无害的无人区而已。城堡中配备的8门铜炮、北城墙上安装的5具投石器,以及防卫港口的3门大口径炮、1门中型加农炮、1门长重炮,1门半长重炮,所有这些武器都随着他的一声令下被推向悬崖,从那里一路翻滚落在海滩上,继而被运回船上。在最后一支清扫战场的队伍返回沙滩前,他们奉德雷克之命将整个建筑群付之一炬,于是亨利王子的城堡、房舍和图书馆都被火舌吞噬,化作了漆黑残破的废墟。

五天后,英国舰队出现在里斯本附近,更准确地说,是卡斯凯斯[1]附近,避开了守卫塔霍河北岸入口的火炮。身兼葡萄牙王国副王、红衣主教双重身份的奥地利的阿尔伯特大公正驻节里斯本,他是腓力国王的外甥。老侯爵圣克鲁兹的总部也设在这里,他的12艘葡萄牙盖伦帆船还没有配备约

---

[1] 卡斯凯斯(Cascaes),里斯本西侧30公里处的沿海地区,今天是一座旅游城市,但当时还只是一片渔村的所在地。

定要装备的新火炮，船上也没有能够作战的炮手或士兵，只有一些维持运转的骨干船员，因而得知敌军突然出现在家门口后，无能为力的他大为光火。前一天，已经获悉英军正在北上的西班牙人召开了一场紧急会议，副王和侯爵一致同意，德雷克的目标很可能是富饶且不设防的港口城市塞辛布拉[1]。他们连忙从各地征召守军，由于里斯本附近兵源不足，他们还从里斯本城堡抽调了火绳枪手，从里卡德的舰队中抽调了其他战斗人员。负责塞辛布拉海港防卫的加莱桨帆船舰队正在埃斯皮谢尔角[2]附近游弋，它们便是眼下可以最快投入作战的船只。

不过英国舰队并没有把塞辛布拉定为目标，而是继续向北航行，在里斯本的加莱桨帆船舰队中，有7艘交由圣克鲁兹的兄弟堂阿隆索·德·巴赞指挥，它们抢在英军来到之前赶回里斯本，在圣朱利安城堡的炮火掩护下组成了战斗队列。

那里是关键地点。那个地方有一块沙洲，标志着塔霍河的入海口，但来船可以通过两条深水航道绕过沙洲，一条位于沙洲北端，一条位于南端，同样狭窄而又地形叵测。北边的路线更常使用，因为航道更深，相对安全，这里由圣朱利安城堡的炮台负责把守；河对岸有一座被称为旧塔的防御工事，用以守卫更加狭窄的南侧入口。一旦穿过如上关卡，前方的贝伦[3]还设有第二道交叉火线，但相对而言远没有第一道那么可怕，德雷克的舰队完全可以在冲破这道防线后对里斯本港口造成致命破坏，兴许还有余裕对城市大肆劫掠一番。圣克鲁兹明白，像德雷克这样意志决绝的指挥官一旦能找到熟稔航道的领航员，完全能够强行突破两条航道中的任何一条。南侧航道曲折难行、空间局促，但旧塔的火力要更加薄弱。圣朱利安的炮火要可怕得多，但航道却相对容易通过，只要借助一阵轻快的西风，利用好潮汐的涨落，就能让一队盖伦帆船快速地鱼贯驶过防线，沿途只需承受轻微的伤害，运气好的话，舰队还可以期待在相似的有利条件下沿原路安全驶离。

---

[1] 塞辛布拉（Sezimbra），位于里斯本南方萨多河（Sado River）入海口附近。

[2] 埃斯皮谢尔角（Cape Espichel），塞辛布拉西侧的海角，位于里斯本正南方。

[3] 贝伦（Belem），里斯本西南方向的海港城市，与里斯本一样坐落在塔霍河北岸。

圣克鲁兹深知德雷克的做派，因此他还在谨慎应对另外一重危险。圣朱利安城堡是一座险恶的要塞，但这只是对于海上的来敌而言。在陆上的敌人眼中，它只具有象征性的防守作用。它的西侧是卡斯凯斯浅湾，海湾的西侧尽头有一座稀疏的渔村，卡斯凯斯城堡就坐落于此，城堡的火炮可以覆盖这片海滩。但是在圣朱利安和卡斯凯斯两座堡垒之间，还有一段漫长而曲折的海岸线，在一年中的多数日子里，这里只有极轻柔的海浪抚弄着滩涂，没有险恶的暗礁，地势抬升平缓，有长达两英里的海岸刚好避开了两座堡垒的火炮射程。而就在这段海岸的对面，英国舰队现在抛下了船锚。

甫一得知英国人正绕过埃斯皮谢尔角，老侯爵立刻快马加鞭赶到圣朱利安城堡。他只有一样武器可以借以抵挡德雷克的入寇，那就是他兄弟堂阿隆索的7艘加莱桨帆船，这些船只正停泊在圣朱利安城堡的火炮掩护之下。如果英国人打算在卡斯凯斯海湾登陆，加莱桨帆船可以冲出浅水区，在对方的载人小艇靠岸前，早早将它驱散。假如英国人尝试强行闯过北侧入口，加莱桨帆船也能够拖住他们的脚步，直到陆基炮火将一两艘英舰当场击沉在航道内。倘若德雷克竟然对南侧航道的回环曲折了如指掌，并从这里下手的话，那么加莱桨帆船舰队至少可以用自我牺牲的冲锋换取增援时间。无论如何，它们都大有用处。在加莱桨帆船与英军作战的同时，当地士绅会率领葡萄牙民兵和数百名来援的西班牙火绳枪手沿卡斯凯斯海湾布防，红衣主教阿尔伯特大公也会从至多一天行程的地方调拨援军。

事实上，德雷克既没有熟悉这两条航道的领航员，也不愿贸然发动一场登陆战，他的人手不足以突破守备森严的海岸，也难以对付近岸作战的加莱桨帆船，更不必说同时应对二者的挑战。他来到里斯本只是为了观察事态的端倪，这是他从来惯用而且一向收效甚佳的开局策略，如果此行无利可图，至少他在腓力国王的前门口展示了胆气，这也已经值得满足了。德雷克很快发现，自己既没有机会发动奇袭，也无从引诱西班牙加莱桨帆船进入开阔的远海交战，可是若非如此，他将很难保全先前掳获的或赶向岸边的船只，于是他提议谈判，希望双方能够交换战俘。

但他又被告知里斯本并没有关押英国战俘，这也许是一个诚实的答案，虽然德雷克并不这样想，他开始挑衅侯爵，希望后者在盛怒的驱使下出战，就仿佛他完全明白自己的刻薄言行能令那位无法还手的老海员气恼到何等地步。就像在卡迪斯一样，突如其来的风打断了徒劳无益的斡旋。英国人乘着来自北方的风回到了圣文森特角。如果说这一次在里斯本面前的展示没能达成其他目标的话，它终究不再千篇一律地止步于破坏商业活动，突袭造成的切肤之痛令敌人忧心、恼怒、措手不及，而这正是德雷克希望看到的结果。

11

木桶板和财宝

圣文森特角和亚速尔群岛
1587年5月21日至6月18日

  接下来的十天里，舰队在萨格里什进行了清理工作，船舱经历了烟熏消毒和彻底检查，舱底得以泵干，压舱物也进行了更换。在七到八周的航行过去后，像"伊丽莎白·博纳文图拉"号这种规模的盖伦帆船，由于满载着250名乘员，其污秽程度会令人叹为观止，小一些的船只也不会好到哪儿去。伊丽莎白时代的人们懂得船身越脏越不利于船员健康的道理，而这支舰队已经应验地出现了过多的病号。最可行的方案是尽可能将生病的船员全部运到岸上，舰队会用战利品中的三两艘俘获船只将最严重的病号送回家乡，眼下准备工作已然在着手实施。与此同时，依然待在海上的船只，尤其是那些最适合执行此类任务的轻帆船，将系统地探查沿海地区，先是向北游弋了10或15里格，返回后又向东往返了相同的距离，途中将一切可能威胁船员返乡的敌船击沉、烧毁，或是掠回萨格里什。

  这不是一桩令人振奋的差事，即使是在拉古什进驻了一支由10艘加莱桨帆船组成的舰队后也鲜有改观。这只英军眼中的猎物有着值得称赞的耐心，坚决避战不出，而德雷克掳获的其他战利品则不甚可观。诚然，沦为战利品的船只极多，远远超过100艘，其中一部分是在海角周边的海滩上被击毁的，另一部分则是在海上抓获的，不过数量虽多，吨位超过60吨的却是凤毛麟角，而且其中竟没有一艘能带来哪怕一便士的赏金。这些船分为两类。其中一半以上本来属于阿尔加夫和安达卢西亚地区以捕捞金枪鱼为业的渔民，德雷克沉重打击了当地繁荣的渔业生产，他不仅有条不紊地破坏了发现的每一条渔船，还毁掉了沿岸的每一座小渔村，甚至连渔夫们的渔网都不放过，德雷克心下认为，自己的所作所为将会促使这些人"当面诅咒他们的总督"。他们当然很可能会因此诅咒某个人。余下的战利品是近海运输的小型货船，包括三桅帆船和卡拉维尔帆船，它们被捕获时正在运送常规货物，在西班牙的各处海岸之间穿梭。它们中的多数被发现时满载着箍桶匠的物什，"铁环、木板条以及类似的东西"，打算运往卡迪斯或是直布罗陀海峡。德雷克敏锐地意识到了这些表面看来无用之物背后的大用。"这些铁环和木板条的总重量在一千六七百吨以上，"他在致沃尔辛厄姆的信中写道，"如果制成装酒的木桶，容量将不低于2.5万到3万吨，我已下令放火，把它们烧成灰烬，除了三桅帆船，这些对于西班牙国王而言也是一笔不小的损失。"木桶在当时是海军的头等必需品之一，除了水、酒，用它存储的货物还包括腌肉、咸鱼、饼干等几乎所有物资。而要制成一只紧实的桶，材质适当、经过良好风干的木桶板必不可少。在蒙受这笔损失后，当时的西班牙已经无力满足无敌舰队对于这类商品的巨大缺口。如果在无敌舰队最终踏上征程时，船上的水桶既肮脏又漏水，如果大量食物因为木桶板爬满绿苔或是木桶的做工问题而被糟践，此时在萨格里什上空升起的黑烟便是理当责怪的罪魁祸首。相比于卡迪斯湾中被烧毁的船舶，烧毁那些木桶板给西班牙造成的损失可能要严重得多。

但就当前这个时刻而言，最沉重的一击还是英军在圣文森特角的出现。在里斯本，圣克鲁兹侯爵的舰队仍然因为士兵、海员的人手短缺，加农炮、仓储物资的供应不足而动弹不得。许多舰船从地中海驶来，却在马拉加和卡塔赫纳畏缩不前，或者在直布罗陀犹疑不决，最多不过冒险来到卡迪斯，而圣克鲁兹正望眼欲穿地等待这些船只，上面有他急需的加农炮和炮弹、火药和饼干，还有从十几个地中海港口征募来的水手以及来自那不勒斯军团的老兵，这还不包括负责护送他们前来的即将组成"黎凡特"分队的武装商船、4艘那不勒斯大型加莱赛战船，以及若干艘西西里加莱桨帆船，它们将是圣克鲁兹舰队急需的强力补充。每当腓力在阿兰胡埃斯收到最新战报，他都会重新评估现状，向他信任的梅迪纳·西多尼亚公爵发出一批新的指令，这一幕几乎每天都要重演。停泊在塞维利亚河流中的船只本来即将开赴里斯本。可是当德雷克在圣文森特角附近逡巡时,没有一艘船可以移动。德雷克离开了海角;腓力赶紧命令加莱桨帆船舰队立刻搭载前方急需的火炮和士兵,火速赶赴里斯本。德雷克回到了海角;腓力又匆忙下令加莱桨帆船舰队就地抛锚,士兵改从陆路进发,能够移动的火炮和物资也要随同士兵一道运往里斯本。

同一时间,德雷克和芬纳船长——他现在差不多是德雷克的幕僚长——也十分清楚舰队所处位置的优越性。芬纳船长先就舰队迄今为止的行动做了一番清晰的解释,又陈述了他关于西班牙军队部署的认识(他的了解十分接近真相),随后总结道:

> 蒙上帝赐福,占据圣文森特角于我方大有裨益,于敌方则危害甚深。据我们了解,敌军部队计划在里斯本会合,那里现在停泊有7艘加莱桨帆船和约25艘其他船只。我们所处的位置刚好在余下的增援船只及其里斯本母港之间,敌军为此首尾不能聚合;敌舰无法同时出动,因为他们暂时无法在各项物资上得到全面供应……
>
> 这是个令人愉快的开局,因此我们不应怀疑,最终将要显现的结局无不出自上帝的意志……并非人多势众就会胜出,上帝只会在他的心悦之处伸手垂怜。

德雷克也在同一天致信沃尔辛厄姆。这封信笼罩着《圣经》赞美诗一样的氛围,意在歌颂对于真理之敌以及崇拜巴力、大衮[1]等异端偶像之徒的胜利,只不过换作了支离破碎的浅白文本:

> 只要这能使上帝感到满意,使我们能够获得吃喝补给,只要我们的船、风和天气等条件允许,您就会听到我们在这个圣文森特角附近行动的消息,我们每日会在那里完成并期待女王陛下和阁下的进一步安排。

---

[1] 巴力(Baal)、大衮(Dagon)分别为《圣经》中腓尼基人、非利士人所崇拜的神灵,被禁绝偶像崇拜、笃守一神信仰的古希伯来人视为异端邪灵。

对于女王陛下及时派遣这几只船参战，上帝使我们满怀谢忱。

如果女王陛下可以从她的舰船中增派 6 艘二等船只，我们就能有更好地能够阻止敌军会合 [德雷克显然已经提出了有关增援的请求]，或许还能在下个月以及随后的时间里继续俘获或非难西班牙国王的舰队从各地征调而来的船舶，因为接下来这一段日子正是它们集中返回母港的时间，卑职斗胆臆测，这将会使这伟大的君主政体满足条件。

凡善功莫不依仗良好的发端，但只有持续到最后，直到彻底完成才能获得真正的殊荣……一次又一次，上帝使我们所有人心存感念，并引导我们在西班牙海岸立下这微不足道的第一件功劳。

这两封信均在 5 月 24 日（新历）写就，德雷克又在 30 日添加了一份简要说明，表示在卡迪斯突袭后，他派去运送信函的敦刻尔克航船已经与本土增援力量一同返回和编入大部队。同一时间，负责运送新一批函件，同时护送伤残士兵返回英格兰的船舶也已准备就绪，并最终于 6 月 1 日起航。全体舰队也一道启碇，护送它们向海角西方驶离。当以故乡为目的地的船只转向北行后，余下的舰队仍然继续向西航行，迎着落日的余晖进入了浩渺的大西洋，从此再没有返回萨格里什海湾。

舰队的新目标是亚速尔群岛。伴随着这次驶离圣文森特角后的进军，产生了很多未解之谜。据我们所知，踏上回家旅程的船只并没有携带舰队指挥官即将离开驻地的信息；德雷克发去的信函中也明白无误地坚称，他要在那里继续逗留两个月，还为此吁请新的增援。当德雷克写下"持续到最后，直到彻底完成才能获得真正的殊荣"这样的句子时，显然并不清楚自己留在此地的时间只剩下五天。他是否正在说服自己？驱使他仓促离开的缘由绝无可能与供应不足或疾病滋扰有关。一个有着他这样的领导能力和倔强脾气的人，绝不会屈从于手下军官和船员们的压力。那么舰队又为何在某些船只尚未完成淡水补充和伤员转移的情况下，焦急难耐地出发？即使我们迫不得已必须假设德雷克忽然获悉了某个新目标的动向，而且该目标的重要性无与伦比，仍有一团团的疑云至今未能廓清。

"圣菲利佩"号是一艘商用的卡拉克帆船，正航行在本年度从果阿[1]返乡的途中，船上携带的东方香料和货物全都是葡萄牙东方帝国的鲜美果实，关于该船行踪的报告已经先后从莫桑比克和圣多美送抵伦敦东印度大楼[2]。腓力国王很担心德雷克已经提前获知该船的消息，因为帝国投入几内亚贸易的卡拉维尔帆船眼下要么正在驶往拉古什，要么已经绕过海角，将要回到里斯本，这条商路上的一些船员肯定亲眼见过这艘庞大的卡拉克帆船。如果"圣菲利佩"号也沿着从印度返航的葡萄牙商船通常采用的路线行进，那么为了避免在非洲海岸逆风而行，她一定会做一次距离较长的调戗操作，穿过东北信风，从佛得角直抵亚速尔群岛，最终借助盛行西风在里斯本靠岸。一旦消息传入德雷克的耳朵，他需要做的不过是计算好"圣菲利佩"号的航速，然后选择一处拦截的地点守株待兔而已。可以肯定，当亚速尔群岛的圣米格尔岛于6月18日进入"伊丽莎白·博纳文图拉"号的视线时，顺风前行的"圣菲利佩"号已经被锁定在德雷克和圣米格尔岛之间的水域上。无怪乎事后一些不明就里的西班牙人竟认为德雷克的船舱中有一面魔镜，可以从中窥见世界各大洋上行进的航船。

然而，在与"圣菲利佩"号相会之前，"伊丽莎白·博纳文图拉"号丢失了一些同伴。6月3日，一场强烈的暴风雨来袭，肆虐了长达48个小时。当舰队重整队列时，女王赠予的和三艘私人所有的盖伦帆船以及一些轻帆船安然无恙，这些私人舰船是德雷克自己的"托马斯"号、海军大臣的"白狮子"号、威廉·温特爵士的"宠臣"号。但是所有伦敦人的船只都已杳无踪影。后来人们才得知，他们全都安全返回了泰晤士河。

翌日，一艘陌生的船只出现在众人的视野中，"金狮子"号和一艘名为"间谍"号的轻帆船受命前去追踪。但随后只有"间谍"号独自返回了舰队，而且船上还搭载着"金狮子"号的现任船长马奇安特。这位船长报告称，他们已证实那确实是一艘英国船只（它是否走失的伦敦小分队中的某一条船？），可是就在执行任务的过程中，全体船员却在前船长威廉·伯勒的煽动下发动兵变，现在"金狮子"号拒绝重新投入舰队指挥官麾下，已经走上了回家的路上。德雷克发现自己先前做出的最坏预测已经成为现

---

[1] 印度西海岸港口城市，曾经长期是葡萄牙东方贸易的关键据点。
[2] 设于伦敦的英国东印度公司总部。

实，于是又一次召开军事法庭，以叛国罪的名义缺席判处伯勒死刑，而后便彻底将此人排除在脑海之外。[因此本书接下来也不再提及伯勒，除了需要指出，"金狮子"号上没有任何人因为兵变受到惩处，包括伯勒在内的所有人都领到了薪俸和捕获赏金，此外，在伯勒的指控人返乡时带回的法庭调查文件里，保留了大量有关这场战事的独一无二的信息。]

由于伦敦船舶的消失和"金狮子"号的离队，德雷克的舰队现在只剩下6艘盖伦帆船和若干轻帆船，但即使是比这规模更小的军力也已经足够夺取对方的卡拉克帆船了。诚然，那艘卡拉克帆船足以俯视英国盖伦帆船中最高的舰只，二者相比俨如高大的佩尔什马[1]面对一匹小马驹，对方的吨位超过了英军三艘最大舰船的总和，可是就像所有返航的葡萄牙卡拉克帆船一样，他的全体船员已经在疾病的折磨下虚弱不堪，她的主甲板塞满货物，致使炮眼无法使用，艏楼和后甲板上剩下的铜炮虽然足以轰走印度洋和北非海岸上的海盗，却根本无力与英军的重型火炮一较高下。果然，"圣菲利佩"号的船长出于荣誉的需要象征性地抵抗了一下，接着便仪态优雅地献上了这艘大船。船长和海员从英国人这里得到了一艘船，可以去往圣米格尔岛或是任何他们乐意去的地方。德雷克则亲自掌舵，将这笔巨大的战利品带回了普利茅斯港，如此风光还是头一回。

这艘卡拉克帆船里不仅存放着大量胡椒、肉桂和丁香，还满载着印度棉布、丝绸与象牙，遑论数量惊人的金银和一桶桶珠宝。整条船的价值在11.4万镑上下，这个数字超过了德雷克在卡迪斯湾俘获、击沉、烧毁的所有船只以及船上货物的价值总和的三倍。即使把西班牙的所有木桶板和全部渔船都卖掉，也值不了这个价钱。尽管伦敦的商人们坚持索要分红，可是因为他们没有在本次劫掠中出力，终究所得甚微。最终德雷克的分红仍超过了1.7万镑，女王的收获也超过了4万镑。在那个年代，新建一艘和德雷克的旗舰一样大的盖伦帆船需要2600镑，整月租用该船的费用是28镑。在女王的船只上，一名水手的薪水和膳食费用是每月14先令，"伊丽莎白·博纳文图拉"号全体船员的薪水和膳食费用总和亦不超过每月

---

[1] 佩尔什马（Percheron），法国有名的重型挽马。

175镑。1.7万镑可以买下一位贵族的庄园；4万镑已经足够负担一支陆军的作战军费。无论对于德雷克还是他的女主人而言，由于捕获了"圣菲利佩"号，使得这次远航"成了"一次商业冒险。

德雷克的现代传记作家常常会因为"圣菲利佩"号这段插曲感到不必要的尴尬，并努力对此做出各种解释，这只是因为他们没有从16世纪的眼光来审视本次事件，回到德雷克的时代，没有任何人会认为有必要为此感到难为情。在作家们为德雷克辩护的理由中，第一条是"饥饿和疾病迫使德雷克离开了驻地"。发动兵变的"金狮子"号船员声称，他们只剩下很少的食物储存，有46人已经病倒（可能占全员数量的五分之一左右），由于食不果腹，所有人都体弱乏力。这未必纯属谎言。"金狮子"号似乎从一开始便是这支舰队中遭受歧视的继子。但不容否认的是，包括"金狮子"号在内的女王的船只在出发时足足载有能够支撑三个月的物资，而"金狮子"号回到英国时才刚刚过去九个礼拜多一点的时间。同时，对于在卡迪斯掳掠的酒、饼干、油等物资，女王的船只享有优先参与瓜分的权利，何况在此之后他们还有很多机会从各种海上掳掠、近岸袭击中补充物资。无论德雷克还是芬纳都没有在5月底前为食物犯过愁，可以肯定，伦敦人同样如此，他们一再声称自己的存货足够维持九个月，绝不会被食物短缺所困扰。

几艘伦敦武装商船的表现最是令人疑惑。为德雷克开脱的第二条理由是他被舰队主体"抛弃"，因此无法返回圣文森特角。可是正如我们提到的那样，伦敦人物资充足、船舶状况良好，没有任何迹象证明在经历了暴风雨之后，他们遭遇过什么麻烦。他们可能会对焚烧木桶板略感厌烦，但绝不会放弃一次寻获财宝的机会。真正将这次远航视作一次商业冒险的，其实是他们，可惜直到此时，本次出海并没有多少利润可言。当舰队上一次在菲尼斯特雷角同样因为暴风雨而离散时，这些伦敦船只像其他船舶一样，并没有在寻找大部队的过程中遇到多少困难。有鉴于此，如果说这一回伦敦人却没有尝试重返舰队的话，听起来多少有些古怪。最合乎情理的推测恰恰是这样的，德雷克也许并没有设定集合地，他根本没有将目的地或是自己期望达到的目标提前告知伦敦人。这是因为他着急赶路吗？还是因为绝对的保密对于完成这次奇袭不可或缺？又或者其实是因为在那一刻,这名老海盗为天性所驱使,不情愿将一笔肥得流油的赃物与过多的同伴分享?

不管怎样,我们可以肯定,无论他的身后追随着多少船只,德雷克断无可能在将这艘极好的卡拉克帆船收入囊中后,再次返回圣文森特角。首先,此时距他驶离海角已经过去 18 天,即使借助顺风,想要回到原地也要一个礼拜。按照常理,如果西班牙人的行动足够迅速,圣克鲁兹可能已经召集了一支足够强大的舰队,对付这支新的舰队很可能超出了德雷克的能力范围。但最重要的一点还在于,他要看紧囊中的这艘卡拉克帆船,绝不愿意担负任何风险。16 世纪的战争总是掺杂着金钱的考虑,如果腓力能够夺回自己的财产,这对他而言意味着 50 万达克特的失而复得。弗朗西斯·德雷克还不知道,这艘卡拉克帆船上的货物连同此前多年葡萄牙从印度贩回的所有商品,已经全部抵押给了各地的银行家们,后者在高昂利率的诱惑下,才会继续赞助腓力的杂货批发生意,葡萄牙国王[1]的东方帝国操持的这项事业已经沦落到了破产的地步。失去"圣菲利佩"号将会加剧腓力的财政困难,不过即使夺回这条船,也并不会增加他的流动资产。德雷克当然不知道这些,可是他清楚这次劫掠的分红对于他的女主人意味着什么,对于女王的海军又意味着什么。即使德雷克不在意自己的所得,他却没有勇气带着属于女王的丰厚战利品去冒险。

在清点"圣菲利佩"号带来的狂喜中,没有人还记得那句豪言:"持续到最后,直到彻底完成才能获得真正的殊荣。"至今也没有谁会拿这些话刁难德雷克。事实上,假使他真的在海角逗留得更久,也许反倒难以立下这等殊勋了。如果说他的船员们尚没有因为七个礼拜的远航而被疾病掏空活力的话,那么再过七个礼拜,这种情形将是不可避免的。在当时所有国家人满为患的船上,疾病乃是那个世纪一再重演的惯例。德雷克的所作所为已经在很大程度上打断和搅乱了西班牙人的计划,即便在他离开后,物资运送的恢复也花费了一个月的时间,这意味着无论英国人是否还待在圣文森特角,当年都不会有来自西班牙的无敌舰队开赴英格兰了。

---

[1] 指腓力二世,他于 1581 年加冕葡萄牙国王,称葡萄牙的腓力一世。

12
断其一臂

斯勒伊斯
1587年6月9日至8月5日

  在因德雷克袭击卡迪斯湾而蒙受损失的人中，有一位值得尊敬的谷物商，他出生在德意志北部，但已经入籍成为西佛兰德地区迪克斯迈德市的居民。扬·维奇盖尔德（Jan Wychegerde，这里给出的是其名字的弗莱芒语写法）的主要身份似乎是一位经营波罗的海小麦生意的中间商，但与那个时代所有机敏的商人一样，他不会错过任何可以赚钱的机会。时不时地，他也会投机西班牙或地中海的贸易活动，譬如在德雷克从卡迪斯掠走的敦刻尔克航船上，就有他投资的货物，有时他还会亲自前往，做自己的代理商，因为他的西班牙语讲得和弗莱芒语一样流畅。他时而接受委托，将未加工的英国织物运往莱茵河的沿岸城镇，时而又受命将勃艮第的酒送去阿姆斯特丹。作为兼职，他还会为饥饿的西班牙军队供应伙食，为他们提供制作饼干的波罗的海小麦以及产自荷兰和泽兰的黄油、奶酪和咸鱼。其他随军小贩索要的价格通常高得离谱，而他会降一降价，以此表达他对帕尔马亲王的钦佩和对西班牙的忠诚。在这门生意上，他要面临激烈的竞争，因为荷兰的城镇早已将供应敌军看作固定的营生，他们还表示，之所以赚这笔钱是为了支持自己与西班牙人战斗到底。除了与帕尔马的军需部保持关系以外，扬·维奇盖尔德还有一个隐藏的身份，他是弗朗西斯·沃尔辛厄姆爵士手下最为不屈不挠和足智多谋的间谍。

  在战争的这个阶段，仅仅是在佛兰德坚持经商，就已经足够不屈不挠了。那一年6月，处在合法职业伪装之下的维奇盖尔德交了霉运，在海上被一艘来自罗什莱的私掠船俘虏。倘使这些胡格诺海盗知道劫掠的是沃尔辛厄姆的密探的话，本来是会手下留情的，但现在他们却痛快地对这位名义上的天主教商人搜刮了一番，维奇盖尔德被夺去了行李和身上的最后几个苏[1]，然后被无礼地遗弃在布洛涅[2]的海岸上，只披着一件衬衫，独自走上了落魄的归途。在终于抵达迪克斯迈德后，他被告知如果想要前往帕尔马在布鲁日的陆军基地，最好等待加入下一支有武装护卫的运货车队。由于周边地区彼此敌对，所有路途都已变成畏途。双方部队的逃兵和田地荒废了的农民沦为流浪的匪帮，每天四处伏击、谋财害命，所有独自赶路和小队结伴的旅人都是他们的猎物。

有护卫队陪伴所能带来的安全也只是相对的。驻守奥斯滕德的英国卫戍部队一直在郊野地区侦察，随时准备扑向过往的运货车队。事实上，维奇盖尔德打算加入的第一支车队就在迪克斯迈德城外遭到埋伏。维奇盖尔德向沃尔辛厄姆报告，根据他的清点，倒在战场上的有25名西班牙人，只有1名英国人，这意味着英军干净漂亮地扫荡了这支车队，他们的战绩值得称赞。奥斯滕德的英军令人闻风丧胆，他补充说，除非有两三百名士兵守卫在侧，否则没人敢擅自出发，这一次，车队的两支瓦隆人[3]连队在听到英军的第一声枪响后就作鸟兽散了。维奇盖尔德还指出了英军伏击战术的唯一不足。下一回，英国人需要派一支先遣队切断地方护卫队与车队的首尾联系。由于忽略了这项预防措施，英军这次果然错过了目标，这些谷物商人在前头骑马狂奔，成功冲向迪克斯迈德，囊中的1万到1.5万弗莱芒镑[4]得以安然无恙。维奇盖尔德等到了下一支护卫队。他匆忙向布鲁日赶去，假如条件允许，还将前往帕尔马屯驻在斯勒伊斯城外的军营。这位迪克斯迈德的谷物商人将要在颠簸的马背上穿越乡村地区，尽管他会全力以赴，但也并不会比一名真正的市民商人嗅到利润气味时看起来更匆忙，否则那样就太不自然了。

沃尔辛厄姆一直渴望得到有关西班牙人围攻的更为精确的信息，当维

---

[1] 苏（sou），一种法国硬币。
[2] 布洛涅（Boulogne），法国北部港口城市。
[3] 生活在今比利时境内的法语族群。
[4] 即佛兰德地区通行的货币，自从英王亨利八世统治后期实行货币贬值政策以来，弗莱芒镑一般比英镑更为坚挺。

奇盖尔德将报告最终送达时，战事已经持续了四个星期了。自从开春以来，有关帕尔马将要进攻仅存的几个佛兰德叛乱城市的谣言便不绝于耳，但到了6月，帕尔马才将总部和一半野战军调往布鲁日，兵力的集中进行得如此迅速，收到了某种类似战术奇袭的效果。曾经在起义中发挥灵魂作用的佛兰德各郡现在几乎都已握在帕尔马的掌心之中。佛兰德的各地代表已经不再出席联省议会进行磋商。从安特卫普易手开始，在荷兰和泽兰的商人寡头们心中，那些佛兰德大城逐渐从等待救援的姐妹变成了需要摧毁的对手。不过在西北一隅，仍有两座城市还在顽强抵抗，它们是奥斯滕德和斯勒伊斯，二者的战略位置十分重要，又彼此相近，恰成互助的犄角，奥斯滕德坐落在北海岸边的沙丘上，是一座坚固的城市，斯勒伊斯曾经是佛兰德最兴旺的港口之一，不过因为齐文[1]水域不断淤塞，城市的繁荣已经开始停滞。

奥斯滕德交由英国卫戍部队防卫，斯勒伊斯则由本城市民组成的民兵守护，如非必要，这些弗莱芒人和瓦隆人是不愿意离开家乡到一英里开外的地方去的，他们还得到了城内的加尔文派流亡武装的支持。两支卫戍部队都以骚扰布鲁日四周的西班牙据点为乐，但他们其实都缺乏足够的人手来巩固自身的城防，缺乏足够的物资储备应对敌方的围攻。当他们突然得知帕尔马率领一支据传有7000人，甚至可能是1.4万或1.8万人的部队驻扎在附近时，两座城的指挥官都开始吁请外援，增补食物、弹药和援军的请求递交给了荷兰联省议会，送到了驻扎海牙的巴克赫斯特勋爵、驻扎弗拉辛的英国总督以及沃尔辛厄姆、莱斯特的手中，当然，英格兰女王也在求助对象之列。

联省议会似乎倾向于让弗莱芒人自救，反而是英国人对于此事更为关切。巴克赫斯特勋爵是莱斯特伯爵回国期间女王派驻海牙的代表，他立即下令为奥斯滕德的英军调拨人员和物资，他还积极寻求批准，希望为斯勒伊斯提供相同的援助。未等接到命令，弗拉辛的总督威廉·拉塞尔爵士已经与本城热情的市民们通力合作，向斯勒伊斯运去了在他看来足以支撑两

---

[1] 齐文（Zwyn），位于北海沿岸，今为荷兰、比利时之间的一片潮汐汊道，已建成自然保护区。

到三个月的战备物资。他还根据自己的理由，判断帕尔马一开始对于奥斯滕德的用兵只是佯攻，西班牙人现在的真实目标是斯勒伊斯，于是拉塞尔下令久经沙场的罗杰·威廉姆斯爵士带领四个英国步兵连队撤离奥斯滕德，径直驰援被危险笼罩的斯勒伊斯。在同一时间的英格兰，对于莱斯特提出的增援要求，女王陛下照单应允，要钱给钱，要人给人。伊丽莎白仍然希望她与帕尔马的谈判能取得某些成果，但她心里清楚，最好不要太过信赖言辞。西班牙人每次在弗莱芒海岸上赢得一英里土地，英格兰就要多面临一分危险。为此她告诉莱斯特，斯勒伊斯的局面必须得到改善。

帕尔马针对奥斯滕德的行动并不是佯攻，而是一次武力侦察。他的确曾希望借助突袭拿下这座城池。但当他抵达当地时，洪流从被掘开的堤坝外倾泻而下，淹灌了进军的道路，敌方的援军也正在靠岸，远处海面上的一支英军舰队也让帕尔马眼睁睁地明白了一点，只要西班牙国王的敌人还是大海的主人，奥斯滕德就绝不会因饥饿而屈服。由于对方的堡垒看起来坚不可摧，经过军事会议的讨论，西班牙人最后选择了撤军。

翌日，帕尔马向北方和东方派遣了三个纵队，一支前往夺取布兰肯博赫，这座小型要塞对于保护奥斯滕德和斯勒伊斯之间的运输路线至关重要，另一支沿着布鲁日城外的主路直奔斯勒伊斯，最后一支由他亲自率领，将绕行至斯勒伊斯的东侧，搭桥穿过岑迪克运河，这条运河流入斯勒伊斯以北的齐文水域。

当第一批目标达成后，帕尔马再次召开军事会议。他的军官们一边在地图前苦思冥想，一边回忆起沿途所见的地理环境，接着纷纷摇起头来。斯勒伊斯的环境比安特卫普更加棘手。这座城像是坐落在一个拼图的中心，周边岛屿密布，活似迷宫，航道和比普通运河还宽的人工水道在岛屿之间交织成一张密网，它们中的多数每天昼夜两次被洪流灌满，经受着剧烈的潮汐冲刷，潮落后又变成死气沉沉的潟湖或者沼泽遍地的沟壑。斯勒伊斯所处的深水盆地，据说一度可以容纳500艘大船锚泊；穿过这片混乱复杂地区到达这个深水盆地的主要水路是齐文水域的河口，其间有一条可行却颇为难行的航道。但有一座近来得到修缮的旧城堡负责把守盆地，城堡与城市之间还通过长堤和木桥彼此相连。所有通往斯勒伊斯的路径相互之间都被水流分割开来,在这个由各条水道组成的迷宫中,任何想要围城作战的部队,都要冒险分解为几支彼此无法援助、只能独立作战的小分队。帕尔马的将官们一致同意,围攻将会漫长而代价高昂,却得不到任何好处,甚至有可能全军覆没,他们因此再次建议撤军。

然而帕尔马这一次没有应允。他不需要再次告诉将官们,自己将与将士们共患难,他们深知这一点。他也无法透露,尽管通过奇袭轻松快捷地拿下奥斯滕德的尝试最终未能如愿,自己却仍然不得不攻克斯勒伊斯,这不仅是因为夺取该城会为他带来期望已久的深水良港,更是因为斯勒伊斯横跨在连接布鲁日和东佛兰德的水路网中间,对于运输军需辎重、筹划入侵英格兰至关重要。他的一些老部下肯定心知肚明,斯勒伊斯附近的运河迷宫恰恰是帕尔马乐于解答的军事上的几何难题。他懂得如何利用荷兰的独特防御条件为自己的进攻风格服务。斯勒伊斯的弗莱芒指挥官所掌握的内情同样逃不过帕尔马的眼睛,决胜的战略要地就是贫瘠而多沙的卡赞德岛。

卡赞德岛位于斯勒伊斯旧城堡的对面,西侧与齐文水域的航道相连。东侧则面对帕尔马占据的小岛,当潮汐涌动时,奔腾的急湍会将两地隔开,可一旦水位下降、浪流停滞,两地中间不过是一片遍布污浊池塘的沼泽。6月13日清晨,帕尔马亲率一支挑选出来的由西班牙人组成的队伍,费力穿越这片水域,他们将武器顶在头上以保持干燥,水和泥泞淹没了一些人的胸膛,另一些人还不幸摔了跟头,于是从头到脚沾满淤泥。公爵本人也不避污浊,与士兵一道前进。

在接下来的差不多24个小时内,这些西班牙人一直在卡赞德荒凉的沙丘上挤作一团,他们身上没有食物,只有一些浸水的饼干,也没有任何东西可以遮蔽和取火,因而无法烤干衣物取暖,更难熬的是,他们甚至都没有一滴水可以喝。帕尔马企盼的驳船也不知为何没能按时抵达。卡赞德岛上没有一棵树、一座茅屋,可是老天却在下雨。为火枪准备的火柴、火药都已浸湿。他们费劲穿过的水道将自己与同侪隔绝开来。假如现在遭到攻击(他们完全可能在任何时刻遭遇海上来敌),这些又累又饿、浑身颤抖的可怜人只能靠手里的冷兵器来自卫。他们开始尖刻地抱怨起来,不了解他们的人也许会期待发生一场兵变。可就在骂骂咧咧的同时，他们已经将营地清理完毕，还为火枪手掘好了藏身的战壕，在工兵们忙活的时候，战友们的长枪和枪筒严阵以待，前来侦察的荷兰驳船不知内情，竟然被这幅景象吓得不轻，仓促逃出了西班牙人的射程。

帕尔马自己的驳船由于在岑迪克运河中发生小规模战斗而耽误了进军时机，此时才开始渐次靠岸，不过直到第二天，西班牙人也没能在卡赞德岛上建成一个能够阻止罗杰·威廉姆斯抵达斯勒伊斯的据点。两艘小型泽兰战舰用一阵炮击压制了战壕中的西班牙火枪手，成功护送威廉姆斯到来，还向这片深水盆地发起攻击，途中击沉和捕获了不少帕尔马的小艇。但形势在次日反转。帕尔马连夜为攻城火炮搭建了炮台，利用这些弥足珍贵的火炮封锁了航道。等到天明，那两艘增援舰只本想趁着退潮返回弗拉辛，却遭到意想不到的炮火打击，船长试图尽可能远地躲避火力，然而两艘船却在匆忙间牢牢地搁浅在岸上。海水仍在退潮，而西班牙人的炮火仍能覆盖它们，最后船长和全体船员只好弃船逃走，涉水登上一些吃水较浅的在炮火范围外挤作一团的小型霍伊平底船，才侥幸勉强脱身，返回了弗拉辛。帕尔马将这两艘泽兰战舰编入一支由他正在组建的小型舰队，将它们停泊在卡赞德炮台附近，那里是航道中水位最深的地区。相对较浅的外围水域则用直木桩组成的围栅加以封锁，河口附近的浮标和陆标现在或被拿掉，或被做了手脚，用以欺骗来船驶入浅滩。在帕尔马完成这些工作后，弗拉辛的英国总督只好在报告中表示，斯勒伊斯已经遭到封锁。

以上这些事情大约发生在扬·维奇盖尔德从布鲁日前往帕尔马军营的三周前。在那个时候，联省议会一直对事态的发展无动于衷，驻扎在弗拉辛的英国人又束手无策，只得眼看着帕尔马一步步地勒紧了环绕斯勒伊斯的包围圈。所幸莱斯特伯爵最终带着钱和人回来了。他的首要任务便是从帕尔马军队的利齿之下解救斯勒伊斯。

维奇盖尔德的使命是要确定西班牙军队究竟有多么可怕。他有条不紊地四处查访，像是在为供应军粮进行测算。他发现对方有四处营地，因为彼此之间很难互相援助，每处营地都构筑了防御工事，以便独立守卫：第一处营地在布鲁日门外，迄今为止只有那里发生过主要会战，另一处营地连同帕尔马的总部一道设在卡赞德岛上，位于斯勒伊斯城内火炮的射程之外，第三处营地坐落在与卡赞德岛有一河之隔的圣安妮岛上，面向斯勒伊斯的旧城堡，第四处营地则横跨一条正对着根特门[1]的运河。根据维奇盖尔德的判断，所有四处营地的总兵力，包括西班牙人、意大利人、德意志人、瓦隆人在内，总共可以达到5000至6000人，也许更接近5000人。截至目前，在所有送抵沃尔辛厄姆和莱斯特的报告中，这个数字有时翻倍，有时则高达三倍之多，倘或这会儿沃尔辛厄姆将维奇盖尔德的估算数字告知莱斯特，后者一准儿不会采信。但帕尔马呈递给腓力二世的秘密信函却证明这个数字具有令人惊讶的准确性。

不过维奇盖尔德又很快向沃尔辛厄姆发出了警告，虽然对方的人数比预想的要少，但这些全都是帕尔马麾下的头等精兵，他们时时保持警觉，思虑周密，久经战阵，绝不会在突袭或恫吓之下手足无措，他们可以在洪水齐腰的壕沟中修筑工事，哪怕对手正在前方的城墙上瞄准自己的喉咙，他们面对滑膛枪的致命齐射会报以不忿的诅咒，与饿着肚子或是暴雨砸落在脊梁上时发的牢骚没什么两样，他们既不会错过战场上的分毫优势，又不会去冒任何不必要的风险。"他们永远纪律严明……他们的力量源泉主要在于小心的观察和行事的谨慎，无论日夜，从不懈怠。"

但这一回，西班牙人却棋逢对手。帕尔马在写给腓力二世的信中表示，他的作战经历中还从未出现过更加勇猛和狡猾的敌人。西班牙普通步兵曾经冒着战火挖掘堑壕，每一铲都会污水四溅，曾经被英国人的夜间突袭赶出刚刚拼死拿下的战壕，曾经在布鲁日门附近伸手不见五指的地道和反地道作战中应对忽然遭遇的白刃战，他们归来后向维奇盖尔德描述的内容，无不印证了帕尔马在信中表达的看法，纵然满是污言秽语，实则暗含钦佩之情。帕尔马一方的伤亡情况已经十分严峻。大量军官身负重伤，包括老将拉莫特，他也许是帕尔马最得力的副官，看起来，在西班牙军队能够取得较大进展之前，帕尔马在布鲁日提前准备的1500张病床可能就会躺满伤员。

虽然如此，维奇盖尔德还是确信，除非能帮斯勒伊斯解围，否则这座

---

[1] 此处所说的"布鲁日门"和"根特门"是指斯勒伊斯的两处城门。

城池唯一的选择便是投降。帕尔马从始至终都在毫不松懈地向卫戍部队施压，他的人员和弹药储备都要胜过城内守军。就在此刻，维奇盖尔德已经能够从守军开火的频率中精明地做出判断，城内必然已经在为弹药不足而发愁。维奇盖尔德深信斯勒伊斯仍有可能获救，而转机最有可能来自海上。只要进攻足够决绝，帕尔马的小型船队其实无力对航道实施真正的封锁，如果以小艇密集冲锋，卡赞德岛上的火炮也无法击沉足够多的小艇来扭转局势。但问题在于事不宜迟，必须尽早行动。谣言已经传开，据说布鲁日正有一座木桥被分成30段分头建造。这是为了从水上进攻斯勒伊斯城，工程师们如此说道。不过听起来这很像重施故伎，帕尔马三年前也曾下令造桥，但不是木桥，而是可以搭在驳船上的浮桥，桥面上竖有足以抵御滑膛枪弹的胸墙，他成功利用那座浮桥封锁了斯凯尔特河。可以说，那座浮桥决定了安特卫普的命运。

当英国舰队正载着莱斯特伯爵和3000名英军士兵一路随风驶过佛兰德海岸时，维奇盖尔德想必还在布鲁日，他要查明浮桥的真相。从斯勒伊斯的城墙上可以清晰地观察海军舰队的行进全程——从布兰肯博赫的周边地带到弗拉辛的港口。眼尖的人还能辨识船上的旗帜和传令旗语，被围攻的人们用轻型火炮向着围攻者的前沿阵地扫射了一通，借此表示他们已经看到了援兵。西班牙人也用火炮照单奉还，于是当莱斯特的船只进入斯凯尔特河的西侧河口时，他听到了雷鸣般的炮声，而且看到西班牙人的阵地已经被火药燃起的烟云标示了出来。这一天是7月2日，距离帕尔马夺取卡赞德岛已经过去了23天。

而当斯勒伊斯的卫戍部队再次看到自己也许可以倚靠的救星时，又已经过去了23天。在这期间，事态大多时候都很糟糕。凭着孤注一掷的反抗，他们打退了从布鲁日门来犯的敌人；德·维尔率队发动过一次突袭，击退了另一支来犯的队伍，他们捕获了一些战俘，甚至几乎夺走了一些攻城的火炮；被唤作"大烛台"的旧城堡及其外垒也在屡次交火中得以保存。但是他们从来就没有足够的人手能被安置到城墙的各个角落去做工、瞭望和作战，有人倒下，也没有后备力量可以顶上。帕尔马的浮桥开始陆续运抵。其中的两段桥梁位置正对着旧城堡，保障了布鲁日门前部队和圣安妮岛部队之间的交通。还有两段桥梁则弥补了东侧的另一处缺口。而后一长列浮桥被牵引着经过布兰肯博赫并在齐文水域顺流而下，最终搭成了一条从卡赞德岛到圣安妮岛的进军之路。现在不仅航道仍被封锁着，卡赞德岛上的人员和火炮也已经能够向旧城堡和斯勒伊斯城移动了。

帕尔马首先加强了攻打旧城堡的力度。守军指挥官格劳内维特在集结全部力量后奋力击退了西班牙人发起的第一轮进攻；但紧接着，他意识到自己几乎已经落入了陷阱。这座堡垒与斯勒伊斯城只靠着一座长长的木桥连接起来。一旦投入防卫力量守护城堡，帕尔马就能烧毁或炸掉那座木桥，并通过新落成的交通线转而攻打城市的另一边。这样的话，卫戍部队将陷入无助的境地。考虑到这一点，在万籁无声的午夜，城堡中的所有部队，斯勒伊斯大约200名仍然能够进行抵抗的勇士，全都秘密撤入城内，殿后部队接连放火烧毁了城堡和身后的木桥。

帕尔马对此失望透顶，但他做出的回应是冷酷地向前推进，寻找弱点，将火炮移至离城墙更近的地方。他感到，时间对于自己已经不那么慷慨了。用不了多久，荷兰人和英国人一定会行动起来，尽管交通条件已经改善，他仍然不愿冒险在这运河盘曲的混乱地形上开战。倘使敌方的增援部队兵力庞大，作战意志又足够顽强，那么届时他要保住攻城设备乃至部队，只能寄希望于好运降临了，因为敌人一旦控制海洋和斯凯尔特河口，将可以随时从几个方向中的任何一个发起进攻。帕尔马清楚，如果自己手上握有一个如此重大的优势，他就会如此加以利用。

故此，他进一步将火炮推向前线，冲着布鲁日门前早已血流成河的地带集中开火。在圣地亚哥节的早晨，所有攻城火炮发动了最后一次决定性攻击。熬到下午，城门楼已经坍塌成了一堆废墟，护墙上露出了许多豁口，其中有一些宽到足以让20个人肩并肩登上去。在倾圮的城墙背后，帕尔马带着两天前的新伤，跛着脚做了一次侦察，结果却看到前方早就建起了一座新修筑的半月形防御工事，守护它的是另一支看似打不垮的部队。也许一次不顾一切的冲锋足以拿下这座工事。但从敌人先前的表现来看，此举必然会招致极大的伤亡。他当然渴望速胜，但终究难以承受更高的代价。于是军中吹响撤退的号声，帕尔马回到了自己的总部，他一方面开始在敌方半月堡的射程之外着手组建新的火力网，另一方面打算用云梯佯攻根特门方向，以求迷惑和分散守卫力量。

就在那天晚上，攻城部队看见斯勒伊斯城内的钟楼上火光闪烁，光点比平日更加繁密，而且组成了许多前所未见的图案，卡赞德的守望者也报告称，河对岸的弗拉辛同样亮起闪烁不定的密集光束，像是在应答。陷入包围的城市显然在发送信息，也许是最后的呼救，又或者是绝望的感叹，而且确实收到了某种回复。

此时是7月25日夜。当时间来到第二天早上，斯勒伊斯和弗拉辛之间的整个斯凯尔特河西侧河口已然遍布白帆，目力所及之处皆是来自泽兰、荷兰、英格兰的战舰和运输船只。轻帆船在齐文水域的入口处探查情势，而在它们身后，人们还可以辨认出林林总总的各式军旗，它们属于泽兰海军元帅拿骚的贾斯丁、英格兰海军大臣埃芬厄姆的查理·霍华德、奥兰治家族的年轻领袖莫里斯、女王的总司令莱斯特伯爵。就在帕尔马还在细细思索最新战报时，又随之传来了新的消息，联省议会的军队正在威胁斯海尔托亨博斯，该城如果沦陷，驻扎在东佛兰德的整个西班牙军队右翼都会落入危险。帕尔马被迫重新部署兵力，既要争分夺秒，又要慎之又慎。在他摸清荷兰人和英国人的算盘之前，进攻斯勒伊斯将暂缓执行。如果说帕尔马在这个紧要关头仍然能够保持头脑冷静的话，那是因为在此之前他已多次在胜利和灾祸之间的刀刃上游走。

荷兰人和英国人也并不清楚接下来该干什么。莱斯特想要借助这些浅水船舶沿齐文水域的航道径直而下，同时发动火炮击垮对方的浮桥，强行打开通往斯勒伊斯的进军路线。不过这一行动计划离不开荷兰船只和领航员的协助。而拿骚的贾斯丁并不情愿拿自己的战舰冒险，荷兰的领航员们也对此纷纷摇头。他们表示，也许应当等待下一次海潮大涨和西北风大作的时候再考虑强渡，只要再过一周，海潮便会上涨，至于风——听到这儿，莱斯特赶紧打断了这一念想，他提议让自己的英国部队在卡赞德登陆，以便捕获敌人的火炮，摧毁他们的浮桥。但是能够投入使用的平底驳船全都是荷兰和泽兰的财产，没有联省议会的授权不得调动。贾斯丁倒是愿意给议会去信申请授权，他还建议英国人在奥斯滕德登陆，沿沙丘进至布兰肯博赫，以吸引帕尔马分兵救援。如果他们能够得手，此地的荷兰人将会尝试强攻航道。莱斯特勉强应允，虽然一开始受到不利的风向困扰，但他的主力部队，一共4000名步兵和400名骑兵，最终在威廉·佩勒姆爵士的率领下成功登陆奥斯滕德，这时距离增援舰队出现在斯勒伊斯附近正好过去了一个礼拜。

第二天，这些英军开始向布兰肯博赫进发，莱斯特和霍华德的舰队也随之沿海岸挺进。在朝向奥斯滕德的方向，布兰肯博赫的防御工事里只有少量几门火炮，好在最后一刻守军及时掘开堤坝，为自己赢得了喘息之机。帕尔马又一次面临困局，布兰肯博赫的卫戍部队力量薄弱，若该地陷落，他在斯勒伊斯城外的营地也将难以为继，想要安全撤退会困难重重。想到这儿，他赶紧拨出800名士兵先行驰援，并准备尽其所能地赶紧拔营起寨，亲率全部大军赶往布兰肯博赫。可是佩勒姆却停下了行军的脚步，开始仔细思考如何应对堤坝上的缺口和远方的火炮，同一时刻，莱斯特也从甲板上看到了西班牙士兵的胸甲发出的熠熠光辉，那些正从东方赶来的帕尔马的先头部队都是些久经沙场的可怕老兵，天知道到底有几千人，正急匆匆向这边赶来，打算合围和吞噬他手下这支训练不周的征募部队。于是莱斯特下达紧急命令，要求佩勒姆的人马保持良好阵型退至奥斯滕德，从那里重新登船返回斯勒伊斯附近的联军舰队。如此一来，帕尔马就不需要继续重新部署队伍了，荷兰舰船见状也没有轻举妄动。

翌日夜晚，攻取航道的一切事宜都已准备停当。此时恰逢大潮。西北方向的风力渐强，又不至于太过强劲。援军的战舰于是分两列进发，由拿骚的贾斯丁作前导，它们要尽可能地掩护满载援军和物资的霍伊平底船和快速平底船。莱斯特伯爵下令让自己乘坐的驳船四处环游，亲自指导航道的探查和标记工作，对于周边掠过的西班牙人的炮火丝毫不以为意。他要亲率救援部队解放斯勒伊斯。荷兰人也一道发动了攻势，想用引火船烧断浮桥，打开进军深水盆地的路线。

桥上竖有一道抵御滑膛枪的胸墙，一队瓦隆士兵负责守护此地。当时的情形一定惊心动魄，只见从不断挺近的船只的船舱中迸发出了火苗，迅速吞噬了船体，一条条火舌也开始蹿上船上的索具。眼前的一幕想必像极了两年前的安特卫普,当时也有一艘引火船乘着海潮冲向西班牙人的浮桥。许多英勇的西班牙长枪兵曾跳上船去扑火,孰料那艘看起来只是窜着小火苗的来船顷刻间炸成粉末。船身内部铺有一层耐火砖,塞满火药、石块和废铁,爆炸造成的死伤比许多激战还要严重,任何目睹过那艘"安特卫普地狱燃烧者"爆炸的人都将绝难忘怀。现在指挥这场浮桥守卫战的朗蒂侯爵就是当年的见证者之一。但他当年也亲眼见证了帕尔马在敌人故技重施时所采取的应对策略。眼看引火船靠近,朗蒂果断下令将处在来船路线上的浮桥部分解开套索。来船从空隙之间穿过,漂向斯勒伊斯深水盆地的边缘,自顾自地烧了个干净,没有造成任何损伤,解开的浮桥又复归原位。所幸这一回敌军并没有往这艘船的肚子里填塞炸药。

假使莱斯特当时正率领众多驳船尾随这艘引火船前来,他也许能乘机强行驶过航道,一鼓作气破坏浮桥。可是他本人尚在一英里之外,对于前线发生的事情概不知晓,事实上当时他正忙着对自己的泽兰领航员大发雷霆。赶在他们的争执结束之前,守军已经将浮桥归位,而海潮正在退却,风向也转向了正南,于是矢志拯救斯勒伊斯的英国舰队只好有失体面地撤回了弗拉辛的港湾。

这场为期两个礼拜的救援行动实在不无愚蠢,它的主要效果是影响了守城部队的士气。罗杰·威廉姆斯爵士是参与守卫斯勒伊斯的英军指挥官,他的书信是有关这个故事前后经过的最佳描述。威廉姆斯是一名职业军人,过去15年中,他的大部分时间是在尼德兰的战场上度过的。这名威尔士人好像一只好战的斗鸡,他的头盔上总是插着一根两军中最长的翎羽,"这样无论友侪、仇雠都可以明晓他身在何方"。他与弗鲁爱林[1]上尉一般无二,两人全都头脑冷静、脾气火爆,有直言不讳的讲话方式和百折不挠的内心,二者还都极其喜好纸上谈兵。人们有充分的理由相信,威廉·莎士比亚要么与威廉姆斯有个人私交,要么便是从其他与威廉姆斯有私交的人的回忆录中撷取了许多营养。在帕尔马展开围攻之初,威廉姆斯曾以一种冷峻而

---

[1] 弗鲁爱林(Fluellen),莎士比亚戏剧《亨利五世》中的人物,是一位喜欢在头顶插一根韭葱的威尔士人,言辞和脾性酷肖罗杰·威廉姆斯,二者的相似之处历来为莎学家所重视。

自矜的语气向女王概述战局。"我们要守卫的土地太多,能够守卫的人又太少,"他写道,"但是我们可以凭借对上帝的笃信和自身的勇气去捍卫它……每丢失1英亩的土地,我们都会让1000具敌人的尸体来陪伴我军倒下的战士……我们毫不怀疑,由于我们诚实坦荡地为陛下本人和亲爱的国家效命,您将会施以援手。"当援军随后未能如期抵达时,他又向沃尔辛厄姆抱怨拿骚的莫里斯阁下太过年轻,由于莫里斯和同父异母的兄长贾斯丁只受过糟糕的军事教育,联省议会为此丢掉了手中的一半城市,不过他的语气仍然透露着自信。"自从我踏上战场以来,"他写道,"我从未见过比这更加勇猛无畏的军官和更加渴望战斗的士兵……昨天11点,敌人在车子的掩护下[那应该是覆盖着防弹外壳的手推车],通过壕沟攻入我军堡垒的堑壕。我们随即发动突击,夺取他们的壕沟……还把他们赶回了自己的炮兵营地,我们一直坚守堑壕,直到昨天晚上。凭着上帝的帮助,我们将在今晚重新拿下它,无论付出多大的代价。"

同一天,威廉姆斯还规劝莱斯特大胆行动,以加里奥特桨帆船和平底船直接冲击通往斯勒伊斯的航道。"只要您的水手能够尽到他们应尽职责的四分之一,就像我之前已经多次看到的那样,西班牙人将无法阻止他们。在您进入航道之前,我们将以自己的船只先行,我们会与敌人交战,以证明此举无甚风险。您可以向世界证明,这里[没有叛徒]只有勇敢的军官和士兵,他们宁肯战死沙场、死得其所,也不愿丝毫有愧于战士的身份。"十天后,他再次致信莱斯特,这次他概述了增援部队的战术策略,行文中流露出弗鲁爱林上尉的口吻:"万望阁下明悉,战而无险,未之有也。尊意应允之事,万望速速行事。"

又过了一周,增援舰队的身影终于出现在了斯勒伊斯卫戍部队的视野中。孰料三天过去,舰队始终没有采取任何行动。威廉姆斯禁不住再次动笔:"自从第一天开始,我们……12个连队中的9个就已经枕戈待旦,在过去的18天中,有超过一半的连队每天蓄势待发……如今我们死去了10位将领、6位副将、18位士官,以及总共将近600名士兵。英勇的士兵们因为得不到增援白白战死,而增援实则易如反掌,此事闻所未闻……我们剩下的火药已经不够支撑哪怕三场小规模战斗了。就个人而言,我情愿自己已经[率领]那么多勇士们共赴黄泉。古话诚不欺人，唯其代价高昂，方显智慧可贵，不过我和余下诸位袍泽为此付出的代价也未免过高了些。"

附言的语气就更加辛辣了："对于帕尔马的所作所为，威廉·佩勒姆和其他诸公既不打算倾泻怒火，也不打算倾尽全力以牙还牙。斯勒伊斯城不过是其手中的一张牌而已，他们既不了解城内外对阵双方的惨烈故事，也不愿切身体会他们可怜朋友的苦痛。"

这封信发出后，斯勒伊斯城又挺立了八天，为赢得这八天，又有超过200人殒命。当引火船烧焦的骨架还在兀自冒着黑烟时，格劳内维特终于提出了谈判的请求。帕尔马开出了优厚的条件。残余的卫戍部队——1700人中已经有800人被杀死，200人身负重伤——可以携带武器和行李，保持军人的尊严，排成整齐的队列体面地出城。帕尔马向来尊重勇敢的敌人。他找到了罗杰·威廉姆斯爵士，后者正站在自己部队的最前头，胸前挂着受伤的手臂，头顶那根有名的翎羽也已残破。帕尔马称赞了威廉姆斯身为军人的出色表现，主动提出要在西班牙军中为威廉姆斯谋求一份合乎身份的官职，而且保证他不必面对来自新教阵营和本国的同胞。然而威廉姆斯礼貌地回应道，如果未来他将为英格兰女王之外的人效力，那个人只会是新教事业的战士、目前深陷困境的胡格诺派英雄纳瓦拉国王亨利。威廉姆斯为麾下士兵徒然无益的牺牲而神伤，得知英勇的敌人揣摩出了自己的心绪并报以同情，并不能稍稍抚慰他的心。此时此刻，威廉姆斯再也不想为任何君主效命了。在返回英格兰的路上，贫穷到甚至得不到一匹马的威廉姆斯在致国务秘书沃尔辛厄姆的信函末尾写道："我已经厌倦了战争。如果有能力规划未来的生活，我将告别[军旅生涯]并遵循沃尔辛厄姆夫人的建议，娶一位商人的寡妇了此残生。"当然，他并没有将这个想法付诸行动。

帕尔马公爵的疲倦并不亚于罗杰爵士。这场攻城战大约带走了700名士兵的性命，伤员数量也超出了他的预期。"自从我来到尼德兰以来，"他在写给腓力的信中说道，"没有哪次行动像此次对斯勒伊斯的围攻这样令我烦恼和焦虑。"但为入侵英格兰着想，既然目标终能达成，那么代价虽高，却还是值得的。也许帕尔马会复述土耳其苏丹的矜夸，以此来说服自己。虽然被烧掉了髭须，可是他斩断了敌人的一条臂膀，终究得大于失。

13
美满的时日

库特拉
1587 年 10 月 20 日

纳瓦拉国王和他的军队正深陷困境。这支胡格诺派的主力军突然被强大的天主教势力包围，几乎无路可退。赢得生机的唯一可能是赌上全军之力，孤注一掷地拼个鱼死网破，可是力量对比是如此悬殊，若真冒这个险，最可能出现的结果也许是整支军队连同他的波旁王室领导人都会死无葬身之地，而这将是对法国乃至全欧洲新教事业的巨大打击，与此相比，斯勒伊斯的失守不过是一次小小的截肢手术。对于西班牙的腓力来说，若能换来这样一场信仰的大胜，即使牺牲掉半打斯勒伊斯这样的城市也会在所不惜。

一贯大胆的纳瓦拉国王此前率领这一支堪称胡格诺军队之花的精英部队离开了比斯开海湾，天主教徒本来想在那里扼住他们，但这支部队穿过了敌军的前线，开赴贝尔热拉克和群山之中。纳瓦拉国王与这支精英部队的主力军待在一起，同行的还有他的波旁王室兄弟孔代和苏瓦松，以及许多声名赫赫的胡格诺派将领，他们在 10 月 19 日夜借宿于一座名叫库特拉[1]的村庄之中，此地位于德罗讷河和伊勒河之间，正好处在从图尔及北方其他地区经普瓦提埃到波尔多的路上。20 日一大早，天才蒙蒙亮，小村北侧的树林里就传来了遥远而零星的枪声，胡格诺派军官们从睡梦中挣扎起来后得知，强大的国王军在茹瓦斯公爵[2]的带领下，经过一夜的急行军，

---

[1] 库特拉（Coutras），位于今法国西南部阿基坦大区吉伦特省。
[2] 茹瓦斯公爵安尼·德·茹瓦斯（Anne de Joyeuse, Duke of Joyeuse, 1560/1—1587），亨利三世的宠臣，法国宗教战争期间国王军的主将。

已经抵达警戒哨，而这正是他们一路上试图躲避的敌人。只需要一个钟头甚至更少的时间，茹瓦斯就会将他们一个不剩地逼入德罗讷河与伊勒河之间的交叉地带，他们昨天下午渡过了德罗讷河，本打算今天一早便渡过伊勒河离开。

被困在这里实在不妙。他们驻扎的这座村庄屋舍零落，殊难防守，而且恰好坐落在两条河流之间形如楔子的地段中心，考虑到茹瓦斯公爵已经封住出口，这里无异于一条死路。更糟糕的是，一支骑兵中队和一些火绳枪兵还没有跨过德罗讷河，而前锋部队，包括一队轻骑兵、两个骨干步兵团以及全军仅有的三门火炮，已经身处伊勒河彼岸，前往多尔多涅寻找友军据点去了。如果只顾自己脱身，纳瓦拉国王和他的兄弟、军官们仍然能够带着多数骑兵逃离，他们可以沿着前锋部队的足迹，渡过伊勒河水位较深的逼仄浅滩。当然，步兵主力需要为此留下坚守，用自己的性命为骑兵的撤离换取时间。那样的话，至少有把握保全统帅的安全，但从此以后是否还会有人前来投奔纳瓦拉，就是一个疑问了。可是另一方面，如果全员留下，拼死力战，也许会被杀得片甲不留。两条河流就在他们身后交汇，那里水位极深，难以涉水而过，水流也太湍急，想要游到对岸绝非易事，村中街道的尽头倒是有一座小桥，可是狭窄的桥面根本不适合大军行进，而茹瓦斯的天主教军队绝对不会手下留情。

如果说斯勒伊斯的沦陷让反抗的新教阵营变成了跛子，那么等到这支胡格诺军队及其领导人也被歼灭，新教阵营将会彻底瘫痪。到时候也许分散的抗争还会在各地继续存在一段时间，但既然新教势力在法国的脊梁已经被斩断，那么未来早晚会属于吉斯－洛林家族，属于激进而狂热的神圣同盟，属于二者的幕后老板西班牙国王。那一天对于尼德兰的起义者来说将是灾难性的，对于一直以来勉强出任新教联盟的总司令和后台的伊丽莎白而言，更会是雪上加霜。一旦亨利三世完全处于吉斯公爵和神圣同盟的掌控之下——这正是胡格诺反对派倒台、波旁家族毁灭后亨利三世必然会遭遇的处境——那么帕尔马的侧翼部队将不会再受到威胁，届时海峡这一侧的法国海港将会充当入侵英格兰的安全基地，法国的船只和人力将对西班牙无敌舰队形成极大的战力补充。自从瓦卢瓦王朝的最后一位继承人故去[1]以来,西班牙的外交活动始终在向这个方向努力,为此西班牙人利用了耶稣会士的本领,利用了托钵僧会的雄辩和罗马教廷的权威,以及所有在反宗教改革运动中复苏的好斗的天主教势力。西班牙外交官在征调这些力量时轻而易举,因为他们中的不少人或是直接来自这几方阵营,或是深受后者的影响,他们十分肯定,西班牙的强大国力已为神所拣选,是旨在将全欧洲带回正统信仰的得力武器,因此西班牙的国家利益与天主教会的利益大抵是二而一的关系。

在法国,他们成功利用了反宗教改革派的力量,以至于曾经为了信仰的胜利和上帝之国的建立而战的胡格诺教徒,这两年多来已沦为一头为了生存被迫战斗的困兽。纳瓦拉国王的秘书近来在行文中将此事比喻为一场全欧洲共同出演的悲剧,而胡格诺派则迫不得已地集体饰演了其中的男主角。他们曾经在舞台上被人从背后刺倒在地,时间是1585年7月。[2]当时距离瓦卢瓦王朝的最后一位继承人病逝已过去13个月;距离刺客的子弹击倒奥兰治亲王刚满一年;就在7个月前,吉斯家族刚和神圣同盟的追随者们在茹安维尔[3]秘密订约,他们将会支援这场发生在法国并为腓力所亟须的内战,而后者正忙于对付荷兰,也许还有英格兰的异端。还是在1585年7月,已经被神圣同盟逼到墙角的亨利三世无奈地废除了宗教宽容法案,取缔了新教归正会[4]。9月,新教皇西克斯图斯五世也颁布了一道惊人的谕令,判定纳瓦拉的亨利是一位故态复萌的异端分子,剥夺他的采邑,解除封臣对他的效忠义务,并且宣布亨利无资格承袭法国王位。

由此开始了所谓的"三亨利之战",一方是法国国王瓦卢瓦的亨利,他是瓦卢瓦家族现存的最后一位男性,另一方是纳瓦拉国王波旁的亨利,

---

[1] 指亨利三世的弟弟,前文中曾向伊丽莎白女王求婚的安茹公爵弗朗索瓦,这位瓦卢瓦王朝在亨利三世之后唯一的继承人于1584年6月死于疟疾,于是信奉新教的纳瓦拉国王亨利成为第一顺位王位继承人,这引起了天主教阵营的极大恐慌。

[2] 1585年7月,亨利三世与天主教联盟领袖签订了《内穆尔条约》,条约规定之前颁布的敕令一律作废,要求在法国全境废止新教。

[3] 茹安维尔(Joinville),位于巴黎东南近郊。

[4] 即新教加尔文宗的教会,法国的新教阵营大多属于该派。

依照萨利克[1]法条,他乃是瓦卢瓦的亨利的合法继承人,此外还有居间押宝的最后一位亨利——吉斯公爵,他来自半属异国的洛林家族,他才是三者中唯一能够渔利的人。根据谱牒学的研究,洛林家族的世系可以上溯至查理大帝,有人因此认为,吉斯公爵的继承资格实则比休·卡佩[2]的任何后嗣都要更加充分。或许没有人敢在正式场合鼓吹这一论点,但眼下时移世易,眼看法国王位的继承者将会是一位异端分子,是胡格诺派几乎公开承认的魁首,于是在讲道者的不断鞭策下,巴黎的暴民已经做好了准备,宁肯发动叛乱,也不愿接受一位新教国王。无论法国国王支持与否,受到西班牙财力支持的神圣同盟的显贵们都决心发起一场针对异端的生死之战,因为无论哪种情况都能满足他们的信仰和贪欲的需要。这么多强大势力出于不同动机共同促成了这次"三亨利之战",使之成了继圣巴托罗缪之夜后最大的一场浩劫。

纳瓦拉的亨利也召集自己的党人进行反抗。他对王家敕令作出声明,以愤愤不平的言辞表达了自己和同宗信众的信仰忠诚。他又拟就了一封致"西克斯先生"的书信来回复教皇的谕令,一些胆壮之辈还把这封行文活泼的信贴到帕斯奎诺塑像上[3],直让教皇大人感到既愤怒又好笑。他发动了一场灵巧的战役,将游击队的突袭与有选择的要塞固守结合起来,至少在一定程度上延缓了天主教徒的进军浪潮。可是就像他日后常常提及的那样,才到秋天,他的胡髭就已经急白了。只要战场上还有敌人,焦虑就迫使他不离鞍鞯,直至他那颀长却硬朗的身躯在疲倦中形销骨立。他内心深知,他和自己的事业、人民都已经陷入致命的危险之中。

在吉斯的亨利之外,法国天主教徒中对于胡格诺派威胁最大的,就要算是率军驻扎卢瓦尔河南岸的指挥官茹瓦斯公爵安尼了。这位帅气却名不见经传的年轻人倏忽间一朝显贵,在二十余岁的光景尚未过半之时已经跻

---

[1] 公元6世纪,法兰克人萨利克部落的习惯法传统被法兰克墨洛温王朝的创建者克洛维下令编纂成册,定名为《萨利克法典》,它的某些条文,如女性不得继承王位等,对后来欧洲的王位继承影响深远。
[2] 法国卡佩王朝(987—1238)的创建者,该王朝继承了西法兰克王国的统治,瓦卢瓦王朝和其后的波旁王朝理论上皆属卡佩王朝的支脉。
[3] 关于帕斯奎诺,参见第6章注释。

身公爵之列，他还是王后的妹夫，当然也就成了国王的连襟。他现在拥有庞大的采邑，掌管数省大权，同时担任法国的海军元帅。也许在促成他一朝显贵的原因里，最重要的是亨利三世对于帅气后生的嗜好。不过其他那些簇拥在国王身边、长发披肩、通体喷香，善于拿腔捏调、咯咯巧笑的"甜心"，据说在容貌上也并不落于下风，一些人至少表现出了同样的血气之勇，还有一些在吵闹不休和放肆无礼上更决计不遑多让。真正让安尼·德·茹瓦斯脱颖而出的是他为王上所青睐的另外一种品质，即对于指挥的热情。他的身上既有鲁莽放肆，又有目空一切的自信和某种宽宏大量，这让同时代人（不仅只有国王）印象如此深刻，以至于今天的我们竟无法断言，他是否还拥有其他任何卓尔不群的品质。

为神圣同盟的事业效命时，他也拿出了在宫廷中争吵、狂欢的劲头，显得轻率、不顾一切。他必然清楚，自己的护主对于神圣同盟依然心存芥蒂，在签署取缔胡格诺派的法令时仍旧苦恼万分，不愿下笔。也许茹瓦斯的确在短时间里从一个平平常常的信徒变成了激进的天主教战士。也许这是因为他的妻子怀着对吉斯兄弟的同宗情谊，有意影响了他的立场。也许他只是单纯想要向溺爱他的朋友证明自己的独立，要知道这位国王可是在他未满25岁时，便把法国的命运置于他的脚下。随后发生的事件似乎证明他合当有蔑视一切的自信，因为他能让国王对自己言听计从，即使是在一系列有损王权的方针政策上也概莫能外。在这个战争舞台的中心，国王提携他为副官，给了他一支精良的野战部队；等他把这支部队挥霍殆尽时，国王又把另一支更加强大、更具威仪的部队交到他手中。就是这第二支部队自从午夜以来一路沿沙莱大道向南追击，终于在库特拉困住了纳瓦拉国王。

纳瓦拉的亨利从未计划与茹瓦斯交战，而是试图躲避他。整个夏天他一直在这么做，同时希望以不断的骚扰促使这支天主教军队走向解体。新教徒几乎从未赢过一场大型会战，多年来他们甚至没有在这方面做出过一次尝试，但他们都是经验老到、忠于信仰的军人，这个夏天一如往昔，见证了他们在不下百次的小规模冲突中连连取胜。在听说茹瓦斯带着一支新的军队重回战场后，亨利将拉罗谢尔以及普瓦图、圣东日地区新教小城的防御力量中可以抽调的全部胡格诺派军队招致麾下，而后准备从国王军的眼前转移至多尔多涅，踏入一片七零八落的丘陵和山谷，它们一路向南，刚好通往波城和自己受封于贝恩的公国。他可以从当地获得增援，那里有一打以上的山巅要塞保障自己的安全，他有办法让公爵的军队在那儿尝尝苦头，让敌人陷入徒劳无益的围攻，自己则可以乘机转向北方，他想与朋辈和盟友率领的瑞士、德意志雇佣兵（部分军费由伊丽莎白女王承担）会合，后者正向卢瓦尔河的源头挺进。

这名贝恩人从来行动迅速；这是他作为统帅的显著特点之一。但这一回，他的步伐过于迟缓了些。他误以为茹瓦斯的主力军还远远落在20英里以外，其实他们相距不超过10英里，他还低估了茹瓦斯的求战欲望，没有料到这位挑剔讲究的廷臣竟然半夜里快马加鞭，只为在清晨求得一战。亨利现在能够从各种轻武器的交火声中判断出，自己的外围岗哨已经被敌人突破，他正面临一个不愉快的事实：虽然他本人仍可以脱身，但很可能必须弃大部队于不顾。

从历史记录来看，亨利的脑海中可能根本没有出现过逃跑的念头。相反，他给军官们留下的印象是，这里恰恰就是他将要立足一战的地方。亨利很可能是不假思索作出这个决定的；他明白，自己身为胡格诺派领导人的身份既不是来自继承顺位，也不是源于信仰——毕竟自己的新教立场经历了不光彩的失而复得[1]——而实实在在的是因为他甘愿在每一次交火时舍生忘死、出入前线，在这场漫长的党派斗争中，他没有把自己当作一位国王、将军，而仅仅将自己视为一名勤勉的非正规军轻骑兵长官。如果他在同侪身临险境时全身而退，他不仅将丧失一支军队，而且会在通往王冠的前路中永远地失去人心，而这本来是他所能依赖的唯一资源。

如果说亨利看起来对于战斗的前景非常乐观的话，那么军官们所做出的临阵部署就不那么令他满意了。当时的库特拉一如今日，有一条长街沿

---

[1] 纳瓦拉的亨利（1553—1610）于1554年1月受洗成为罗马天主教徒，而被他的母亲以新教信仰抚养长大。1572年，在凯瑟琳·德·美第奇以及其他强大的罗马天主教徒的施压下又改宗天主教。1576年，在他成功离开巴黎后，他公开宣布放弃罗马天主教信仰，回归加尔文派。1593年，为了继承王位，他又改宗天主教，宣布天主教为国教。1598年4月13日，他签署颁布了《南特敕令》，结束了宗教战争，胡格诺派获得了信仰自由，并在法律上享有和公民同等的权利。

着沙莱至利布尔讷的大道展开，两边的房屋密密丛丛。那些年中，在这条长街中间的东侧，在一条由西穿越德罗讷河而来又将在前方穿越伊勒河而去的道路上，矗立着一座大约修造于60年前、已经部分坍塌的城堡，从侧翼掩护着这条长街。这支胡格诺军队正以历史记录中语焉不详的阵型沿着那条东西向的道路列队。火绳枪手被安插在民宅之中，城堡则充当了整个防守阵型的中枢。可是受限于村庄街道的走向，战场显得狭窄而四分五裂，这让亨利无法接受。尽管轻武器的嘈杂声开始在树林边缘响起，距离此地已不足一英里，亨利还是下令全军向村庄北端一块开阔的草地前进，在那儿，他重新部署了阵列，到了这个时候，这些工作几乎是在敌人面前完成的。

在部署队伍的同时，炮兵部队赶紧按照他的命令把那三门铜炮——其中一门的炮弹重达18磅——从伊勒河彼岸运了回来，并把它们安放在新战场前线左侧的一处多沙的山丘之上，这里高度适中，火炮的射程恰好足以覆盖这个小型战场的全部角落。在炮兵即将抵达高地之前，部分胡格诺步兵队列仍然还在战场右侧行进，骑兵们则要么还在村庄局促的街道上等待调拨，要么刚刚赶到新的阵地，而此时茹瓦斯的先头部队已经如潮水般涌出树林，进入了这个坐落在开阔草地上的竞技场。

"如果说两军相逢时国王正身处困局的话，其实公爵也并非全无烦恼。"茹瓦斯获知胡格诺派军队已经抵达库特拉并且计划从自己眼前溜走时，已经是深夜了，他的军队被迫从各自屯驻的分散村落里醒来，通过一条条狭窄的小路和马道，前往指定地点集合，在漆黑的夜幕下，往往只能以一路纵队行进。当走在部队前头的几个骑兵惊醒了亨利一方的外围岗哨时，公爵的大军正好似一条拖沓的长蛇，蛇身由骑兵和步兵混杂组成，沿着沙莱的道路蜿蜒前进，前后竟然长达数英里。正因如此，两方的指挥官其实同样在为阵列的混乱和敌军的出现而犯愁，"每一方都摸不清楚对方的下一步计划"，现在两支军队各自占据草地的一侧，彼此面对，好像达成了默契似的相互视若无睹，直至各自都重新完成阵列部署，整顿好军容为止。当公爵的轻骑兵从林中出现，来到尚在调动的胡格诺对手的眼前时，朝阳已经开始东升。此时距离纳瓦拉国王的炮兵率先发难还有两个小时，他们虽然比公爵的炮兵更晚来到战场，却抢先一步就位。

纳瓦拉国王选择了更好的位置，他的部署也更为高明。战场右侧有一条深深的堑壕，一座原先属于城堡园囿组成部分的猎场以此作为边际，亨利的4个骨干步兵团就在壕沟后方严阵以待，这个位置可以有效抵御骑兵的进攻。得益于起伏不平的地面和丛生的灌木，他们可以从这里放心地射击，而不必担心缺少足够的长枪兵在前屏护。在左侧，一支规模小得多的步兵受命略为远离战阵，以溪流形成的池沼作为掩护。而在战场中央，胡格诺重骑兵组成了4个紧凑的中队，一字排开，纵深多达6行以上。挑选出来的火绳枪队被安插在骑兵中队之间的空隙中，他们得到命令，要等到敌军前进至20步以内时，再以密集火力集中扫射。在最后一个骑兵中队以远的地方，是自从破晓以来一直在与敌人缠斗的拉·特雷莫勒的轻骑兵，他们封堵住了通往步兵主力所在的猎场的缺口。以上部署透露着狡狯和老练，胡格诺派知道，想要赢得此战，他们需要利用一切可以利用的优势。

在他们对面，茹瓦斯摆出的阵型与之相似而又相对简单。在两翼，他分别部署了2个王家步兵团，左翼的2个团至少可以与对面猎场上的4个步兵团媲美，右翼的2个团也要比溪流后方的胡格诺散兵强大得多。中央地带的部署同样针锋相对，以轻骑兵对阵亨利的轻骑兵，以威名远扬的王家重骑兵"宪骑兵"[1]对阵胡格诺派的胸甲重骑，王家重骑兵没有分成中队，而是组成了一排狭长而又连绵不断的双线阵列。茹瓦斯自己亲自统帅这支宪骑兵。他希望以这支精锐力量发起势不可挡的冲锋，一举击溃胡格诺派的脊梁。他已经向军官们做出保证，不能让包括纳瓦拉国王本人在内的任何一名异端活着离开战场。

隔着几百码的开阔地，双方骑兵有充足的时间相互打量。胡格诺军人看起来朴实无华而又久经沙场，他们身上的皮革污秽不堪、布满油渍，盔甲上的钢制部件灰不溜秋、毫无光泽。他们穿着只有胸甲的铠衣，戴着没有面甲的头盔，他们的武器大多只是宽刃大剑和手枪。在后世的传说中，

---

[1] gens d'armes d'ordonnance，亦称 Gendarme，由法国贵族组成的重骑兵，在中世纪晚期到现代早期这段时间里曾经充当法国国王的主力常备军，全军配备有重装铠甲和骑士枪，杀伤力惊人。

纳瓦拉的亨利进入战场时头戴一根白色长翎,身着一袭华美礼服,但是据当天在亨利不远处骑行的阿格里帕·德奥比涅回忆,国王的打扮和武装与周边的老战友们并无二致。胡格诺重骑兵安静地骑在马上,每一个紧凑的纵队都纹丝不动,看上去坚如磐石。

而在战场的另一侧,国王军长长的队列却似欲静而不止的水面,不时泛起些许涟漪和波光。这里翻涌向前,那里又收缩退后,仿佛成员们在彼此推搡,又好像起跑线之前的赛马选手在挤占有利位置一般,他们连连腾跃战马,时不时地擅离队列、互换位置,只为了向友人致意,或者向敌人示辱。被尊称为"宫廷之花"的骑士们陪伴茹瓦斯一路来到普瓦图。超过120名贵族和绅士亲自充当骑兵,现在就立于阵列的第一线,其中多数人的随身侍者也披上铠甲候立在旁。因此,在公爵执意要求贵族骑士们装备的骑士枪上,悬挂着象征骑士身份的各种燕尾旗和方旗,还用斑斓多彩的缎带打着结,以表示对某位女士的敬意,这真是一场盛大的甲胄巡演,人们再也不会在一场战斗中看到如此眼花缭乱的各式铠甲了,在骑士们的颈甲、胫甲和带面甲的头盔上,在其他但凡显眼的部位,都精心镂刻和镶嵌着古怪的纹饰,以至于德奥比涅事后记载道,在法国,从没有一支军队这么披金戴银、晶晶闪亮。

当这支熠熠生辉的骑兵还在调整队列时,纳瓦拉国王的三门火炮已经在山丘上安置完毕,并率先开火。那些实心弹几乎是以纵向的角度飞向天主教队伍,在敌阵中炸开了花。胡格诺派老兵在第一流的炮兵长官的指挥下,接连发射了18枚致命的实心弹,与此同时,茹瓦斯的炮兵只打出了6发炮弹,而且对手几无损伤。"再等下去必输无疑!"公爵的副将拉瓦丁喊道,于是公爵横下心来,下令吹响号角,发起进攻。

拉瓦丁处在天主教军队的左翼,第一个率军进击。他的攻击锐不可当,不仅击穿了特雷莫勒的轻骑兵队列,还连带击溃了对方身后蒂雷纳[1]的重骑兵中队,将他们一并赶入村庄的街道。蒂雷纳赶紧召集残部(18名近

---

[1] 蒂雷纳子爵亨利(Henri de la Tour d'Auvergne, Viscount of Turenne, Duke of Bouillon,, 1555—1623),1594年成为布伊隆公爵。

来编入的苏格兰志愿兵构成了他的核心战力），但是一些曾经在清早英勇拼杀的轻骑兵此时却溃不成军，正飞奔着败退至村庄各地，沿途还在散播纳瓦拉军队战败的消息，胡格诺军队已经听见身后的村子里有天主教徒高呼"胜利！"。

但是在胡格诺军队的左翼，那一小队步兵却抱着与其被击毙不如主动战死的心态，一股脑儿拼死冲过小溪，在对面的王家军团弄明白发生了什么之前，就矮身冲入长枪阵中，或是用双手拉开敌兵，继而他们又拔出短剑和匕首，开始短兵相接。被吓了一跳的国王军已经阵型大乱，于是整个这一侧战场很快变成了一场乱战，一场面对面的白刃搏杀。这时，胡格诺派的右翼步兵也迅捷地加入了战斗，他们在防守猎场的同时，尚有余力偶或向拉瓦丁的骑兵发出一阵齐射。

但战斗的天平仍然决定于中央的局势。公爵的号角已经吹响，光彩熠熠的阵列已经摇摆着突上前来，骑士们将骑士枪垂至水平，把枪尖对准敌人，家族的旗帜遮盖了身前的土地。马蹄渐渐飞起，直至疾驰的声响雷霆万钧。"太早了点。"胡格诺老兵们相互窃窃私语。当公爵一方吹响号角时，胡格诺重骑兵的随军牧师们才刚刚结束祷告。骑兵们仍然静静安坐在马背上，念诵着他们这一派用于战场的赞美诗：

这就是美满的时日，
神全意选定的时刻，
我们合当努力追求，
受命享有满心喜乐。

这首赞美诗是由《诗篇》第118篇改编而来的韵文，那首诗以"这是耶和华所定的日子，我们在其中要高兴欢喜"开头。坚实的胡格诺重骑中队一边高唱圣歌，一边开始缓步起跑。当吟唱圣歌的低鸣逐渐与渐次加快的步伐合拍时，对面一位纡金佩紫、正与公爵并辔行进的弄臣不明所以地欢叫起来："哈，那些懦夫！他们如今在颤抖了。他们是在忏悔呢！"公爵另一侧的一位老兵却冷冷回答道："先生，当胡格诺信徒发出这些噪音时,意味着他们已经做好了拼死一搏的准备。"又过了不到一分钟,随着火绳枪手发动齐射,胡格诺重骑兵的庞大纵队又一次加快步伐,最终突入了前方疾驰而来的敌军阵列。

这一轮冲锋决定了战局。在敌军纵队的密集冲击下,天主教军队从正前方被撕裂,胡格诺派的侧翼部队则将散落的对手逐个吞噬。有那么一两分钟,双方展开了混乱的殊死搏斗。胡格诺派的孔代亲王曾被击中落马,但获胜的对手见状后未经犹疑便也翻身下马,随即在战场上解下自己的长手套,将之作为投降的象征献给了落败的亲王。纳瓦拉国王用手枪击中了一名敌人,自己的脑门却被另一名对手用骑士枪柄尾猛击了一下,他随即认出打中自己的人正是沙托雷纳尔[1]的领主,是他曾经击溃的一支敌军的旗手,于是国王抓住老伙计的手腕不放,愉快地说道:"投降吧,非利士人。"

在战场的另外一角,想要逃跑的茹瓦斯公爵被一帮胡格诺骑兵截断了后路。他随即放下佩剑,高声喊叫:"我的赎金是十万克朗[2]。"可是一名俘获他的士兵还是用一颗子弹射穿了茹瓦斯的头颅。原因是这位指挥官曾经下令对战场上受伤的胡格诺信徒要毫不留情地全部处死,他曾经吊死过数以百计的囚犯,还向投降的卫戍部队大开杀戒,虽然他们已经按照当时流行的交战双方都应遵守的正派原则投降,因此对于茹瓦斯,并不存在优待战俘的可能。确实,直到亨利国王愤怒地亲自出面干涉为止,国王军俘虏几乎全部丧命。3000名国王军的普通士兵被屠杀,超过400名骑士、绅士一道丧命,这份令人难忘的名单里包括众多公爵、侯爵、伯爵、男爵,等等。德奥比涅认为,这一仗造成的伤亡要比这个世纪任何三场战斗的杀伤总和还要触目惊心。这支天主教军队已经被彻底摧毁;那支金光闪闪的奢华之师已然片甲无存。"至少,"当这一天落下帷幕时,纳瓦拉的亨利开口道,"在这一切发生之后,将不会再有人妄言我们胡格诺信徒从没有赢得过一场战役了。"

---

[1] 沙托雷纳尔(Château-Renard),位于今法国中北部卢瓦雷省。
[2] 克朗(crown),旧时货币单位。

14
胜利之用

法国

1587 年 10 月 21 日至 12 月 16 日

　　赢得战斗是一回事，利用胜利则是另一回事。在依靠上帝的无比仁慈夺得大胜后，关于如何运用胜利的果实，胡格诺派却歧见纷陈。来自普瓦图的绅士们全都赞成乘胜收复他们丢失的城池和城堡，扫清卢瓦尔河南岸的天主教据点。孔代亲王也持这一观点，他似乎已经看见自己在那片地区开创了一片独立的采邑，重建了家族的公爵领地。[1] 加斯孔人则指出，在西南方向仍有一支由马提尼翁指挥的 4000 人的天主教军队，他们正在向北进军，本来打算与茹瓦斯会合。加斯孔人建议全军赶在马提尼翁返回波尔多之前追上和消灭他们，这样吉耶纳[2]地区将在多年中第一次完全廓清天主教的野战部队。在纳瓦拉国王的议会中，那些最睿智的头脑们却认为，当前可行的道路其实只有一条。在卢瓦尔河的源头地区，某个地方此时应当驻扎着一支强大的雇佣军，它的赞助人伊丽莎白女王已经为之花掉了不少钱，而且许诺还将为之付出更多。那支雇佣军中包括 8000 名可怕的德意志骑兵，由多纳男爵[3]统领，还有数量与此等同的一支自由佣兵，同样来自德意志，以及另外 1.8 万名瑞士步兵，由布伊隆公爵[4]招募和指挥，这些雇佣军的兵力总和使他们成了 30 年间曾经出现在法国的最强大的外国

---

[1] 孔代家族与日后统治纳瓦拉、法国、西班牙等地的波旁王室都衍生自波旁公爵家族，最后一任波旁公爵已于 1527 年绝嗣。
[2] 吉耶纳（Guyenne），法国西南部旧省名，临近加斯孔人的故乡加斯科涅地区。
[3] 多纳男爵法比安（Fabian, Freiherr von Dohna）。
[4] 布伊隆公爵纪尧姆－罗贝尔·德·拉马克（Guillaume-Robert de la Mark, duc de Bouillon, 1563—1588）。

军队，更不要说他们还得到了 4000 到 6000 名胡格诺派士兵的援助。如果亨利能够立即加入他们，领导他们，以自己的兵力进一步增援他们，以之对抗巴黎，那么法国国王只能干脆出降或者硬着头皮迎战，无论发生哪一种情况，在入冬的第一场雪降下之前，这场旷日持久、令人精疲力竭的内战都将以胡格诺派的胜利告终。坚定的胡格诺派，像是马克西米利安·德·伯苏恩，日后的苏利公爵，绝不会原谅亨利将如此大好良机拱手相让。

可是事与愿违，亨利先是在库特拉稍作停顿，处理了诸如伤员（多数敌军都已负伤，而他这一方却令人惊讶地罕有伤员）、赎金和犒赏的事宜。随后他便上马赶往波城，而且只带了少数随从，抵达目的地后，他把缴获的茹瓦斯一方的旗帜全部放到了当前的情妇"美人"蔻丽珊德的足下。得胜的大军只好自行解散，各回各家。各位严肃的归正会战士们按捺不住心中的失望和悲伤，只能大摇其头。人人都知道亨利身为登徒子的致命弱点，直白地说，他就是一个臭名昭著的好色之徒。像他这样一位早已年逾而立的男子、国王、久经战阵的指挥官、法国新教教会的头号保护者，竟然与一名流连风月的少年举止无异，只为与一名少妇缠绵悱恻，竟然不惜把胜利的果实委之于地，对尚未终了的战役撒手不管，实在是糟糕透顶。这当然是纳瓦拉国王的一大弱点，不过归根结底，这一点虽然惹人气恼，却又多少使亨利在部下眼中显得平易近人。

事实真相可能就是如此。但整件事可能还有另一种更加复杂的解释。亨利与蔻丽珊德的罗曼史正在褪色。在库特拉缴获的旗帜实际上是一份告别的馈礼。尽管亨利并不是一位出色的骑手，这次他却不同寻常地偏离了直达的路程，他要前往一座不远处的城堡，去面见一位博雅绅士，与之倾谈，在那里过夜。我们很多人都会愿意拿出一个晚上与米歇尔·埃伊奎姆·德·蒙田聊点什么，但人们会怀疑，是否纳瓦拉国王此行只是为了欣赏主人言谈之间展露的魅力。他想必清楚，蒙田虽然是一位天主教徒、一位忠顺的臣子，却也有着温良的脾性，赞成和平与宽容。亨利还知道，自己可以视他为朋友。

两位友人在火炉旁有了怎样一番促膝夜话，我们已无从得知，但假若纳瓦拉国王决定就眼前可供选择的道路做出阐释，他可能会说出如下一番话。虽然孔代亲王和其他一些来自当地的胡格诺士绅急于在普瓦图发动新的战役,但帮助孔代在那里或是任何其他地方建立属于他自己的公国,并不符合王室的利益,而在这一点上,纳瓦拉的亨利与国王利益一致。与之相似,那位年迈的马提尼翁虽然是一名坚定的天主教徒,却也是一位宽和之人,是国王的忠实仆人,如果将他击溃,取而代之接管吉耶纳的可能将会是某个狂热而深具野心的神圣同盟成员。发生在法国西南部的各色围城战、截击战已经流血漂橹,而战事越多,就会越发激起苦痛和怨怼,国王就更加难以维持和平。在这一点上,国王的利益再次与纳瓦拉的亨利保持一致。至于当前最明白可行的道路,与多纳的德意志骑兵会合,一齐直捣巴黎,除了在法国国王及其法定继承人之间引发一场会战之外,还会有第二种结果吗?无论神圣同盟、胡格诺派还是政治派[1]的成员,这些贪得无厌的显贵们难道不都是寄希望于利用这场混乱,从王国的利益和王室的权威中分一杯羹吗?除了他们,还有谁的利益能够保全?

对于亨利可能提及的其他内容,也并不难以推测。国王的利益在于四境安定,为了达成这一点,需要做的只是恢复《普瓦提埃敕令》的宽容条款,以及握紧限制吉斯家族权力的缰绳,正是出于他们的胁迫,国王才在违背自身意愿的情况下废除了敕令。这次发生在北方的战役也许已经让吉斯的亨利威望受损,对于瓦卢瓦的亨利来说,如果需要采取下一步措施,无论是为继续削弱吉斯家族,还是为了将整个王国团结起来,一道应对与老对手西班牙之间的战争,要知道后者是眼下破坏国内和平的罪魁祸首,都要转而依靠另一人的忠心侍奉,这个人就是他自己的兄弟、曾宣誓效忠于他的臣子——纳瓦拉的亨利。

就在库特拉战役结束之后,一位被俘获的国王廷臣对抓捕者说:"赢

---

[1] 政治派(politiques)是16、17世纪活跃于法国的一个温和的政治派别,成员同时涵盖天主教徒和胡格诺教徒,他们将国家的安定团结置于其他考虑之上,希望重建强势王权,排除外部势力的干预,以求使法国摆脱动乱。法国宗教战争期间该派一度颇为兴盛,成员大多反对受到西班牙支持的吉斯家族。政治派的代表人物包括亨利四世和博丹等人。
[2] 亨利三世早先曾与胡格诺派达成协议,于1577年9月17日颁布《普瓦提埃敕令》(Edict of Poitiers),敕令规定在每一个司法管辖区,胡格诺派可以在各城市的郊外享有信仰自由。法国的天主教人士普遍认为该敕令对于胡格诺派过于宽容。

得这场战斗的你们其实一无所获，因为你们将会激怒国王。""哈！"抓捕他的这位强硬的新教徒回应道，"希望上帝再给我这样的机会激怒他，最好每周一次！"可是纳瓦拉的亨利其实与那位廷臣想法相近。他曾在另一个场合表示，为了避免与自己的主上法国国王交战，他本人宁愿逃去地球的尽头——这纯粹是出于个人的尊敬。也许当晚他再次以某种其他的方式，向自己的朋友蒙田复述了这一想法。

无论亨利说了什么，在他离开后不久，城堡的主人便命人收拾好了鞍囊，一路向北进发。一位年已五十有四、惯于久坐的老绅士，忍受着痛风和肾结石的折磨，一路穿越贯穿法国南北的漫长道路，冒着强盗剪径、散兵袭扰的危险，顶着秋季的冷雨，也可能只是为了与他的出版商讨论随笔集的最新版本。他当代传记作家似乎大多都是这么认为的。但是警觉的外交官博纳迪诺·德·门多萨并不这么想。虽然门多萨对这场发生于近日的谈话毫不知情，而且他似乎也并不知道蒙田早先已经至少扮演过一回纳瓦拉国王与天主教阵营的联络人，可是在得知既是马提尼翁的朋友，又是纳瓦拉国王当今情妇的座上宾的蒙田现已来到国王的宫廷时，门多萨还是立即得出判断，蒙田此行怀有不便示人的政治任务。当然，门多萨总是倾向于做出最坏的预估，尤其是在亨利三世也涉身其中的时候。

我们可能永远也无从知晓，蒙田是否为法国国王捎来了其法定继承人的口信，或者倘使如此，口信的内容究竟若何。与提及私人生活细节时的絮絮叨叨、推心置腹大相径庭，米歇尔·德·蒙田在涉足政治时却像是一名严守口风的家庭律师。不过假如他真的带来了某些条件和信息，也已经为时过晚了。在库特拉的事情过去数周后，掌握形势的缰绳又一次从瓦卢瓦国王的手中脱落。

在知晓库特拉战事的结果后，瓦卢瓦的亨利也许并未怒不可遏。廷臣们在窃窃私语，国王的垂青和信任似乎早就转移到了埃佩农公爵[1]身上，前任至爱茹瓦斯的存在和大权在握使得亨利窘迫不安。各国大使们还点破

---

[1] 首任埃佩农公爵让·路易（Jean Louis de Nogaret de La Valette, Duke of Epernon, 1554—1642），出身于军人世家，在1572年的拉罗谢尔围城战中，年轻的他第一次赢得了当时还是安茹公爵的亨利三世的注意。

了这样一个事实，自从茹瓦斯开始投入神圣同盟的怀抱后，他所取得的任何一场胜利反倒只会让同盟戴在法国国王身上的镣铐勒得更紧。爱德华·斯塔福德爵士甚至报告说，就在库特拉一役爆发前几天，国王曾经亲口表示，假如茹瓦斯打败纳瓦拉，国家将会因此毁灭。无论是否作如是观，在亨利三世的计划中，茹瓦斯的胜利决计不是一个重要的筹码，而后者的失败甚至可能更有利于实现他的蓝图。

对于1587年的这场战役，法国国王有自己的算盘。虽然他在雅纳克和蒙孔图大捷中发挥的作用并不像其现在坚信得那么突出，但对于军事，就像多数事务一样，亨利三世绝不是傻瓜。他为这场战役编写的剧本也并不难猜。茹瓦斯将会深陷卢瓦尔河南岸的战事，亨利大概已经猜测到，纳瓦拉国王会在那儿挫一挫他这位宠臣的傲娇之气。此时，多纳和他的德意志骑兵应该会从东北方向入侵法国。（无论是伊丽莎白女王与帕拉丁伯爵[1]的协商，还是布伊隆与瑞士人的谈判，亨利都了然于胸。就算司法、财政、国内行政、陆军和海军全部陷入瘫痪，法国的外交使团也仍然能够运转，而且与往常一样收效良好。）德意志人会穿越洛林地区，兴许会在当地逗留一段时间，如此一来，吉斯的亨利自然将赶回当地保护自己和家族的领地。这使他实际上要去完成守卫北部边疆的任务。不过届时吉斯公爵不会获得足够的人手，他所能依靠的只有自己的资源。法国政府许诺的援助将迟迟不能抵达。新教军队要么会彻底吞噬吉斯，要么会将他扫至一边，而吉斯的亨利可能会被困在自己的某一座城池之中，也可能只得灰头土脸地回到法兰西，无论发生哪种情况，失败和受辱恐怕在所难免；运气好的话，他还可能送命或被俘。

神圣同盟的落败将会为国王带来一线生机。那年夏天，在埃坦普和拉沙利特[2]之间的一处地方，他已经暗自调集了一支强大的后备军，据当时的估算，人数可能多达4万。他们中的一部分将用以守卫卢瓦尔河所有能够利用的渡口，剩下的兵力则由埃佩农公爵指挥先头部队，由国王亲自率

---

[1] 帕拉丁伯爵约翰·卡西米尔（Johan Casimir, Count Palatine, 1543—1592），曾经被伊丽莎白一世的大使菲利普·西德尼说服，开始组建神圣罗马帝国内部的新教同盟。
[2] 埃坦普（Etampes）和拉沙利特（La Charité）都在巴黎主城区的南部不远处。

领主力军,随时准备阻拦纳瓦拉国王和德意志人相会。无论到时他的副官们是全军覆没,还是败退后归来会合,只要时机到来,国王仍然有充足的准备夺回舞台的中心,将这场危及自身的暴风雨一扫而空。亨利对胜利胸有成竹,在吉斯落败后,只需要一场胜利,他就将再次成为真正的法国国王。

库特拉之战激起的风云突变虽然超出了亨利的设想,但仍然可以纳入国王的剧本。不过,就在他得到来自库特拉战场的消息之前,北方的事态却严重脱离了预期的轨道。布伊隆和瑞士人果然希望在洛林仵留一段时日,不仅要夺取吉斯家族的城镇,连乡村也要彻底扫荡一番。可是多纳和他的骑兵却一心想要立刻攻入法国。多纳强调,这是自己已经通过霍拉肖·帕拉文奇诺[1]与英格兰女王达成的某种协定。不仅如此,德意志人对于进攻洛林心怀疑虑,因为该地区毕竟仍然是神圣罗马帝国的组成部分。最后一点原因在于,洛林公爵已将境内所有农民都召集到设防的城镇中,这些民众带走了他们所能携带的一切食物和用品,并且对可能被德意志人征用的供给品和草料进行了彻底的破坏。而在法国境内,食物当然要比在洛林丰盛,遇到的顽强抵抗却可能要比这儿少。因此,多纳率领骑兵以及余下的那支行动笨拙、群龙无首的步兵,一路跌跌撞撞进入了法兰西,对洛林人视而不见。吉斯既没有被迫交战,也没有陷入被封锁的境地,而他所处的位置本来是极易被包围的。

为了清除马恩河和塞纳河上渡口的抵抗力量,这些瑞士人和德意志人向南拐了一个大弯,但在经过一番争执后,他们拒绝沿山区高地行军前往卢瓦尔河的源头。他们转而坚持向平原地区进军,一位法国编年史家声称,他们在那儿得到了更丰富的牛肉、鸡肉和鸡蛋,享用了平生从未见过的白净面包和可口美酒。这才是雇佣军喜欢的战争,步调迟缓,行军轻松,物资充足,有广阔的郊野地区可以落脚,有大量目标可供劫掠,却只有很少的仗要打。只有两点令人无法满意。不知是因为夏末的炎热天气,还是由于古怪的食物和烈性的红酒,病号的名单正越来越长。伤病员落在了队伍

---

[1] 霍拉肖·帕拉文奇诺(Horatio Pallavicino,约 1540—1600),英格兰商人、金融家、外交官。

后方，不难理解，被雇佣军激怒的农民很可能会沿途敲碎他们的脑壳儿，所以那一串非军用的货车在装满了沿路抢来的物资后，还要塞进无法行走的军人。另一点不足是，由于选择了平原地区的坦途，而没有遵照纳瓦拉国王的建议走崎岖不平的山路，当这支新教军队接近卢瓦尔河畔时，他们发现堵住前路的乃是法国国王的主力军。随后，埃佩农在一系列指挥有方的小规模战斗中轻松击退了来犯的先头侦察部队，在获知法国国王本人就在前方阵地的消息后，意志消沉的瑞士人对于继续前进断然表示了拒绝。更何况在国王指挥下摆开阵势的敌军，也就是那些传统上为了捍卫法国王权从瑞士天主教地区征募而来的军团，其实是他们的同胞，对于前方展示的瑞士州旗，这些入侵者们曾立誓绝不侵犯。他们还表示，当初应征入伍时曾得到许诺，只需要与吉斯公爵及其洛林亲属作战，而绝不会与法国国王对阵。而且还有一点不得不提，那就是他们已经几个月没有领到薪水了。德意志人也同样如此。每过去一周，这些拖拖拉拉、吵闹不休、毫无纪律的雇佣军就表现得越发不像军人，而越来越像由土匪凑成的一大帮乌合之众。现在看起来，他们似乎就要在相互揭丑中打道回府了。

眼前的一切完全不出亨利三世所料，与他早先的安排简直严丝合缝。但他没有料到的是，直到此时，多纳这支3万多人的部队竟仍然没能解决吉斯手下的区区五六千人。德意志人进入洛林地区后，吉斯始终警惕地围绕着他们沿途随行，他伺机进攻，赢得了一两场小胜，还俘获了一面军旗和若干战俘，可是一旦获得足够在巴黎展示的战利品，他又再次匿迹藏形。德意志人冒冒失失地闯入法兰西后，吉斯始终在与他们的右翼相距约5里格的地方谨慎地尾随，这段距离近到轻骑兵可以保持有效的巡逻，妨碍德意志军队向西劫掠物资，同时又远到足以避免后者突然发动袭击。多纳最终并未对吉斯发动突袭。吉斯的有限力量也远远无法产生足够的威胁，来迫使德意志人改变路线，而且就目前而言，后者下一个战略目标也不是巴黎。只要法国国王还亲自在战场上率领强大的军队，只要进攻路线上还遍布着戒备森严的堡垒，多纳就不敢染指巴黎，亨利三世当然明白这一点。不过，巴黎人又怎么会知晓这些呢？相反，他们每天都会从一百座布道坛上得知吉斯公爵授意通报的信息。据说吉斯正捍卫着这个或那个介于巴黎与入侵者之间的据点。他将一直保护进抵巴黎的各条道路，德意志人想要进入首都的近郊，除非握剑在手的吉斯已经为国捐躯。巴黎的布道者们还添油加醋地描述道，身为理当保卫首都的人，法国国王却悄悄地隐遁在卢瓦尔河的后方，毋庸置疑，此刻的他一定在与异端分子进行密谋。幸亏有英勇的吉斯公爵，否则全体巴黎人都将已然为新教匪徒所戕害。

库特拉的战况及时地传达到德意志人的军营中，从而避免了这支军队的分崩离析。多纳这才得以说服吵吵嚷嚷的部下，率领全军离开卢瓦尔河和国王军，走上另一条通往沙特尔[1]的便捷而开阔的乡间道路。假如多纳还在寻求与纳瓦拉国王会合的话，新的行军方向显然并非上佳选择，其战略价值也不那么明显。但从军需后勤的角度来看，改弦易辙却有利可图。贝奥斯[2]地区以富饶著称。多年以来，这里从无兵燹之灾。让部队暂时就地驻扎是一个很有吸引力的主意，他们可以在这儿等待英格兰人、纳瓦拉国王或其他吉耶纳的王公贵族的钱款到位，又或者，法国国王能够主动开出更好的价码。

10月26日，军容不整的德意志人悠闲地抵达了蒙塔日[3]附近，由于该城有国王的重兵把守，没有人乐于发起一场艰苦的围攻，因此这支军队在几个村子里安顿下来，村子之间相隔3至6英里，全都与蒙塔日保持5英里左右的安全距离。多纳亲自将大本营设在一座名叫维莫里的小村子里，那里处在全军的最右翼。尾随的吉斯公爵马上得知了多纳的行踪，并且决定在天亮前向他发起进攻。

随后发生了什么，我们并不完全清楚。大概吉斯的这支小型军队冒着雨水、趁着暗夜悄悄来到了维莫里，让他们大为吃惊的是，在抵达维莫里第一排屋舍之前，他们没有碰到任何警戒哨。神圣同盟的步兵得以出其不意地冲入村庄的街道，开始火烧房屋，向着出现时仍然睡眼惺忪的德意志人开枪、刺出长枪，痛快地掠夺街道上挤满的货车。显然，这场奇袭完全令敌人措手不及。

---

[1] 在今巴黎西南方向96公里处。
[2] 位于卢瓦尔河与塞纳河之间的平原地带，是有名的法国"粮仓"。
[3] 蒙塔日（Montargis）位于今巴黎南部110公里处，坐落在塞纳河支流卢万河沿岸。

至于局势是如何逆转的,就不那么显而易见了。多纳立刻跨上马鞍,设法聚集了几队骑兵。他率领这部分军队穿过村庄另一头的一条小巷,来到村外的开阔地带,之所以这么做也许是因为村里的街道上挤满了货车,沿街的屋舍又有一半已经着火,因而不利于骑兵的集结。准备完毕后,这些德意志人便拦腰冲向了吉斯的骑兵。遇袭的部队由吉斯的弟弟马耶纳公爵率领。两支同样惊慌失措、阵容散乱的骑兵在夜幕中遭遇,战斗应该不会出自有意的指挥,而更像是一场暴风雨般的混战,想要了解这等战事的细节,人们不应抱有过高的期望,但总体看来,还是德意志人在喧闹的冲杀声中占得了上风。是否在这紧要关头出现了德意志援军,要知道我们从法国人的记载中看到了这一点——但真若如此,施援的德意志人又来自何方?——又或者,是因为吉斯公爵以为多纳的所有骑兵还都被牵制在村里,因此把后来投入战场、与其兄弟交战的多纳误认成了新到的德意志援军?这当然只能诉诸个人的推断了。也许是对自己以6000人进击敌方3万人的大胆决定感到懊悔,吉斯改变了主意。无论如何,他下达了撤军的命令,黎明到来时,他的部队已经在蒙塔日的城门前喧嚷着要求放行了。

双方都宣称赢得了胜利,对于多纳来讲,这是因为他击退了一次突袭,而且对方的兵力要比自己强大得多,在吉斯看来,则是因为他痛击了入侵者的大本营,还带回了俘虏、马匹和其他战利品。真实情况似乎是这样的,单就屯驻维莫里的德意志军队来看,相比于法国人,他们在人数上的确处于劣势,而且没有其他证据能够充分证明战斗期间曾有援军赶到。经此一役,多纳的军队仿佛是一只不经意间被小狗猛咬了一口的大型犬,只是晃了晃身子,便又若无其事地缓缓开赴贝奥斯平原,已经将吉斯公爵抛诸脑后。而在另外一方,吉斯像是认定了多纳会在身后追击他一样,从蒙塔日一路行至蒙特罗-佛特-约讷[1],从此失去了德意志人的行踪。唯一将多纳的说法放在心上的,其实是他手下这帮强硬而愤世嫉俗的雇佣军,他们绝不会认为将军蒙受的奇耻大辱能仅仅因为驱逐了袭击者便被抹去,要知

---

[1] 蒙特罗-佛特-约讷(Montereau-Faut-Yonne),简称蒙特罗,位于约讷河和塞纳河在法国中北部的交汇处,城区被河道分为三部分。

道遭受突袭的可是大本营，而且连将军自己的私人行李都成了吉斯的战利品。吉斯公爵却已经从维莫里得到了想要的胜利果实，足够令巴黎人民陷入狂喜。他夺走了德意志人的一部分货车和更多的战马。他还亲自带来了战俘，那些出了名可怕的德意志骑兵现在正身着黑色铠甲，双手缚于身后，在欣喜若狂的巴黎暴民面前游街。他缴获了多纳的战地帐篷，还有其本人的军旗。更出彩的一点还在于，他缴获了自多纳进入法兰西以来一直随军行进的两头骆驼，那是帕拉丁伯爵约翰·卡西米尔赠给纳瓦拉国王的礼物。这么多战利品足以举办一场小型的罗马凯旋式，自然也足够说服巴黎人民相信布道者们为了取悦他们而编造的故事了，后者声称入侵的德意志人现在已经惨遭屠戮。

在贝奥斯，入侵者们再一次漫不经心地散开队列，各自扎营，部队依旧保持分立的态势。病号现在比先前更多。那年的葡萄佳酿相比往年格外充足，酒劲也格外猛烈，以至于那些还能纵酒狂欢的士兵，已经不剩几个还保持清醒的了。瑞士人重新开始与法国国王谈判，为尽可能多要到几个苏讨价还价，但已经彻底做出了打道回府的决定。至于多纳，由于他再也没能从英格兰的伊丽莎白那里领到额外的钱款，而来自纳瓦拉国王的许诺又是那么模棱两可，因此也做好了回家的准备。他告诉胡格诺信徒，自己将率领这些德意志人往东回到卢瓦尔河的源头地区，他和纳瓦拉国王本来商定好两周前在那里会合，不过双方都没有如约到达。这一次他向自己的军官们保证，除非纳瓦拉国王带着钱和人应约出现，否则他们就将继续东归，穿过勃艮第和弗朗什孔泰，直到返回故乡。可是没有人认为纳瓦拉国王会准时赴约。战役实际上已经结束了。

就在这时，吉斯又一次发起攻势。就像战役的其他参与者一样，他也认识到了战役已然结束的事实。然而再没有什么比这样收场对他更不利的了：战役仿佛伴随着谈判的音调渐弱而落幕，笃信王只凭借自己的绝对威严和亲自现身便平息了这场风暴，入侵者恭顺地在亨利三世面前退却，对于国王饶恕一命、发放回家上路的赏钱感恩戴德。吉斯了解到，多纳眼下正带着一部分士兵驻扎在奥诺，那是一座周遭有城墙环绕的小城，位于沙特尔以东10英里处。不过一支忠于国王的法军还守卫着城内的堡垒，对

弗朗西斯·德雷克爵士，被描绘为世界环游者的形象

（上图）伊丽莎白签署的王家委任状，任命德雷克指挥袭击卡迪斯的舰队（下图）约翰·霍金斯爵士的"查塔姆肖像"（"Chatham Portrait"），他是德雷克的表兄，"胜利"号的指挥官

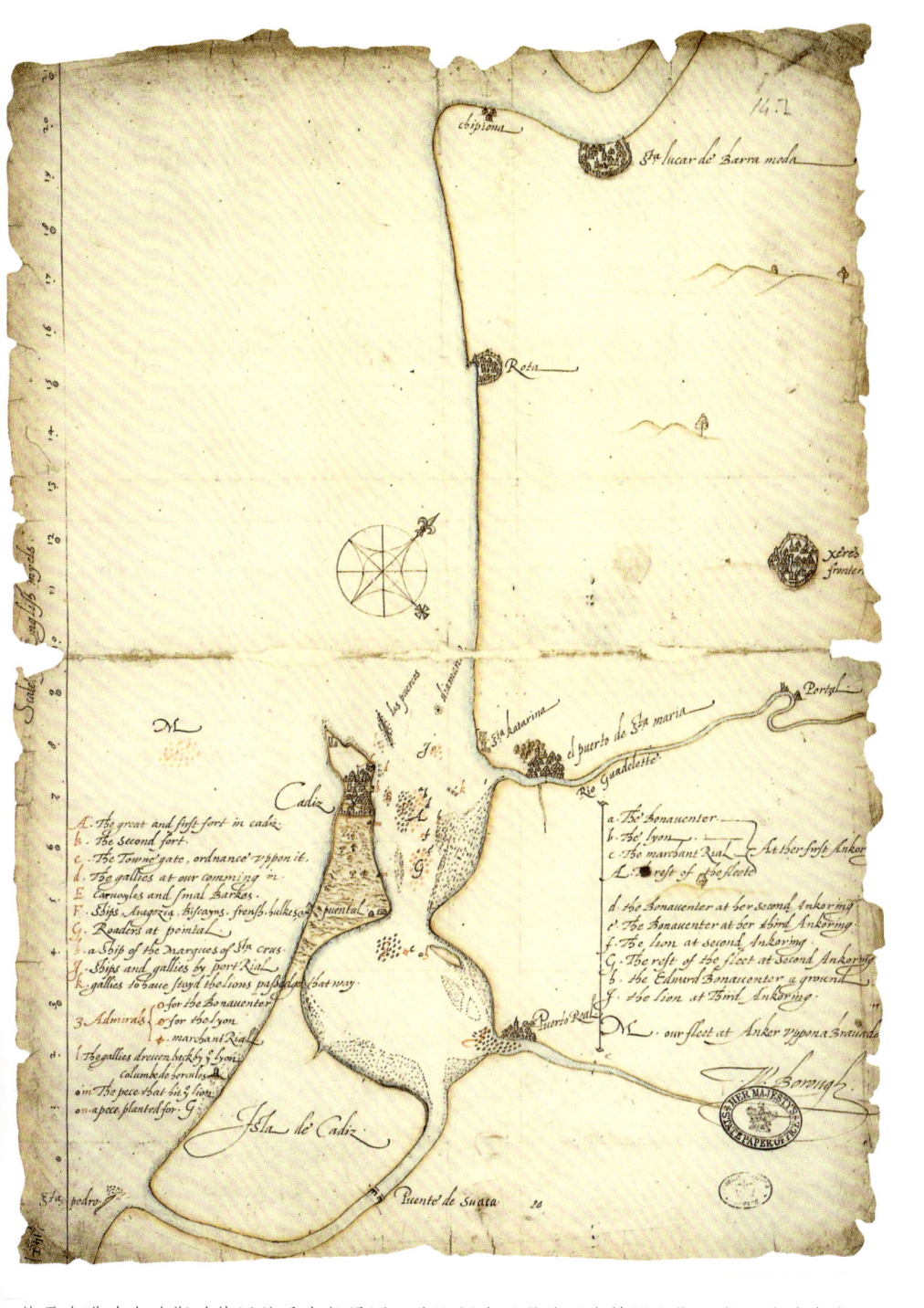

德雷克进攻卡迪斯时使用的兵力部署图，此即闻名于世的"火燎髭须"一役。这次奇袭不仅摧毁了30余艘打算编入无敌舰队的船只，还诱使圣克鲁兹侯爵出海搜捕德雷克，导致舰队起航的日程随之延宕数月之久

（上图）罗伯特·达德利，莱斯特伯爵，1585年后出任驻尼德兰英军的指挥官（下图）当时的一幅版画，对莱斯特离开尼德兰的情景报以嘲谑

（右上图）由罗伯特·亚当斯（Robert Adams）绘制于1585年的弗拉辛地图，此图专为沃尔辛厄姆准备，展示了交由英军戍守的荷兰海军基地（右下图）1590年的奥斯滕德，也由一支英军卫戍部队防卫

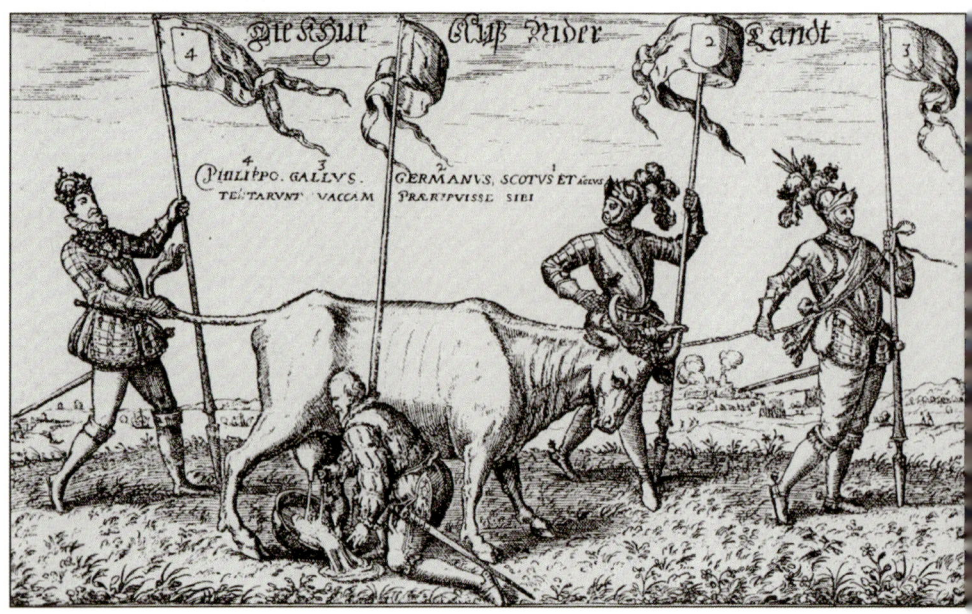

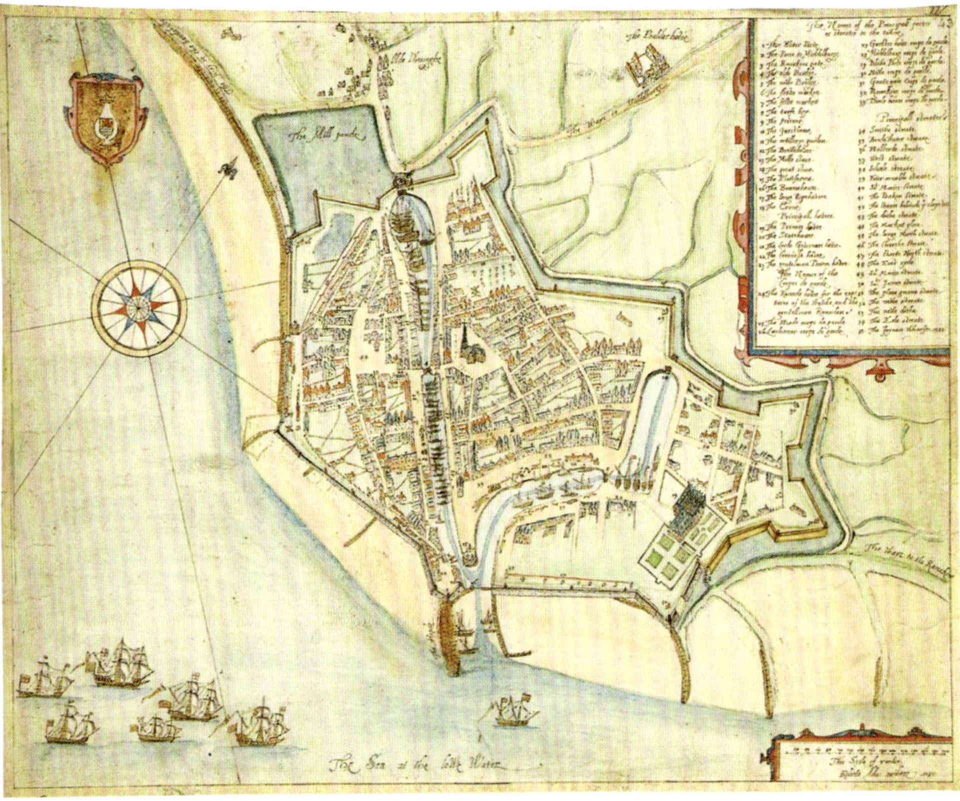
The Mill ponde
The Sea at the lowe Water

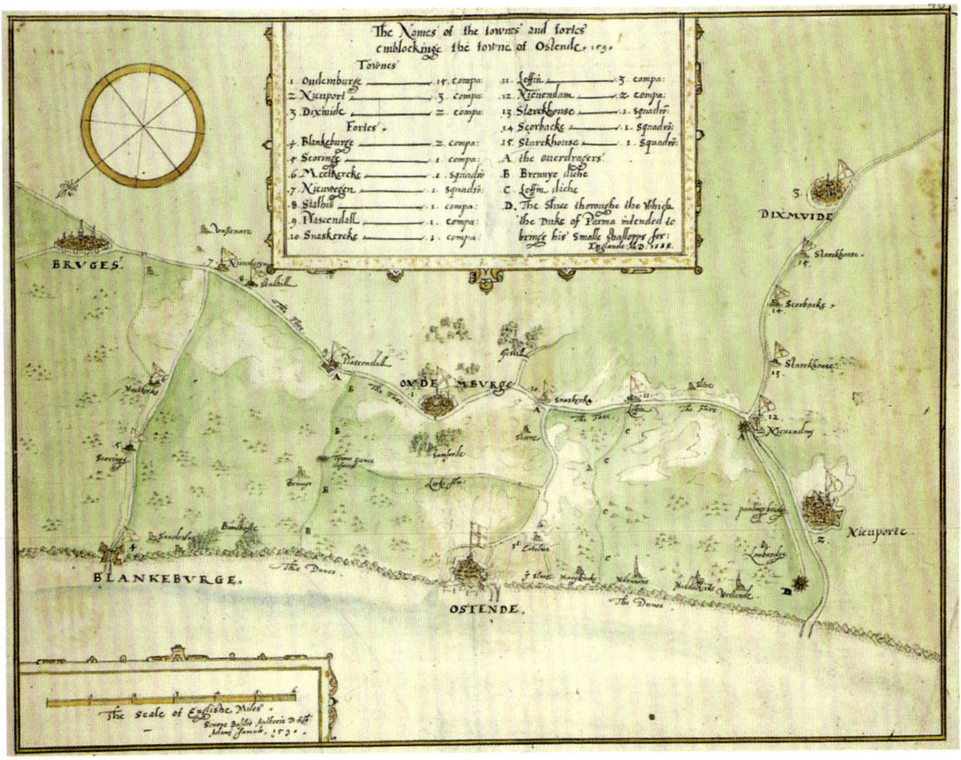
The Names of the townes and fortes
emblockinge the towne of Ostende, 159.
Townes
1 Oudemburge 15. compa:
2 Nieuport 3. compa:
3 Dixmide 2. compa:
Fortes.
4 Blankeburge 2. compa:
5 Scoringe 1. compa:
6 Meetkercke 1. squadrō
7 Nieuwegen 1. squadrō:
8 Stalhil 1. compa:
9 Plascendall 1. compa:
10 Snaskercke 1. compa:
11 Leffin 3. compa:
12 Nieuendam 2. compa:
13 Slerckhouse 1. squadrō:
14 Scorbacke 1. squadrō:
15 Starckhouse 1. squadrō:
A the ouerdragers
B Brennye diche
C Leffin diche
D. The Sluce thoroughe the which the Duke of Parma intended to bringe his Smalle shalloppes for: Englande: MD. 1588.
BRVGES.
DIXMVIDE
OVDEMBVRGE
BLANKEBVRGE.
OSTENDE.
Nieuporte.
The Scale of Englishe Miles.

亚历山大·法尔内塞,帕尔马公爵

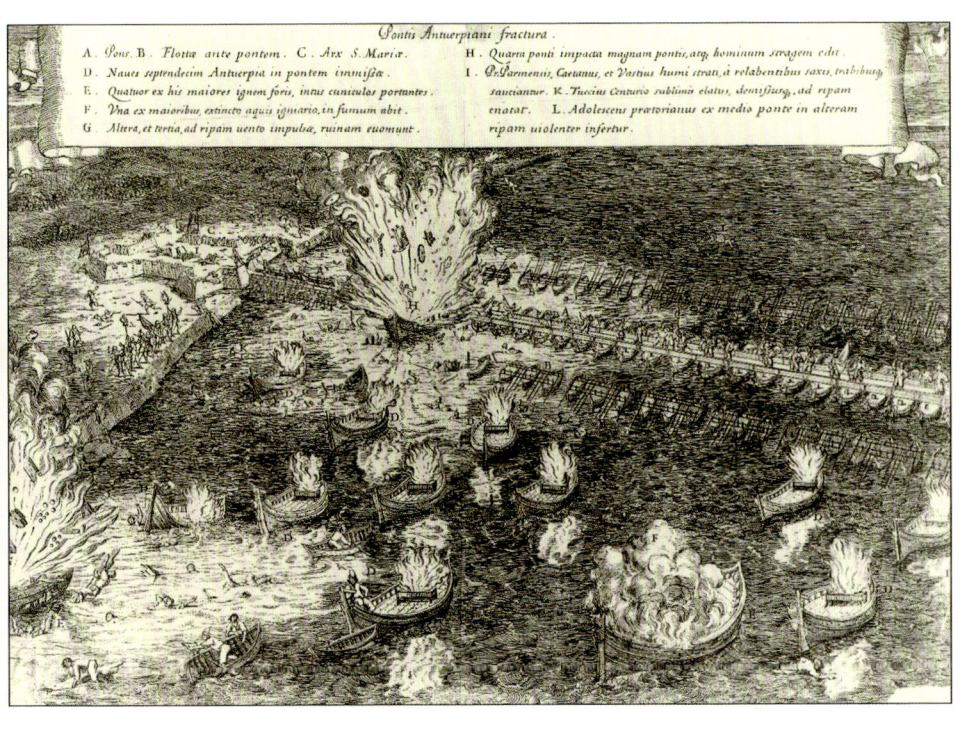

（上图）"安特卫普地狱火炉"，1585年4月5日
（下图）帕尔马的军队围攻斯勒伊斯，1587年6~8月

一幅描述新教教徒和天主教教徒争夺灵魂的寓言画，由阿德里安·范·德·维恩（Adriaen van der Venne）绘制，他因受到宗教迫害被迫从尼德兰出逃

于多纳的劝降，城堡的加斯孔长官报以一通谩骂和射击。到了这个时候，德意志人最感兴趣的不过是得到一片适于酣睡的干燥地面，因而在封锁了通往城堡的街道、退至滑膛枪的射程之外扎营住下后，他们已经心满意足了。不料那位加斯孔长官却被敌人的漠视态度激怒，他给吉斯公爵传话，表示城外的法军可以轻易地从堡垒所在地进入城区。于是，神圣同盟的军队再度趁着夜色踏上了征程。

奇袭又一次令敌人措手不及，而且这一回，谁是胜利者已不再有疑问。多纳男爵侥幸带领少许骑兵杀出一条血路；余下的多数人都困在了城墙之内，与其说那里发生了战斗，毋宁说完成了一场屠杀。又一次，巴黎人民的眼前摆满了缴获的赃物，这一次，狂喜的布道者在巴黎各处布道坛上公布的毙敌人数，与德意志人遭受的屠戮是约略相称的。

多纳试图召集残部重返奥诺，在那儿他们将有很好的机会还以颜色，也打吉斯一个措手不及，孰料德意志人已无心恋战。瑞士人则早已接受了法国国王的议和条款，悄悄分道扬镳了。五天后，埃佩农赶上了德意志军队，随之而来的还有在侧翼盘桓、虎视眈眈的吉斯，看到这幅景象，德意志人只好也接受了瑞士人的命运。国王的谈判条件并不严苛：降军须交出军旗，立誓永远不再拿起武器与法国国王作对，作为交换，国王会保证他们的安全，埃佩农将护送他们离开弗朗什孔泰的边界。之所以要这么做，与其说是怕他们再生事端，不如说是为了保护他们不受吉斯的袭击。

人们可能会怀疑，吉斯在奥诺取得的这场赫赫有名的大捷，是否真的对这场"德意志骑兵之役"的结局产生过影响，战争的进程是否曾因此缩短了哪怕一两天。国王已经与瑞士人达成协议，而失去瑞士人，多纳的德意志骑兵和孔蒂亲王麾下的胡格诺军团不仅没有任何机会击败国王军，甚至连能否安全脱身都会是个问题。在这种情况下，雇佣军也会倾向于接受亨利三世的条件，更何况他们已经连续几个月没有领到薪水了。吉斯对多纳的袭击不仅无助于亨利三世完成他的精巧计划，反倒构成了一次粗暴的干扰。起到同样作用的还有吉斯随后的一系列行动，当德意志军队的残余力量行进至中立的弗朗什孔泰和蒙贝利亚尔[1]时，在这些看似安全的地带，吉斯却继续挥舞屠刀穷追不舍，而他对默姆佩尔加德的劫掠则证明了，在不设防的乡间，神圣同盟的军队可以和德意志人一样野蛮、贪婪，这些举动对于法国并无任何军事价值。

不过，赢得胜利有时却有着军事考量之外的用途。纵使亨利三世向巴黎人如实通报他在战役中的所作所为，如何尽可能避免流血和浪费国帑，以最小代价把强大的外国军队逐出国门云云，都已纯属徒劳。无论国王下令为自己的凯旋安排怎样的赞美颂诗，巴黎人还是将所有的赞美都献给了吉斯公爵。吉斯的画像出现在每一间商店的橱窗上；所有布道坛都在回响对吉斯的礼赞。人们相信他独自击退异端，保全了法兰西。"扫罗杀死千千，大卫杀死万万。"[2] 巴黎人在庆祝胜利时如此唱道。人们甚至找到了一个比"扫罗"更具冒犯意味的称号来指代国王。某个广受欢迎的布道者认为瓦卢瓦的亨利（Henry de Valois）的名字意味深长，其中的字母可以构成一个易序词"恶棍希律王"（Vilain Herodes）[3]，于是在小册子和布道颂词中，那些隐晦的俏皮话和亵渎的涂鸦所暗含的这个影射越来越明显，越发充斥着憎恶和鄙夷的感情色彩。等国王再次准备进入卢浮宫庆祝圣诞时，巴黎大学的博士和硕士们都已明白无误地觉察到，他们对国王亨利三世的威胁和侮辱尽可以免于罪责。他们召开了一次按照法国人的说法只是"大体上"不公开的会议，宣布废黜一位失职的国王乃是合法之举，就如同褫夺一位涉嫌渎职的受托人的资格一般。巴黎的空气中正在隐隐酝酿着革命的味道。

大约就在此时，博纳迪诺·德·门多萨也在为他的主上概述这场战役的结果。"整体来看，"他写道，"尽管纳瓦拉国王取得了胜利……而且埃佩农公爵眼下权势赫奕……但是就陛下的事业来看，这里的事态发展却

---

[1] 蒙贝利亚尔（Mompelgard），法国东部边境城市，靠近瑞士。
[2] 见《旧约·撒母耳记（上）》18∶7。扫罗是以色列犹太人进入王国时期的第一个王，统治早期成功显赫，但在后期变得不能容忍别人的功劳盖过他，因此多次追杀大卫。
[3] 希律王（公元前74—前4年）是罗马帝国在犹太行省的代理王。据《新约·马太福音》记载，当耶稣诞生时，有人说伯利恒降生了一位要作犹太人的王的婴儿，于是他下令将伯利恒及境内所有两岁以下的男孩处死，他因此在基督教传统中有极大的恶名。

再令人愉快不过了。巴黎人是我们任何时候都可以依赖的对象。他们现在比往常更愿意服从吉斯公爵。"当时机来临时,吉斯公爵也会一心一意效忠于他的保护人和赞助者西班牙国王,这一点是门多萨没有必要在信中提及的。

15
不祥的一年

西欧
1587 至 1588 年，仲冬

  在 1587 年行将过去之时，疑虑日益笼罩了西欧的每个角落。这种疑虑事出有因，在某种程度上完全是可以理解的。随着冬天临近，聚集在里斯本的舰队赶在年前起航的可能性正愈来愈低，但另一点也就因而越发确定无疑——舰队会在春天进发，直击英格兰。事实上，尽管腓力还在写信授意他的大使们，要他们对无敌舰队的目的地严加保密，尽管身在巴黎的门多萨仍然谜一般地缄默不言，还暗中调动一切他所能想到的安全和反间谍机构防止走漏风声，尽管帕尔马在努力误导外界的猜测，放风说英格兰这个显而易见的目标只是个幌子，突袭瓦尔赫伦[1]才是西班牙的用意所在，可是腓力的计划其实已经明白无误地显露出了轮廓。里斯本永远云集着各路外国人，即使是最没有经验的观察家也能判断出，如此大规模地调动船只、水手、士兵和火炮，绝不只是为了保护西印度群岛的商业，或是在爱尔兰搅出一点风浪。佛兰德依旧是一处贸易往来的十字路口，她的民众中仍有许多人对于起义者心怀同情。帕尔马既很难摆脱他们密切关注的目光来实施自己的计划，也很难让弗莱芒人相信，开掘长达 5 里格的运河，将斯勒伊斯和尼乌波特彼此相连，只是为了水陆并行进攻瓦尔赫伦。至于他的真实用意，乃是在新运河修造完毕后，让一艘驳船得以经由斯凯尔特河，从安特卫普驶抵敦刻尔克的港口，全程无须冒险进入外海。据帕尔马测算，设若天气保持良好，只需要来年 4 月的一个夜晚，一支黄昏启碇的小型船

---

[1] 瓦尔赫伦（Walcheren）位于泽兰省的斯凯尔特河口处，此时仍是一座岛屿，但今日已经通过填海造陆和人工堤坝与内地连接起来。

队就能从敦刻尔克始发,在天明前抵达北福兰[1]沿岸靠近马尔盖特[2]的地方。

到11月末,计划蓝本已经浮出水面,帕尔马的军队将在一支西班牙舰队的运载和护送之下穿越海峡,而在对方那里,博伊斯和奥登巴弗特、伯利和沃尔辛厄姆都已对此心知肚明,荷兰和英格兰的海军也已做出了针对性的部署。既然如此,在奥格斯堡银行家、威尼斯商人以及巴黎城内酒店中争论不休的闲汉那里,计划就更算不上是秘密了。整个基督教世界都在屏息打量这场竞赛,一方是英格兰,这一道狭窄海峡的传统领主,另一方是巨人西班牙,雄心万丈的新兴帝国,梦想成为诸大洋的主人。

在多数精明的观察家看来,这一次战局颇不明朗。毋庸置疑,英国舰队一如既往地是大西洋上最可怕的战斗力量。来自16世纪的实战经验也显示,想要夺取一块全力防御的土地实属难事。但另一方面,帕尔马有着傲人的战绩,曾经屡次打垮由职业老兵组成的军队。这位指挥官是当时一致公认的最伟大的将军。相反,英国民兵是些经验匮缺的新兵,极有可能出任指挥官的,是那位从未显露任何军事才干的莱斯特伯爵。没有一座英格兰城市拥有真正的现代防御工事,许多人对英国人能否团结一致、坚决抵抗表示怀疑。西班牙的英国流亡者们声称,只要成功登陆,帕尔马将会发现英格兰是一片比荷兰和泽兰更容易征服的土地。而且人尽皆知的是,为了促成帕尔马的登陆,腓力的筹备工作同样举世无双,地中海的全部海上资源都掌握在他的手中。腓力已经把葡萄牙海军编入自己的舰队,要知道葡萄牙人可是大西洋上第二强大的海军力量。他的船长里,颇有一些人是能干老练的水手。最重要的一点事实还在于,长期以来,西班牙一直在腓力的领导下从胜利走向胜利。这是"命运",16世纪的人们这样称呼它,或者"神圣天意",是不可违背的上帝意志。几个世纪以后,他们又在谈论"未来的潮流",或是客观历史合力的胜利,其实无论身在何时,他们的意思都是一样的,那就是成功似乎会预示着另一个成功、失败似乎会预示着另一场失败,因为设想事物一如既往地沿着既定方向运行,总比想象

---

[1] 北福兰(North Foreland),英格兰东南部海岬,属肯特郡。
[2] 马尔盖特(Margate),英格兰东南部沿海城市,也属肯特郡,在北福兰西侧不远。

轨道发生了改变要容易些。威尼斯人一贯审慎，本来就算是土耳其人和异端分子，也不会比他们更加反感西班牙人又一次赢得胜利，然而多半是出于以上原因，就连他们也把赌注适度地押在了入侵的腓力国王一方。

关于西班牙获胜的几率，人们可能有不同的估计，但是倘使西班牙再次获胜，欧洲会迎来怎样的命运，没有人对此存在任何疑问。一旦腓力将英格兰收入囊中，荷兰人剩下的日子也就屈指可数了。掌握了英格兰，也就理所当然地意味着掌握了周边的近海，而失去对沿岸海域的控制，荷兰的抵抗将难以为继，多数人都会承认，在那种局面下坚持抵抗将是彻头彻尾的愚蠢行径。至于四分五裂的法兰西，英国的落败笃定会让已然绝望的胡格诺派的事业面临毁灭，瓦卢瓦王朝的末代君主将无法在国内的拉锯战中继续维持平衡，想要苟延残喘，唯一的选择便是充当西班牙的傀儡，不然就会被后者弃若敝屣。腓力将会收复其族亲在法国丧失的所有领地，经过审慎考虑后，他还将占据某些省份和据点，剩下那块不知还剩几何的土地则可能由吉斯的亨利出任国王。长期以来，西班牙，这个扮演教会爪牙的单一制国家，还有他们永不停歇的十字军的战旗，在整个欧洲投下了长长的暗影。但假如腓力的无敌舰队输掉这一战，欧洲也许会逃脱这团暗影，而这也是从波城、阿姆斯特丹，到海德堡、日内瓦，再到威尼斯乃至罗马的某些乐观主义者们的一致看法。那些悍勇的战士们早已在普利茅斯、弗拉辛或是泰晤士河畔的冬日里急不可耐，他们最渴盼的便是西班牙的舰船早日出现。但是，即使是他们也不敢想象能够轻取胜利。

除此之外，另一团笼罩着来年的愁云，甚至要比这场战争还要神秘叵测，还要令人心悸。早在一个世纪，甚或是好多个世纪之前，人们就认为大灾难即将降临，随着1588年逐渐临近，有关灾难的可怕谣言更是传遍了西欧。这一带有宿命论色彩的预言产生于数字命理学的推导，主要依据是圣约翰所作的《启示录》，又参照《但以理书》第12章的种种线索加以阐明（如果此处可以使用这个字眼的话），并借助《以赛亚书》中一段令人胆寒的章节最后加以补充。在充分研习过该问题的人们看来，我主耶稣诞辰元年以来的全部历史可以确定无疑地分为一系列循环，内部则以10年和7年的倍数为单位，形成复杂的排列组合，每个循环都以某个重要事件作为结束标志,而所有这些循环最终会在 1588 年迎来可怕的终结。菲利普·梅兰希顿[1]注意到,倒数第二场循环结束于 1518 年,以马丁·路德反抗教皇为标志,从这一事件开始,仅剩的最后一个循环将由 10 组 7 年构成,时间总长恰好与巴比伦之囚[2]相当,直至第七封印[3]被打开,敌基督终被推翻,末日审判届时便会降临。狂热的新教徒们多年来备尝磨难,他们从梅兰希顿的预言中得到了严酷的宽慰,长期以来,这一末世论的要旨已经借助德语、荷兰语、法语和英语的歌谣广为人知。

不过,这则预言的产生要比梅兰希顿的年代古老得多。早在 15 世纪中叶,柯尼斯堡的约翰·穆勒,也就是那位被称为雷乔蒙塔努斯、为哥伦布和整整一代航海家提供了天文图表的大数学家,就对此事颇感好奇,他还为此绘制了一幅天象图,时间背景就设定在末日的当年。他发现,那一年会出现一些天文现象,2 月会出现日食,3 月和 8 月则会各出现一次月全食,其中,在首次月全食及随后的一段时期,土星、木星和火星将会在月亮的相位上不祥地连接起来。至于这意味着什么,雷乔蒙塔努斯出于职业应有的谨慎,提笔写下了这样一段令人浮想联翩的拉丁韵文:

Post mille exactos a partu virginis annos

Et post quingentos rursus ab orbe datos

---

[1] 梅兰希顿(Philip Melancthon, 1497—1560)是 16 世纪著名的德国人文主义者和宗教改革家,积极参与了马丁·路德发起的宗教改革,是信义宗的理论奠基人和主要领导者。
[2] 巴比伦之囚是指公元前 7 至公元前 6 世纪,犹太王国在埃及、新巴比伦等周边势力的侵略下亡国,犹太人被迫迁往巴比伦为奴,直到波斯灭新巴比伦王国后,居鲁士大帝才准许犹太人陆续返回耶路撒冷、重建圣殿的著名事件。《列王纪》《历代志》《以斯拉记》《尼希米记》《耶利米书》等圣经篇章记载了该时期的历史过程。据《耶利米书》25:3–12 记载,耶和华因以色列人叛道作恶而"召北方的众族和我仆人巴比伦王尼布尼撒来攻击这地和这地的居民"。并预言"这些国民要服侍巴比伦王七十年",年满以后耶和华自会"刑罚巴比伦王和那国民"。而从公元前 609 年犹太国王约西亚为受耶和华吩咐的埃及军队所杀,国势陵夷开始,经公元前 605 年尼布尼撒即位,于公元前 586 年毁灭耶路撒冷,到公元前 539 年居鲁士率军灭亡新巴比伦,并于公元前 538 年下诏释放犹太人为止,时长恰与预言中的 70 年基本相符,后世遂不断赋予该事件以神秘色彩。
[3] 在《新约》的最后一章《启示录》中,末日的到来被认为将伴随诸多异象,包括七印的揭开。

> Octavagesimus octavus mirabilis annus
> Ingruet et secum tristitia satis trahet.
> Si non hoc anno totus malus occidet orbis,
> Si non in totum terra fretumque ruant,
> Cuncta tamen mundi sursum ibunt atque decrescent
> Imperia et luctus undique grandis erit.

试以俗体今文译之：

> 童贞玛丽感孕圣灵悠悠千载，
> 肖然大地得享寿延又五百年。
> 八秩晋八星移物换赓续其后，
> 良辰难再悲欢相生自今始见。
> 纵然造化怜悯地裂海枯犹有余生，
> 亦必经纬失序纲常解纽举目萧然。
> 彼黍离离，国之将倾，
> 复归混沌，何足一叹。

　　这就是雷乔蒙塔努斯从天象中占卜得出的未来景象，其中最乐观的结果也实在令人难展笑颜。在他身后，敏感而好辩的约翰·斯托弗勒[1]、学识渊博的利奥维提乌斯[2]、博学且兼收并蓄的纪尧姆·博斯特[3]轮番考证了雷乔蒙塔努斯的发现，却只能一次次确认前辈的预言。当最前沿的现代科学和最深奥隐晦的秘学竟然彼此呼应，都精确地认同了这一源自《圣经》的数字命理预言时，除了接受 1588 年正是凶兆之年，一般人还能作何结

---

[1] 约翰·斯托弗勒（Johan Stoffler, 1452—1531），图宾根大学教授，数学家、天文学家、占星家、牧师。
[2] 利奥维提乌斯（Cyprianus Leovitius, 1514—1574），波西米亚天文学家、数学家、占星家。
[3] 纪尧姆·博斯特（Guillaume Postel, 1510—1581），法国语言学家、天文学家、宗教学者、外交家。

论呢？一道被强调的，还有1572年出现在天空中的那颗新星（这是自伯利恒上空出现新星[1]之后，在那永恒而至善的诸天中第一次再度出现这样的征兆），它曾连续17个朔望月在人们眼中闪耀，而后便隐遁不见，从它消失到1588年出现第一次月食将会正好长达两个7年，距离第二次月食发生，则刚好会有170个朔望月外加111天。不需要任何深思，人们就能明白这些天启数字的深邃意义，用不着援引科学、诉诸虔诚，人们已经能判断出，这颗古怪的星之所以出现，是因为它就是预警的传令官。

  关于1588年的预言从欧洲的一端传到了另一端，每个国家都表现出了不同的态度，也做出了各自的阐释。在西班牙，国王将所有这些预卜未来的尝试通通视为徒劳和渎神之举，宗教法庭也将这类预言与千禧年主义、占星术等同视之，加以摈斥。在官方场合，宫廷对于预言的任何流传形式一概无视，就算印刷厂主没有忽视这些预言，他们印刷的年历也和那些轻薄的小册子经常落得的下场一样，没有流传下来。或许，国王的官员在它们的消亡中也立下了一份功劳。

  这是因为当局终究还是无法对所有这些预言一概视若无睹。西班牙各地回响着末世论。在里斯本，舰队中擅自离职的情况愈演愈烈，到12月时已经引起官方的警惕，一名卜命师被逮捕，罪名是"给出错误和消极的预言"。在巴斯克地区的各个港口，征兵工作迟迟落后于进度，"因为谣传这里有许多奇怪和骇人的预兆发生"。马德里收到了许多报告，声称有怪物般的婴孩出生，或是某省出现了令人兴奋的异象。所有这些在腓力二世看来都是出自迷信的无聊废话，的确没有任何记录证明，曾有人尝试说服他相信1588年至少不是一个幸运的年份。但或许是为了臣民的士气考虑，他还是采取了一些行动。在1587年圣诞节过后，一系列布道突然风行起来，旨在驳斥占星术、巫术和任何被认为渎神的预言。某些西班牙人士会认为雷乔蒙塔努斯的说辞令人不安，是再正常不过的事了。"地裂海枯"，对于想要发起水陆两栖进攻的人而言，当然距离他们渴望的环境存在差距，而如果"国之将倾"，那么还有哪个国家会比这世界上最庞大的

---

[1] 耶稣在马厩降生时，伯利恒上空出现了一颗耀眼的新星，事见《新约·马太福音》。

帝国更能清晰地感受到威胁?

在意大利，特别是威尼斯和罗马，这些预言也激起了与在西班牙一样热烈的讨论，只不过关于受到威胁的是哪个帝国，人们还没有形成一致的看法。威廉·艾伦的一名匿名通信人（又或者是帕森斯神父的通信人？）对于这个话题似乎有一些重要的新见解，以至于从蒙塞拉托大道上的这间小房子里向梵蒂冈专门发出了一份经过校订的清稿，以便提请教皇陛下注意。提供信息者写道，在已经坍毁的格拉斯顿伯里[1]修道院的地基中，地面近来正在神秘地隆起，最终一块埋在墓穴之下数个世纪之久的大理石板露出了地表。石板上镌刻着火一般的字母，正是那首以"童贞玛丽感孕圣灵悠悠千载"开头的预言诗。事情已然明了，最初写下这些可怕诗行的绝不可能是哪个德意志人。不管雷乔蒙塔努斯是如何知道这些诗句的，其作者除了梅林[2]，不可能会是其他任何人。或许是梅林的黑魔法，或许是上帝那不可思量的神意，使这些神秘文字在最后的日子里得见天日，由此警告布立吞人，尤瑟王[3]后代的帝国行将毁灭。这则预言格外重要，因为众所周知，梅林还预告了亚瑟王的后代终将重返王位以及其他一些众所周知的事情。来自蒙塞拉托大道的评论并未表明，艾伦主教和他的朋友们对于此事给予了何种程度的重视。这个故事是否曾经真在英格兰流传过，今天也已无法追溯了。不过，与"国之将倾"相反，写信人用意大利语表达了质疑："它并未说明是哪些帝国，有几国。"

哪些帝国将要面临威胁，总共有几国？同样的问题也困扰着神圣罗马帝国的皇帝鲁道夫二世。那个冬天，从赫拉茨金[4]的城堡塔楼里，他的目光时常掠过布拉格城内覆盖冰雪的屋顶，远眺远处的天空，三颗行星正在那里不祥地连为一体。在欧洲，没有哪位君主比鲁道夫二世更加笃信占星术，也没有谁比他更加懂得，想要正确解释星相通常会有多难。他对于星相的解读不亚于职业占星师，只需要很少的时间，他就能辨别出谁在吹牛

---

[1] 格拉斯顿伯里（Glastonbury）是英格兰西南部萨默塞特郡的一座小城。
[2] 古代英国神话中亚瑟王的导师和挚友。
[3] 尤瑟王（Uther Pendragon），神话中亚瑟王的父亲。
[4] 赫拉茨金（Hradschin），布拉格的一个城区，以布拉格城堡（Prague Castle）为中心。

皮，谁又是行家。尽管占星技艺如此娴熟，他却只有在自己的推算与存世的个中高手的推算能够相互印证的情况下才会感到满意。通常情况下，他会供养一两名自认为可靠的占星师，将他们安置在宫廷周边，同时还借助信函和特别信使与远方的同好联系，哪怕他们身处西西里岛的卡塔尼亚，或是丹麦海峡中的赫文岛。当三颗行星在1588年2月日益靠近时，他比往常更加忙碌，以至于腓力二世的大使圣克莱门特的吉伦已经有好几个礼拜没能与皇帝说上话了，威尼斯的常驻使节也听说，从波兰发来的重要信函仍然原封不动地躺在他的办公桌上。

与行家的会谈确认了鲁道夫自己的预感。虽然在鲁道夫所处的世纪里，有许许多多的人暗自对此深信不疑，但在诸天的星相之中，没有任何迹象能够证明地球即将最终毁灭，或是末日审判就要临近。与多数采纳科学的占星师一样，鲁道夫对于这些信念嗤之以鼻，所有源于《圣经》的数字命理学以及诸如此类的迷信之举，在他心中从来值得怀疑。根据星相判断，1588年必将是天气糟糕的一年，毁灭性的洪水和地震可能会在本地爆发，这些当然非同寻常，却也终究不超出自然灾害的范畴。另一方面，人间会发生重大变革，帝国将会衰亡，四方将回响挽歌，这些也是确凿无疑的事实。

哪些帝国将会衰亡，在这个问题上，占星师们与鲁道夫本人一样都没有确定的答案。在波兰，鲁道夫的兄弟马克西米利安正与一位来自瑞典的竞争者争夺王位，而且形势不妙，看来国运将颓，但无论发生什么，也不过是在向来崎岖颠簸的波兰政治道路上增添一些新的烦扰罢了。很难想象那些可怕征兆预示的是这样的小事，它们更有可能是指发生在西方的危机。腓力或者会全取胜利，从而推翻英格兰政府，乃至顺带掌控法国，或者铩羽而归，发现自己一直以来不断膨胀的帝国开始走上下坡路，唯有如此才能解释三星连体的预兆。身为哈布斯堡家族的一员，至少在正式场合，鲁道夫仍然是一名天主教徒，但每当他允许自己思考西班牙的胜利和西班牙人的自负时，又无不为此饱受折磨，他实在很难说清，在西方出现哪一种结局会让自己相对不那么愉悦。因为剩下的那种可能甚至会更加令他不快。虽然这个时代有很多国王自称皇帝，但只有鲁道夫才是真正的皇帝。[1]就像鲁道夫喜欢提醒人们注意的那样，他的高贵源于从未中断的世系，可以上溯至基督通过接受十字架刑承认其权威的罗马皇帝。如此非同寻常的凶兆，最有可能预示的是罗马人民的永恒帝国的命运。帝国当然不会消失。它的建立符合万物之道，因而无从消失。可是如果它继续衰弱下去，便会在凡夫俗子的眼中化为乌有。从这极为鲜明的警报中，鲁道夫当然只可能看到自身业已动摇的权威继续瓦解的可能。被这样的形势所裹挟，鲁道夫为自己定下了一条万全之策，那就是什么也不做，尽量少见旁人，尽量在赫拉茨金静观其变，不去主动干预局势，在时间自行揭示出究竟哪些帝国身处险境之前，做出任何可以避免的决定都将是多余之举。在预言中的时间即将来到的最后几年里，他把赫拉茨金当成了一处避难所，随着源于星相的危险和不确定性日益逼近，他也越发频繁和长久地在此寓居。

相形之下，在煽风点火的巴黎布道者们那里，《圣经》预言和确证该预言的星相征兆的含义是彰明较著的。它们意味着上帝的责罚终于即将来临。恶有恶报，英国的耶洗别将会品尝恶果，低地国家的叛乱者最终会被剪灭。理所当然，难逃惩罚的还有法国的异端分子，哪怕在圣巴托罗缪之夜那一年侥幸漏网逃脱，这一回，他们却必将直面最终的命运。不过比所有这些更加重要的，是推翻暴君中的元凶大憨——"恶棍希律王"。亨利三世的私恶已然昭彰，而唯一更甚于此的，是他对国家的玩忽职守。除了违反自然法则以外，他还背叛了神的律法，自然也就因而触犯了法国的基本法。他不仅置上帝的律令、法国的需要于不顾，拒绝铲除异端，而且事实上竟然在与他们密谋，企图将异端领袖纳为自己的继承人。现在，上帝已经厌倦了他浑身的罪恶。他将尊严扫地，被赶下王位，他身边傅粉施朱的"甜心"和背信弃义的政客们再也不能以国王的名义狐假虎威，他们也

---

[1] 在中世纪，帝国与王国、皇帝和国王有明确的区分，帝国和帝位来自《但以理书》等圣经篇章中的垂训，由于人们相信罗马帝国是末日审判之前世间最后的帝国，后世的帝国和皇帝只能是罗马帝国、罗马皇帝的继承者，这正是查理大帝和奥托大帝去往罗马加冕、建国，以期赓扬古罗马帝国余绪的原因。因此理论上，唯一合法的帝国只有神圣罗马帝国。

将葬身于利刃之下，犬豕将会吮吸他们的血。法国会如约而至地坍塌和重建，这是写在经上的，也是星相预言过的，外省曾出现大量畸形婴孩和可怕异象，更不用说前所未见的大雾、冰霜、冰雹和污浊的空气，所有这些意味着什么，现在都将真相大白。

早在西克斯图斯五世当选教皇后不久，一些行事轻率的托钵僧就曾经大胆地抨击过他的政策，不过他们很快就发现，自己成了加莱桨帆船上的苦役犯。在伊丽莎白时期的英格兰，对于君主出言不逊的毁谤者即使脑袋得以保全，也要付出耳朵作为代价。在西班牙，利用圣经煽动叛乱会立刻招致宗教法庭的密切关注。面对攻击，法国的亨利三世也有以牙还牙的办法。当年岁末，他曾威严地高踞卢浮宫的王座上，身侧簇拥着最高级别的法官，他亲自召见涉案的巴黎大学的神学家和巴黎城中的主要布道者，以言辞诽谤和文字诋毁的罪名公开指控他们对国王本人和王权图谋不轨。那真是一场激烈的口舌挞伐，亨利三世拥有高超的雄辩和王室的威仪，善用无可辩驳的逻辑作为基础，又以辛辣的巧语、真诚的怜悯加以修饰，可谓法堂上的大师。那些令人生畏的法学家则在国王阶下落座，朝着瑟缩一团的教士们怒目圆睁，纵然是他们，大抵也没有一位能够比国王作出更好的讼词。当然，他们中大抵也没有谁会像亨利接下来那样，在行事上如此软弱和愚蠢。以蓄意谋反、淆乱视听的罪名，亨利给煽动叛乱的布道者们定了罪，孰料亨利旋即又释放了这些贰臣，只是警告他们，唯有真心悔改，方能得到国王的赦免，如若再犯，他将责令手下的司法人员依律予以严惩。于是刚走到前厅，教士们就恢复了胆气。他们趾高气扬地踱出卢浮宫，面露哂笑。如果国王对于这样的犯上作乱竟能草草了事，那么他永远都不会动这些人一根毫毛。两个礼拜内，巴黎布道坛上的无耻谰言已经比往日更加猖獗。足够讽刺的是，就某一点来看，胡格诺派的布道者和小册子作家的看法与敌方神圣同盟完全一致。对于共同的主上法王亨利三世，两派都在祈祷他不得善终。

心情比神圣同盟和胡格诺派还要迫切的是荷兰人，人们有理由认为，他们才应该急于从预言中汲取一切有利话语，借以砥砺士气。对他们而言，那一年的冬天格外寒冷。在笨手笨脚地丢失了斯勒伊斯，又做出了在联省议会看来俨然有意破坏同盟、分割荷兰国土的行为后,莱斯特伯爵竟然抛开纷乱的战局,不管不顾地回到了英格兰。荷兰使节立即尾随莱斯特前来,当面向女王表达了不满,伊丽莎白迎面狠狠地斥责了来使,最后倨慢地许诺,只要她能与西班牙达成协议,荷兰一定可以分享和平的果实。来使的回答是,如果英格兰女王为了与西班牙议和而要牺牲荷兰之自由的话,他们将独自战斗到底。年关将至,荷兰人看起来很可能不得不面临独自战斗的局面,此时的情况比莱登围城战[1]结束后的任何时刻都要更糟,联合战线可能一去不返,友邦的支持随时会中断。尽管前途未卜,荷兰和泽兰的海军部还是把一只足够强大的舰队交到了拿骚的贾斯丁手中,这支海上力量不仅能够完成斯凯尔特河口西侧和佛兰德海岸的巡逻任务,还足以抵御帕尔马可能召集的任何舰队,做到了这些,也就同时打消了西班牙突袭英格兰和瓦尔赫伦的可能。至于这些严阵以待的市民们是否曾想到可以利用末世预言鼓舞战友、恫吓敌人,倒是没有留下有关他们意见的直接记录。

阿姆斯特丹印刷的年鉴能在被占领的佛兰德、布拉班特地区和其他自由省份行销,在所有这些地方,也都能像卖给新教徒一样卖给天主教徒,面对即将到来的大灾难,这里有事业心的印刷厂主却没有讨好任何一方,而是极为不偏不倚。他们发现,此时没有必要去刻意强调末日到来时战争爆发、强权毁灭的恐怖情状。他们的读者将会看到足够多描写此类景象的文字。纵然如此,这些预言还是预示了另一些更为罕见的骇人噱头,足可以唬得人们头发倒竖,心甘情愿从口袋里掏钱。因此,阿姆斯特丹人对末日将会引发的自然灾害作了巨细无遗的描述,援引了从雷乔蒙塔努斯到备受尊敬的德文特皇家占星师鲁道夫·格拉夫,再到另一位经常看到非凡异象、敬畏上帝的奇人马斯特里赫特的威尔海姆·德·弗里斯的权威著作,每个人都可以从大大小小的商店里获得这些详述自然灾害的印刷品。它们作出保证,未来将发生狂烈的暴风雨和可怕的洪灾,冰雹和大雪会在盛夏从天而降,正午时分会黑暗笼罩,接着人们还将见证血雨倾盆、怪物诞生,

---

[1] 荷兰独立战争开始后,作为荷兰的重要据点,莱登自1572年5月至1574年10月被西班牙大军包围,但最终顽强地顶住了进攻,莱登现在每年10月3日仍会为此役举办庆典。

大地也将古怪地战栗不已，不过一旦8月终了，一切又将复归平静，相比之下，继之而来的秋天甚至将会比较正常。从留存至今的数量非同小可的1588年年鉴来看，阿姆斯特丹的印刷厂主委实摸准了大众的阅读口味。

假如机会允许，英国的印刷厂主可能也会干一笔漂亮的买卖，无奈他们欠缺这样的良机。今天仍能见到的1588年英国年鉴寥寥无几，而且都在此事上闪烁其词，惹人好奇。沃尔特·格雷在年鉴中的表述具有相当的代表性。他在给出的冬季笼统预测中表示："需要指出，关于这个冬天和随后几季的情况，经过深思熟虑，我有意省略了许多人们妄为揣测的即将发生的怪事。只有全能的上帝方能明晓即将发生的一切，救我们脱离所有灾祸。阿门。"稍后，针对两场月全食，他的评论是："这些怪事（在随后的一年中）也许会产生这般影响……除此之外，我还有意略去了有关可能爆发的地震，以及相伴而至的瘟疫和鼠患导致恐慌滋生的内容。"一般而言，年鉴绝不会如此体量读者的感受，只有一种原因能够迫使印刷商人在真正令人心痒的骇人消息上隐忍不发，与之相比，地震、瘟疫和鼠患也只能算是无足轻重的琐事。这种原因的背后必然伴随着强大的施压，而拥有如此手腕的只可能是枢密院。

这些舆论管控最初是否出自女王本人的一手安排？伊丽莎白在多大程度上相信占星术？对于她在这方面的看法，就像女王的大多数其他信念一样，我们知之甚少。当然，她也曾让迪伊[1]博士为自己占一卦星相，而且在她转而抛弃这一套理论，开始聆听另外一些更为奇怪的理论之前，她的确曾就星相学和地理学的问题咨询过迪伊。同样，在这个问题上，她也询问过一些最出色的谋臣。可以肯定，百姓们凭借直觉便能猜晓的那部分内容，迪伊博士想必早已禀报过伊丽莎白，她一定听说了，比起其他大多数君主，自己的命运将尤其取决于月相，她也不需要其他占星师告诉自己，更为可怖的第二次月食将开始于她所属的星座处女座，而这一天又恰好在她的生日之前12天。[2]在她的王国里，但凡对占星术稍有涉猎的人，都会

---

[1] 迪伊（John Dee, 1527—1608 或 1609），英国数学家、天文学家、占星家、神秘主义哲学家，伊丽莎白一世的宫廷顾问。
[2] 伊丽莎白出生于1533年9月7日。

对三星相连的可怕蕴意心知肚明，用不着书籍出版经销同业公会[1]转达从枢密院那里得到的警告，多数年鉴生产者已经明白了此间的利害，预言君王之死可是叛国大罪，哪怕只是间接的预言。

伊丽莎白自己究竟有多么看重这些问题，我们不甚明了，但我们的确知道，她一贯反对民众议论国家大事，因此尽可能地限制这场有关不祥预言的议论，恐怕是她理所当然会采取的决定。更何况那年冬天，人民的神经已经绷得够紧了。就在12月，一则虚假的谣言传来，说是西班牙舰队已经出现在海峡之中，一些尤为胆怯的居民为此立即从沿海城镇撤退到内陆地区，这让沿海各郡的正副治安官垂头丧气，令女王大为光火。罗马方面早就听说过英国人的种族特性：这些人迷信，总是全神贯注于各种启示和预兆。门多萨的一位英国通信人写信告诉他，一则古老的预言正在东部各郡风传，人们认为将会有头盔上覆着雪的士兵们前来征服英格兰，而且相信这则预言很快就会实现。现实已然如此，有关雷乔蒙塔努斯的诗文的议论自然是越少越好。

当然，想要完全掩盖预言的存在也几无可能。早在一本1576年风靡民间的小册子中，预言的内容就已经被详细讨论过了。在枢密院向书籍出版经销同业公会发出警告之前，霍林谢德[2]的《编年史》（1587）第二版可能已经付梓，它的编者在书中严肃地提及了那一"现今人人传诵"的古老预言，预言声称，奇迹降临的年份正是1588年，届时世界要么会最终瓦解，要么会迎来恐怖的变更。在同一时代保存至今的信函中，频频出现这个预言的诸多不同版本以及对它的暗指，人们忍不住会猜想，也许会有某一首浓缩了雷乔蒙塔努斯原文精髓的英文顺口溜，在当时的每一家酒馆中流传。为此，着意封锁预言传播的枢密院只好被迫再度让它浮出水面。年鉴的制作者被禁止提及预言，但有两部反驳预言的小册子却被网开一面，

---

[1] 书籍出版经销同业公会（Stationers' Company），旧时的伦敦同业公会之一，最初成立于1403年，1557年获得王家特许状，有规范出版行业的官方职能。
[2] 霍林谢德（Raphael Holinshed, 1529—1580），英国编年史家，他的《霍林谢德编年史》(*Holinshed's Chronicles*) 不仅是有关英国历史的重要著作，也是莎士比亚众多戏剧的主要资料来源。

它们的发行甚至可能得到了官方的支持。其中一部由托马斯·泰姆[1]写就，"乃是为驳斥预言中将于1588年发生的危险所做的准备"，全书充满了至为虔诚的劝诫。另一部则被学术论争全副武装了起来，其扉页内容经过缩写后是这样的："1588年灾难预言讲稿，论它们应当在多大程度上被重视和采信……谨以此作结束诸国是否面临严峻威胁之争讼，兼谈当前的1588年是否即吾侪时代的显圣和毁灭之年。乌有医师所作。"它的作者是约翰·哈维[2]博士。约翰是埃德蒙·斯宾塞的导师加布里埃尔的弟弟，也是一位渊博而求知欲旺盛的学者、一系列年鉴的作者，尽管从来不以占星盈利，他还是王国上下最顶尖的占星学家之一。

哈维的行文始于对那篇拉丁韵文的引用和翻译。他将诗句译出了典雅的古典品格，而这正是他的兄长所期许的英诗格调。接着，他针对预言的作者身份抛出疑问，并驳斥预言支持者的观点，指出他们借以立足的占星学论据存在纰漏，在结论部分，他一一列举了历史上的多次行星连接现象，当时都被视作——或是几近被视作——不祥之兆，然而并没有像这次一样引起轩然大波，事实上，最后也都的确没有引发任何值得注意的灾殃。毫无疑问，从学识和精巧构思的角度来衡量，这是一次胜利的反驳，但它现在给人的印象是，就某些方面来看，它似乎在小心翼翼地避重就轻，使人觉得哈维博士好像有意给自己留出了余地，以便在灾难果真降临之时可以自圆其说。尽管哈维表现出乐在其中的样子，可是这样一位大学者竟然主动挑起这场论战，要说全然没有应官方之邀，也是不大可能的。假如真是应邀而来，那么发起邀请的，哪怕是间接授意者，会是女王本人吗？我们又一次需要承认，试图立刻压制一种令人不快的言论，却又授命专人进行驳斥，这样的作风并非与伊丽莎白的一贯做法毫无相似之处。

---

[1] 托马斯·泰姆（Thomas Tymme），英国清教牧师、翻译家、作家，大约卒于1620年。
[2] 约翰·哈维（John Harvey, 1564—1592），英国占星学家、医学家，他的哥哥加布里埃尔·哈维（Gabriel Harvey, 1552/3—1631）也是著名的学者和作家。

16

以宏伟战舰为伴

格林威治和英国近海
1588 年 1 月至 3 月

　　压制一种令人不快的言论，却又授命专人进行驳斥，一手握紧友谊，一手攥牢利刃，可以同时贯彻两条表面上相互抵牾的政策路线，怀着戏剧表演的热情一身分饰两个全然彼此矛盾的人物角色，令至交故友也绝难分清她的举止是出于真诚还是表演，这就是伊丽莎白一世或出于自愿，或出于自认为时局迫不得已而时常玩耍的高级政治游戏。即使现在已经来到了她治下的第三十年，女王的臣民已经熟悉了她的模棱两可，她却仍然在继续施放烟雾，难解实情的除了敌人，还有她身边的陪侍和谋臣。人民这时又一次落入迷局，在那个令人焦虑的冬季，当英格兰正期待与前来突袭的强大无敌舰队交锋之时，许多人却已经因为她的举止而备感困惑。

　　里斯本热火朝天的准备工作和帕尔马大军获得的增援，已然明明白白地吐露了西班牙国王的开战意愿。可是伊丽莎白却将德雷克牢牢束缚在普利茅斯的港口内，又拒绝采纳霍金斯关于封锁西班牙海岸的方针。她口口声声断言，自己现在没有与西班牙交战，也永远不希望与之开战，她想要的只是令国王在尼德兰的臣子不要目无法纪、肆意妄为，整个秋天，女王把她所有的高桅横帆船全都紧锁在船坞中，既没有配备索具，也没有装载物资，舰船的火炮还在伦敦塔中束之高阁，甲板上只有少许负责看守工作的水手。如果圣克鲁兹能在 10 月赶到海峡，帕尔马几乎能够一路畅通无阻地径直奔向伦敦。公爵事后也的确曾经提及这一点。英国的海员和政治家们意识到了这巨大的风险，只能相互悲悼，对于女王的毫无心机和国家的门户洞开痛心疾首。

到了 12 月，在另一份报告的促使下，沃尔辛厄姆又郑重警告他的女主人，圣克鲁兹可能会赶在圣诞节前从里斯本起航，这份报告显然信息有误，但也许腓力确实曾经向西班牙舰队指挥官下达过这样的命令。于是还不到两个星期，英国舰队已经整备完毕，女王的所有船只和充当附属力量的多数武装商船都已配备一定规模的人员和物资，随时可以参战。假如圣克鲁兹遵从了王上的命令，迎接他的将会是一场热烈的欢迎仪式。面对强敌，英格兰显然并不像看起来那样毫无准备。

英方的"接待委员会"刚刚收拾停当，格林威治却又获得了来访将会推迟的消息，这当然令女王的将领们大倒胃口，在他们看来，一支不能投入实战的武装力量可谓百无一用，伊丽莎白也干脆地当即削减了军力。4 艘盖伦帆船——其中最大的一艘是排水量高达 400 吨的"羚羊"号——以及 4 艘轻帆船被派往协助荷兰人巡逻佛兰德海岸，余下的船只则受命停泊在梅德韦[1]和普利茅斯的海港内，只装载了相当于战时一半数量的物资。我们得到了一份曾经交到伯利手中的字迹潦草的部署清单，随附的一页纸上的记录显示，薪酬和食物方面的削减每月为女王节省了 2433 镑 18 先令 4 便士。对于伊丽莎白的预算来说，这是一笔十分值得节省的费用，虽然女王看上去颇为冷漠的态度让将官和谋臣不寒而栗，但是他们这一次并没有把大幅削减军费的决定归咎于女王的吝啬。他们确信，女王已被帕尔马公爵的如簧之舌所蒙骗，在和平的虚假幻象下放松了警惕。

我们有把握认为伊丽莎白的确对和平心存希望，即使时间已经来到 1588 年的春天。怀有如此思量的绝非女王一人，即使战争热情在清教徒内部日益高涨，还是有大量臣民与她怀有同样的期冀，对织物贸易状况的关切则构成了其中的关键因素。早在兰开斯特王朝时期，议会就曾公开宣布"遍及王国各地的织物生产是这块土地上劳苦大众赖以谋生的主要职业"，而在过去的一个多世纪里，这个行当之于英国的重要性还在与日俱增。正常情况下，羊毛织物能够占到英国出口贸易总值的五分之四，每逢出口不景气，织物商人会立刻让纺纱工和织工停工，地主乡绅的羊圈中出

---

[1] 梅德韦（Medway），英格兰东南部海港城市。

产的羊毛也就几乎赚不回本钱。其他任何一种灾难都不会像羊毛织物市场的恶化这样，令如此众多的英国人钱包干瘪，可是近来羊毛织物市场的恶化却偏偏已经到了十分严峻的地步。最先向英国关闭市场的是落入西班牙之手的安特卫普，塞维利亚也继而紧锁大门。拜帕尔马麾下众将和马丁·申克[1]所赐，莱茵河的通航安全已经难以得到保障，而这条航道本是英国织物行销德意志南部城镇的重要商路，非但如此，在西班牙的外交干涉以及汉萨商人的妒忌和排挤下，英国商品在汉堡的销售额也已经大幅缩水。假如还要经历一次类似1587年的糟糕年景，那么即使劫掠一整支西班牙运宝船队也不足以补偿损失。从伦敦的大织物商到科茨沃尔德[2]各家各户的女主人，许多人都乐于见到低地国家的争执早日收场，只要织物贸易能够恢复到战前水平，任何停战条件几乎都是他们乐意接受的。当然我们也不应忘记，同样是织物制造业的从业者，还有一批人会将自己痛苦的根源归于西班牙人，他们倒是的确在比先前更加大声地呼吁开战。

比起同时代的多数君主，伊丽莎白更加关心臣民的经济困境，更加明白王室税收与民间社会的繁荣紧密相关。还有另一些更为直接的原因也促使她时而为钱的问题担忧。尽管荷兰人一直在抱怨她的悭吝，本方军官的不满声音甚至比先前还要刺耳，可是她已经累计往低地国家的战场投入了数万英镑，收效却与将这么多钱一股脑儿扔进流沙庶几无异。这当儿爱尔兰倒是一片安宁，可是爱尔兰从来不是个习惯安宁的地方，与西班牙公开交战必定会在那里引发新的麻烦。上次会议期间，议会夸夸其谈地唱起了向西班牙开战的高调，可是女王对下院议员的脾性一清二楚，虽然他们这时候大声反对罗马天主教势力和西班牙，但是当真要在低地国家和爱尔兰重开战事，并且绕至大洋深处和西班牙海岸诉诸刀兵，仅凭他们愿意支付的那笔钱是不足以应付所需的资费的。

即使自感能够支付开战的费用，伊丽莎白还是愿意规避战争。这样做

---

[1] 马丁·申克（Martin Schenck van Nydeggen, 1543—1589），荷兰将领，独立战争时期的传奇人物，一度曾为西班牙军队服务，后来又转投荷兰共和国。
[2] 科茨沃尔德（Cotswolds），英国西南部著名羊毛产地。

的缘由与约翰·佩罗特[1]爵士相反，女王可不是因为恐惧。伊丽莎白喜欢时不时地吹嘘自己拥有不逊于父亲的勇气。不，她的勇气其实胜过其父。她多次以身家性命为赌注，甘心冒险行事，她的许多政策也是亨利八世不敢贸然实施的。不过她更喜欢在事前周密地计算风险，而令人沮丧的是，战争的结果偏偏难以预估。开启一场战争，意味着主动卷入一场难以自控的洪流，只能在黑暗中任其摆布。与此相反，只要能将局势扳回到和平的轨道上，她就能一如既往地扮演熟悉的角色，继续执掌自己和国家的命运，做二者的女主人。

伊丽莎白依据常识认为，回归和平的道路似乎并不坎坷。别无他法的腓力会接受 11 年前其副手奥地利的堂胡安接受的条款：17 省的古老特权将得到尊重，西班牙会从尼德兰撤军。作为回报，联省议会将重新向它们的世袭领主表示忠诚，并许诺支持天主教信仰。事实上，腓力将不得不做出两项重要让步。他将要摈斥在尼德兰建立中央集权政府的任何打算，放弃任意征税的权力，这是他早就公开表示过的意愿。另外，即使不公开对异端教派采取宽容政策，他至少也要心照不宣地对某些省份的宗教宽容报以默许。因为一旦当地的古老特权得到恢复，西班牙军队如约撤离，而届时地方当局拒绝贯彻迫害政策的话，就算想要强行对该地实施迫害，也根本无从谈起。当然，堂皇示众的门面可以继续保留。官方层面上，正如英格兰只有一种信仰一样，尼德兰也将只有一种信仰存在，那就是罗马天主教。这也符合伊丽莎白一贯赞成的原则：谁统治了一地，谁也就决定了一地的宗教。和约中还有一条关于良心自由的条款，兴许能够稍稍安抚一下固执的荷兰人，到目前为止，他们还从未表现出参与协商的意愿。但另一方面，此等姿态又几乎无甚必要，因为只需稍作深思，他们便会确信，凭借提议中的这些条款，他们能够获得多少良心自由——在这儿也就等同于信仰自由——其实取决于地方当局决定准许的程度。

至于腓力曾经的表态，诸如他宁愿统治一片荒漠，也不愿接管一块遍

---

[1] 约翰·佩罗特（John Perrot, 1528—1592），曾任爱尔兰副总督，传说他是亨利八世的另一名私生子，亦即伊丽莎白的同父兄长，但这一点仍旧存疑。

布异端的土地云云,那只是由于当时的他并没有考虑过第二种选项而已。最近这些年,佛兰德和布拉班特比起荒漠已经好不到哪儿去,如果腓力再以利剑征服荷兰和泽兰,情况只会更加恶化。伊丽莎白很难相信腓力会偏执到选择这样一场毫无益处的胜利。过去的西班牙国王是一个通情达理的人,愿意做出妥协,而不愿逞强无度。如今只需要一点灵活的心思,他就能醒转过来,放弃这场无穷无尽、将会毁灭一切的荷兰战争,到那时,古老的盎格鲁-勃艮第联盟将会恢复[1],这会让他不费吹灰之力便足以消除法国人对尼德兰的入侵威胁。他和她的王国将不需要继续扼紧彼此的喉咙,相反,二者可以再度成为彼此最好的贸易客户。倘若不明利害的荷兰人继续负隅顽抗,英格兰会束手旁观,但是包括伊丽莎白和伯利在内的很多人都相信,等到局势明朗,荷兰和泽兰将难以拒绝如此有利的开价,尤其是当他们看到退出和谈后自己只能孤军奋战的话。

负责和谈的英国专员已经携带嘱托走在了前去奥斯滕德的路上,他们还负责推动其他一些要求的进展、推迟另一些问题的解决。他们希望获得腓力的批准,使英国的船只能够合法出入新大陆的港口,让英国的水手能够自由行走于美洲和西班牙,而不必遭受宗教裁判所的妨害。他们还受命在此前双边承诺的基础上,就葡萄牙王国的统治权等问题故作忸怩。不过这些还大多只是可供转圜的寻常话题而已。只有一件事,一件小事,是伊丽莎白分毫不愿让步的。在起义的联省地区,英国人先前握有一些关键城镇,以此为跳板向起义者输送钱款。在英军从这些城镇撤离之前,必须有一方站出来赔付这笔投入——如果不是荷兰、泽兰的联省议会的话,那就只能是西班牙国王。

女王究竟被帕尔马蒙骗到了何种境地,竟会相信和平的机遇在1588年仍然迟迟未曾消失,这已经超出了我们所知的范围。很久以来,帕尔马

---

[1] 英法百年战争中期,法国贵族分为勃艮第派与阿马尼亚克派。1419年,勃艮第公爵"好人"腓力与英国国王亨利五世建立联盟,许诺帮助亨利五世征服法国。这个联盟一直维持到1435年,勃艮第派与阿马尼亚克派和解,联盟破裂。自1482年至1700年,勃艮第公爵由哈布斯堡家族继承。腓力二世自1556年起继承爵位,称勃艮第的腓力五世,故有此说。

一直致力于让女王认为自己仍在期待和平。至少，直到 1587 年的春天，他真的是在期待和平。没有荷兰的船舶和深水港，帕尔马看不到任何可以成功侵入英格兰的机会，而荷兰和英格兰，他更倾向于一次只面对其中一位敌人。1587 年秋，他已经被腓力告知，进攻英格兰的计划只能向前推进，不容有失，也不得以任何条件与英格兰订立和约。但面对伊丽莎白，依然需要以议和来加以引诱，用无休止的谈判拖延时间，令英国人在战和之间进退失据。

帕尔马的行动完全遵照了腓力的指示。五名英国专员最终从多佛渡海来到奥斯滕德后，仅仅围绕正式会议地点的选择，可能就让双方在预先会谈中浪费了几周的时间，等到会议试探性地确定在布尔堡[1]举行后，就会上应该讨论的内容、会议代表究竟具有多大的效力、能够就哪些议题展开探讨并给出定论，双方又再度纠缠了好几个礼拜。帕尔马这边的外交官们以老练的拖沓作风，成功施展了拖延战术，让年事已高的詹姆斯·克罗夫特[2]爵士备受愚弄，令经验丰富的戴尔博士[3]手足无措，一时间，西班牙人甚至给多疑的德比伯爵[4]造成了某种谈判随时可能取得成功的错觉。英国人不断被西班牙代表即将让步的假象所诱惑，尽管沮丧情绪在荷兰人和英国主战派那里一再蔓延，会议却无休无止没有尽头，直到海峡中传来舰队的炮声。伊丽莎白因此就可以在当时和事后无愧地宣称，她从未关闭和谈的大门，直到最后一刻，她一直在耐心和真诚地付出努力。尽管像沃尔辛厄姆这样的政治家和霍金斯等主战人士都在大声疾呼，英格兰就要因为女王的盲目而走向毁灭，最恰切的路线应该是主动出击，迅速了结这场战争，可是英格兰是否从布尔堡的冗长谈判中蒙受了损失，而西班牙又是否从中获益，其实着实难以明断。

究其实，英格兰可能并不是首要的输家。1587 年 9 月，在与调拨自

---

[1] 布尔堡（Bourbourg），今法国北部近海城市，当时被西班牙控制。
[2] 詹姆斯·克罗夫特（James Croft, 1518—1590），英国政治家，曾历任国会议员、爱尔兰副总督。
[3] 戴尔博士（Dr. Valentine Dale, ? —1589），英国法学家、外交官。
[4] 指第四任德比伯爵亨利·斯坦利（Henry Stanley, Earl of Derby, 1531—1593）。

意大利的强大增援部队会合后，帕尔马部队的军力已经早早达到顶峰。他的弹药和军费第一次如此充足；像这样一支军容壮盛的威武之师，他之前从来没有指挥过，亦将不会再有指挥的机会。假如当时开战，英国舰队能否从主动出击中受益，或许可以存疑，可一旦交火，帕尔马必定高奏凯歌，这一点则确定无疑。当年他曾以更少的兵力和物资轻取安特卫普；相较而言，奥斯滕德恐怕会是一个更易征服的目标。他很可能会彻底拔除佛兰德全境的敌对据点，就连瓦尔赫伦也将逃不出他的掌心。可是此时的帕尔马却有命令在身，只能以虚假的谈判逗弄英国人，在无敌舰队抵达之前，他要避免任何军事行动，以免打草惊蛇。于是他的大军只好在冬季阴冷潮湿的营房里苦挨时日，由于辎重短缺、疫疾传播，到来年7月，他的有效兵力已经从前一年9月时的3万降至1.7万。拥有这样一支规模和开支同样庞大的军队，却闲置了几乎一年，眼看战力白白受损而全然无所作为。难怪随着时日迁延，帕尔马公爵会对进攻英格兰的作战计划日益冷眼旁观。

英格兰并没有放松守备。这个王国已经建立起一套烽火系统，只要西班牙舰队出现在视野中，闪烁的火光就能随时唤醒海岸和内陆各郡。假如人们听从了枢密院的劝告——很明显，这一点确乎如此——那么这套系统已经得到扩充和改善，正随时准备投入使用。一旦看见火光和烽烟，继而听见铿锵的钟声，经过训练的民兵队员就会来到平时聚会的地点碰头，组成相应的连队，在长官的率领下开赴指定的集合地点，在那里，他们将由地方治安官或其副手带队，赶往前线，保家卫国。

还好，这些民兵终究不必与帕尔马的老兵决一死战。话虽如此，他们中间看起来的确存在一些精力充沛的士绅和强健悍勇的自耕农，他们大多数人的武器装备并不像人们有时估计的那么差，对武器的运用也没那么生涩，而且他们当中并非所有人都缺乏实战经验。之所以如此，是因为他们是英格兰借以抵御陆上入侵的部队。在那个焦急等待的冬天，但凡枢密院的命令能够下达的地方，只要地方当局和为了备战而从荷兰战场回国的将官们的努力能够产生实效，每过去一个月，他们的武器就更加精良，训练就越发有效。与此同时，尤其在南部海岸和东部各郡，护城河被重新清理，掘得更深，那些爬满青苔的城墙缺口本来自从博斯沃思战役之后便无人费心关注,而今也迅速得到修缮,远近各座城池的石头幕墙现在堆上了一层泥土,以抵御炮火的轰击,海港市镇也相互比赛,尽可能给它们朝海的炮台配置火炮。至少就陆上的武备来看,1588年4月的英格兰要比上一年秋天准备得更加充分,人们已经在静待可能突然发生的入侵。

最了解此事的英国人却并不相信这场战争会演变成一场陆上交锋。过往的悠悠岁月让英国人普遍持有一种意识:他们被海洋保卫着,同时海洋也是他们需要保卫的家产。百年战争的进程和结果进一步加深了这种意识。亨利八世比其他所有欧洲君主都要更加舍得在战舰上投资,这是建立在一项既定传统之上的。加莱的丢失[1]、与西班牙之间渐渐升温的敌对情绪又进一步巩固了依凭海洋的观念,到了1588年,伊丽莎白已经拥有一支全欧前所未有的强大舰队。它的主战部队包括18艘火力凶猛的盖伦帆船,其中最小的一艘排水量也有300吨,全都采用新式工艺建造和武装,在航速和战力上胜过目前任何一艘可能出现在海上的敌舰。还有7艘盖伦帆船吨位较小,但也都在100吨以上。与之匹配的是数量充足、可以远海作战的各式轻帆船,它们轻盈、快速,便于操纵,在侦察、送信和近岸作业时可以大显身手。

那些担任主力战舰的盖伦帆船是专门为作战而建造的,它们的龙骨与船宽之比要大于商船的传统比例。无论最初是谁发明的这种结构样式(也许是葡萄牙人),到1570年时,它已经是大西洋战舰的标准模板,不过女王的盖伦帆船却有所不同。过去的十年中,她最热心的臣仆约翰·霍金斯一直执掌舰队的建造和修缮工作,而霍金斯的海战理念确乎领先于时代。他想让自己的盖伦帆船形制更长,以便装载更多的火炮,更适于迎风航行。他想要在船体深腰部铺上甲板。驻守这里的水手发现舷墙现在只有齐腰高,自己不再受庇于一堵高于头顶的木墙,可能会有

---

[1] 加莱位于今法国北部,与比利时接壤,与英国隔海相望。1347年,英王爱德华三世经过长时期围攻最终攻克加莱。作为英国与欧洲大陆之间的重要贸易门户,加莱一度被称为"英国王冠上最璀璨的珠宝"。1558年,法王亨利二世命吉斯公爵弗朗索瓦围攻加莱,最终收复,英国至此失去欧洲大陆上最后一个据点。

缺乏掩护、暴露在外的感觉，但多出来的甲板空间可以容纳更多的侧舷炮。相较于接船后的白刃战，他更加信任长重炮轰击的效用，为此他大声疾呼，主张船首和船尾高耸的塔楼应当大幅缩减尺寸，这让一些老派军官抱怨不已，认为拆除塔楼也就损害了舰船的"尊严和威慑力"。如果霍金斯曾经耐下心来给出回复，他也许会解释道，塔楼的上甲板只能搭载较轻的次等火炮和投石器等以杀伤人员为目的的武器，而这种高耸的上部构造却会得不偿失地损害船舶的航行性能，导致船身过度摇晃。当然，无论霍金斯是否作出过如上答复，都无碍于他的方案最终获得实施。在他主事的那些年，女王的所有新式舰船都建成了他欣赏的流线型结构，老式舰船也几乎全都按照这种样式进行了重建。这么做的结果是，一支航速更快、更适宜抢风航行的全新战斗舰队第一次出现在了大洋之上。

与此同时，身兼霍金斯的对手、敌人与合作者多重身份的威廉·温特[1]爵士，也在致力于以新式理念武装这些舰船，其革命意义不亚于霍金斯的方案。新的理念中，着眼于杀伤人员的火炮有所减少，旨在摧毁船体的火炮则相应有所增加。铁炮让位于铜炮，那些短粗宛如桶状的老式火炮，如半加农炮，虽然能发射重达30磅的炮弹，但攻击时既不精确，射程又很短，现在逐渐取代它们的是长重炮或半长重炮，炮管很长，只用于发射18磅或者9磅的炮弹，却有着相对高得多的射击初速，在远达1000码的范围内都有上佳的命中率。我们不能完全确定，截至1587年，究竟有多少英国船只按照温特的规划进行了武装，甚至在此基础上更上一层楼，但是我们可以有把握地说，经过温特和霍金斯的努力，女王获得了一支空前强大的舰队，它有能力在任何天气条件下，在航行和操作性能方面压倒任何敌人，只要进入它们的攻击范围（即半长重炮以9磅重的炮弹平射的杀伤距离），英舰的火力足以占据决定性优势。

为德雷克、霍金斯以及其他人士所抱怨，也为后来的历史学家所诟病的一点在于，伊丽莎白并没有将这支睥睨当世的舰队大胆派往西班牙沿海

---

[1] 即前文德雷克舰队中"宠臣"号战舰的指挥官。

地区，去切断西班牙与西印度群岛间的贸易路线，将腓力的战舰无助地封锁在港口内。相反，女王禁止大部分船只出港，只允许各船保留少量骨干船员，保持二级备战状态，她的这些做法违背了一条英国海军日后在漫长岁月中形成的基本战略原则。或许她的确应当听从德雷克和霍金斯的意见，虽然人们也应记得，二人言之凿凿的主动出击和速胜论在随后付诸实施时，并没有收到期望中的成效。面对这件事，伊丽莎白也许确实没有提出什么合理的意见。但是，由于她长久地统治着一个善于航海的民族，因此清楚地知道，舰船和水手不会因为在大西洋的浩阔海面上渡过一个漫长的冬天而从中受益。假如贸然出击，纵使舰队能在暴风雨或是敌军的攻击中毫发无损，也需要修缮桅樯、填塞漏洞、补充绳索和帆布，此外还必须来一场彻底的船体倾侧试验和内外检修才能再度出海；在长期的远洋航行中，被称为"牢狱热病"或"船热"的致命斑疹伤寒经常会让一半船员丧命，即使没有出现这种情况，船员们由于长期拥挤在污秽的环境中，多数时间只能依靠腌牛肉和鱼干果腹，吃着生了虫的饼干，喝着早已酸臭的啤酒，难免因为糟糕的饮食而健康每况愈下，被疾病耗尽活力。伊丽莎白也许已经把这些危险全部计算在内，也许只是吝于动用这支珍贵的舰队，就像她节约使用自己的钱财一样，无论如何，人们可以怀疑，即使布尔堡会议没有召开，她大抵也不会冒险在这个严冬将舰队派赴西班牙海岸。

得益于她的安排，待在陆地上的船员们因为能吃上新鲜食物而保持了健康，由于一大半人要自己填饱肚子，节省出的这部分库存食物便可以用来准备开春的战役，女王的钱袋也因此压力骤减。她的军官们本已铆足劲儿打算掠夺西班牙商船，甚至要冒着敌方堡垒的炮火对西班牙国王挑衅一番，现在却只能把这股精力投入到船只最后的紧张准备工作中去。在普利茅斯，弗朗西斯·德雷克和他的西部舰队已经跃跃欲试，正望眼欲穿地等待每一位来自伦敦的信使，盼望他们带来希冀已久的出战指令。老迈的威廉·霍金斯时年七十，他是伟大的约翰·霍金斯的兄长、普利茅斯市长，正负责保持舰队的状态。趁着1、2月间的大潮，威廉命人将盖伦帆船拖上海滩，进行船体倾侧维护，白天和晚上分别完成船体一侧的刮擦和涂油，工匠们夜以继日地工作，因此任何一艘船都没有脱离水面超过24小时。

夜间加班意味着需要使用大量火炬和标灯，在狂风大作之下，花销可谓不菲，不过既然老威廉高兴地看到他弟弟的舰船安坐在沙滩上，强劲、坚固、安如磐石，"每一艘船都浑然天成，像是用一整棵树造出来似的"，也就不再为这物有所值的维修工作锱铢必较了。

约翰·霍金斯本人正和海军大臣以及东部舰队待在一起。这支舰队驻扎在梅德韦河上，分布颇为星散，从吉林厄姆河段开始，一路绕过查塔姆的船坞——里面停泊着若干轻帆船，从那里可以看见罗切斯特大桥——而大型船只的停泊地则又远在昆伯勒。趁着同样的大潮，驻扎在这儿的所有船只也经过了倾侧维护、刮擦和涂油，不过这些工作极少得到约翰·霍金斯本人的关注。他终于得以从合同中脱身，依照这份合同，霍金斯修造和重建了女王的海军，而他则得到了将被授予海上指挥权的承诺，不过他毕竟同时担任着司库和海军委员会[1]委员的职务，战前最后时刻的准备工作、账目管理以及其他的文书工作令他目不暇接，根本没有时间专门去操心女王与帕尔马谈判时所做的蠢事。他也无心应对敌人的恶意毁谤，尽管后者正在向他发起攻讦，指控他曾用腐烂的木材建造船舶，以至于多数船只并不适合远海作业。

海军大臣埃芬厄姆的查理·霍华德勋爵也像弗朗西斯·德雷克一样急于出海作战。他已经年逾五十，不过担任海军大臣一职还未满三年，他之所以当选，与其说是因为展现出了适合海战的指挥素质，毋宁说是因为非凡的家族世系，他的家族中已有三人担任过都铎王朝的海军大臣，又或者是因为他是一位热诚的新教信徒，对信仰怀有不容置疑的忠诚。然而，查理·霍华德也并非全然缺乏海上航行的经验，而且他已下定决心要学习指挥的技艺，在任上赢得声望。他曾经大声呼吁打造一支强大的舰队，为此一再为各种流言担保，包括帕尔马的海军将要驶出敦刻尔克，又或是西班牙人即将绕过多佛，改道夺取苏格兰云云，最终他如愿以偿，获准将另外8艘战舰列入编制，他已经开始自娱自乐地率领这支舰队在敦刻尔克到弗

---

[1] 海军委员会（Navy Board），亨利八世创建于1546年的海军行政机构，一直存在至1832年。

拉辛之间的海域上往来巡航。同时,他还不知疲倦地接连登上每一艘停靠在梅德韦河上的船只,踏访甲板上的每一处角落,但凡能够勉强爬入,他都要巨细无遗地进行检查,寻找尚未填补的漏洞、腐烂的木材或其他可以用来证明约翰·霍金斯及其造船工匠草率行事的迹象。他虽然乐此不疲,却总是徒劳而返。

从一开始,查理·霍华德便爱上了这些交给他指挥的船只。"我在上帝面前声明,"他写信对沃尔辛厄姆表示,"若不是为了觐见女王陛下,我宁愿一直以这些宏伟战舰为伴,别的地方一概不去。""除了我,"检查结束后他再次提笔,"没有人敢搭乘她前往拉普拉塔河[1]。"当"伊丽莎白·博纳文图拉"号随后在弗拉辛的入河口意外搁浅时,他和威廉·温特曾经登上甲板,亲眼看见这艘船如何在两次厄于海潮之后,仍旧安然无恙地重新浮上水面,此时的他已经难以抑制胸中的欢快:"从头到尾,没有哪怕一勺水漏进船舱……除非是一艘铁造的船,否则要做到像她这样出色,几乎是不可能的;可以说这世上再没有一艘船比她更加坚不可摧了。"在所有盖伦帆船中,他选中了一艘作为自己的旗舰,他在信中对伯利表示:"我祈求您代我向女王陛下转告,她投入的钱款已经物有所值地用在了'雷利方舟'号[2]上,愚以为此乃世间唯一一艘不受任何环境条件限制的舰船……无论前方是何种帆船,或大或小,相距多远,我们都能追上他们,与对方的水手交谈。"

"雷利方舟"号在霍华德心中赢得了特别的一席之地,不过对于皇家海军的所有其他船只,他也无不饱含爱意,在这方面,连他的下属们也怀有不甘其后的热忱。他的表弟亨利·西摩勋爵负责指挥"伊丽莎白·博纳文图拉"号,也吹嘘道,自己的战舰在与西班牙人鏖战12个钟头后,就像在浅滩里停留了12个钟头一样坚固依旧;即使是威廉·温特爵士,本来他只要愿意就能随时得到女王的合同,从霍金斯手中夺走船舶的承包权,

---

[1] 拉普拉塔河(Río de la Plata),今阿根廷、乌拉圭的界河,南美洲第二大河流,字面本意即"白银之河"。
[2] "雷利方舟"号(Ark Raleigh)原为沃尔特·雷利所有,后为都铎王室购买,编入英国皇家海军,曾在多次海战中充当旗舰,服役期长达半个世纪以上。

他还曾经在议会中炮轰过约翰·霍金斯，指控后者诓骗女王、背叛国家，造出了一堆不能出海的次品，可是在亲眼见到造好的各条船只后，他的心中也只剩下了钦佩之情。"我们这儿的船全如勇士一般，"他写道，"我向您保证，单单只是注视着她们，就能让一个男人打心眼儿里高兴。""这是世界上最好的船。"不止一位船长对于自己的船只给出如此评价，他们都在不约而同地期盼西班牙人即刻出现在眼前的海面上，以便决个胜负。不过，虽然伊丽莎白的"海狗"们在岸上烦躁不安，他们焦急、怀疑、毫无耐心，可一旦与陪伴自己的舰船来到海上，面对迫在眉睫的战事，他们便立刻恢复了冷静和自信。任何人都有可能怀疑胜利能否成真，但他们从不怀疑。

假如上年冬天伊丽莎白纵容他们在西班牙海岸上释放精力，等春天到来，他们还会如现在这般自信吗？我们永远无法知晓答案了。结果证明，春季的战役打响时，全体船员不但满员出战，而且难得地保持了健康，库房中满放的火药和炮弹、食物和酒水，就算无法完全满足日后所需，也都超出了当前预估的需求，至于余下物资的补充或更换，如桅樯、绳索和帆布，又如木料、滑轮与小艇（"所有物资都是这片海域所能出产的精华，尤其是在一年中的这个艰难时刻。"威廉·温特爵士诚恳地写道），凭着远近船坞的供给水准，完全可以轻易满足。当舰队最终赶赴海峡迎战西班牙人时，它基本保持了巅峰的作战效能，而这一点主要应当归功于伊丽莎白的悭吝和审慎，为此她比任何人所认为的都要更加居功至伟。

17
怀着奇迹降临的希望

里斯本
1588年2月9日至4月25日

圣克鲁兹侯爵堂阿尔瓦罗·德·巴赞是西班牙海洋舰队总司令、勒班陀的英雄、特塞拉岛[1]战役的胜利者,此外他还集其他诸多战功于一身,自从入侵英格兰的海战计划初露端倪以来便受命担任海军指挥官,可是1588年2月9日,他却在里斯本撒手人寰。人们随后才意识到,伴随他的离去,西班牙海军的荣耀、西班牙赢得此战的最大希望,都已不复存在。人们说,假如老侯爵还活着,能够亲自指挥海峡上的战斗,也许一切都会有所不同。可他还是死了,在62岁的高龄上,他已经为舰队的筹备工作耗尽了精力,非但如此,王上的严厉斥责也伤了这位臣子的心。这就是自那个时代以来,西班牙的编年史家以及多如牛毛的民间传说、大众臆测一贯咬定的观点。

不过,即使换作霍拉肖·纳尔逊来领导1588年的西班牙无敌舰队,也很难说就会稳操胜券。支持圣克鲁兹鞠躬尽瘁、累死在里斯本的说法的证据主要来自二十余封信件,在信中,老侯爵向国王解释了舰队尚且不能派赴行动的缘由,并且保证这个时刻不久就会到来,然而此说的证据并不充分。在措辞上,国王致侯爵的回函也并不十分尖刻。当然,国王的口吻显得颇不耐烦,就此而言,传言倒是存在几分真实性。那年冬天,腓力的回函的确不无古怪,一贯审慎的西班牙国王与向来莽撞的英国"海狗"似乎互换了角色。国王曾经下笔写过"为了推进如此伟大的进攻英格兰的计

---

[1] 特塞拉岛(Terceira)是亚速尔群岛的组成岛屿之一,1582年夏,堂阿尔瓦罗正是在该岛附近海域率军击败了葡萄牙王位竞争者克拉图的堂安东尼奥。

划,灌铅的脚步将是合宜的",现在却在信里表示:"速度是取胜的关键。事不宜迟!"作为总司令,圣克鲁兹曾经力促王上对首要之敌迎头痛击,曾极力反对愚蠢的拖延和着眼于防御的作战思路,可眼下,他面对的批评却仿佛出于自己早先的口吻。现在轮到圣克鲁兹含糊地抱怨腓力的轻率和愚昧了,在他看来,王上是要将西班牙沿海置于不设防的危险境地,并且急于打一场准备不周的恶战。

这些顾虑并不能打动腓力。早在9月,当圣克鲁兹还在从亚速尔群岛返回的路上时,腓力已经差人送来命令,要求他一旦得到那不勒斯的加莱赛战船和安达卢西亚的运粮船,无论还能筹措多少部队,都要放下一切,率军径直奔赴马尔盖特角和泰晤士河口。兵贵神速,出其不意可以弥补军力上的不足,尽管时节对航海而言不无危险,可是腓力相信,他们的事业符合上帝的旨意,神将庇护他们一路顺风。只是在得知亚速尔群岛之行途中有舰船受损,并且得到了受损盖伦帆船详情的清单后,腓力才勉强同意将行动推迟数周。圣克鲁兹之后获准在港口暂作停留,并赶紧着手集合各处的舰队,由于他的争取,腓力又多次松口,但每次宽限也不过只有区区一周左右。到了12月,腓力再度坚持派出一支舰队,哪怕船只数量不超过35艘,哪怕圣克鲁兹不能亲自指挥,也要即刻北上,协助帕尔马的陆军强渡海峡,圣克鲁兹只好闷闷不乐地许诺会遵命行事。很有可能就是有关此事的消息造成了英军在12月份的突然调动。可以肯定,正是由于英军在海峡内提前展示了强大的军力,最终促使腓力改口,承认仅靠35艘船也许势单力薄了些,圣克鲁兹将得到更为充裕的时间,筹备一支更加强大的海军。不过随后腓力又制定了一个突袭计划,最迟将于2月15日前实施,随着日期临近,他还派出福恩特斯伯爵[1]专程前往里斯本,督促圣克鲁兹按时执行。

腓力变了。他曾经多么迟缓、耐心、谨慎,喜欢标榜"时间是时间,我就是我",那会儿他最喜欢的话是"享受时间的嘉惠""不动如山,时

---

[1] 佩德罗·恩里克斯·德·阿塞维多,福恩特斯伯爵(Pedro Henriquez de Acevedo, count of Fuentes, 1525—1610),西班牙将军、政治家。

机自现",可是现在的他已经被糟糕的紧迫感折磨了将近一年,俨然落入了自感时日无多的绝望状态。在没有搞清楚帕尔马是否准备就绪的情况下,他就命令圣克鲁兹立刻启航;转而,他又授命帕尔马立即渡海,甚至不再等待圣克鲁兹北上。每一次受到阻拦,他都会忧心忡忡、火冒三丈,好像唯一得到他承认的至高者将会因为这拖延而降责于他本人。腓力从来都是虔诚的,但在此之前,他从未认为这类严峻的难题和危险与上帝的意志有关,如今,似乎只要遵循这意志行事,他就能从处理人间事务所需的小心谨慎中解放出来。他从来不是冷酷的自我主义者,也从未追求过不受限制的权力;他从来不曾声称拥有特殊的天命,却向来感到负有特别的责任;但是现在,他笃信自己正沿着上帝为他预设的道路大步向前,一如历史上所有的圣人和世界征服者,满怀信心、坚定不移、盲目轻率。

至于圣克鲁兹,尽管他一再保证,只要再宽限几周,舰队就将昂首出海,可是他的信中的确散发着悲观和气馁的味道,假如国王因此而疑心他在故意拖延的话,这种猜疑也并非不值得原谅。不需要别人向侯爵保证,他完全相信自己在为上帝的事业而战,可是他已经与土耳其人交手过太多次,也因此多次目睹了过于自信的结果。为确保战胜英国人,他提出至少需要调拨 50 艘盖伦帆船。目前他只有 13 艘,而且其中有一艘已经年久腐烂,以至于圣克鲁兹甚至担心这艘船能否顺利出海。他还曾要求得到另外 100 艘大型船只,全部装备重型火炮,此外还需要 40 艘霍尔克船,用来运送食品和货物,外加 6 艘加莱赛战船、40 艘加莱桨帆船,以及 140 艘到 160 艘各类小船。现实与此相反,到 1 月末,除了已有的 13 艘盖伦帆船,他的部队只补充了 4 艘加莱赛战船、六七十艘东补西凑的船只。由于租借或强征,这些船从波罗的海到亚得里亚海的每一片海域仓促赶来,其中的一些要么漏水,要么摇摇晃晃,很多都航速缓慢、行动笨拙,状况最好的一些,如奥昆多的吉普斯夸[1]战船、里卡德的比斯开战船,不仅人员配备不足,而且火炮也不合常理地数量短缺。至于辅助作战的小船,他实际得到的数量几乎还不到预想的一半。

---

[1] 吉普斯夸省(Gipuzkoa),西班牙北部省份,濒临比斯开湾。

虽然如此，这一回圣克鲁兹却感到必须要出海了，他强拖病体，为了加快速度手忙脚乱，货物和火炮被手下想尽办法拖上甲板，为了征调人员，填补船员的减员缺口，里斯本的监狱、医院、停靠在港口的商船，乃至附近的农田，全都被搜查了一遍。忙完这一切，在出海的最后期限已经不足一个礼拜时，这位老人躺在自己的床上咽了气。

腓力二世早已选好了圣克鲁兹的后继者。就在圣克鲁兹的死讯传至马德里的当天，国王便发出了委任状，连带送去的还有三天前就已经拟好的附加指示，新一任海洋舰队总司令诞生了，他就是梅迪纳·西多尼亚公爵兼安达卢西亚总司令堂阿隆索·德·古兹曼·艾布耶诺。

人们认为，上一年卡迪斯之所以能从海盗德雷克的劫掠中被救出来，是由于梅迪纳·西多尼亚公爵率领当地民兵及时弛援。尽管他曾凭借自身的机智和威严确保了安达卢西亚的和平，督导了针对英国、法国和巴巴里海盗[1]的防御工事的建造，加快了服务于里斯本的一系列战事筹备工作的进度，包括征兵、补充物资和调拨船只，总而言之，在司法和行政方面，面对官阶和地位所赋予自己的所有任务，他都能尽职尽责而且行之有效地予以完成，但是到目前为止，解救卡迪斯之围大概也就是他为国王效命最显著的功绩了。如上事实或许对腓力的用人抉择产生过些许影响。不过，更重要的原因可能在于，公爵是一位遐迩皆知的绅士，他温良和蔼，既不暴躁，也没有野心，不大可能会与帕尔马再生嫌隙，他身上没有骄傲、固执和自大的气息，因此更有可能与那些浑身是刺的部下们保持良好的合作关系。除此之外，公爵更为腓力所看重的一点也许是，他的生活（就一位公爵而言）几乎白璧无瑕，堪称虔诚的教会之子。不过，将他扶上权位的最重要的理由其实一目了然，他是古兹曼·艾布耶诺家族的头面人物，这个家族是全卡斯蒂尔最古老、最显赫的世家望族，公爵身上令人目眩的名门光环会让舰队的任何一名军官心平气和地接受他的升迁，而不会自感受辱，或是认为服从于他有损尊严。

从传世的画像和信函中，我们对于梅迪纳·西多尼亚的外表略有所知：

---

[1] 主要由突厥人、摩尔人组成的北非海盗组织。

这位男子有着中等个头，骨架略小，但体型匀称，嘴唇和前额显示出他正若有所思，目光与其说锐利，不如说蕴含着一股忧思。这张脸透露着些微的敏感，兴许缺少英雄气质，但绝非驽钝或乏善可陈，在一幅完成于三年前的画像中，虽然距离他生命中的这场浩劫为时尚远，他的面相却已经明白无误地展现出了一丝忧郁。看上去，他不大像是一位幸运儿。

在一封写给国王的秘书伊迪亚克兹的信中，公爵谈到了近来接受委任一事，我们可以从中清楚洞悉公爵的性格。公爵表示，他几乎无法相信国王有意委任他来承担重任，他甚至乞求国王免除加诸己身的这副重担。

> 我的健康无法胜任这样一次远航，根据有限的海上经验，我知道自己一贯晕船，而且极易感冒。我的家庭背负着90万达克特的债务，因此我无力在为国王效命期间花费哪怕1里亚尔。既然本人对大海和战争全无经验，我不认为自己应当充任如此重要的计划的指挥官。圣克鲁兹侯爵之前所做的一切，他对英格兰情报的掌控，我都一无所知，因此对于自己，我应当给出一份糟糕的评价，我的指挥将是盲目的，我只能依靠他人的建议，自己却无力辨别优劣，而提供建议的人们可能会有意欺罔，甚至希望取代我的位置。那位尊贵的阿德兰塔多[1]卡斯蒂尔的马约尔，远远比我更加适合担任这一职务。他拥有陆、海两军事务的丰富经验，还是一位好基督徒。

那种征服了墨西哥和秘鲁、使西班牙方阵[2]在欧洲各地收获敬仰和恐惧的精神气质，在这封信中当然难觅踪迹，但即或如此，人们也不应该像时而为之的那样轻易讥笑它。信中的个人评价存在一种理智上的坦诚，以及敢于暴露真相的勇气。我们没有理由认为，在梅迪纳·西多尼亚的抗议中存在客套和虚情假意。这不是西班牙贵族在推卸要职，尤其是军事要职

---

[1] 阿德兰塔多（Adelantado）是15至17世纪西班牙授予部分美洲征服者的荣誉称号，被授予者往往对于征服地区拥有行政和司法等方面的管辖权。
[2] 西班牙方阵（tercio），西班牙哈布斯堡王朝时期的步兵组织单位，由多个兵种组成，最高可达3000人。

时的惯用修辞。当国王稍后再度施压,公爵完全顺从地接过职务后,我们同样没有理由对此过度阐释,这唯一能够证明的,不过是公爵对于王室抱有的忠诚和敢于承担职责的勇气。国王兴许认为上帝会弥补公爵的不足、治愈公爵的缺陷,在为国王的想法进行祈祷后,公爵告别了留在桑卢卡[1]的家人,穿过乡野,踏上了前往里斯本的艰苦旅途。

他在里斯本见到了一幅好似被封冻的混乱场景。就在侯爵辞世的前一周左右,筹备工作开始疯狂地加速推进,火炮和物资被慌里慌张地胡乱搬上船来,得到指令的船员们拥挤在甲板上,他们不得返回岸上,而要时刻准备出发。多数船只上都有士兵和水手还没领到津贴和武器,也没有合适的服饰。还有一些船员因为追随了一位不幸或无能的船长,几乎填不饱肚子。一些船装载了太多存货,以致吃水过深,存在安全风险;还有一些则空空如也,漂在水面上。在临近出发、疯狂争抢物资的过程中,每一位船长显然都牢牢攥紧了所能攫夺的一切,额外补充的军械尤其成了香饽饽。有些船搭载的火炮超出了空间的允许;有些却还一门炮都没有。有一艘盖伦帆船得到了若干门编外的崭新铜炮,只好陈放在甲板之间,与随意摆放、混乱不堪的大小木桶相与为伍;另一艘不比轻帆船大多少的比斯开战船得到了一尊巨型半加农炮,几乎将船腰占得满满当当。一部分船只空有火炮,但缺少加农炮弹;另一部分有实心弹,却没有发射的火炮。不过舰队虽然手忙脚乱,却也因此富有生气,可是自从总司令离世,大家却突然不再动弹,好像时间定格了一般。许多老资历的军官自然明白症结所在,但他们之中没有人拥有足够的权威来解决这些问题。

而这就是梅迪纳·西多尼亚面临的第一项工作任务。通过一份措辞决绝的申请,他从国王那里得到许可,在自己过目之前,圣克鲁兹的私人秘书不得搬走前任总司令的任何文件,包括作战计划、情报报告以及舰队的行政档案,等等。秘书先前的意图并没有不合常规之处。所有那些文件理论上与信函一样,都是老侯爵的私人财产。当然,梅迪纳·西多尼亚并没有要求占有它们,国王也不可能支持此举,但新任指挥官至少赢得了充足

---

[1] 桑卢卡(Sanlúcar de Barrameda),位于今西班牙卡迪斯省的西北部。

的时间来检视这些文件，从而获知前任的工作进程。

公爵也在身边罗致了一群不具有正式身份的幕僚。堂迭戈·弗洛雷斯·德·瓦尔德斯是一位才华出众、野心勃勃的军官，公爵在日后的工作中过于信赖的帮手，此时仍然和警卫西印度群岛的盖伦帆船一起待在卡迪斯。不过公爵执意征调来了堂迭戈·德·马尔多纳多和马罗林·德·胡安船长，两位都是经验丰富的海员，名誉甚佳。从指挥长重炮兵的堂阿隆索·德·塞斯佩德斯那里，他借调了一位意大利海军火炮专家。而他手下最能干的三位分队指挥官——佩德罗·德·瓦尔德斯、米格尔·德·奥昆多和胡安·马丁内斯·德·里卡德——则组成了军事会议的核心。无论他这三位左膀右臂后来对公爵有怎样的看法，他们一开始都非常喜欢和尊敬他们的新任指挥官，公爵转过来也对三人的建议重视有加，不仅频频遵从他们的判断，而且在交谈时保持了亲切礼貌的语气，这与惯于咆哮、嘟哝和厉声说话的尖刻的老侯爵大相径庭。从公爵接手的这一刻开始，船员之间的氛围着实要比圣克鲁兹时期和谐多了。

在一位位分队指挥官的陪同下，新任总司令接下来开始视察这只拼凑起来的舰队。很明显，他被看到的景象震惊了，不过在写给国王的信函中，虽然他在需要直言不讳的地方已经足够直率，但通常还是小心翼翼地保持着克制的语调。尽管圣克鲁兹留给了他这么多麻烦，在这些信函中，他并没有对前任使用哪怕一个责备的字眼。也许公爵心里相信，圣克鲁兹在被疾病和忧愁击倒之前已经殚精竭虑，无奈他面对的困局几乎无法化解。里斯本海港的筹备工作之所以沦落到今日的局面，最为难辞其咎的实乃腓力二世。在当时的情况下，尽可能多的海军分队硬生生地聚拢一处，被迫整个冬天随时待命，同时另一些分队又在缓慢加入，每一次入编都只会破坏好不容易准备就绪的舰队体系，导致舰船和人员需要重新安排。英国海军的半解散状态才是更好的应对办法。可是在这一点上，梅迪纳·西多尼亚也像圣克鲁兹一样，完全无力说服已然失去耐心的主上，好在他最终获得了批准，得以让部分船员返回岸上。

接下来的首要工作是重新分配火炮和物资。双管齐下势在必行，哪怕两方面都会不时遭遇令人不快的意外，不过二者比较来看，自从圣克鲁兹和他的船长们开始认真思考眼前要面对的事态开始,所有人心中头等关切的大事还要算是火炮。当时出现了一种传说,据称西班牙人鄙视炮兵,自认为只需要冷兵器就能赢得海战。可能确实有一些纨绔子弟在马德里四处夸夸其谈,悲叹不该把那些邪恶的硝石从无辜大地的腹中挖出来,他们还抗议,要不是因为有了这些邪恶的火炮,上阵杀敌的本应是自己,不过,人们从职业军人那里却从未听闻过此等论调。单船之间的对决——大西洋上的多数战斗以这种方式展开——的确时常以抓钩扣住敌船后登船搏杀分出胜负,地中海上加莱桨帆船之间的混战也经常呈现出这种风格,因此两类战斗形式的结局都取决于,或者说看似取决于面对面的白刃战。然而,任何曾经指挥过远洋战舰的人都不会轻视长重炮的作用。圣克鲁兹尚在时,下属最早发出的抱怨便是他们缺乏足够的长重炮,已有的长重炮规格又不够大,圣克鲁兹将他们的抱怨传达给马德里,并给予强烈支持,老侯爵还进一步提醒道,盖伦帆船理应拥有首先挑选较重火炮的权利。舰队的军事会议也完全理解这一点,他们就经费问题向国王递交了恳请;腓力同样对此表示认同,并终于设法将这笔钱筹措到位。

在百般督促下,马德里的兵工厂承诺将于12月15日前移交36门新铜炮,包括加农炮、半加农炮、长重炮和半长重炮,里斯本的工厂也承诺贡献30门火炮。此外还有从西班牙各港口的外国船只上拆卸下来的60到70门火炮供舰队使用,不过我们有理由猜想,这些炮也许尺寸偏小,多数仍为铁制,炮弹大概只有6磅、4磅乃至2磅。在人们的期待中,更多的大型铜炮将从意大利运抵里斯本,或者经由汉萨同盟的港口从德意志运来。但是火炮铸造是一种难度颇高的工艺。制造一门大型铜炮虽然不像雕刻一尊塑像,比如切利尼[1]的《珀尔修斯》那样,追求技艺的精巧诡谲,但善于此道的能工巧匠却也委实不多,何况这些工匠中还有太多身在英格兰。再加上性能良好的火炮造价极高,尤其是长重炮家族中的长程火炮,为了匹配它们的炮弹的重量,要使用大量火炮专用金属。如此一来,那个

---

[1] 本韦努托·切利尼(Benvenuto Cellini, 1500—1571),文艺复兴时期著名的意大利雕塑家,《珀尔修斯》是他的代表作品。他同时也是一个多才多艺的天才,有自传等文学作品存世。

时代的长重炮、半长重炮一直数量有限，即使现金充足，也没有足够的铸造设备。我们不清楚当圣克鲁兹故去时，里斯本的军械交付情况有多么糟糕，已经在多大程度上落后于进度表，但未能如约交货是一定的，而且这种令人失望的情况还将持续下去。甚至早在目睹圣克鲁兹四处搜求而来的火炮得到合理分配之前，公爵就开始担心其他的问题了。如何得到更多的火炮？如何得到能够炸沉船只的大型火炮？他需要用这些大型火炮取代目前仍在建造的只能对人员造成杀伤的小型火炮，他已经从船长们那里得知，后者在舰队的火炮中占据了过高的比例。毋庸置疑，他的确有所收获，因此当舰队最终在 5 月出海时，相比于 2 月，已经在武器配备上得到了改善。不过同样毋庸置疑的是，所有的收获距离公爵和船长们希望达到的标准还相差甚远。头等船只的火力得到了提升，但这却是建立在其他船只遭到削弱的基础上的，即使在一级战队里，长程火炮的匮缺也仍然是令人担忧的。

到此时为止，舰队的船只数量，尤其是战舰的数量，已经有了显著增长。当梅迪纳·西多尼亚接过指挥权后，腓力最终同意将警卫西印度群岛的盖伦帆船调离常规岗位，一同参与英格兰战事。3 月末，迭戈·弗洛雷斯·德·瓦尔德斯带领这些船驶离卡迪斯，它们中有 8 艘头等盖伦帆船，其中的 7 艘形制接近，按照英国的度量衡，都重达 400 吨左右，比"复仇"号略小，但基本上与女王的"无畏"号战舰大小相仿，第八艘只有以上舰只的一半大，但仍然可以被归入一级战队。

与卡斯蒂尔的盖伦帆船相比，葡萄牙的盖伦帆船就要五花八门得多。葡萄牙的海军实力曾经仅次于英国，有时可能并不居于英国之后，但还在 1580 年王朝告终的许多年前，阿维兹家族[1]的国王们就已经屡次三番地削减了舰队投入。特塞拉岛战役过后，部分舰只一度得到修复和重建，因此当圣克鲁兹前往亚速尔群岛，徒劳地想要追捕德雷克时，他还拿得出 12 艘葡萄牙盖伦帆船，这些就是欧洲海域上所有的葡萄牙盖伦帆船了。然而事实证明，其中几艘的装备状况十分糟糕。一艘船在返航时莫名失踪，另

---

[1] 阿维兹家族（house of Aviz）建立了葡萄牙历史上的第二个王朝阿维兹王朝（1385—1580）。

一艘在遭遇了11月的一场风暴后出现了严重的损坏和漏水迹象,以至于等待她的将是靠岸和毁弃。余下的10艘船情况也不乐观,梅迪纳·西多尼亚在第一次检视时发现好几艘都需要大规模返修,其中一艘形制过小、年头太久,已不适合编入战队,她的船体已严重腐烂,几乎无法扬帆。公爵倾向于在拆下这艘船的重炮后,把她留在港口。

幸运的是,深谋远虑的圣克鲁兹侯爵早就提供了一艘替补的战舰,她的到来使葡萄牙分队的战力大幅超越了原先的水准。按照西班牙的战斗序列,这艘最新式的盖伦帆船被命名为"佛罗伦西亚"号,在整支无敌舰队中,她也许便是最具威力的战舰。圣克鲁兹曾有意让她充任意大利分队"黎凡特"的旗舰,因为她来自腓力那位并不情愿的意大利盟友托斯卡纳大公[1],这艘船的借调并非出于大公的本意,她原为托斯卡纳海军中的一艘盖伦帆船,也是大公珍爱的掌上明珠。

在这世上,大公最不乐意的一件事就是看着她远赴北方的鲸波鳄浪,参加这场西班牙国王发动的十字军远征。"佛罗伦西亚"号是以一种离奇的方式落入圣克鲁兹手中的。安特卫普被围并沦陷、斯凯尔特河遭遇封锁,这两件事引发了许多后果,其中之一是全欧洲香料市场因此陷入混乱。事实上,就算是在荷兰起义爆发期间,安特卫普仍然是欧洲香料批发贸易的一个中心,不过到了1585年,胡椒、丁香、豆蔻和肉桂已经堆满了里斯本的货栈。托斯卡纳大公由此萌发了一个妙极了的念头。佛罗伦萨为何不能成为香料贸易的另一个新的商业中心,他自己又为何不能在这一进程中分沾雨露呢?他随即发出外交问询,并且从英国东印度大楼和葡萄牙议会那里得到了谨慎的欢迎。腓力本人也对大公的想法表示鼓励,双方就价格和支付条款达成一致,买卖几乎就要敲定,于是大公派来了他最出色的新造盖伦帆船,期待她满载香料而归。任何稍差一些的船都无法担此重任,考虑到整船货物将卖出极好的价格,因此需要启用一艘在遭到整支巴巴里海盗舰队追逐时能够顺利甩脱对方的船,于

---

[1] 托斯卡纳(Tuscany)在意大利中部,托斯卡纳大公由佛罗伦萨公爵擢升而来,历代公爵、大公均出自著名的佛罗伦萨美第奇家族,当时的大公即下文提到的弗朗西斯一世。

是，"圣弗朗西斯科"号上路了。

当巴托利船长带着"圣弗朗西斯科"号来到里斯本后，就像大宗商品交易经常会发生的情况那样，进展并不那么顺利。国王的代理商还没有准备好递交香料。在等待商人们讨价还价的时候，他面见了著名的西班牙舰队指挥官，并且高兴地向这位里斯本的长官展示了自己的船，当圣克鲁兹对"圣弗朗西斯科"号难掩至爱之情的时候，他的欣喜甚至又增添了几分。侯爵赞美了该船整齐的裁切线、坚实的船体，尤其对船上配备的52门铜炮欣羡不已，他承认，这艘船搭载的火力超过了自己舰队中的任何一艘。简而言之，他从未见过如此出色的战舰，在他看来，无论是谁指挥这艘船，那一定会是个幸福的人。接下来的几周里，其他西班牙船长也纷纷排着队前来观瞻"圣弗朗西斯科"号。

一周又一周，几个月倏忽流逝，香料依然没能到手，一边打量着西班牙人向"圣弗朗西斯科"号投来的目光，巴托利的心情由欢喜渐而变成了怀疑。他就此事呈递的报告令大公深感警觉，后者决定断了通过香料贸易获利的念头，并命令巴托利船长将"圣弗朗西斯科"号带回利沃纳[1]，她需要立刻归来。在按照惯例申请离境却未获批准后，巴托利船长依照主上的指令，试图暗自拔锚出关，但舰队指挥官的驳船送来了一份简短的文书，巴托利被告知前方的堡垒已经接到命令，若他擅自驶入航道，这艘船将被击沉。那时还是1586年11月，此后的八个月里，想方设法让"圣弗朗西斯科"号离开里斯本成了托斯卡纳驻马德里大使的首要任务。

接着，在追捕德雷克的准备工作就绪后，圣克鲁兹委派加斯帕尔·达·苏萨船长率领一支强大的葡萄牙步兵队登上了"圣弗朗西斯科"号，他捎来了信息，巴托利将要带着这艘战舰与葡萄牙盖伦帆船一道出海，一旦与敌人遭遇，巴托利需要服从达·苏萨的安排。"圣弗朗西斯科"号的亚速尔之行表现出众，只有她完好无损，未曾漏水，没有丢过一根桁桅，可是在给主上的信中，巴托利却既感自豪，又觉悲伤，因为西班牙人放行的可能性现在更加微乎其微了。不过弗朗西斯大公仍然坚持不懈地想要索回心爱

---

[1] 利沃纳（Leghorn），意大利西海岸重要港口。

的宝船，直到本人离世也未曾放弃努力，在她向英国进发时，大公的继承人费迪南德一世仍然还在为此事而奔走。

有了"佛罗伦西亚"号，亦即被西班牙人改了名的"圣弗朗西斯科"号，又获得了警卫西印度群岛的盖伦帆船，梅迪纳·西多尼亚一共拥有了 20 艘盖伦帆船，就算在火力上有所不及，这支海上力量至少在吨位上已经可以与英格兰女王最好的 20 艘船只平起平坐，再加上来自那不勒斯的 4 艘加莱赛战船，还有与卡斯蒂尔盖伦帆船一起行动的 4 艘大型武装商船，这些舰船组成了他的一级战队。组成二级战队的是另外 40 艘武装商船，尽管与英军二级战队中最好的商船相比，它们的武器配备没有那么可怕，但是其中许多艘船在体量上要庞大得多，在双方的所有船只中，只有归女王所有的两艘最大的船只"凯旋"号和"白熊"号在规格上略胜一筹。自从 2 月以来，除了将西印度群岛警卫部队的大部分军力收为己用，梅迪纳·西多尼亚还先后得到一艘顶好的威尼斯卡拉克帆船、一艘同样来自意大利——也许是热那亚——的大船，以及六七艘由比斯开湾各港口提供的商船。他还补充了不少额外的霍尔克船，又将数量充足的其他轻型船只聚拢起来，因此船舶的总数较 2 月时已经翻了一番。到 4 月底，他大约已经拥有 130 艘船，它们在体量上大小不一，但或多或少都已经完成了出海的准备。

除了扩充无敌舰队的船只数量，他还注意通过其他方式增强舰队的战力。有尽可能多的船只经过了斜侧检修和涂油，在用光里斯本和沿岸各地库存的最后一批风干木材后，船体的腐烂部分多数已经得到更换，破损的桅桁也都替换成了优质品。一些盖伦帆船和许多武装商船也新造了高耸的艏楼和艉楼。传统上，有了这样的船楼就意味着一艘商船摇身变为了战船。不过，在西班牙和葡萄牙的盖伦帆船中，至少还有一些船的艏楼和艉楼似乎按惯例在同一水平线上接受过"削甲板"（西班牙语称为 rasa）的改造，也就是说没有凸起的艏楼，只有一个相对较低的艉楼和艉楼甲板。接受过"削甲板"改造的船舶航速更快，抢风而行的能力更强，但就作战而论，多数西班牙将领更青睐高高的船楼，它能够把人员掩蔽在内，从里面发起攻击。一些英军将领同样怀有这样的观点，譬如马丁·弗罗比舍[1]。在梅迪纳·西多尼亚身边，没有像约翰·霍金斯那样的激进改革家能够对他施加影响，因此在他接过无敌舰队的指挥权后，那些本来还未架设高层建筑的船只，也都被里斯本港口的木匠添加了船楼。

由于梅迪纳·西多尼亚争取来的准备时间，以及他对西班牙各行政部门施加的影响，无敌舰队在很多方面都受益匪浅。刚进入3月时，头盔、胸甲、长枪、短枪、滑膛枪和火绳枪储备全都严重不足，可是到4月底，各项供应均已达到计划要求。火药的配额几乎增长了一倍，也许是听取了那位意大利炮兵专家的建议，所有火药都是"滑膛枪的火药"，由精细的颗粒组成。最重要的是，大型火炮所需的加农炮弹得到了更为充足的供应，故而每门炮都能发射50轮次。结果证明，这个数字依然远远不够，但是与圣克鲁兹曾经盼望达到的每门炮发射30轮次相比，显然已有大幅提升。

即使如此，公爵的影响和全力干涉却未能在其他一些方面改善舰队的状况，甚至难以阻止状况继续恶化。许多船只存在的问题过多，已经超出了人力可能矫正的极限。在港口每多待一周，就意味着全体船员要多消耗一周的粮食，为此库存要不断地加以增补。更糟糕的是，肉、鱼和饼干最初存入木桶时，是为了原计划中上年10月的起航而准备的，因此迟至5月开启时，即使是以最宽松的标准衡量，也已经难以食用了。最坏的一点还在于人员的耗损。虽然船上没有爆发真正意义上的瘟疫，但是每过去一周，死亡名单都会加长，再加上士兵和水手们缺衣少食，又领不到薪俸，每个礼拜都有人逃跑。梅迪纳·西多尼亚的确筹措到了更多的经费，逃跑人数在12月达到峰值后，也终于在来年的3月到4月迎来了回落。至少在表面上，被迫丢下犁铧的农民填补了死去兵士的岗位，可是训练有素的海员却实在无法顶替，早在上年11月，圣克鲁兹就已经在抱怨海员的不足了。到了4月，人员缺口变得更加严峻。同样令人不安的还有专业炮兵的稀缺。而大型火炮，尤其是长重炮的不足，则更为舰队上下笼罩了一层

---

[1] 马丁·弗罗比舍（Martin Frobisher, 1539—1594），英国私掠船长、探险家，曾三次前往新大陆寻找西北航道，今天加拿大的弗罗比舍湾即以他的名字命名，后于1588年加入霍华德的英军，在击败西班牙无敌舰队后受封骑士。

阴影。

但无论心中还存有多少疑虑，梅迪纳·西多尼亚明白，他不能再继续对国王的焦躁置若罔闻了，何况在留给他不多的时间里，靠小修小补所能发挥的作用也已十分有限。4月25日，他前往里斯本大教堂，在圣坛上为远征求取了一面受过祝福的旗帜，这宣告了起航之日即将来临，也一并彰显了此番任务的神圣本质。每一位即将追随战旗出海的船员都进行了忏悔，领了圣餐。他们全部在严重警告下立誓绝不渎神，并保证杜绝士兵和水手易犯的其他罪行。所有舰船都一一经过搜查，以确保甲板上没有藏匿女人。现在，总司令正庄严地迈向大教堂，葡萄牙副王、红衣主教阿尔伯特大公代替最虔诚的天主教国王陛下在一旁陪伴。里斯本大主教亲自主持弥撒，祈求上帝为整个计划赐福。旗帜被从圣坛上擎起，由人携带穿过市政广场，来到一处多明我会修道院，公爵本人将旗帜陈放到那里的圣坛之上，以象征他的个人奉献。随后旗帜又被请回，从两列跪地行礼的士兵和水手中间穿过，随行的托钵僧们则向跪地的人们宣读教皇的免罪和特赦，这是最为神圣的一次十字军远征，所有参与者都将荣享恩惠。那面受过祝福的战旗上绘有西班牙的纹章，纹章的一侧是基督在十字架上受苦的图景，另一侧则是圣母玛利亚，下方还用涡卷形花体字书写着一行赞美诗文：Exurge, domine et vindica causam tuam（"升天吧，我主，请捍卫您的伟业"）。

有关这场仪式的记录大多感人至深，但相较而言，有一份报告最为枯燥无味，它来自教皇派赴里斯本的代表，正是通过他的现场见闻，教皇才得以及时获知腓力筹备海军的进展。放眼全欧洲，在关心征服英格兰的计划方面，没人比教皇大人西克斯图斯五世更为急切。从担任教皇的第一年开始，他就在连续催促腓力动手，也是从那时开始，腓力便在不断向他提出借款的要求。然而，对于腓力是否真的计划入侵英格兰，教皇大人自感没有十足的把握。仅仅只是设想的话，他可不愿意借出哪怕一分一毫。另一方面，他曾向奥利瓦雷斯许下皇皇诺言，到西班牙士兵真正登上英格兰土地的那一天，他的回应将不只是借款，他将无偿赠予西班牙国王100万金达克特。但在此之前，即使腓力已经获得准许，可以为筹划本次十字军远征向境内的教士征收特别赋税（反正腓力无论如何都不会放过他们），即使腓力在自觉有必要的时候可以从教皇那里求得任何祝福和赦免，但是他永远无法从教廷的金库里拿走一个索尔多[1]。理所当然地，既然现在西克斯图斯终于能够对腓力的决心报以信任，他当然特别急于了解实现计划的把握究竟能有几分。

为了满足自己的好奇心，他不仅提醒教廷驻马德里大使悉心观察，还向里斯本派来了一位专使，当然后者的表面任务乃是处理教会事务。就在举行授旗仪式的前几天，这位观察员已经向红衣主教蒙塔尔托提交了一份报告，转述了一段启人深省的对话。

专使描述道，他和西班牙舰队中位阶最高、最富有经验的军官之一（是否即胡安·马丁内斯·德·里卡德？）有过一番私人谈话，当时专使鼓足勇气，开门见山地发问："如果在海峡内遇到英国舰队，你们认为自己会赢吗？"

"当然。"西班牙人回答道。

"为什么这么肯定？"

"这很简单。大家都知道，我们是为上帝的事业而战。所以，当我们撞见英国人时，上帝一定会为我们安排好一切，比如让天气变得古怪，或者更可能的是，让英国人的头脑不再灵光，到那时我们会用抓钩扣住他们的船，登上船去。如果我们可以近身肉搏，西班牙人的勇气和钢刀（以及我们船上携带的大批士兵）就能派上用场，胜利将板上钉钉。不过假如上帝没有为我们显现奇迹，考虑到英国人的船比我们的更加快速和方便操纵，拥有更多的长程火炮，而且他们像我们一样了解自己的优势所在，想必英国人绝不会靠近我们，他们只会待在远处，用长重炮把我们轰成碎片，而我们却几乎拿他们毫无办法。所以，"这位船长总结道，脸上泛出一丝狞笑，"我们将怀着奇迹必然降临的希望，向英格兰驶去。"

---

[1] 索尔多（soldo），中世纪意大利银币。

18
街垒日 I

巴黎
1588 年 5 月 12 日及早先时候

　　5 月 12 日是一个周四,那天早上 5 点钟,从位于普列大街拐角处的卧室里,堂博纳迪诺·德·门多萨听见了沉重的脚步声,原来许多士兵正行经圣奥诺雷大街[1]。即使仍然睡眼惺忪,西班牙大使也绝对不可能认错这些粗壮的军人。他们是国王的瑞士兵团,刚从拉尼[2]征调而来,士兵们穿着填充过的紧身上衣和宽大马裤,看起来更加高大。他们几乎布满了整条圣奥诺雷大街,行军的样子俨如踏入了一座被征服的城市,队伍军旗招展,步兵们手执枪戟,火绳枪手和滑膛枪手引而不发。在其身后,法兰西警卫队[3]正穿过圣奥诺雷门而来,在初升朝阳的映照下,他们的面甲、长枪枪尖、金色饰带和火枪枪筒处处熠熠生辉。门多萨注视着这列纵队,目送他们穿过一条条狭窄的街道,这些街道或通向卢浮宫,或向左倾斜,通向圣婴公墓。伴随着行军,20 面军鼓的轰鸣好似雷霆,又有同样数量的横笛正尖利地啸叫。从圣奥诺雷门方向传来的军乐还带着挑衅的节奏。

　　看起来,法国国王正在进行最后的尝试,希冀主宰自己的都城。门多萨对此并不十分惊讶。有关此事的谣言从昨天起便不绝于耳,一些特别行动已经在晚上展开,巴士底和夏特莱的卫戍兵力得到加强,市政厅门口迎来送往,从立场更可靠的街区调来的民兵开始集合,在一些忠诚的巴黎官

---

[1] 圣奥诺雷大街(Rue Saint-Honoré),塞纳河右岸的一条东西向街道,位于卢浮宫北侧。
[2] 拉尼(Lagny),在今巴黎东郊的拉尼叙尔马恩(Lagny-sur-Marne)。
[3] 法兰西警卫队(French Guard)是由亨利三世的兄长查理九世在 1563 年创建的王家步兵团,驻扎在巴黎,日后在法国大革命中起到了关键作用。

员的带领下，夜间的巡逻也在持续进行，主要的广场、城门和桥梁都在查访的范围之内，显然，一些非同寻常的事端正在酝酿。

如果门多萨没有大感惊讶的话，他至少产生了一丝不安。正在浮出水面的这场政变已然筹备了超过三年的时间。假如把政变比作开矿，那么炸开矿井的时机已经完美设定，在西班牙入侵英格兰的前夜，法国王室将会一如帕尔马所要求的那样陷入瘫痪，这还只是计划的最低目标，更美妙的结局可能是法国将被毁灭，由此落入西班牙国王的掌心。过去的两周里，神圣同盟设在巴黎的秘密革命组织"十六人委员会"开始公开亮出底牌，这是前所未有的事情。这一天的到来已经不可避免。虽然伴随着很高的风险，但神圣同盟领袖吉斯的亨利及其手下的大小首领和将领现在必须要待在巴黎。巴黎的神圣同盟成员从没妄想过未经一战便夺得权柄，他们早就预料到，国王可能会在受到刺激后轻率地诉诸暴力，那将会点燃一场人民暴动。但是招摇过市、公然经过圣奥诺雷大街的大批瑞士纵队，在明白地预示了一定会有暴力行为发生的同时，却丝毫也不意味着会做出轻率的举动。看上去，为了抢先一步摧毁预谋推翻自己的政变，国王正怀着出人意料的勇气和决心，试图发动另一场政变。除非门多萨的盟友们懂得如何自我防护，否则入夜前，那些知名人士的脑袋，还有众多平民悬垂的尸体，就将成为卢浮宫墙垛上的装饰品。

过去三天的事态发展太过蹊跷，为此门多萨完全有理由感到焦虑。5月9日星期一中午，吉斯的亨利进入巴黎，并且按照预先的安排"凑巧"在圣马丁大街被一帮巴黎居民辨认出来，直到此时，一切都还在按照既定计划进行。如果门多萨的信息准确，吉斯公爵策马穿过圣马丁门时，无敌舰队本应该正驶过加斯凯斯[1]——如果风向正常，一切都将确乎照此进行，顶多只会有一到两天的误差。多亏门多萨，公爵才得以奇迹般地在一个完美的时间入城，长期以来，西班牙大使正是以这样的风格领导了复杂的筹备工作，不仅展示出尽善尽美的技艺，而且几乎从未走漏半点风声。

如果说直到1588年5月，还极少有人觉察到门多萨与神圣同盟中以

---

[1] 加斯凯斯（Cascaes），里斯本西侧的海港城市，面朝大西洋。

吉斯为首的地方贵族过从甚密的话，对于他和巴黎城内的神圣同盟成员，尤其是暗中担任首领的"十六人委员会"之间的联络，就更少有人知晓了。精明的卡夫利亚纳医生是凯瑟琳·德·美第奇王太后的私人御医，他曾利用其特殊身份向托斯卡纳大公提供政治情报，据他揣测，幕后定调之人，早在最初的几个音符入耳之前就已经自信地为整件事定下基调的人，必是出钱之人，后来巴黎城乱象丛生时，卡夫利亚纳更随意地称呼门多萨为"那个编舞和领舞的人"。但卡夫利亚纳也仍然只是在猜测罢了，即使他是门多萨最亲近的朋友之一。尼古拉·普兰是国王安插到"十六人委员会"中的间谍，他对门多萨与造反者相与往还的了解，也许要比他和他的主上有意披露的丰富得多；无疑，他掌握的情报已经足够核实亨利三世的正式指控，能够证明门多萨曾给予叛乱分子资助和支持，理应被合法驱逐，但纵使是普兰也似乎全然不晓得，为了将武器秘密运往巴黎各地，藏入吉斯公馆、运至对同盟友好的修道院以及良善的天主教徒的家里，西班牙大使在多大程度上提供了行动的资金。就算到了今天，有关门多萨与"十六人委员会"的具体联络方式，谜底也还远远没能完全揭开。他是一位如此老练的密谋者，明白并不需要就密谋的内容留下多余的冗笔，连给国王的信息也是如此。

据我们今日所知，密谋颠覆者于1585年1月开始成立组织，那时距离门多萨来到巴黎不过三个月的时间，他刚刚了解到腓力国王与洛林家族的亲王们达成了一致，双方将在茹安维尔签订秘密协议。西班牙会允诺提供资金，帮助神圣同盟的贵族成员恢复元气，签署这份协议也正是门多萨被派往巴黎的起因。不过到了最后，门多萨却一直待在巴黎，将谈判事宜留给他人去做。根据人们的推测，之所以如此，当然并非是因为他更喜欢巴黎阴谋集团内的社交氛围。所谓的秘密组织"十六人委员会"中不但没有亲王、贵族，也没有士绅，甚至没有来自最上流社交圈子的市民。里面只有几位小职员、两三位律师、一位神父、一位司法文书的递送员、一位拍卖商、一位锡匠、一位屠夫，以及其他身份与此相似的成员。但是他们精力充沛、头脑聪敏，怀揣强烈的党派热情，憎恶任何革新，仇视一切异见，再加上个人野心，一并赋予他们以某种典型特征，人们从那时起就开始把这类人认作典型的"极端右翼分子"。门多萨却适时地将他们视为西班牙在法国最有价值的盟友,而最后他们自然也将门多萨认作自己的领袖。

甚至早在 1585 年,他们极具实用价值这一点就已经显而易见。无论他们心中究竟作何感想,他们却在向愚蠢的邻居们渲染恐怖气氛,使之相信,所有良善的天主教徒只有武装起来,才能躲过胡格诺派的屠刀,而国王早就被如埃佩农之流的卑劣宠臣迷惑了心窍,已经与胡格诺派秘密结盟。他们彼此印证,还与各省的参与者书信通告,自命怀着正义的动机,要尽一切办法挣脱这位异端国王的重轭。在吉斯和纳瓦拉之间,他们一心拥戴前者,他们中的多数人甚至不愿多等一刻,即使最后一位瓦卢瓦君主寿终正寝后,权柄自然会交诸吉斯。他们心知肚明,自己一手创建的这支准军事力量将来正是要为夺取巴黎服务的。对于他们所做的一切,门多萨则给予了发自内心的认可。

当然,现如今门多萨可能是通过吉斯公爵在巴黎的联络人曼维尔与"十六人委员会"保持联系,不过有些时候,曼维尔对巴黎委员会的了解似乎要拜托门多萨进行转告。门多萨或许还有另一条获知密谋颠覆者情况的消息渠道,那就是吉斯兄弟的同胞至亲蒙庞西耶女公爵[1],几乎在抵达巴黎的第一天,他就去拜访了女公爵,不久后便成了蒙庞西耶宅邸的常客。在巴黎的各个布道坛上,所有最激进的演说家的幕后赞助人都是这位不知疲倦的女政治家。女公爵在紧身褡上佩戴了一把金剪刀,这是"为了亨利兄弟的削发仪式",她喜欢夸赞手下的扈从,认为对于神圣同盟而言,自己这支由本堂神父、修士、托钵僧组成的扈从队伍要比任何军队更加管用,她还必然尽可能深入地参与了"十六人委员会"的商谈,直至影响委员会的决策。除此之外,门多萨也许还可以通过耶稣会联络上"十六人委员会"。他的忏悔神父就是一名耶稣会士,他自己还曾与克劳德·马修神父在不止一份差事上并肩协作,马修正是耶稣会在法国的负责人。法国的耶稣会士

---

[1] 时任蒙庞西耶(Montpensier)女公爵的便是吉斯的凯瑟琳(Catherine of Guise, 1552—1596),吉斯家这一代的前四个孩子由长至幼分别为吉斯公爵亨利一世、凯瑟琳、马耶讷公爵查理和红衣主教路易二世。

几乎全是神圣同盟的热心支持者，他们深受神圣同盟成员的欢迎。我们还了解到，从一开始，"十六人委员会"最频繁的会面场所就是一名西班牙人开的酒馆，店主名叫桑切斯，据说曾在尼德兰服役，效命于阿尔瓦麾下，如今为门多萨捎信和跑腿。最后，虽然我们没有证据，但最有可能的是，门多萨在和"十六人委员会"打交道时，或者至少与其中的核心五人保持联系时，是直接和密切的，根本不需要其他人居间中介。事情一定是这样的，因为当他后来公开加入"十六人委员会"时，他们将他视为可依赖的老友和合作者，报以热烈欢迎。在新岗位上履职未满六个月时，他就在给腓力的信中非常自信地报告，"巴黎"近来有何想法，在每一次政治危机中，"巴黎"又将作何打算，等等，而只要涉及神圣同盟成员，报道内容就会极为精确。

我们不清楚门多萨具体为"十六人委员会"复杂的军事计划提出了多少建议，在他们的行动中，这些军事计划从一开始就是一个重要组成部分。委员会每个人分别担任巴黎 16 个"街区"的武装头目，其中的五位主要密谋者还一身二役，兼任城内 5 个正式行政区[1]的"纵队指挥官"。每个街区都有自己的指挥所和武库，并制订了多套计划，用于指导防卫以及如何在叛乱开始时与其他街区保持联络。参与者当然不可能从巴黎各地平均征召。在一些巷陌，他们没有任何支持者，在某些街区，他们的追随者只占一小部分，因此为了组建战斗的骨干力量，他们必须依赖好事之徒和狂热分子，以及屠夫、运水工和马贩子等人群，这些人时刻准备发起暴动、进行劫掠，在此之外，可堪一用的就只剩下了巴黎大学的学生。不过，凭借组织上的援助，依靠系统实施的恐怖袭击和托钵僧们的高声煽动，他们仍然在期待夺取整座城市。

尤其在巷战的策略上，他们特别下过一番工夫来研究。他们欢欣鼓舞地从某位参加过荷兰战争的老兵（是否可能就是门多萨？）那里得到建议，专门补充了铁索，这是自 14 世纪以来时常用于封锁巴黎道路的利器，与

---

[1] 行政区（arrondissement）是法国等少数国家特有的行政区划，现在法国全国 105 个省（department）进一步分为 335 个行政区，巴黎由 20 个行政区组成。

街垒相得益彰。他们还被告知最趁手的临时道具乃是双轮运货马车、手推车和家具，而经验又证明，最棒的人工发明莫过于填满泥土和石块的大小木桶。这些木桶可以快速滚去选定的地点，立起来形成一道抵御滑膛枪弹的胸墙，易守难攻。当然，还有大量预备工作要做，不过空木桶可以先存放在一些友好人士的地窖里，需要时再取出加工，与提前在木桶旁边堆放泥土和鹅卵石相比，这样做有助于避免引起更多的怀疑。多出来的鹅卵石可以从屋顶和天窗扔下去，早晚会派上用场。到1587年春，"十六人委员会"已经自信满满，认为自己的街垒可以随时孤立和削弱保王党的所有据点，夏特莱、市政厅、巴士底、兵工厂乃至卢浮宫的王室所在地都不在话下，他们的队伍已经摩拳擦掌，相比于暗中密谋、隐秘训练、费劲儿拖运鹅卵石，他们正急于找一些更刺激的乐子，是靠着门多萨和吉斯的阻拦才避免了在4月发起叛乱。两人的努力虽然暂告成功，但门多萨却着实吃了一惊。那会儿刚刚来到1587年4月，一切都还为时尚早。

门多萨仍在为新型街垒的容纳规模隐隐担心，它们仅仅是为掩护数百名卫兵以及门多萨期望能够策反的一些立场动摇的保王派民兵而建造的，现在却要容纳数千名陆军老兵。不过，时间的规划倒是值得他暗自庆幸。他在致帕尔马的信中表示，巴黎已然一切就绪，1587年圣马丁节[1]过后就可以随时起事，但他仍然需要提前数周获得通知。接着他又从西班牙得到消息，圣克鲁兹已确定于2月15日出航，于是他的所有准备全部围绕这个日期展开。刚进入2月，吉斯公爵就发布了具有挑战意味的宣言，要求清君侧、除异端（他所暗指的便是国王的宠臣埃佩农），公爵请求各方明确支持神圣同盟，呼吁各省建立宗教法庭，将胡格诺派的财产全部充公，对于任何拒绝悔罪的胡格诺派战俘一律判处死刑。还有许多别的措施等待开展，足以保证法国全境未来多年战火连绵。接着，吉斯带着一支强大的扈从队伍赶去了苏瓦松[2]，神圣同盟的武装头目开始在巴黎聚首，另一位

---

[1] 每年11月11日。
[2] 苏瓦松（Soissons）在巴黎东北部约100公里处。

叛乱煽动家吉斯的表弟欧玛勒公爵则重新在皮卡第[1]向国王守军发起进攻。同一时间，巴黎的大小布道坛也开始吁请天裁，呼唤他们的约书亚和大卫[2]降临。

瓦卢瓦的亨利被深深激怒了，在埃佩农的鼓励下，他立誓组建一支大军，要亲自将神圣同盟赶出皮卡第。就在此时，马德里的最新消息传入了门多萨耳中，由于圣克鲁兹侯爵辞世，无敌舰队的出发日期显然要不可避免地推迟了。恰好在次日清早（仅仅是巧合吗？），王太后也说服了亨利三世，法国国王现在决定放弃粗暴的战争手段，将尝试以温和的谈判艺术征服吉斯，而身在苏瓦松的吉斯公爵也出乎意料地表现出聆听劝告的意愿。这些无论如何不会只是巧合。事实上门多萨已经建议吉斯公爵审时度势，暂停计划，而吉斯也给出了带有鲜明个人特征的回答，倘若推迟计划，他将需要更多的钱。

4月，尽管腓力国王在人力物力上左支右绌，吉斯还是又一次得到了拨款。为保证入侵计划顺利实施，神圣同盟及其领袖现在比早先更加重要。茹瓦斯死后，埃佩农公爵已经独享了法国国王的权势，虽然他本人是天主教徒，却一心赞成已故的海军元帅科里尼的计划，想要通过战胜西班牙，重新统一法兰西。他正准备进军诺曼底，亨利三世已经任命他统管该省，他要凭借足够强大的兵力，在所有海峡沿岸港口树立自己的权威。他还计划从那里进抵皮卡第，驱逐神圣同盟，确保加莱和布洛涅的安全。再往后，他会召集包括"罗什莱"号在内的本方所有船只，与英国一道控制海峡，假如西班牙舰队果真获胜，帕尔马得以渡海登陆英格兰，他会趁机侵入佛兰德和阿图瓦[3]，力争在帕尔马班师东归之前重新为法国征服这片土地。当然，就这些企图而言，腓力早已心中有数，帕尔马、奥利瓦雷斯、门多萨、英国流亡者以及他自己的秘密情报机构早已纷纷向他上报了相关信息。

---

[1] 皮卡第（Picardy）为法国北部旧省，时任欧玛勒公爵的是吉斯的查理（Charles of Guise, 1555—1631），他是天主教神圣同盟的领导人之一，曾多次担任皮卡第的省长。
[2] 均为《圣经》中以色列人的英雄，约书亚带领以色列人最终从埃及返回迦南地，大卫建立了以色列国。
[3] 阿图瓦（Artois）在今法国北部，毗邻佛兰德，当时为西班牙占据。

截至 4 月 15 日，腓力已经向门多萨作出保证，梅迪纳·西多尼亚将在四个星期以内扬帆出海。

人们早就知晓接下来将会发生什么了。4 月的最后一周，左岸的每一处布道坛，或者说巴黎的几乎所有布道坛全都回响着呼喊和悲叹。据说国王和他宠幸的佞臣正与异端分子暗通款曲，想要荼毒巴黎城内良善的天主教徒。如果吉斯公爵曾经出于友人的立场希望进驻巴黎的话，让他现在赶来吧，愿他保卫上帝的真理和神的子民！为避免流血，备感震惊的亨利三世派他的谋臣贝里艾佛尔前去劝诫吉斯公爵，不许他在人民冷静下来之前跨入巴黎一步。在吉斯给出似是而非的回答后，贝里艾佛尔又得到明确授意，正式命令公爵起誓，绝不进入巴黎城。

贝里艾佛尔给吉斯公爵带来圣谕时乃是 5 月 8 日，那是一个周日的早上。在得到吉斯打算服从上意的口信后，他骑马返回了巴黎。可他不知道，当天晚上吉斯公爵便轻车简从步其后尘，也往巴黎赶来。他连夜兼程，在圣丹尼斯[1]附近用了早餐，接着径直穿过瑞士军团的营地，从圣马丁门挺入巴黎。入城后吉斯把帽檐拉到眉毛以下，又用斗篷遮住脸庞。然而行至圣马丁大街时，像是开玩笑似的，一个随行的同伴忽然摘下他的帽子、拉下他的斗篷。在巴黎，很少有人不认识这位骄傲、英俊、有着阳刚面孔的男子，何况他的脸上还有伤疤，宛如挂着一枚鲜明的奖章。"吉斯大人！"人群中传来呼喊，"您还是来了，吉斯大人！我们得救了！吉斯大人万岁！教会的栋梁万岁！"群众纷纷离开商店和教堂，前来致以狂热的欢呼，盛况超过了国王出行。

到目前为止，一切都在依照计划进行。附近地区已经警觉起来。八九百名神圣同盟的军人，其中许多是经验丰富的老兵，已经全副武装渗入城内，被安置在各处战略要塞，如雅各宾修道院、主教宫、蒙庞西耶公馆和吉斯公馆等地，这些久经沙场的战士足以制衡国王数天前征调而来的援军。埃佩农公爵是亨利三世唯一信任的人选，唯独他有足够的勇气做出大胆的决定，有足够的影响力左右国王的决策，可是当前他却深陷诺曼底，

---

[1] 圣丹尼斯（St. Denis）位于巴黎东北近郊。

还带走了国王的精兵强将。一方面埃佩农无法及时赶回影响巴黎的决定，另一方面他抵达诺曼底的时间又不够长，还来不及造成根本性的破坏。一旦亨利三世死去，或是成为神圣同盟的阶下囚，又或是沦为驯顺的傀儡——门多萨并不那么关心具体会是哪种情况——诺曼底的城镇早晚还会任由吉斯公爵处置。无论发生什么，法国都再也不会对西班牙构成威胁。

孰料随后发生的事情就超出计划的蓝本了。吉斯本应经圣马丁大街转向左行，由圣安托万大街抵达自己的府邸，他的军官和党羽早已在那儿恭候多时，他还可以从那儿向国王开出条件，至于是否会用到那些街垒，要视环境而定。但与此相反，他转而右行，穿过宽阔的圣丹尼斯大街，朝着圣厄斯塔什教堂的方向一头扎进迷宫般的小巷，那里不仅是王太后凯瑟琳·德·美第奇的寓所，她那著名的"流莺"[1]也有部分成员正在此寄身，而她们居住的地方在一些人看来不无恰切，那里刚好也用作青楼女子悔罪后的收容所。

当王太后豢养的侏儒在窗前高声呼喊吉斯公爵正在前来时，凯瑟琳断定他一定是疯了才会说出这样的话。等到凯瑟琳亲眼确认那位面色和蔼、高坐在马背上受到狂热的崇拜者夹道簇拥的男人确实是吉斯时，她的嘴唇失去了血色，简直要窒息和战栗地说不出话来。如此明显的感情失控，是因为她不知道吉斯要来巴黎，还是由于她清楚在这个节骨眼儿上吉斯绝不该来访，至今没有人能给出答案。她接见了公爵，吉斯先向王太后致以敬意，随之以嘹亮的嗓音说明来意，他此行是为平息针对自己的无端诋毁，并向国王表示效忠，为此他将完全仰赖王太后的帮助和点拨。凯瑟琳将他引到一处斜面窗洞内，交谈了几分钟，二人的声音低到无从辨别，不过据一位见证人声称，公爵的神情略显窘迫，而凯瑟琳则面露惊骇。一名信使被派往卢浮宫，顷刻又匆忙赶回，接着凯瑟琳便命人去准备轿子了。

门多萨对事态转变的了解就始于此时窗外爆发的热烈喝彩声，他来到窗前，看到王太后的轿子正从女子感化院前来，穿过拥挤的人群后向着卢

---

[1] "流莺"（flying squadron），即 L'escadron volant，美第奇太后的私人间谍组织，由貌美的女性（不乏贵族成员）组成，利用情色诱惑从权贵要人那里套取情报。

浮宫而去，另有一人在旁安步徐行，他手持礼帽，频频向欢呼雀跃的人民左右鞠躬，沿途笼罩在民众抛洒的花雨之中，而这位人物，毫无疑问，正是吉斯公爵。教皇西克斯图斯五世听说吉斯进入巴黎后曾连声惊呼："这个傻瓜！他是要去送死啊！"门多萨同样明白，亨利三世对于巴黎的统治虽不像教皇统御罗马那般牢靠，但在自己的宫殿里，瓦卢瓦的末代君主仍然是名副其实的主人。在某个瞬间，目送着吉斯公爵逐渐消失在阴森的宫殿入口，想到自己的全盘计划都押注在此人身上，西班牙大使的心中必定泛起了一丝沮丧。

事实上，此时此刻卢浮宫也的确正在商讨是否应该处死吉斯。参与密谈的有阿尔丰塞·德·奥纳诺，他被称为科西嘉人中的科西嘉人，是国王身边一位忠心耿耿的大将。在收到母后的报信后，亨利三世曾问奥纳诺："吉斯公爵已经抵达巴黎，这违背了我明确下达的谕令。如果你处在我的位置，当作何处理？"

"陛下，"奥纳诺答道，"您究竟将吉斯公爵视作朋友还是敌人呢？"在从国王的神情中读出答案后，他补充道："请陛下给予圣裁，我会将他的脑袋送到您的脚下。"

拉吉什、维利奎尔和贝里艾佛尔三人倾向于妥协，生性胆怯的他们打断了奥纳诺的话，报以一番惊恐的劝诫。不过对于奥纳诺那套简单粗暴的应对办法，修道院院长戴尔本却温和地表示了赞成，他还显然怀着欣赏的态度引用了先知撒迦利亚的忠告，"percutiam pastorem et dispergentur oves"——击打牧人，羊就分散。[1] 关于院长谙熟的圣经智慧，还有很多可以详谈，但就在亨利三世仍然踌躇未决时，这道难题中的牧羊人已经在羊群的陪伴和欢呼下来到了卢浮宫。

卢浮宫中的气氛大为不同。两排瑞士卫兵组成环形队列，面无表情地把守着庭院。吉斯沿着宽大的楼梯拾阶而上，两边迎立着绅士出身的四十五人卫队，当中领头的是勇敢、愚钝而又真诚的克利翁。公爵脱帽后向克利翁深鞠一躬；克利翁却将自己的帽子压得更加严实，像火枪的通条

---

[1] 见《圣经》武加大译本《撒迦利亚书》13：7，《马太福音》26：31 亦有相近表述。

一样僵直地伫立着，一动不动地怒视公爵身后，那坚定的目光好像来自一位刽子手。公爵一边登上楼梯，一边向左右鞠躬致意，然而45人中竟没有一人向他回礼。

在一间长厅的最深处，国王就站在众多绅士的中心。在人群里，吉斯看到奥纳诺的目光不住地在自己和国王之间游移，那是一只浑身颤抖、伺机而动的斗犬才有的眼神。在表达敬意后，他听见了国王锐利而充满敌意的声音，仿佛惊雷一般："你为何而来？"吉斯开始陈词，他谈了自己的忠诚，还有加诸己身的谰言和污蔑，但是亨利三世打断了他。"我告诉过你不要来这儿，"他转向贝里艾佛尔问道，"难道我没有吩咐过你，要他不要来这里吗？"说着亨利三世背过身去，朝着窗棂迈出几步，他的肩膀激动地高耸着，手掌握了又松、松了又握。一位对吉斯并不友好的在场人士留下了见证，据说公爵无力地坐在了一个靠墙的箱子上，"并非有意要对国王失敬，却显然是因为膝盖无法支撑身体"。

由于年事已高、体型富态，登上这些楼梯对于凯瑟琳·德·美第奇而言是一个缓慢的过程，但想必就是此时，她也出现在了大厅的门口。"我来到巴黎，"吉斯回答道，同时抬高了嗓音，"是应了您的母亲，王太后的要求。"

"没错，"凯瑟琳说道，一面向她的儿子走去，"是我邀请吉斯大人来巴黎的。"很久以前，也许没有人能够想到凯瑟琳·德·美第奇会成为高贵的大人物，甚至万分迷人，但是自从她的丈夫驾崩后，在数十年的风雨飘摇中，她却一次次成功地主导了局面。这一次，她仍然打算力挽狂澜。在那笨拙而总是披着一袭黑衣的身躯里蕴藏不深不可测的威严，那如同面团般苍白的脸孔上点缀着形如黑刺李的眼睛，竟显露出裹挟一切的冷静。她看起来要比在场所有这些易于激动的男人更加睿智、坚定、老谋深算，好像她从来便占据着王太后的宝座，永远代表无上权威的源泉，而这些品质中的大部分，她委实都已集于一身。

在她走向大厅里侧的儿子时，人们也许想知道，她与吉斯的目光交汇是否印证了某种同谋关系，两人中又是否有谁回想起了16年前的场景，那时也是在卢浮宫，凯瑟琳·德·美第奇也像现在这样移步向前，在她的前后，一边是吉斯的亨利，当时不过是个大男孩儿，另一边则是盛怒下的另一位国王[1]。那一次，巴黎的暴民也已经准备好随时拿起武器。那一次，吉斯也狡狯地在宫廷和暴民之间玩起了两面派的游戏，在宗教狂热和怀有野心的政治阴谋之间闪转腾挪。如果她和吉斯还记得当时的光景，他们应该能回忆起来，彼时他们还有第三位共犯来为包藏在政治权术和宗教热忱下的隐秘意图背书，来帮助他们逼迫可怜、虚弱、半疯癫的年轻国王决意行动，而行动的后果竟成了国王短暂余生中挥之不去的阴影。如今世事轮回，他们在圣巴托罗缪之夜的共犯却背离了他们，而且决心迎接他们的进攻。这个人就是瓦卢瓦的亨利，之前他领有安茹，现在领有法国，与兄长查理相比，他更加虚弱也更加强壮，更为癫狂也更为理智，他所知道的一切以及他曾犯下的罪俨如一副重担，使他永远无法摆脱命中赋予的角色，而他先前的同谋，他的母亲和表兄吉斯，也都被各自的宿命牢牢控制。

我们不知道凯瑟琳道出了怎样的言辞，使得亨利没有对奥纳诺的建议点头，也许她曾提醒国王注意下方街衢中拥挤的群众，以此唤起了亨利的恐惧，也许她向国王表示可以智取吉斯，挑起了国王的虚荣心，还有可能，她亲自向国王担保，以证明吉斯无罪（真相当然只有她自己清楚），引发了亨利强烈的正义感，真是够奇怪的，这一点恰恰埋藏于亨利三世的复杂性格之中。我们也不清楚既然凯瑟琳并非对杀戮怀有反感，又为何会剥夺儿子的最后一次机会，使他再无可能成为自己都城的主人。我们只能确定一点，这里一定有某些原因是出于自私的、个人的考虑。

凯瑟琳向来不会为了信仰自寻烦恼；身为教皇的侄女[2]，她一直确信教会可以处理好自己的事情。虽然她有时也会搬用正统信仰的招牌，但就像口中高唱的正义和宽容一样，她对此并不怀有更大的兴趣。事实上，凯瑟琳对任何抽象概念都兴致索然，她对法国的王权毫无兴趣，虽然自己的儿子亨利为此忘我地奉献了一切，她也不关心法国这个国家，不关心基督

---

[1] 指亨利三世的兄长，上一任法国国王查理九世，他生性文弱，最后在母后凯瑟琳·德·美第奇的怂恿下同意了吉斯的亨利提出的计划，遂有了1572年8月24日发生的圣巴托罗缪之夜大屠杀。

[2] 凯瑟琳的叔叔即出自佛罗伦萨美第奇家族的文艺复兴时期著名教皇克莱门七世。

教世界或是某个王朝的荣辱兴衰。她只在意自身和嫡亲的舒适、安全和扩大个人权势，现在让凯瑟琳记挂心上的，是自己仅剩的和最爱的儿子亨利，以及出众却任性的女儿玛格丽特[1]，然而这两个孩子却都将矛头对准了自己，现在让凯瑟琳记挂心上的，是一个看上去愈发肯定的事实，她将不会再有孙儿，不会再有后代继承法国的王冠，因此她所看重的，只剩下了自己。她一定设想过，假如迎合吉斯公爵居间调停，自己的处境会更加安全。她还可能设想过，如此一来，她的儿子亦将再度深受自己的影响。

无论凯瑟琳说了什么，怀有怎样的动机，她胜利了。她那犬儒的、自私的建议，就像以前经常发生的那样，最后一次得到采纳，但也像此前屡次发生的那样，最终只是加剧了恐怖和混乱，它完全证明了自身的破坏性，仿佛是从最高原则提炼而来。在凯瑟琳的催促下，亨利闷闷不乐地收起了将要亮出的刀斧，王太后引领儿子和公爵一并前往儿媳妇的卧室，探视当朝王后，从那里，通过一处隐蔽的楼梯，吉斯回到了宫殿外的大街上，重新获得了安全。在获悉发生在卢浮宫内的这一段插曲后，门多萨有了新的结论：如果说吉斯公爵比他所认为的更加愚蠢，亨利三世则比他所了解的远为虚弱和怯懦。这一判断使他放松了警惕，没有为此刻眼前的景象做好准备，而那时，瑞士步兵正在涌向圣奥诺雷大街。

---

[1] 即瓦卢瓦的玛格丽特（Marguerite of Valois, 1553—1615），法国国王弗朗索瓦二世、查理九世、亨利三世的胞妹，她被称为"法国的玛格丽特"，因其生来便是法国公主，后来又因为嫁给纳瓦拉的亨利而成为法国王后。

19
街垒日 II

巴黎
1588 年 5 月 12 日及稍晚时候

  吉斯进入巴黎后的两天里，冲突仍然在持续升温，这既证明了国王不可能与神圣同盟达成协议，还意味着他已然失去对首都的掌控。当吉斯再次赴卢浮宫觐见时，随他而来的还有身后的 400 名贵族绅士，他们全都在紧身上衣里身披铠甲，在衣袖中暗藏手枪，吉斯此行看上去与其说是为了解释缘由，毋宁说是前来下达最后通牒。11 日清晨，巴黎市政当局尝试发起的驱逐"外地人"行动最终以闹剧收场。截至 11 日，人们相信潜入巴黎的神圣同盟士兵已经增至 1500 到 2000 人。他们从每一座城门渗入，然后三五成群，在每一条大街和每一个广场上招摇过市，甚至在卢浮宫的窗户下也如此。但是城内的联防队员却在谨慎思量后上报，并未在巴黎发现任何"外地人"。当市政当局遵照国王的命令，在 11 日晚上安排了一次特别警卫后，尽管仍有部分忠于职守的民兵连队坚守至清晨换岗，其他民兵却才不到午夜就已作鸟兽散，还有些人一听到命令便直截了当地声明，与其在陌生的街区站岗，他们更需要回去把守家门，保卫自己的家产和家人。各种离奇的谣言漫天飞舞，大家都从空气中嗅到了灾难即将降临的气息。赶在午夜之前，亨利三世已经命令瑞士军团和法兰西警卫队在郊区扎营，只待黎明时分入城施援。

  清晨的第一束阳光升起时，他们已经穿过圣奥诺雷大街，进入圣婴公墓，毕龙元帅骑在马上，走在队列的最前方，克利翁持剑步行，引领法兰西警卫队前进，奥芒元帅则率领几队骑兵负责殿后。在圣婴公墓，毕龙兵分多路，一部分部队奔赴格雷夫广场，那里位于市政厅的正前方，巴黎的行政首脑、市长和忠心的市议员正在市政厅里企盼援军的到来，另一部分士兵拆为两队，一队前去小桥及其附近的小夏特莱堡，另一队前去圣米歇尔桥，正是这两座桥连接起了西岱岛和左岸，还有一部分向新市场进发，当地离巴黎圣母院不远，位置刚好在两座桥的中间，最后一支分遣队赶往莫贝广场，那里正是巴黎大学的修士和学生的主要聚集地。此外还剩下一支强大的后备军，他们将留在公墓驻扎。早上7点，毕龙差人向国王报告，所有部队都已经按照陛下的吩咐就位。

街尾和住宅窗户下的脚步杂沓声、锐利的军笛和雷霆般的鼓点令巴黎人第一次意识到，这座城市已经落入国王大军的手中。事后，拥护神圣同盟的市民总是喜欢回忆起这样的景象，据说巴黎城顿时被怒火点燃，人民高举武器，全城激荡起来，一如愤怒的蜂巢。鞋匠扔掉鞋楦，商人离开会计室，行政官从会客厅跑出门外，他们全都激动地走向街头，每个人都抄起手边的任何物什，无论是剑、手枪、长戟、火绳枪、棍棒或是砍刀，每个街区都立即用锁链封锁起来，街垒像施了魔法一般转眼之间搭建完毕，无论男人、女人、孩子，全都在愤怒的驱使下忘我地投入了战斗准备。

可是事实并非如此。等各处的第一道街垒竖立起来时，已经过去了几个小时。尽管某些巴黎人已经为这一刻准备了好多年，但当事情真的发生时，他们的第一反应却是惊讶和错愕，继而浑身如冻僵了一样动弹不得。毕竟，谁也未曾想到会有这么多士兵出现在眼前。诉诸武力的国王已经夺回了巴黎。这至少意味着随之而来的可能是一系列迅猛的处决。更糟糕的下场也许将是一场有针对性的屠杀，或是人人在劫难逃的洗劫。很难说得清哪一支部队更使人感到惊恐。这边的法兰西警卫队面露粗鄙奸笑，他们冲着紧闭的窗户高喊："给你们的床铺上新床单吧，市民们！今晚我们将与你们的妻子共枕。"另一边则是冷漠而面无表情的大个儿瑞士人。巴黎已经战栗不已。

在最初的几个小时里，飞快竖起的并不是街垒，而是本来已收起来的百叶窗和栅栏。正值亮堂堂的半晌午，巴黎的街道空无一人，旷地上没有半个人影，窗前也没有一张面孔。在公墓周边，向来性情温顺的市民们毫无动静，新市场附近的屠夫们也并不比他们更急于和瑞士人一决胜负。甚至连吉斯公馆内驻守的卫队也保持了克制，虽然他们人员充足、弹药充沛，却好像在等待一场城堡攻防战，并不打算首先冒险出击。因此，整条圣安托万大街竟然任由奥芒的一队侦察骑兵率性驰骋往来。

全巴黎只有一个街区从一开始便着手进行自我防卫，那就是拉丁区[1]。一听说国王的卫队正开进巴黎，吉斯立刻派出神圣同盟的军官中最残暴、最好战的布里萨克伯爵，命他带领一队皮卡第党徒前去提醒大学加强警卫，并作为增援力量留在当地。布里萨克和他的党羽越过塞纳河，赶在王家军队之前抵达了左岸，他遇见了"十六人委员会"中的克吕塞，后者也是所在行政区的"纵队指挥官"，当时已经在向圣雅克大街上拥挤的人群派发武器了，这些人成分驳杂，包括大学生、神学院学员、修士、门房服务生和运水工，为了纪念圣巴托罗缪之夜，他们中的多数人在帽子上戴有白色的十字架，他们的领袖克吕塞在那场往事中曾扮演重要角色。

当一支由法兰西警卫队和瑞士兵团混杂而成的部队在克利翁的率领下涌过小桥，向莫贝广场进发时，他们发现圣雅克大街已经开始搭建街垒，通往前方的路途几乎被最近的街垒拦腰斩断，率领一支武装力量防卫该处的正是布里萨克本人。克利翁满可以欣然向这还未营造完毕的街垒发起冲锋，从头到尾横扫圣雅克大街，"开枪将巴黎大学的黑鹂[2]赶出污秽的巢窠"。虽然他只有100名长枪兵、30位火绳枪手，但这些手下都是职业军人，而且统领他们的可是响当当的克利翁。不过他并未获准如此行事，因此面对布里萨克的嘲讽，有命令在身的他只能戟指怒目，随后便率领部队绕道左行，赶去了莫贝广场。

他们无声无息地占领了目的地，但没过多久，就有人在附近那些本已设置围栅、紧闭门窗的加尔默罗会修道院[3]的前后两端搭建起了街垒，不仅如此，每一条通往这座大型广场的街道也都开始在入口处筑起街垒。受制于特殊指令，勇猛的克利翁眼看着莫贝广场的每一条出口都被堵死，却

---

[1] 位于塞纳河左岸，距离巴黎大学城不远。
[2] 暗指着黑袍的教会人士。
[3] 加尔默罗修会是创建于12世纪的天主教修会，因最早成立于今以色列北部的加尔默罗山而得名。

只能火冒三丈地报以詈骂。在那个以生动别致的脏话亵语著称的年代，克利翁堪称个中里手，但这终究无济于事。至于那些个头高大、性情温厚的瑞士士兵，其中许多人竟然将长枪交给战友保管，转而为汗流浃背的市民们搬运起一批批的鹅卵石，帮助他们将沉重的木桶拉起扶直。带队的军官事后解释称，他们曾经得到毕龙元帅的保证，此行的目的是要保卫巴黎民众抵御武装来犯的外敌，而毕龙接到的是国王陛下亲自下达的指示。他们到目前为止还没有发现任何外地人，但他们高兴地看到，巴黎人民正在积极地开展自我防卫。

随后，类似的场景不断在王家军队驻扎的所有地方上演。在城内的大部分地区，最初搭建的街垒都谨慎地与国王军遥遥相对，随着"十六人委员会"成员从清早的震惊中冷静下来，战备工作开始正常运转。国王军没有表现出进一步的敌意，在遇到搭建街垒的民众时，巡逻骑兵甚至会礼貌地勒马回身。巴黎的勇气由此迅速重燃，民众修筑路障的地点已经大胆前移，前方几码处就是懒洋洋的国王卫队，双方却一团和气。

清早那会儿，国王本已将巴黎攥在掌心。可到了下午3点左右，控制权已经从指间溜走。从他的间谍普兰那里，亨利得到了一份列有巴黎城内所有神圣同盟要员的名单，亨利知道他们的住址、在哪儿会面、武器又藏在何处。通过战略部署，他本可以令国王军控制所有交通干道，只用于保王军队的调遣，禁止神圣同盟使用，并且能够阻止敌人在左岸以外的任何地方集结。如果克利翁未能以有限的兵力控制左岸的话，他也随时能够轻松地得到增援。只需要派去几队长枪兵，就足以将布道坛上最危险的煽动家们缉拿归案，那时"十六人委员会"中的多数以及为其效命的主要军官都将在劫难逃。在神圣同盟追随者的三大聚集地——巴黎大学、吉斯公馆和蒙庞西耶公馆——被国王军的据点分割开来后，本可以逐一击破或是同时包围。只要密谋叛乱者被捕归案，巴黎市议会里那些效忠国王的法官们就会乐于为他们定罪。可是在这一切安排就绪后，亨利三世却只就一个方面作出了进一步的指示，当时他亲自骑马目送大军穿过圣奥诺雷门，依次叮嘱沿途经过的每一支分队。国王要大军牢记，他们被带进巴黎，乃是为了保护她。无论发生何种情况，他们都不得以任何方式侵害巴黎人民的安全和财产。有谁胆敢违令，将拿其项上人头是问。按照亨利的设想，仅凭军力展示就已经足以震慑他的首都。他忘记了，再没有什么是比炫耀武力却不能诉诸真刀真枪更加危险的了。一个人绝不会在敌人鼻子底下摆弄手枪，却让同样全副武装的对手知道自己的枪不会开火。

巴黎人花了很久的时间才欣喜地发现，国王的部队不会冲自己动武。距离正午又过去了一个钟头，除了数量不断增加的街垒——多数街道每隔30步左右便有一处街垒——双方都再没有敌对动作。国王军首先注意到的是运送食物的马车迟迟未能抵达。其实这是因为正在竖起的街垒将马车远远地挡在了城门附近，当然，他们绝无可能知道个中缘由。国王的士兵没有食物和酒，甚至接近断水。最终，这导致国王军做出了一天中仅有的一次违反军纪的举动。驻守新市场的瑞士军团和法兰西警卫队已经开始掠夺货摊，就着香肠和其他能吃的一切狼吞虎咽。

与此同时，国王也变得愁眉不展。整个早上，明显由于他的胆识和聪慧，卢浮宫内洋溢着一片狂喜之情，而他却始终无动于衷。可是没过多久，他逐渐听到了有关街垒的报告，开始从各地的指挥官那里收到越发引人焦躁的消息。各个方向的街道都已堵塞，现在若要清除街垒，非经过激战不可。食物仍然未能送达，派赴各地的分遣队彼此之间又被切断了联系。终于，亨利三世下达了新的命令。前方部队将有秩序地撤退至卢浮宫，位置最靠前的分遣队最先撤离。但有一点应格外注意，撤退过程中依然不允许发生任何针对巴黎市民的流血和暴力冲突。尽管路障重重，信使还是接连出入卢浮宫，所有指挥官都收到了国王的指令。

终究未能避免的第一枪可能是在莫贝广场打响的，当时克利翁正要率军返回新市场。开枪的是一名瑞士人，神圣同盟指出；不，是一位市民，保王派表示。无论是谁动的手，这一枪都并未命中鹄的。死去的是一名非战斗人员（是裁缝还是家具商？），事发时他正在自家店铺的门口旁观这一幕。继而，战斗突如其来地开始了。克利翁的人马轻松扫除了最前方的几排街垒，但在莫贝广场和塞纳河之间的数条逼仄街巷中，他们遭遇了大麻烦，不仅有石块和瓦片迎面掷来，而且从头顶的天窗里，从有街垒掩护的小巷里，小型火器也在连续不断地喷射火舌。他们涌向圣雅克大街，却发现小桥已经竖起了街垒，驻守那里的是由学生和神圣同盟士兵组成的联合武装。不远处，小夏特莱堡也在居高临下地向自己开火。大概就是在这个时候传来了警钟，最初的声响可能来自圣朱利安·勒·保弗雷教堂，圣塞弗林教堂和圣安德烈教堂的钟声亦很快随之传响，不久左岸的所有教堂钟楼也都加入了和鸣，末了，仿佛是在应答，城内和塞纳河彼岸的每一座教堂全都警钟长鸣。

此前发生在圣塞弗林教堂路口的情形如下，布里萨克已经逼近小夏特莱堡下方，在那儿建起了一座街垒。莫贝广场的第一声枪响传来后，布里萨克率众突入城堡门楼，赶走了卫戍部队，他们爬到炮台上发射火炮，令桥上的国王军大受威胁。负责守桥的是一位昏聩的下级军官，显然，由于他领导无方，部队很快撤往了新市场。

但布里萨克的突进却让圣塞弗林教堂路口一时空虚下来，克利翁趁机带兵穿过圣雅克大街，冲向了圣米歇尔桥。石块仍在无休止地掷来，天窗里的敌人还在开火，前方还有一两道路障需要穿越，好在防守一方无心死战，最终，这支从莫贝广场撤退而来的分遣队出现在了河岸上。前方将要通过的圣米歇尔桥上不见友军的身影，但大桥也还未被敌人占据，他们连忙赶到对岸，却未曾想因此恰逢其时地目睹了主力军的溃败。

在新市场先前的几个钟头里，德·廷特维尔和国王的其他支持者，包括一两位市政官员，始终在向周围的市民慷慨陈词，尽管有时也不免要引起争论。他们向民众保证国王军并不打算伤害这座城市，试图说服人民推倒街垒，解散武装。他们的努力相当奏效，奥芒元帅前来传达总撤退指令后（他显然是认为克利翁的分遣队已经与小桥的守备军会合，如果他考虑过这个问题的话），瑞士人安然无恙地撤离了几百码。

就在此时，一些着黑袍的神圣同盟演说家尖叫起来："杀死亚玛力人[1]！不要放走一个！"当时瑞士人正途经玛德莲教堂，不知道从哪扇窗户里掷出了一块鹅卵石，把一名瑞士士兵打得四脚朝天，紧接着，石块越

---

[1] 《圣经·旧约》中以色列人从埃及回到迦南时面临的敌人，分布在古代西奈半岛和巴勒斯坦西南部。

落越快，埋伏在窗后和屋顶的火绳枪也纷纷开火。空气中开始回荡着警钟的喧闹。国王军的队伍慌不择路地逃到圣母院桥上，却绝望地发现这条通道已经被拦腰堵死。桥面的两侧分别建有高高的屋宇[1]，高悬于过道之上。从那里，"他们朝我们投掷东西，"一位瑞士军官事后写道，"那是些大块的石头和木料以及各种样式的家具。我们在街垒之间寸步难行，一些绅士的身边围拢着士兵以及数不清的端着火绳枪的市民，他们一齐朝我们射击，竟好像我们是国王的敌人似的。整个过程中还有各式各样奇奇怪怪的修士大声呼喊，撺掇人民对付我们，俨然当我们是胡格诺派教徒和亵渎圣物者。"

有那么一会儿，瑞士人简直不能相信这是真的，他们困惑地承受着市民们的猛攻，不明白自己的到来既然是为了保护民众，可是为什么民众的攻击却像雷雨一样无情。但他们很快意识到对方的进攻无疑会持续下去，直到杀死自己。想到这一点，他们扔下武器，开始乞求怜悯，士兵们一边画起十字，摸出十字架苦像、玫瑰经念珠和肩布以证明自己是天主教徒，一边用法语高喊"祝福基督！祝福法国！祝福吉斯！"或是任何他们能够想到，兴许有助于和解的只言片语。好在没过多久，布里萨克前来制止了攻击，并领着已经放下武装的瑞士人回到新市场接受关押。在那里，布里萨克还接受了克利翁的出降。

在格雷夫广场和圣婴公墓，由于国王军站住了阵脚，对来犯者迎头还击，因此几乎未曾遭受伤亡。但随着四围的群众不断增多，而且更加怒气冲冲，他们也越来越开始担心对方会截断自己撤回卢浮宫的后路。眼看事态愈发难以收拾，他们似乎马上就要葬身此地。这时，"十六人委员会"中的几位领袖终于开始确信局势已尽为本方掌握，于是他们派人给国王报信，语气讽刺地通知了国王军的困境，亨利三世遂命毕龙前来央求吉斯公爵，恳请他饶恕这些士兵的性命。

一整天，吉斯都待在自己的府邸里。他已经接见了两位来使。贝里艾佛尔在清晨到来，命令他安抚民众，带领党徒撤出巴黎。王太后则在不久

---

[1] 当时的圣母院桥上建有住宅，已于1765年前后拆毁。

后亲自登门，可能是受了国王的支使，但她更有可能是主动前来。王太后希望看到自己在周一的干涉能换来吉斯的感激，并因此而愿意提出和解。对于两位来使，吉斯均不屑一顾。为求自保的巴黎人民感到不得不与国王开战，他对此表示遗憾，但是街上正在发生的一切很明显与他毫不相干。任谁都能看到，他手中没有武器，也没有站在起义的前列。他正在自己家中安歇。可是面对亨利三世关于停止杀戮的卑微恳请，以及彻底认输的弦外之音，吉斯却立刻给出了回应。他的衣装一如平日，着一身白色锦缎的紧身上衣和紧身短裤，仅有的武器不过是一条短马鞭，就这样，他踏上了出使宫廷的和平之路。

　　一来到街上，他就像征服者一样收到了祝福。"吉斯万岁！吉斯万岁！"甚至有人叫喊着："是时候陪伴大人去兰斯大教堂[1]加冕了！去兰斯！"

　　"嘘，我的朋友，"公爵应道，同时微笑着，"你们要毁了我吗？应当高喊'国王万岁！'"就这样，伴着身边越来越多的满怀敬仰的市民，他先来到公墓，随后前往格雷夫广场，最后抵达新市场，沿途下令将所到之地的街垒尽皆推倒，接着他又原路返回，带着国王军穿过市中心，那支军队仍然保留了武装，但收起了军旗，他们的火绳熄灭了，倒持兵器、鼙鼓沉寂，就像一支投降的卫戍部队正离开被占领的城池。国王军就像巴黎人的猎物，后者已经闻到了血腥气味，倘若此时换作别人从他们鼻子底下把猎物抢走，一定会激起他们的狂怒。然而他们相信吉斯做什么都是对的。这种宽宏大量的姿态只能让吉斯更受欢迎。从新市场到卢浮宫入口的一路上，他一直被狂欢的人群夹道簇拥。如果说早先时候还名实难副的话，从这一天起，吉斯的亨利已经是实至名归的巴黎之王。

　　巴黎今夜无眠。街衢中篝火通明，尚未卸甲的公民们围拢在火焰旁，高唱起神圣同盟的歌曲，回忆自己的英勇表现，彼此之间承诺，明天还会做出一番伟业。卢浮宫更加无心入眠。在露天庭院里，在底层幽深的厅堂、厨房里，多少还有疲倦的士兵倚着自己的戈矛胡乱打盹儿；但到了楼上，

---

[1] 历代法国国王的加冕地。

各个房间都闪耀着烛光和灯火，廷臣们手执利剑，监视着窗外和楼梯间的动静。没有谁比国王睡得更少。他的母亲在入夜时分返回，她刚刚完成今天对吉斯公爵的第二次出使。亨利在迫不得已之下只得将信任寄托在她的身上；再没有谁是他能够信任的了，甚至包括他自己。凯瑟琳曾经多次像现在这样返回，依靠耐心和灵巧，从败局的边缘挽回颓势，可是现在王太后带回的只是一份无情的通牒。除非瓦卢瓦的亨利能够解散警卫队和友军，按照天主教阵营的意愿更改继承顺位，再将他的所有权势交到吉斯公爵和其他神圣同盟巨头手里，公爵才会允许亨利陛下继续保留法国国王的尊号。在从母亲那里听到消息后，国王有几个小时没有开口，他独自在空阔的谒见厅里枯坐，"就像一具死人"。他任眼泪从脸颊上缓缓滴下，只是偶或对自己轻叹："变节。变节。这么多的背叛。"诚然，叛变多到令亨利已经记不得始于何时，其中又有多少是属于他自己的。现在去回忆乃至悔疚，都已经太晚了。

卡夫利亚纳医生此时正在一定的距离之外观察国王的哀痛，无怪乎他会写下，5月12日这天可以被当作法国历史上最悲惨的一天加以铭记，还有埃蒂安·帕斯奎尔[1]，在看到当晚围拢在篝火旁的人影越来越多时，他发现这一天见证的诸多事件改变了自己这一生对于占星术的怀疑，原来雷乔蒙塔努斯早就清晰地预言了这独一无二的灾异。无论从什么角度来审视，5月12日都是一个历史性的时刻。趁着奏凯的兴奋劲儿，在细节上豪放不拘的吉斯给他的一位军官去信称："我打败了瑞士人和部分王家警卫队，已经将卢浮宫牢牢包围起来，关于宫中的一切，我期待着能够向你好好描述一番。这次胜利是如此伟大，必将永难磨灭。"

他的某些盟友却认为胜利还不够彻底。同盟的教会"黑鹛"用他们的铁嗓通宵达旦地向听众发表即兴演说，声称铲除恶棍希律王的时机已经就此来到。布里萨克、克吕塞和"十六人委员会"中的某些成员也持有相同看法，于是赶在半晌午之前，巴黎人民已经像潮水一般从各个街区涌向王

---

[1] 埃蒂安·帕斯奎尔（Estienne Pasquier, 1529—1615），律师、文人，1585年被亨利三世任命为巴黎法院的辅佐法官，后随亨利一道逃亡。

宫，他们仍因昨夜畅饮了一桶桶美酒而带着微醺，但更醉人的，其实是让大家飘飘欲仙的胜利。国王注视着越发稠密的人群，从他们发出的噪音中判断出来者不善。亨利三世请母后再次向吉斯转达自己的恳求，希望他出面平息这场暴乱。

吉斯不知道自己该怎么做。想要将一群发怒的公牛赶回圈中，他表示，这很难。在吉斯和凯瑟琳会谈的时候，围绕卢浮宫的街垒已经搭建而成，布里萨克率领巴黎大学的800名学生，连同400名手持武器的修士，已经随时准备好率先发起攻击。喧嚷声开始嘹亮起来："来呀，让我们从卢浮宫里把国王这个鸡奸犯抓出来。"

可是他们行动得太晚了。亨利三世知晓了一个秘密，凯瑟琳对此一无所知，外面吵闹的暴民亦未曾察觉，甚至连吉斯也浑似蒙在鼓里。这个秘密在于，通向外面的新门无人把守。就在母亲动身前去商谈后不久，国王已带领一小队扈从——只由他的将军和谋臣组成——从卢浮宫花园尽头那座新门从容撤离，他们径直穿过杜伊勒里宫的花园，快速赶到马厩，翻身上马，朝圣日耳曼[1]方向飞奔而去。他一路疾驰来到蒙马特高地，在那儿，他勒住缰绳，最后一次回望钟爱的城市，做了一番感伤的演说，这正是他与生俱来的天赋之一。"再见了，巴黎，"一位侍从听见他念念有词，"我曾使你荣耀，胜过王国中的任何其他地方。为了你的财富和光荣，我所做的，超过此前的十位先祖，我爱过你，甚于妻子和朋友。现在你回报了我的爱，凭着背叛、侮辱和谋反。为此，我必将向你复仇。"亨利郑重地立下誓言："下一次入城，那将是通过你城墙上的裂口。"天黑之前，国王一行跨过了塞纳河。他们在圣日耳曼附近度过当晚，第二天又在沙特尔受到迎接。

得到国王从卢浮宫出逃的消息时，吉斯还在和王太后谈话。"夫人，"他叫道，"你骗了我！当你让我忙着说话时，国王已经离开巴黎，去了他可以搅动局势的地方，这将给我造成更多的麻烦！我已前程尽毁！"吉斯的惊慌失措也许是真实的。但他大概也早就意识到，倘使国王真的落在他

---

[1] 在巴黎西郊，附近建有王室城堡。

的手中，不管沦为囚犯抑或横尸眼前，那才是件大为尴尬的事情。不仅如此，尴尬之处还在于，如果国王活着留在巴黎，他就必须保护国王免受自己的巴黎盟友的袭击，而后者早已决心令自己做出非此即彼的决断。在三亨利之中，吉斯的亨利毫无信念，作为政治家，他最为圆滑，最有可能通过回环曲折的方式达到鹄的，再考虑到他还是一位经验丰富的指挥官，那么当吉斯声称已经密不透风地包围了某地时，是不大可能会对一处为人所知的出口掉以轻心的。新门的疏于防卫可能是因为命令未能下达，但也不无可能是因为有人下令使然。无论如何，国王一派已经元气大伤，吉斯对此确信无疑。从现在开始，他就是法国的主人。

并非所有人都像他一样自信。当帕尔马公爵亚历山大听到巴黎暴动的最初消息时，他下令燃起篝火以示庆祝，但等到后续消息传来，吉斯从人民手中解救了瑞士人，停止了对卢浮宫的猛攻，更有甚者，他竟然让国王逃之夭夭……帕尔马听到这儿不禁摇起头来。"这位吉斯公爵，"他说道，"没有听过我们意大利的谚语，'冲国王拔剑的人，应当干脆把鞘扔掉'。"

如果博纳迪诺·德·门多萨也因为国王从巴黎出逃而隐隐担忧的话，他并没有公然表现出来。他关于街垒日的描述充满了严肃的写实性，不过人们仍然能够从中读出一种骄傲，那是当一件繁难、复杂的作品终于按时大功告成时，负责工作的匠人流露出的自豪之情。亨利三世屈服于吉斯也好，卷土重来也好，都已无关紧要。现在埃佩农已经无法占有诺曼底了，在帕尔马离开时法国袭扰低地国家的危险也已完全解除。帕尔马的侧翼安全了，梅迪纳·西多尼亚同样如此。来自法国的威胁已告一段落，无敌舰队的出航至少不会受到这一方的袭扰，一如门多萨曾经许诺的那样。

20

无敌舰队起航

里斯本到拉科鲁尼亚
1588年5月9日至7月22日

  门多萨写下关于街垒日的记录时，无敌舰队事实上还根本没有出海。尽管自从西多尼亚公爵领回得到赐福的战旗后，舰队便处在期待起航的一团忙碌之中，但是直到5月9日吉斯进入巴黎的当天，最后一只木桶才搬入船舱，最后一名士兵才征召完毕。那天早上，舰队启碇驶向贝伦，但还没有穿过河口的沙洲，他们就被迫再度抛锚等待。从海上吹来的风太过强劲，而且迎面冲击着航道的入海口。狂风连日肆虐，一阵接着一阵，港口的领航员告诉梅迪纳·西多尼亚，比起5月，这种情形更像是12月的岁末寒天。

  整个大西洋沿岸都在经历一个奇怪的5月，天气就像占星师预示的那样狂暴不安。在诺曼底，埃佩农在放弃建立政府的念头后班师回朝，由于史无前例的冰雹正蹂躏着牧场和果园，据说牧场中已有不少牛被砸死。在皮卡第，欧玛勒公爵还在徒劳地攻打布洛涅的城门，然而大雨已经使道路沦为沼泽，使小溪变为无法通行的洪流。在佛兰德附近，亨利·西摩和查理·霍华德也备受影响，就连以坚固著称、专为这种水域和任务建造的荷兰战舰也乐于返回弗拉辛港，将封锁帕尔马的差事交给恶劣的天气代劳。同样拜糟糕的天气所赐，无敌舰队也只好在贝伦锚泊，滞留了大约三个礼拜。

  在等待的间歇，腓力有充足时间向他的舰队总司令传达消息，作出进一步的指示。英国人的舰队据称十分虚弱。（这则消息可能源于门多萨，主要依据的是指控霍金斯的各种夸大其词的报告。）也许德雷克会在普利茅斯补充军力（与大陆的几乎所有人相似，腓力口中的英国海军听起来也时常好像只是弗朗西斯·德雷克麾下部队的扩充而已），敌人要么会彻底避战不出，要么会静待无敌舰队经过，再从后方追击，待西班牙的战船与敦刻尔克附近的英国舰队交火时袭扰殿后部队。（腓力对于英国海军的部署位置了如指掌。）也许德雷克将一直等到我方士兵登陆后才会发起进攻。公爵必须小心，不要在德雷克被击败前过分透支战力。在与帕尔马会合后，他可以自由裁夺攻击英军的方式，选择在海上或是他们的港口里交战，但在此之前，尽管公爵不需要避战，但也不应主动邀战。最重要的是，他不能分神离开约定的会合地点，即使那时德雷克有可能在袭扰西班牙的海岸。

腓力喜欢巨细无遗地设想属下可能遇到的任何不测，而后明确、具体地一一给出指导意见。譬如，他已经多次通告自己的总司令，英国人的舰船更快，火炮射程也更远，为此他们会更希望保持作战距离。（好像公爵没有从各方面得到这个众所周知的信息似的！）所以国王坚定地认为，公爵应当避开敌人的优势，逼近他们，迫使他们投入近距离战斗。国王唯独没有说明的，是这个有趣的计谋该怎样实施。不过，如果说腓力的指令并不总是有益的话，他的主要意图还是很明确的。公爵已然明白无误地领会在心，他将与帕尔马"在马尔盖特角附近"聚首，掩护帕尔马登陆，而后保护后者的海上运输线。一切越快越好。

如今，梅迪纳·西多尼亚已经迫不及待地想要出发了。无敌舰队的准备工作不会再有改进的余地。对于欧洲最老练的战士们凭着经验所能提出的一切建议，但凡王国能够提供改善的可能，都已经付诸实施。舰队本着专业化的精神组织起来，主要依据舰船的战斗和航行能力，其次考虑的是船只的所属地区和船员的语言。一级战队由两个强大的盖伦帆船分队组成，一是葡萄牙分队，共有10艘战舰（"佛罗伦西亚"号也计算在内），另一个是卡斯蒂尔分队，也有10艘战舰，其中卡斯蒂尔人的舰只比葡萄牙人的略小，武器装备也稍逊一筹，但是为此额外补充了4艘此前用于西印度群岛贸易的大型商船。两个分队被要求协同行动，在抵达海峡之前，卡斯蒂尔分队的指挥官迭戈·弗洛雷斯·德·瓦尔德斯将留在梅迪纳·西多尼亚的旗舰"圣马丁"号上，充当公爵的幕僚长。同样被归入一级战队的，还有来自那不勒斯的4艘加莱赛战船，由雨果·德·蒙卡达指挥。这些战舰形如混血儿，一半像盖伦帆船，另一半好似加莱桨帆船，它们航速快、火力强，可以用桨辅助操作，人们在它们身上寄予了很高的期望。二级战队由四个分队组成，各自拥有10艘舰船，全都是大型商船，其中至少有一些装载了重型火炮，比斯开舰船由胡安·马丁内斯·德·里卡德率领，吉普斯夸舰船由米格尔·德·奥昆多负责，安达卢西亚舰船的长官则是佩德罗·德·瓦尔德斯，还有从黎凡特贸易中抽调的各式舰船（来自威尼斯、拉古萨、热那亚、西西里、巴塞罗那），由马丁·德·博登多纳指挥。余下的34艘轻型快速船只，包括扎布拉船、弗拉加塔船和帕塔科船，将用于侦察和运送函件，当中的一些被零星分配到一个个战斗分队中服务，但所有这些船只又组成一支屏护舰队，旗舰是一艘规模较小的盖伦帆船。最后，还有一个不便操控的分队，由23艘乌尔卡船组成，这些霍尔克船将充当货船或补给船，在任何形式的战斗中，都不必指望这些船舶有能力自保。还有4艘葡萄牙加莱桨帆船差不多到最后一分钟才编入舰队，个中缘由至今仍然无从得知。总之，无敌舰队一共拥有130艘大小不等的各式船只。

当这支无敌舰队还在里斯本港口等待出击的时候，我们就获知了有关它的大量信息。梅迪纳·西多尼亚起草了一份极为细致的报告，不仅包括各个分队的战斗序列，还有各分队中每一艘船只的名号，它的估测吨位、火炮数量、水手和士兵的人数，一应俱全。作为额外补充，他还添加了每艘船上搭载的绅士冒险家的名字，跟随他们登船的参战扈从的人数，以及炮手、医疗队、随船的托钵僧和律修教士的各自数量（共180人），另外，对于西班牙方阵的组织形式他也不吝笔墨，列出了军官的名单、每个连队的兵力、攻城设备、野战火炮、各种小型火器、火药的供应总量（全部是上好的火绳枪弹药颗粒，他骄傲地写道）、各种规格的加农炮弹的数量之和（123790枚）、子弹的引线、火绳，等等。报告的内容还包括食品清单，如饼干、熏肉、鱼、奶酪、米、豆、酒、油、醋、水之类的物什，各有成千上万英担[1]之多，将数量惊人的桶桶罐罐装得满满当当。即使这些数字并不完全精确（当然不可能做到这一点），如此大量的细目信息已经比已

---

[1] 在英国，1英担约合112磅。

知的任何16世纪的舰队记录庞杂得多。尽管目前这支舰队及陆军的力量总和还不及圣克鲁兹当年索要的一半，可是根据纸上的记录，它仍然称得上是一支极其令人生畏的大军。在西班牙官方出版物对于相关统计数字的描述里，这支舰队被称作 La felicissima armada——"最幸运的舰队"——但是在街谈巷议中，为了向它那可怕的力量致敬，遂以"无敌"一词取而代之。多亏西班牙人嗜好反讽，这支舰队从此以"无敌舰队"的尊号为人所知，至今不曾变更。

似乎有些古怪的是，梅迪纳·西多尼亚的详细报告竟会公开出版。放在今天，这样一份文件理应被列入"头等机密"，等到获准解密之时，敌人早已对其中的所有内容了然于胸，即使是在那个时代，此前为了得到信息中珍贵的片纸只字，沃尔辛厄姆的密探也已经耗费了大量心力。孰料这份报告几乎未作修改，便带着对舰队实力的各种夸大其词在里斯本问世，这时距离报告的起草才刚刚过去十天，入侵舰队依旧在塔霍河口淹留不前。两周后，报告的另一版本经过官方"订正"，又在马德里面世。它从那里逐渐扩散到罗马、巴黎、德尔夫特、科隆，还未等到"圣马丁"号驶入利泽德半岛[1]的地平线，报告的复印本已经在阿姆斯特丹上市售卖了。除了长枪和胸甲、鱼和饼干等枯燥的内容，信奉新教的印刷厂主还按照自己的想法为西班牙舰队的库藏添油加醋了一番，他们肆意增加了公众兴许愿意看到的内容，诸如鞭子和锁链、炮烙架与拔钉钳、拷问台及拇指夹，各类刑具一应俱全。有进取心的出版商保留了全部内容的版面，每当有新的流言问世，有了印刷与无敌舰队相关的另一本小册子的理由，他们就会让机器再度运转起来。毫不奇怪，伴随着这些幻想的点缀，后来的一些版本会包含着数字上的印刷错误和对事实的离奇篡改。不过，即使是最为有失精确的记载，也基本能够呈现出递交给西班牙国王和军事会议的信息，也仍然可以反映出经官方批准后在马德里付梓的版本原貌。如果肯付出努力，霍华德和他的军官们作战时就能人手一份载有敌军战斗序列的副本，内容相当准确，其所依据的信息正是敌方所提供的。伯利就确实拥有这样一份

---

[1] 利泽德半岛（the Lizard），康沃尔郡西南方半岛，是英格兰本土的最南端。

副本。我们对此的结论只能是，也许马德里的军事会议相信，主动展示实力带来的宣传收益与暴露信息造成的危害相比，要得大于失。最后，又或许是因为他们已经被主上那庄严的自信深深感染。

此时此刻，梅迪纳·西多尼亚公爵也像其他人一样信心十足。由于自己和全体船员的努力，舰队的组织工作最后以尽可能完美的结局收场，不能不让他感触良多。他们已经设定了用于各分队之间交流的信号和其他办法，安排了每一步的会合地点，创制了一套启航令和一种战斗指令。他们让最有经验的领航员分散登船，这样每一位分队指挥官就至少分别补充了几位帮手，这些领航员中有西班牙人和布列塔尼人，也有荷兰人和倒戈的英国人，他们对海峡和北海的状况了如指掌。领航员们编纂了航路指南，复制并分发给每一艘船，虽然其中对泰晤士河口以北的东海岸语焉不详，对爱尔兰所在位置的标注也是靠不住的，但还是几近如实地绘出了从锡利群岛[1]至多佛的详细航路，指明了沿途的地标、海港入口、水深、潮汐，并至少对一些主要的暗礁和险阻之处专门作出了说明。在收到国王的提醒，得知德雷克可能采取的策略之前，他们已经针对此类突发事件制定了专门的布阵方略，公爵还自豪地向他的主上送去了一份示意图表。所有这些高度专业化的筹备工作，与公爵从一位极其圣洁的托钵僧那里得到的有关上帝将要赐予西班牙胜利的担保相比，哪一个更有助于树立起梅迪纳·西多尼亚的自信？今天没有人能给出答案。但是一个简单却最具有说服力的事实在于，他负责指挥的这支大军已经整装待发，做好了开赴战场的最后准备，新造的作战船楼在崭新的纹饰下熠熠生辉，桅顶的旌旗猎猎作响，甲板布满了英姿飒爽的骑兵，整支舰队军容壮丽、血气方盛，浑似无可匹敌。

一旦恶劣天气有所好转，适宜出航，公爵就将率领舰队驶出里斯本的河流。5月28日，他的旗舰"圣马丁"号一马当先，带领葡萄牙王家盖伦帆船分队驶过圣朱利安城堡，向来自堡垒的致意作出回礼。5月30日，虽然海风断断续续、时有逆风，无敌舰队仍然全军挺入大海，迎着西北偏北的风向抢风前行。不过如果舰队要保持集体前行，在获得足够的海上空

---

[1] 锡利群岛（Scilly Isles），位于康沃尔郡的西南方，距离英格兰本土约45公里。

间以便完成一次新的调戗之前，船体还要做出大幅度的偏航，先到达埃斯皮谢尔角以南的水域。

舰队确实保持了集体前行，但它的指挥官不久后便认识到，这也意味着"全军的进程受制于行驶缓慢、状况最可悲的船只的航速"。好多霍尔克船既摇晃不定，又行动迟缓，以至于6月1日到来时，在经历了48个小时的海上航行后，旗舰仍处于罗卡角的西南偏南位置，舰队在通过沙洲后只驶出了15海里。看来想要沿着西班牙海岸向上抢风行驶，显然是一件辛苦的差事。天气状况也无所助益。有时候一天中风会轮流从罗盘的各个方向吹来，东、南、西、北，接着周而复始。有时候又会彻底无风，让庞大的舰队步履维艰，甚至达不到维持舵效的最低航速，此时风帆轻轻拍打着，无助地伴随悠长的大西洋涌浪左右摇摆。又有时候，狂风倏然大作，很可能就来自最不利的方向。面对如此恶劣的气象条件，这样一支形制驳杂的舰队花了足足13天的时间才从罗卡角航行到菲尼斯特雷角，全部航程仅略多于160海里。

进展的迟缓造成了局势的恶化，对此唯一的一点补偿是，它或许可以使梅迪纳·西多尼亚获得一个机会来化解当前最令他担忧的问题——粮草。以16世纪西班牙的标准来衡量，里斯本曾经存储了总量惊人的食物，但在经过一个漫长冬季的延宕后，存货已经消耗了很多，更何况先享用最新运抵的食物乃是人之本性。在他接手之后，公爵曾经尝试推行一条强制原则，船上和沿岸仓库里存放时间最久的木桶和袋子要最先打开。命令是否得到了贯彻，他也只能猜测而已，反正眼见5月的天气日益转暖，舰队依然停靠在河里，而越来越多的船只开始递交食品腐坏的报告。警钟正在前方敲响。直到离岸前的最后一分钟，公爵仍在扫荡葡萄牙的乡村，向马德里申请征调更多的食物。拔锚之时他还留下命令，一旦有更多的粮草运抵，要马上起航运送给前方的舰队。他恳请北方的各个港口，无论搜集到多少粮草，都应抓紧装上运粮船，送往菲尼斯特雷角附近的某处海域，以便无敌舰队在海上完成物资补充。

舰队在菲尼斯特雷角周边逗留了四天，仍然迟迟不见运粮船的身影，在此期间，警报又从另一方面传来。几乎每个分队都不同程度地报告了淡水的短缺。距离储水的木桶封存完毕才刚刚过去一个多月，照理来说船上的水还能再支撑三四个月，可是看来许多木桶质量堪忧，因为里面的水开始泛绿，散发出刺鼻的气息。很容易猜到，接下来每钻开一桶水，可以饮用的概率只会越来越小。在一次例行的军事会议上，"将军们"，亦即各个分队的指挥官们一致同意，整支舰队应当在拉科鲁尼亚[1]靠岸，去搜罗任何可能的物资供应，尤其是饮用水。

那是 6 月 19 日，星期天，也是无敌舰队离开里斯本后的第二十天。梅迪纳·西多尼亚的旗舰找到锚地时，日头已经西沉。分队指挥官们达成共识，与其全员摸黑赶工，不如让舰队远侧的部分船只留在海上，在太阳升起前往来巡逻。于是，有五十多艘或大或小的船只在入夜前进港停泊；落在后面的，包括几乎所有的霍尔克船以及多数黎凡特商船，还有照看它们的里卡德的分队、六七艘盖伦帆船，以及 4 艘加莱赛战船、若干艘轻型船只，则调转方向停留在海岬之外。那是个闷热的夜晚，天空中只有断断续续、飘忽不定的风。

午夜刚过，从西南方向响起了咆哮声，随之而来的是这个可憎的季节所能见到的最令人胆寒的风暴。即使有拉科鲁尼亚海港的庇护，一艘船还是被狂风硬生生拔出了锚地，另一艘轻帆船还拖曳着船锚撞上了旁边的一艘盖伦帆船。幸运的是，留在海上的船只分布在数百里格的空旷海面上，有充足的背风空间，可以在风暴来临前分头躲避。当然，除此以外它们也别无选择。在闪躲的过程中，它们身不由己地四散开来。

21 日下午，天气终于平和下来，公爵立即派出剩下的部分轻帆船去寻找失散的船只。在此之前他已经差遣信使沿海岸寻访，得到的消息称，德·雷瓦的 10 艘船、舰队的霍尔克船、黎凡特商船和一艘轻帆船误打误撞地驶入了不远处的威韦罗[2]港，两艘加莱赛战船则在希洪[3]找到了容身之地。第二天，胡安·马丁内斯·德·里卡德带着两艘盖伦帆船和 8 艘其他船只出现了，但是形势仍然十分严峻。到 24 日，依然有两艘加莱赛战船

---

[1] 拉科鲁尼亚（Corunna），西班牙西北部沿海城市，今属加利西亚自治区。
[2] 威韦罗（Vivero），西班牙西北部沿海城市，在拉科鲁尼亚东侧不远处，今属卢戈省。
[3] 希洪（Gijon），西班牙西北部沿海城市，在威韦罗东侧，今属阿斯图里亚斯自治区。

和其他28艘重要船只下落不明，其中包括那艘佛罗伦萨盖伦帆船、1艘卡斯蒂尔盖伦帆船以及里卡德分队中两艘最好的战舰。在仅有的全部2.2万名有效作战人员中，有6000名士兵和海员连同以上船只一道遗失，剩下的1.6万名中还产生了许多病号，一些人患了船热，更多的人则是因为腐坏的食物染上了坏血病和痢疾。挺过风暴的多数船只受损情况都很严重，许多船舶要么已经漏水，要么丢掉了桁桅、船锚，或是遭到其他损害。

　　离开里斯本以后，对于手下这支部队的真实情况，梅迪纳·西多尼亚逐渐有了清醒的认识。在沿海岸缓慢北上的途中，每一天都会揭露出新的不足，其中最糟糕的一点就是食物。关于食品腐坏的报告每天纷至沓来。显然，许多用于储藏食品和水的木桶有悖承诺地使用了新伐材。公爵是过于愤怒了，以至于没能回想起在他接手舰队的那个混乱无序的冬天，与其他人一样，承包商也已经倾尽全力。就制造桶板而言，这可能就是他们所能找到的最好的木料了。就在距离无敌舰队停靠拉科鲁尼亚的一年前，圣文森特角的上空正笼罩在德雷克引燃的篝火的烟幕之下。12个月后，那些本应用来为无敌舰队制作桶板、保护食物和水的风干木材，已经化作了冷冷的灰烬。

　　在回顾了当前的情形后，公爵坐下来写了一封难以起笔的信函。他提醒最虔诚的天主教国王陛下，请他回想自己刚去里斯本接管舰队时，以及在之前已经表达过的种种疑虑。某种程度上，这些不安来自一个事实，将王国的命运押注在一场力量对等的考验之上已然有违常理，更何况即使是一位乐观主义者也会认为，在里斯本集结的这支军事力量仅仅勉强能够达到担负任务的最低要求。现在，由于这场风暴驱散了舰队，他所能召集的军力更加大不如前，而且人们有很严肃的理由担心，在迷失的船只中，至少有一部分或则已经在恶劣的天气下葬身大海，或则已被法国和英国的海盗据为己有。他委婉地指出，这样一场海难不仅在这一年中最适于航行的月份6月降临，而且不偏不倚降临到为上帝的事业而起航的舰队头上，几乎让人难以置信。（过去六个礼拜中发生的种种灾祸和挫折似乎已经令公爵部分打消了求助于奇迹的意愿。）除了遗失的船只数量，他继续谈道，重新集合后的船舶也大都受到不同程度的损伤（信中封入了两类船只的详细清单），他现有的人力由于疾病侵袭而严重不足，食物和水的状况更是比自己所能预想的更加恶劣。纵观以上难处，梅迪纳·西多尼亚写道，同时考虑到帕尔马的报告，后者声称自己所能支配的有效战力还不足上年10月的一半，他恳请陛下再次考虑与英格兰议和是否毫无益处，或者将行动计划至少延迟至下一年是否胜算更大。

腓力的回复迅速而坚定。公爵应当竭尽所能匡救他所提及的弊端。其中的一些不足也许超出了可能弥补的范围，但他仍然必须承担出航的义务，哪怕这支舰队的战力达不到他的预期。无论如何，一有机会，他就应该立刻扬帆进击。至于自己此前的说明，他不会作出任何修改。

我们不知道哪一点更令人感到吃惊，是公爵信中流露的勇气和智慧，还是国王回复中洋溢着的盲目的自信。在那个西班牙的黄金年代，一位绅士主动建议解除自己对一场进攻的指挥权，无论他的内心有多么绝望，其中灌注的道德勇气都是非同寻常的，因为在那个世纪，勇于担负类似战事的指挥权才是司空见惯的。对于腓力领导的事业，从来没有人曾就局势向他提出过如此直截了当却又合乎情理的评估，更遑论再次重申这一观点了。怎奈这位审慎的国王已经变了，有超过一年的时间，他不曾对任何审慎的建议予以注意。眼下，他好像对一切都视若无睹，只顾高喊"前进，以上帝的名义！"，而他回复舰队指挥官的信函也仅仅是对这条指令的又一次重申罢了。

不过，腓力至少避免了日后一些历史学家犯下的错误。他没有将公爵的来信当作证据，认为梅迪纳·西多尼亚是傻瓜或懦夫，也完全没有因此就认为公爵不适合继续指挥。无敌舰队在拉科鲁尼亚的逗留不能为这种论调提供证据，也没有迹象表明舰队指挥官的下属持有这种想法。德·雷瓦归队后，公爵立刻召开了一次军事会议，但是他并没有将自己的疑虑告知众人。这是一群老兵，没有必要就显而易见的局势向他们多做评论。他只是就三个选项向大家征询了意见。舰队是该主动外出寻找迷失的船只，还是应当就此直奔英格兰，又或者最好继续在拉科鲁尼亚停泊，静待迷路者回归？他的军官们按照习惯，根据资历和辈分由卑到高一一作出答复，士兵和水手也按次序发表了看法。几乎所有人都一致赞成第三种选择。舰队最好继续待在拉科鲁尼亚，一边重新整修，一边尽可能地补充食物和水，并且寄希望于多数迷路的同伴能够早日归队。只有一位分队指挥官提出了异议。安达卢西亚分队的"将军"佩德罗·德·瓦尔德斯要求立刻启航，他认为几乎已无可能更换腐坏的食物，待得越久，局势只会越糟。他的意见同样得到了充分的记录，作为补充，他还给国王送去一封私人信函（那时的海军通信不需要"经过中间渠道"），信中重申了他的论据，并且直言对于自己的执拗可能冒犯舰队指挥官有所担心。不过即便如此，他在信中也丝毫没有流露出埋怨指挥官无能或怯懦的情绪。

　　舰队终于准备停当，此时距离那场风暴已经过去一个月，但是整体来看，推迟行程似乎是值得的。所有必不可少的修缮工作都已完成；有尽可能多的船只经过了倾侧检修、填补漏洞和涂油。从比斯开湾的各个港口找到了一些额外的食品，如饼干、咸鱼等，如果说近期的收获未能完全达到期望，至少食谱上的鲜肉、时蔬和新鲜面包节约了部分库存，并且使船员们的健康大受裨益。在公爵的紧急安排下，舰队在岸边为感染船热的病号设立了一座医院，借此控制住了一直威胁船员生命的疫情。士兵和水手的人数也得到增补，花名册上弄虚作假的情况当然还是有的，但兵员的虚报并不比平时更为严重，舰队也因此再次焕发出应有的全部战力。

　　最让人高兴的是，迷航船只中的最后一批幸存者终于返回了港口。两组船舶最远时漂流到了海峡附近，其中一个在锡利群岛和利泽德半岛之间游弋了一段时日，缴获了几艘商船，还顺道驶入了芒特湾[1]，奇怪的是，全程竟没有撞见一艘英国战舰。另一组则在乘着一股北风返回拉科鲁尼亚之前，刚好瞥见了一支英军，后者很可能便是德雷克的主力舰队。总之，7月21日的形势大致恢复到了两个月前的状态，尽管公爵仍旧在为密封不严的木桶忧心忡忡，而且事实后来证明他的担忧是正确的，但在某些方面，比起在里斯本的时候，他又的确感到筹备工作得到了进一步提升。随着轻快的南风鼓满船帆，无敌舰队最终起航驶向英格兰，梅迪纳·西多尼亚的心中又一度恢复了谨慎的乐观。

---

[1] 芒特湾（Mounts Bay），在利泽德海岬西北方向。

21

"天时和地利"

从普利茅斯、拉芒什海峡、比斯开湾到北纬 45°
1588 年 4 月 18 日至 7 月 30 日

  与其西班牙同侪一样，英国的船长们也因为不合时令的天气和储备不足的存货而忧心如焚。到 4 月份，女王的现役船只已经全部整装待发，可是供应给船员的食品却仅能糊口，那里甚至不存在像样的制度，粮食只是简单地按月配给，一次性发放，在上月的口粮几乎消耗殆尽之前将不再额外增发。海军大臣从马尔盖特寄出了一封绝望的信函："我们现在即将得到下个月的口粮，时段为 4 月 20 日到 5 月 18 日……［根据报告］西班牙海军最有可能来袭的时间是 5 月中旬，兴许就是 15 日。到那时我们将只剩下三天的粮食。如果说这种安排是合适的，它实在超出了我的理智。"他继而感叹，在"女王陛下的父亲亨利国王"执政时期，事务的处理远比现在妥帖得多。

  霍华德对历史的理解出了点问题，但他对后勤的把握却十分准确。他的收信人伯利勋爵当然也明白，即使一直以来事务的安排并无多大不同，当前也到了该做出些许改变的时候了。眼下的困难并非是缺乏良善意愿的结果，责任不在伯利，也不在女王。虽然德雷克有时会在暗地里猜疑，可是原因亦不在于臆想中的叛国之举，与容易上当的君主和东诓西骗的谋臣这一套故事毫无关系。它同样无关乎财政拮据、预算缩紧。原因其实很简单，要提供适合在船上保存数月的巨量食物和水，需要一定的设施和组织，而当时并不具备相应条件。无论在英格兰还是西班牙，1588 年的海军筹备工作都是史无前例的，与西班牙相比，英国人甚至更加缺少为大规模远征供应补给品的经验。当全体船员不断吃光送至他们口边的任何食物时，

（上图）法国国王亨利三世（下图）在亨利位于卢浮宫的宫廷中举办的舞会，旨在庆祝茹瓦斯公爵和洛林－沃代蒙的玛格丽特（Margaret of Lorraine-Vaudémont）喜结良缘。亨利在母后左侧落座，吉斯、马耶讷、埃佩农三位公爵立于其后

（上图）吉斯公爵亨利，神圣同盟的领袖（下左图）凯瑟琳·德·美第奇，亨利三世的母亲（下右图）胡格诺派的首领纳瓦拉的亨利，后加冕为法王亨利四世

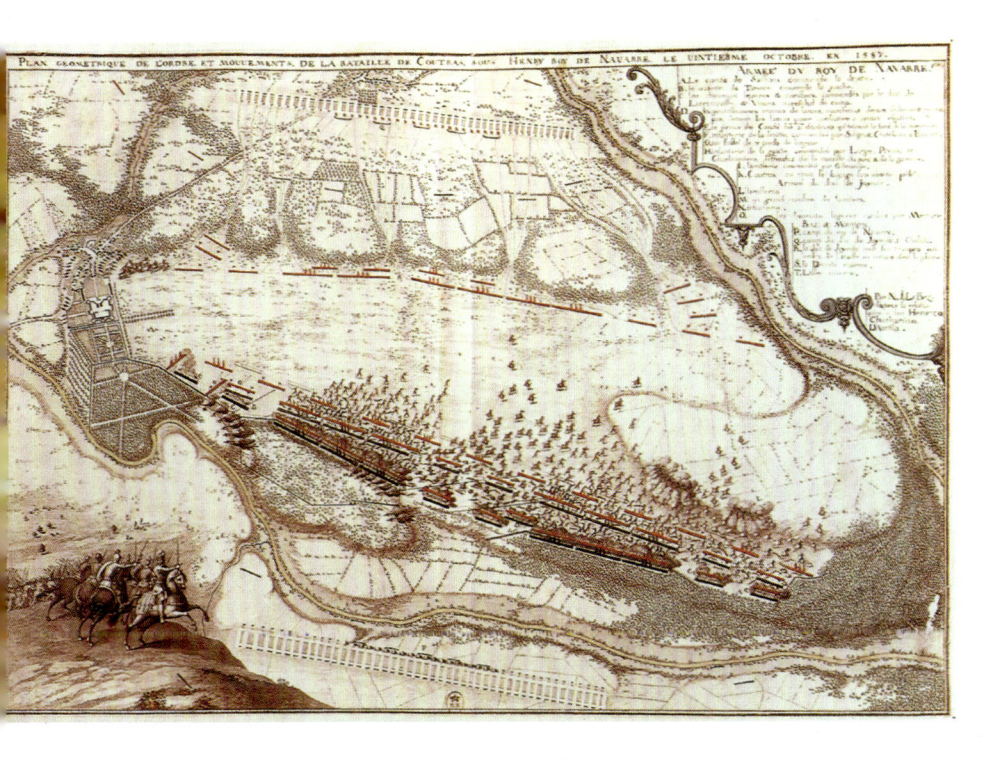

上图）库特拉之战的战斗序列图，纳瓦拉和他的胡格诺军队于是役击败天主教大军
下图）吉斯公爵在布洛瓦遇刺

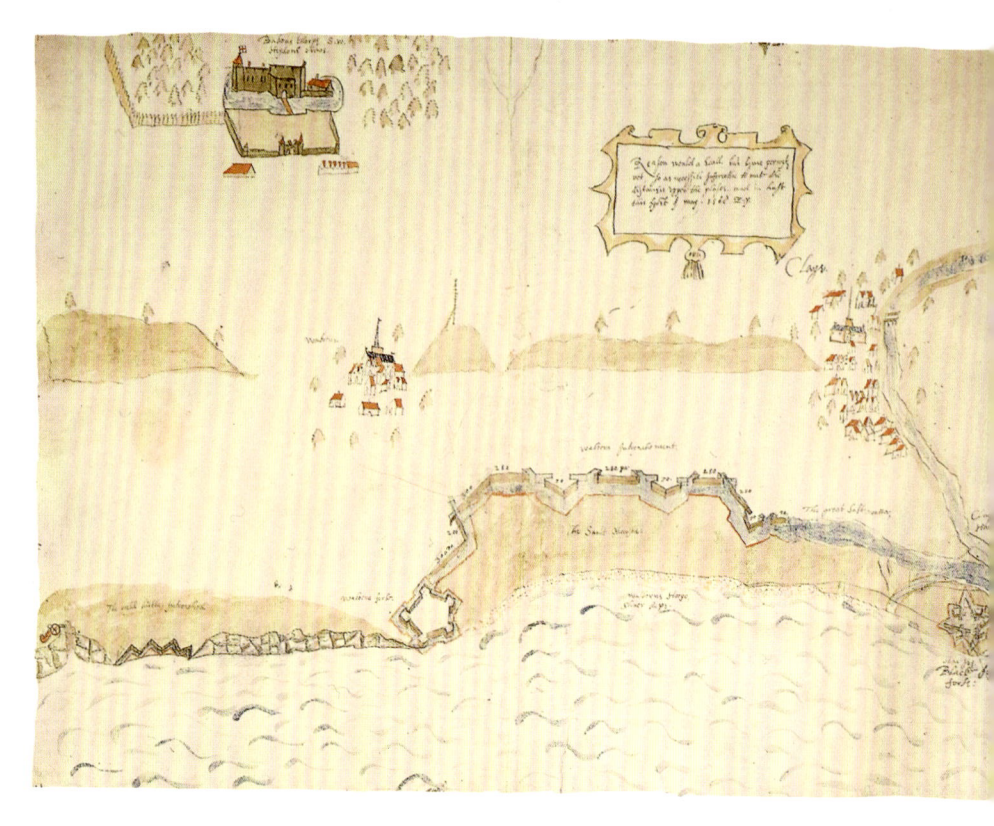

（上图）受伯利委派，埃德蒙·约克（Edmund Yorke）绘制的韦伯恩（Weybourne）地图，图中反映了有关东英吉利据点的测绘记录。韦伯恩拥有深水海域，更有可能遭受入侵，故而增设了若干处防御工事（用红色标注）（下图）16世纪大雅茅斯（Great Yarmouth）一地的平面图

（上图）这份地图展示了肯特郡烽火系统的传递线路。借助烽火台，任何发生在苏塞克斯郡费尔莱特（Fairlight）的入侵都可以及时通报给肯特郡（下图）梅德韦和泰晤士河的周边海图，图中女王的23艘船只正在梅德韦锚泊，位于阿普诺（Upnor）和罗切斯特桥（Rochester bridge）之间。

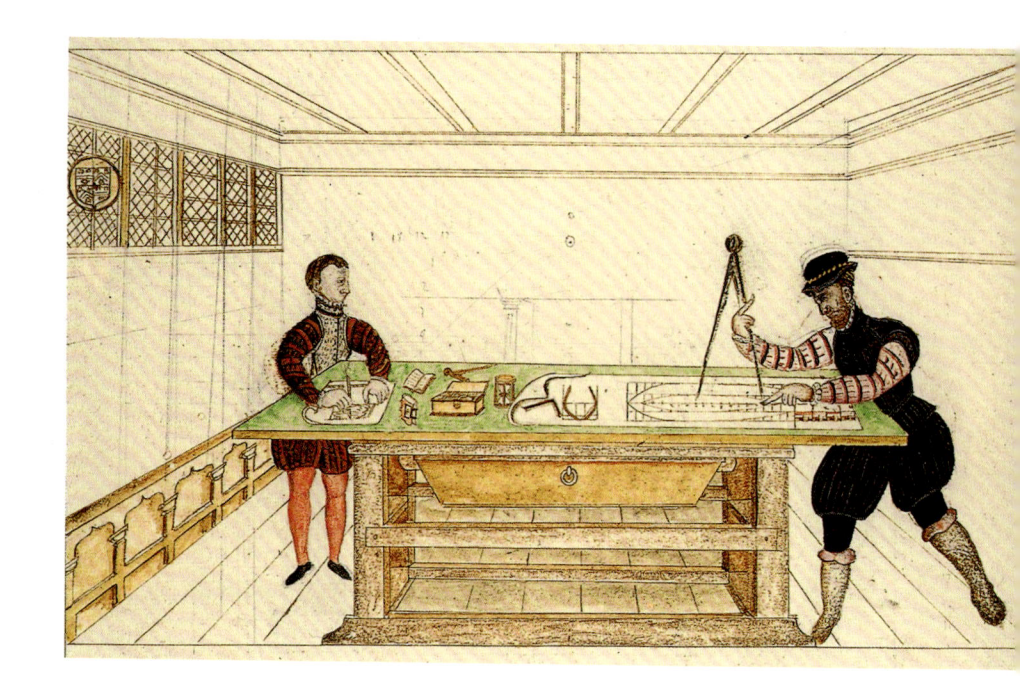

（上图）一位英国造船工人，也许是正与助手协力工作的马修·贝克（Matthew Baker）
（下图）现存有关英军船只的年代最早的工程图，展示了最新设计式样的平甲板以及较低的艏楼和艉楼。鳕鱼在这里代表目标中的船体形制

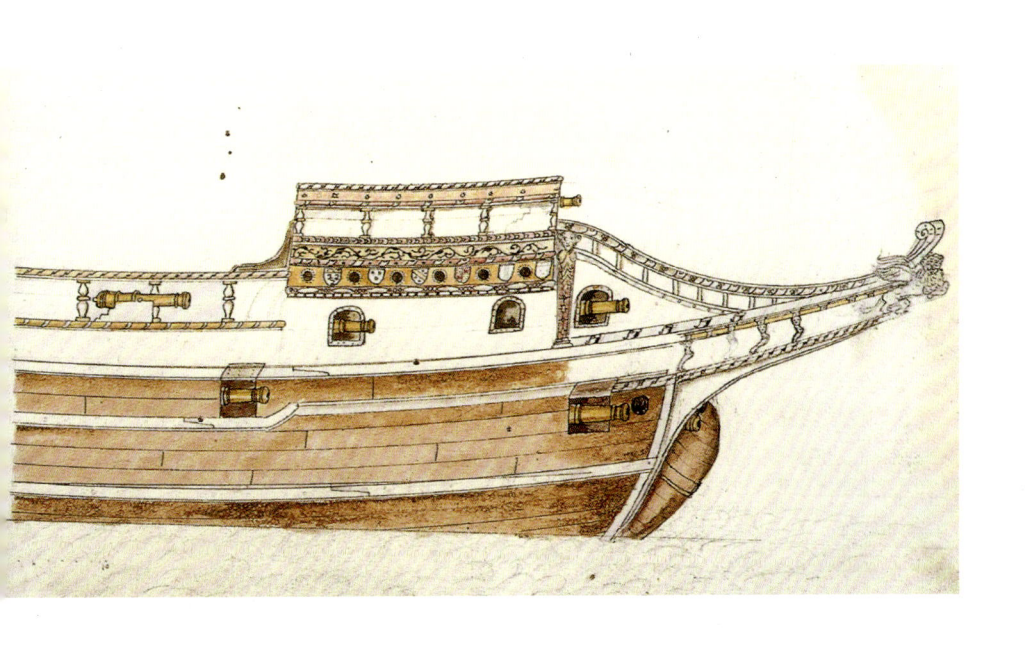

（上图）盖伦帆船的船首，插图同样出自贝克的笔记簿，该船还带有风格类似加莱桨帆船的撞角（下图）"皇家方舟"号，霍华德勋爵的旗舰，最初是为沃尔特·雷利爵士而造

埃芬厄姆的霍华德勋爵。画中作为背景的旗舰正在执行作战任务，这一幕被认为取自无敌舰队一役

要为一支庞大舰队供给未来两到三个月的口粮，指望临时建成的组织是不行的。

随着春天来到，德雷克再一次按捺不住出发的念头。关于里斯本港口的传言，他已有所耳闻。德雷克显然坚信，西班牙国王的大军由四五百艘船只组成，上面载有8万名水手和士兵。而他只能再从女王那里得到4艘中等规模的盖伦帆船，即使加上伦敦人提供的若干商船，他拥有的军力也不过50艘船而已，可是德雷克仍然做好了准备，打算凭着这股力量将西班牙人遏阻在他们自己的水域里。德雷克不仅自认为可以在里斯本重演劫掠卡迪斯湾的好戏，而且就像后来对一位兼具日记作者和史家身份的意大利人所说的那样，他企图封锁西班牙海岸，使敌方舰队无法舒适地离开河口，纵然西班牙人驶入海面，他也会迎面攻击或不断袭扰，使其永远无法到达英格兰。仍然是根据他与佩特鲁乔·翁博蒂尼[1]的谈话内容，我们知道了封锁还将以某种方式伴随着"对西班牙沿海多处不同地区的袭击"，以此激发英国人的勇气，因为战场越远，家就越安全。而首要之举是阻止无敌舰队闯入海峡，因为它在那里可以和帕尔马合兵一处。如果翁博蒂尼的引述是正确的，那么他之所以自信能够以区区50艘船完成以上全部事业，是因为"他知道（没有半点自吹自擂）自己的大名已经在西班牙的整个周边海岸唤起了多么强烈的恐惧感"。

他的鼎鼎恶名也许的确是其最主要的帮手。他对此确信无疑，而且委实有理由确信，只要"恶龙"[2]还在伊比利亚的海岸上，西班牙人就永远不敢起航前往英格兰，他可以一边在海、陆两路迎来肆意劫掠的丰收之夏，一边与西班牙舰队玩捉迷藏的游戏，这样的游戏他玩起来可谓得心应手。在最理想的情况下，这样一场游戏会为他带来逐一击破西班牙大军的良机；在最坏的情况下，此举也会令敌人疲惫不堪，在忙乱中将袭扰英格兰的想法抛诸脑后。

---

[1] 佩特鲁乔·翁博蒂尼（Petruccio Ubaldini, 1524—1600），意大利托斯卡纳人，曾作为雇佣兵为亨利八世和爱德华六世效命，后成为伊丽莎白一朝的著名宫廷文人。

[2] 德雷克(Drake)名字的西班牙语写法为Draque，当时西班牙人叫他El Draque，意为"恶龙"。

既然如此，我们至少有必要对他的计划稍作揣度。他并没有将计划对翁博蒂尼和盘托出，根据存世的书信，他向伊丽莎白女王透露的实情甚至更少。当德雷克认为自己终于即将获准出发时，女王向他问及意欲如何在里斯本袭扰敌方舰队，他回复说自己也无法确定。截至那时，有两件事依然未有定数，一是敌人的实力，二是"我们自己人的决心，当我有他们在大海上时，我应该更好地了解……因为如今再有人像伯勒［在卡迪斯湾］那样脱离，将会置全军于危难之地，因为敌人今日力量大大地聚集"。不过，如果说德雷克没有阐明他的计划细节的话（可能他真的没有制订行动的细节，而只是依赖运气和灵感，要知道二者从来没有让他失望过），他确实显露了胸中自信的另一源泉。"提到我的愚见，陛下的舰队得多强大才能对抗敌人的大军，上帝会襄助无上非凡的陛下，每一天增强你在海上和陆上的军队；由此，我确乎认为：在所有反抗陛下和至真信仰的敌人中，再也没有比当前已经做好准备或是仍在准备的敌军更为强大的了；可是……主宰一切力量的上帝更强大，将会护佑其真理之言……"在某些方面，德雷克和腓力委实相似极了。

即使德雷克尚不清楚自己意欲何为，他却早就明白，自己正是那个将欲为之的人，他亦早就明白，自己将于何时、何地为之。他在同一封信中表示："陛下理当坚信，如果西班牙舰队驶出里斯本，只要我们有足够的食物能活到对方海岸，在上帝的帮助下，他们就会被攻击……天时和地利在任何军事行动中都是一半的胜利；被二者抛弃将无从挽回……为此，若陛下应允我凭借已经在这里的船只出击，并号令余下的其他船舶连同所有能够出动的远征军随后赶到，依我愚见，我将确保它们遵循微臣所认为的最可靠及最好的航线航行；……"到此为止，德雷克看起来乃是一位海军天才兼宗教狂热分子。在这句只有德雷克写得出来的长句的剩余部分中，他又显出一副务实的指挥官的形象："他们［随后而来的其他舰只］应随船携带充足的食物，够自己和我们用，要到士气不能因为物资紧缺而彻底涣散的程度……让一名英国人远离祖国，眼见食物消耗殆尽，又意识到除了遭受攻击之外得不到其他任何好处，那就没有任何办法可以将他挽留下来了。"

这封信写于梅迪纳·西多尼亚从里斯本大教堂迎取战旗的两天前。但在接下来超过一个月的时间里，德雷克的舰队既没能补充食物，也没有获得力量增援，阻碍两方面进展的都是狂风，它与将西班牙人遏阻在塔霍河口动弹不得的那场狂风一样暴烈和反常。在这种天气条件下，德雷克几乎不可能远赴里斯本，虽然他还是成功地完成了普利茅斯湾外的工作，但他基本不可能前往兰兹角[1]和韦桑岛[2]探明海域状况了。然而他对气象条件限制的鄙夷，一如对人间阴险诡计的厌恶，在他看来，后者一再阻挡了自己的步伐。德雷克不断上书急切力争，希望立刻获准南下西班牙海岸，至少曾有一次，他亲自现身于宫廷之中，当时女王一度已经改弦易辙，可惜的是，不久后她便又再次回心转意了。

今天已经很难说清，这一次德雷克又花了多少工夫去拉拢与他观点一致的人。霍金斯向来与他意见一致，船上的高级指挥官和海军委员会的多数成员也都逐渐认可了他的观点。最开始时，霍华德更倾向于防御的立场，但在5月的某个时候——如果不是4月的话——他最终采纳了多数人的看法，此后也像德雷克一样积极地据理力争。尽管仍不情愿，女王最后也开始觉得，将士们可能终归是正确的，天时和地利昭示了一半的胜利，也许二者正在西班牙的海岸上招手。

就我们现在所知晓的来看，有人存在疑虑是可以谅解的。在一件事上，德雷克委实大错特错了。梅迪纳·西多尼亚已经下达了命令，无论德雷克会如何肆意妄为，任何来自英国的进攻都不会使原计划有所改变，舰队要径直赶赴海峡，与帕尔马在商定的地点会合。倘若德雷克真的押宝在自己的名声上，以为亲自出现在西班牙海岸就能造成足够的恐慌，迫使西班牙舰队留在老家，他很可能会彻底错过与无敌舰队相遇的机会。非但如此，在对随后这场前所未有的战斗的性质作出的判断上，他似乎也像双方海军中的其他老兵一样犯了错误。与圣克鲁兹相似，他原本也只打算为每门炮准备30枚炮弹，便出海与敌军相会。但后来与无敌舰队真正遭遇时，英军实际上耗费了比此前设想的更多的炮弹，才对敌人造成了真正有效的伤

---

[1] 兰兹角（Land's End），康沃尔郡最西侧海角，也是英格兰的最西端。
[2] 韦桑岛（Ushant），英吉利海峡西南部岛屿，临近法国布列塔尼海岸。

害。稍后在韦默斯[1]附近，他们已经能够纠正先前的错误估计；可如果按照德雷克的设想开赴里斯本附近，他们可能就会有大麻烦缠身。以英国的船只和水手的情况而言，除非撞上可怕的厄运，德雷克的舰队不大可能会遭到严重损伤。可是另一方面，除非运道极好，否则德雷克也同样不太容易仅凭50艘或者更多一些的船只，便拖住无敌舰队的前进步履。根据其后发生的事情来判断，如果在海上遭遇西班牙人，德雷克将会轻而易举地用光所有弹药，却连无敌舰队的阵型都无法扰乱，届时他将被迫从对方面前退缩，主动逃回某一处母国港口。在这种情况下，英国人将落败而归，起码也会士气受挫，甚至危及当前海峡上令人满意的力量均势。

事后之明总是容易做到的，但在1588年春，双方的海军专家中没有一人提前预见到日后的事态进程。两国的参战规模和武器装备都前所未见。不仅在此前历史中尚属空白，而且下讫航空母舰登场之前，没有任何一场海战涉及如此闻所未闻又难以计数的因素。在当时，英国海军中最为睿智的观点都与德雷克的想法契合，最终使他不曾远赴葡萄牙海岸冒险，而代之以在海峡等待应战的，不是任何人的审慎，而是更多缘于恶劣的天气和迟缓的粮食供应。

在某种意义上，德雷克对于主动进攻的吁求已经过于卓有成效了。他曾要求得到8艘王家盖伦帆船，舰船总数则应达到50艘之多。这几乎是他期待中所能获得的最大的独立指挥权了。女王却决定将自己的主力舰队委托给德雷克，包括14艘吨位最大的盖伦帆船，以及她所拥有的大多数武装商船和志愿船只。这种安排意味着舰队指挥官已自动升任为海军大臣。尽管女王欣赏德雷克，但作出这番决定的缘由或许是她认为若由霍华德领导作战，会较不利于将战事引向一场海盗式的远征。又或者她仅仅是敏锐地觉察到了，如果一切终究要押注在主动进攻的风险上，那么这场攻势自然越强势越好。当然事情的结局是，德雷克得体地接过了霍华德赠予的海军副司令职位，在后来的几个月中，他们之间再没有显露出任何嫌隙。但是从德雷克后来告诉翁博蒂尼的话来看，他明显还

---

[1] 韦默斯（Weymouth），英格兰西南部多塞特郡滨海城市。

是感到有些失望。

霍华德抵达了普利茅斯，德雷克也在就任仪式上升起了战旗，正式成为联合舰队的副司令，所有这些事务的完成不早于 5 月 23 日（旧历），也就是新历的 6 月 2 日。那一天，梅迪纳·西多尼亚抢风驶到罗卡角以北约 30 海里处，该日的航程目前也是他的每日最远航程，然而英格兰此时还没有人知道他已出海的消息。霍华德的行动因为天气的限制而一再延误；他还将继续淹留下去，就像梅迪纳·西多尼亚一样，导致行动阻滞的原因数不胜数：运粮船迟迟未能抵达，上面发来的指示朝令夕改，天气再度糟糕起来，被吹离西班牙舰队的航船偶或出现在拉芒什海峡[1]的入口处，警报因而不时传响，由于西班牙人可能在爱尔兰西部与敦刻尔克之间的任何地点发起进攻，选择何处布防至今悬而未决，在即将派出舰队奔赴西班牙之前，女王却又一次变得不情不愿，虽然所有人都很清楚，西班牙人可能已经踏在了她的门阶之上。

与德雷克的会合已经过去了三周，霍华德仍然被风暴封锁在普利茅斯湾内，正是这一阵狂风吹散了西班牙人的舰队。他还在递交申请，希望获得对舰队事务的自由决定权，并补充更多的食物。他相信，舰队之所以在不确定性之中左支右绌，完全是由于西班牙人的阴谋诡计，对方希望以此耗尽他们的粮食储备，让他们因为无力糊口而自行解散。假使他能够认识到自己的担忧与梅迪纳·西多尼亚有多么相似，也许会稍感慰藉，实际上就在同一天，后者写下了那封寄给腓力国王的措辞沉痛的信函，在信中建议放弃全部作战计划。但是，在英格兰，除了大量自相矛盾的谣言，没有任何人对西班牙人的底细略知一二。霍华德因此又在疑云笼罩之下熬过了三个礼拜，按照女王的指令，他在一些无关紧要的地带"进进出出"，以封锁所有通往英格兰、苏格兰和爱尔兰的海上通道（霍华德气愤地抗议称，这样的地带根本不存在），并驱逐只存在于报告之中、正从韦桑岛或是锡利群岛驶来的西班牙舰队的幽灵，他还要为运粮船未能按期抵达而火冒三

---

[1] 此处与本章标题中的"拉芒什海峡"即英吉利海峡的法国称谓，原文为"衣袖"（the Sleeve），是拉芒什海峡（La Manche）的直译和戏称，因为这条海峡恰如大西洋伸向一侧的衣袖。

丈,并日益为全体船员的健康和士气感到担忧。

就在此时,倏忽间,一切明亮了起来。确凿的情报传来,西班牙舰队的主力舰船被风暴吹散,损失惨重,只得在拉科鲁尼亚重新集结。伦敦方面也发来了委任状、运粮船以及女王的谕旨,假如情况合宜,舰队可以主动出击,前往西班牙人的港口与之交战。此外,一股清新的顺风已从东北方向吹来。好消息来得过于突然,霍华德、德雷克和霍金斯甚至还没有完成货物的存放。他们连忙升起船帆,迅速向西班牙海岸赶去,随之南下的还有90多艘武装船只,大小不一,却组成了一支雄伟勇武的英格兰舰队。

不过五天后,他们便又回到了普利茅斯湾。当舰队行至比斯开湾中部,韦桑岛到拉科鲁尼亚的总航程已完成三分之二时,风向事与愿违地转为南风,相对英格兰成了顺风,而前往西班牙的路途则变得无比艰巨。如果他们要抢风南下,等西班牙舰队看到兰兹角时,英国人或许还没有绕过菲尼斯特雷角。除了调转船头原路返回,已经别无选择了。他们重新在普利茅斯海港下锚之日,正是梅迪纳·西多尼亚在拉科鲁尼亚起锚之时。那一天是7月22日。

在下一周的普利茅斯,让西班牙人头痛的烦恼也在困扰德雷克和霍华德。女王的船只已经证明了自身的牢固,这一点讨得了霍华德的欢心,大概也使霍金斯较为隐晦地表达了满意,但在经历了过去七周的严酷天气后,一些商船已经达到极限,有的开始漏水,有的需要更换新的桅杆和绳索。尽管每六人的膳食供应已经缩减至四人份,也就是说六个人只能分到四个人的口粮,一些船只仍然面临食物短缺,还有许多船只已经出现饮用水的匮乏。而且,一些船上已经瘟疫横行,这是一支舰队出海太久的最为确定的标志。当前的首要任务之一是将发烧病倒的船员送上岸去,并向德文郡和临近各郡的治安法官提请开展新一轮征兵。虽然没有时间完全按照需要进行彻底的清洗和检修,但能做的毕竟都做了,新的货物、弹药和食品都已经以最快速度运上了甲板。就在此时,一种说法开始传入耳朵,据称西班牙人已然放弃了今年的进攻计划,应战的英格兰舰队很快便会部分解散,具体的解散工作将从女王的舰队中四艘最大和最贵的战舰开始,但是没有迹象表明这条传言打乱了普利茅斯筹备工作的节奏。

接着，在 7 月 29 日（旧历 7 月 19 日）的那个周五，用罢正餐后，受任巡逻海峡入口的屏护部队中的三桅帆船"金牝鹿"号的船长托马斯·弗莱明递交了一份报告，声称在锡利群岛附近看到了一支庞大的西班牙舰队，对方停步收帆，显然是在等待余下的舰船前来会合。根据传说，弗莱明送来消息时，德雷克正在普利茅斯高地[1]玩草地滚球。我们可以假定霍华德也在那里，因为虽然弗莱明最初隶属于德雷克麾下的西路舰队，但他照理应当先向海军大臣而非德雷克汇报敌情；但是有关无敌舰队的传说就是这样，除了德雷克，很难为其他人写上一笔。无论如何，在传说中，是德雷克做出了答复（有人还添枝加叶地想象出这位慵懒的滚球玩家的击球姿态，德雷克正举起木球，瞄准目标小球，他那拖长了的英国西部乡村口音则在众人耳边传响）："我们还有充足的时间玩完这一局并打败西班牙人。"

当然，这一幕并不真的必然上演过。没有任何同时代的权威证据留存下来；最早的记录距离该事件也已经超过了 40 年。不过 40 年还未超出口耳相传的可靠时限，这一幕亦有可能确实发生过。毕竟这番话与德雷克的腔调非常相似；话里话外无不体现出他那趾高气扬的口吻以及用亲切的俏皮话化解紧张气氛的天资。而且，尽管最高指挥官就在身旁，德雷克却首先开口说话，这也非常像他的一贯作风。最后，比其他人提前一两秒意识到确实还有时间这个事实，并且为之感到有趣，这也委实像是发生在德雷克身上的事情。

弗莱明完成报告的时间不会比下午 3 点钟早太多。他那天清晨才亲眼见到西班牙人，从当地返回的航程不少于 90 海里。那天下午 3 点钟左右，潮水将开始涌入普利茅斯湾，一路掀起排排整齐的浪涌，流速甚至会超过 1 节[2]。没有人愿意尝试迎着西南风和奔涌的浪涛，在这个时间驶出普利茅斯，事实上也没有人出航。直到那晚 10 点钟退潮之后，这支即将赶赴战场的舰队才由女王的盖伦帆船领头，曳船前行驶离海湾。这样看来，当时

---

[1] 普利茅斯高地（Plymouth Hoe），位于普利茅斯湾上方的一片开阔高地。
[2] 1 节即 1 海里（1.852 公里）/ 小时。

的确仍有大把时光可以玩完一局滚球。

西班牙人获得了某种战术奇袭的效果。或者可以认为，在这一刻，天时、地利以及一半的胜利正倒向他们一方。他们占据了上风口，敌人却被遏阻在港口以内的下风处。不过人们也很容易夸大这奇袭之"奇"。弗莱明的警报来得很及时，考虑到屏护部队的方位、船长们的技艺、船只的航速和抢风航行能力，我们有充分的理由认定警报会及时送达。英国舰队已经全副武装待命，只有少量船只还在存货，而其中的多数似乎只是些小型商船。霍华德的一席话"将我们从西班牙海岸带回原地的南风，现在把他们引了出来"，听起来似乎并未流露出多少惊讶之情，其实，如果说他和军事会议没有预见到事态照此发展的可能性，没有像人们深信海战中凡事皆有可能那样确定无疑地对此心怀预料，那才叫人奇怪呢。无论西班牙人的来势有多么迅猛，也还是有所欠缺。这道奔涌的潮水就像划出弧线迎向目标的最后一枚木球，对于普利茅斯港口内的女王舰队，这就是敌人能够牵制他们的最后一击。

夜幕之下，风势已经消歇，海潮也已退去，王家盖伦帆船以及吨位最重、火力最强的武装商船率先曳船驶离普利茅斯湾，在雷姆岬的背风处抛锚停靠。翌日，西南方向海风又起，且逐渐转强，但是在所有舰船均跨越了接近正午的退潮，驶出海湾集合完毕，成功避免了在背风的海岸被敌人一网打尽后，霍华德已经决定主动顶风出海，接下来，他便带领54艘船只驶向了埃迪斯通群礁[1]的下风处。到此时为止，事情的全过程已经堪称航海术上的一项了不起的功勋，但是对此霍华德只用了一个句子就一带而过，其他人也没有谁觉得此事值得一提。要知道，过去的两个月中，舰队已经就进出普利茅斯港在所有气象条件下反复演练过多次。此时此刻船员们思索更多的也许是海军大臣的承诺，这次他们将会一路前进，绝不返航，直至与西班牙人相遇。

---

[1] 在英格兰西南部康沃尔郡沿海，是进入英吉利海峡和普利茅斯港前的一段危险水域，今日建有多处灯塔。

22

迈入竞技场

利泽德半岛到埃迪斯通群礁
1588 年 7 月 30 日至 31 日

7 月 30 日，周六，破晓时分，所有赶在下次退潮之前能够曳船驶离普利茅斯的英国舰船都已在雷姆岬背后下锚，西班牙无敌舰队的大部队却还没有望见利泽德半岛的影子。在从拉科鲁尼亚赶来的路上，西班牙人并非一帆风顺。前四天的顺风航程天高气爽，令人愉快，唯一的烦恼在于其他船只必须收帆，在低速中艰难前行，以免将可怜的霍尔克船甩得太远。若非受它们拖累，按照其指挥官的设想，舰队的其他分队，哪怕是黎凡特的卡拉克帆船，这时候都可能早已进入了海峡。

虽则如此，到了第五天，即 7 月 26 日周二的清晨，他们还是抵达了韦桑岛的纬度，然而此时风力突然锐减，舰队只好在低沉的天空下减速漂流。这种情况持续到了中午；紧接着一阵强风从北方袭来，随之带来了让人睁不开眼的暴风雨，来势猛烈却为时短暂。舰队比平时更加四散开来，但还是保持了队形，它们避开逆风转向西行，以寻求更广阔的航行水域。面对比斯开湾的怒浪，加莱桨帆船显得过于狭长、低矮，此时果然遇上了麻烦。一艘名为"狄亚娜"号的加莱桨帆船很快传来船体裂缝的报告，她的漏水状况相当严重，不得不申请离队，以便返回某处友方港口。在表示允许的同时，梅迪纳·西多尼亚也将许可的范围扩大到其他加莱桨帆船的各位船长，只要他们认为自己的船只已经在狂风怒浪中过度耗损，就可以做出同样的裁断，不过他们最终全都固执地在渐浓的夜色中赶上前来。

是夜，风向转为西北偏西，而且愈加狂烈；清晨来临时，暴风已经席卷天海，雪浪千堆，宛如山奔，前方的一切无不影影绰绰，甚难辨明。无

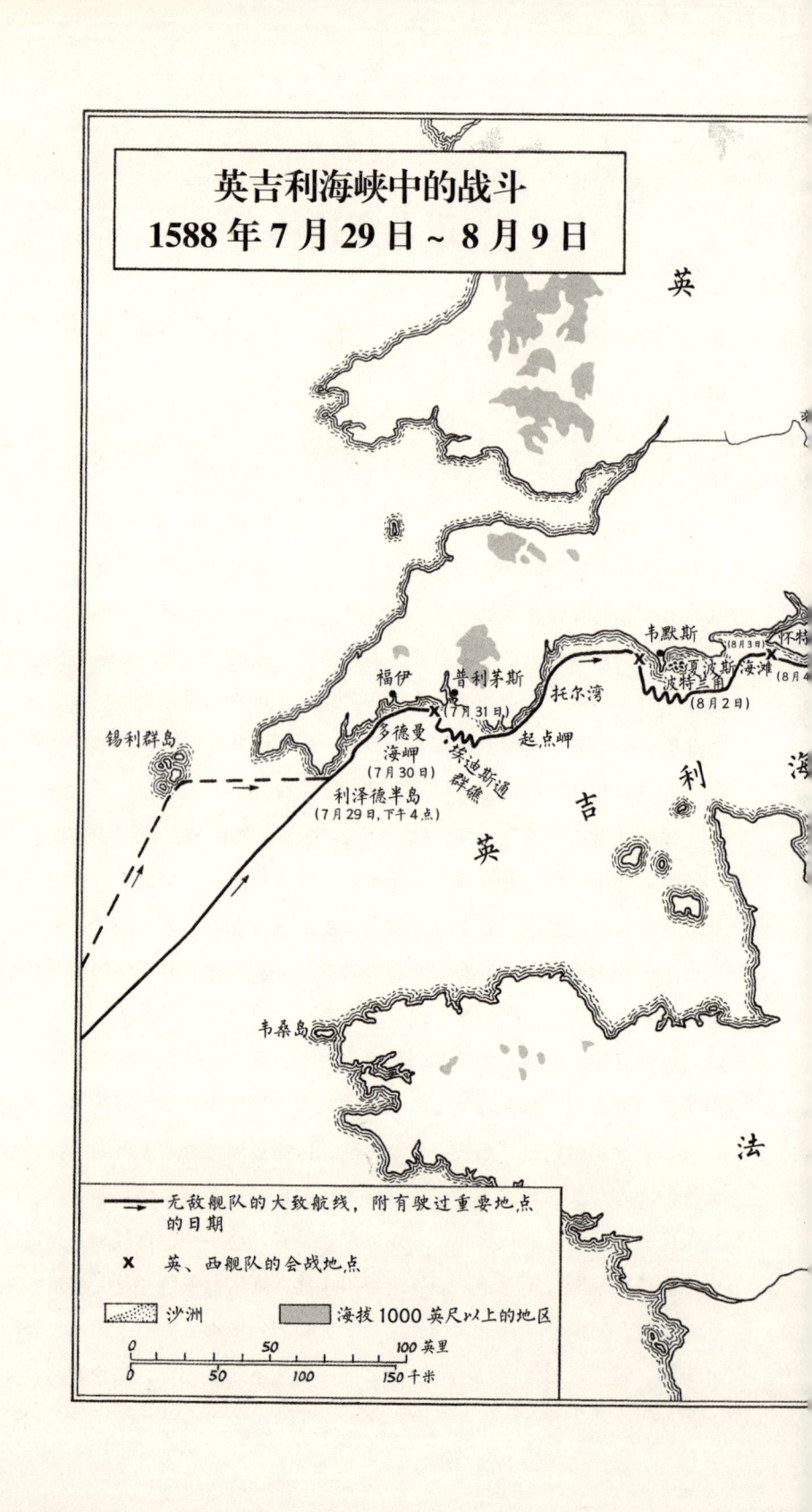

英吉利海峡中的战斗
1588年7月29日~8月9日

北海

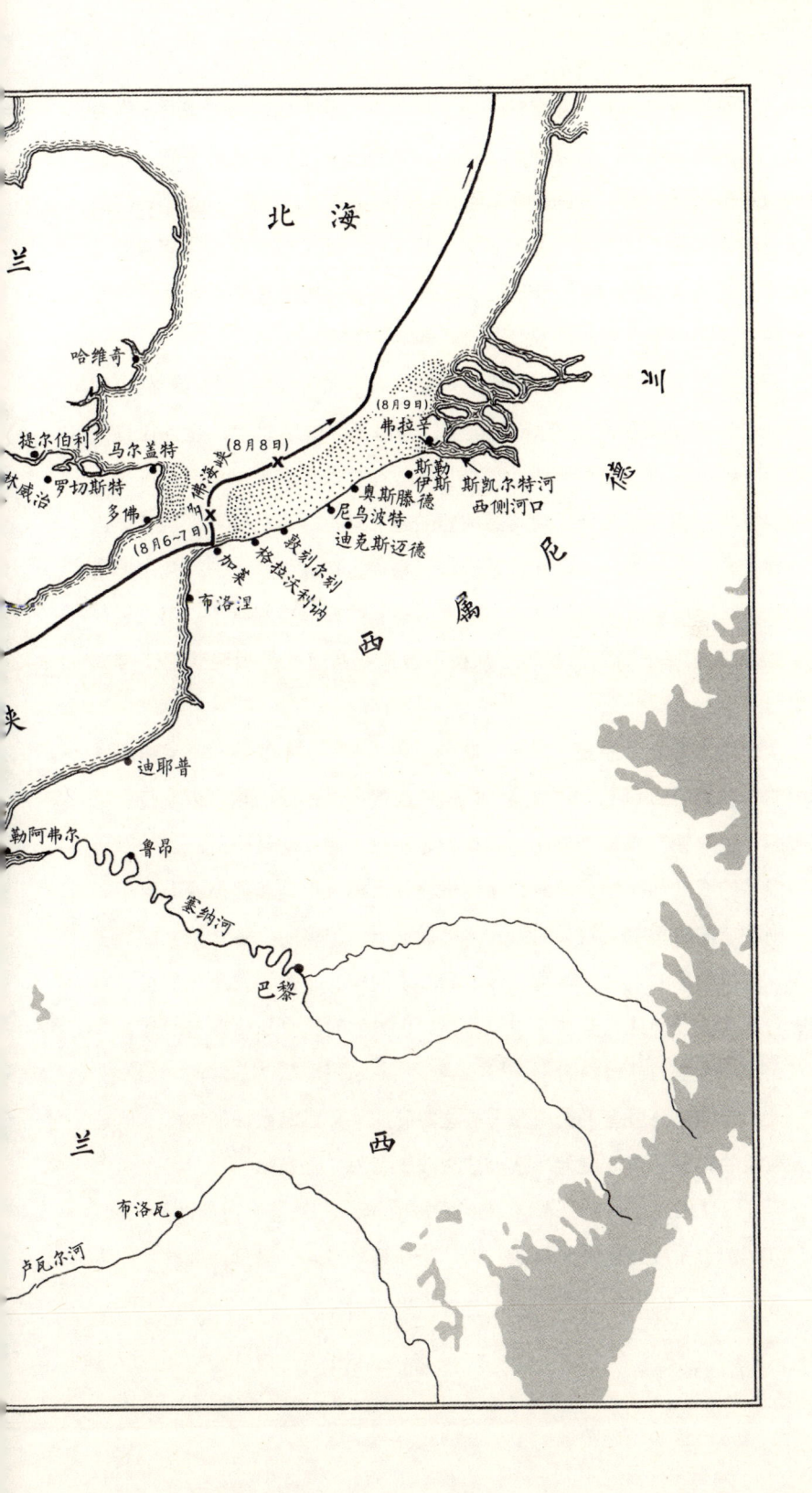

兰
哈维奇
提尔伯利 马尔盖特
狄威治 (8月8日)
罗切斯特 弗拉芒
多佛 斯勒
(8月6~7日) 伊斯 斯凯尔特河
奥斯滕德 西侧河口
加莱 尼乌波特
布洛涅 敦刻尔刻 迪克斯迈德
格拉沃利讷

西属尼德兰

迪耶普

勒阿弗尔
鲁昂
塞纳河
巴黎

法 西
兰

布洛瓦
卢瓦尔河

敌舰队依旧保持着队形，各船都使用了风暴帆，艰难地追随"圣马丁"号北上，沿路举步维艰。烈风肆虐了一天，直到午夜之后都不曾平息。但此后风力开始放缓，第一缕曙光升起后，天空明洁如洗，只有一丝微风尚存，海面也渐渐沉静下来。当公爵调查舰队状况时，他发现不仅加莱桨帆船已经离散，还有 40 艘帆船也都不见了踪影，其中包括所有来自安达卢西亚的船舶、许多霍尔克船，以及其他分队的零星船只。

领航员抛下测深锤后报告，距离水底的海沙和岩层约有 75 英寻[1]，舰队所处位置则在锡利群岛以南 75 里格。公爵下令继续北上，途中保持收帆减速，他还派出三艘轻帆船，其中一艘前往打探有多少船只已经抵达会合地点，另一艘赶赴各处提醒落后的船舶迎头赶上，第三艘负责舰队周边的侦察工作。现在第一艘轻帆船带回的消息称，在佩德罗·德·瓦尔德斯的率领下，之前迷失的帆船已经在前方的锡利群岛等待舰队了。第二天是 7 月 29 日，在那个周五的傍晚，从拉科鲁尼亚起航的无敌舰队终于再次团聚。

全军基本恢复了原貌，只有 5 艘船只退出阵列。4 艘是加莱桨帆船，其中的 3 艘最后回到了不同的港口，虽然损毁严重，但仍然可以航行。第四艘船"狄亚娜"号最先离队，在试图进入巴约讷[2]港时搁浅。她的船员连同划桨的奴隶都保住了性命，火炮也完好无损，但是船体彻底破碎了。在一则臆造的故事中，划桨的奴隶里曾涌现出一位名叫大卫·格文的威尔士人，传说他释放了"狄亚娜"号上的奴隶同伴，干掉了西班牙船员，而且成功地捕获了其他三艘加莱桨帆船，后世虽然对这个故事多有驳斥，却至今无损这位虚幻英雄的名声。

人们想知道公爵是否会因为失去这四艘加莱桨帆船而深感悔疚，但是第五艘船的损失其实才更为严重。这艘战舰名为"圣安娜"号，是里卡德的比斯开分队的旗舰（*capitana*），它经常被唤作"胡安·马丁内斯的圣安娜"号，以区别于无敌舰队中的其他三艘"圣安娜"号同名船只。她的吨位达

---

[1] 1 英寻约合 1.6288 米。
[2] 巴约讷（Bayonne），法国西南部海港。

到 768 吨（西班牙制），可以携带 300 多名士兵和水手，配备有 30 门火炮，其中一些还是重量级铜炮。她可能属于里卡德本人，又或者是按照里卡德的详细要求建造的，但最终却境况不妙，她要么装备糟糕，要么指挥欠妥，要么连运道也颇为不济。在经历了拉科鲁尼亚的风暴后，她当时就是最后一艘归队的比斯开舰船，也是最急需修缮的那一艘。而这一次，她干脆再也没能重新出现。因为某些原因，她赶在风暴之前向东进入了海峡，在拉霍格[1] 得到庇护，并在余下的战争进程中一直待在那里。好在里卡德当时并没有登上"圣安娜"号的甲板，而是身在葡萄牙的"圣胡安"号上，不然梅迪纳·西多尼亚将失去他的副指挥官，损失也将严重得多。不过倘使里卡德真在"圣安娜"号上，这艘船兴许也不至于弃舰队而去。为了等待"圣安娜"号，无敌舰队在利泽德半岛附近徒劳地伫留至 30 日，也就是周六的早上。当然，行程的拖延并非全无益处，至少这给了堂雨果·德·蒙卡达的"圣洛伦索"号充足的时间来维修船舵，这艘船是加莱赛战船中的旗舰。公爵在心下喃喃抱怨，相对于悍野的重洋，这些加莱赛战船也委实脆弱了些！这大约是事实。当日后环境再度不那么尽如人意时，"圣洛伦索"号的船舵果然又一次遭到损毁。

7 月 30 日，周六清晨，在无敌舰队开始向海峡挺近之前，眼看着利泽德半岛已经在视野之中浮现，一场军事会议在"圣马丁"号上召开，关于这场会议已经留下太多的论述，但是切中要害的文字却少之又少。同一天，公爵还向最虔诚的天主教国王陛下通报了会议的一项明确决议：在与帕尔马的会合地点确定之前，舰队将不再前往怀特岛以远的地方，因为既然穿过多佛海峡后便再没有深水港口可供停靠，那么只消一场暴风雨就会让他们在沙滩上陷入险境。后来，据一位总体上可靠的见证人、当时身在"圣马丁"号上的阿隆索·瓦内加斯船长报告说，当各分队指挥官正在商议最后关头的战术布置时，堂阿隆索·德·雷瓦力劝大家进攻普利茅斯，他们早先已经从马德里的消息中获知，德雷克和英军舰队的西翼在那里停驻，这个情报随后还从另外的渠道得到证实，西班牙的轻帆船曾捕获一艘

---

[1] 拉霍格（La Hogue），法国西北部海港，在海峡南岸。

渔船，上面的船员也纷纷对此予以确认。一些军官当场表示赞同。但是，依据瓦内加斯的说法，对于进攻普利茅斯的提议，公爵却提出了两点否决的理由。第一，这违背了国王的嘱咐；第二，普利茅斯的海湾入口狭窄难行，而且沿途遍布威力强大的海岸火炮。经过进一步的商讨，与会人员最后终于就公爵的意见达成了一致决定。这就是我们根据一手资料了解到的全部内情，除此之外只有一点需要补充，后来有一次，当捕获佩德罗·德·瓦尔德斯的英国人询问无敌舰队是否曾经打算攻入普利茅斯时，他的回答是，假如有合适的良机，无敌舰队可能就会这么做，但是他本人在任何情况下都表示了反对。

然而，后来，当战败的船只零零落落地返回西班牙，当参加过本次军事会议的大多数军官们都已命丧黄泉或沦为阶下囚，而大众开始在盲目的情感支配下寻找替罪羊时，一则流言不胫而走，说是会上的所有分队指挥官都迫切要求攻打普利茅斯，怎奈梅迪纳·西多尼亚谎称国王的命令让他别无选择，以此为理由驳回了众人的请求。于是乎，仿佛是公爵的谎言、骄矜和懦弱导致无敌舰队错失了赢得胜利的最佳时机。最早散播这个故事的人是一位多名我会修士胡安·德·维多利亚，他留下了一份记录这场战役的手稿，其中最引人注意的恰恰是字里行间漫无边际的舛错和对公爵本人的恶毒毁谤，它将西班牙人的惨败一概归因于公爵的骄傲、愚蠢和怯懦。没有人在这类观点上比维多利亚更加离谱，但是在一些更加声名卓著的西班牙编年史家那里，他的污蔑找到了些许回声。以上情况，连同以下这个事实——费尔南德斯·杜罗[1]也从维多利亚手稿里节选了相当一部分内容，放入他那本在其他部分都无可指摘的无敌舰队资料集中，使维多利亚关于那场军事会议的描述拥有了本身并不具有的可信度。

事实上，人们没有任何理由怀疑在那场军事会议中出现过意见一致的景象。认为梅迪纳·西多尼亚面对手下这批久经沙场的副手时，不仅想要而且能够威逼他们接受并不赞同的决定，实在荒诞透顶。在西班牙军队中，

---

[1] 费尔南德斯·杜罗（Cesáreo Fernández Duro, 1830—1908），西班牙海军船长、作家、历史学家。

根据惯例，每当军事会议出现意见分歧，哪怕只有一人表示反对，所有人都要参加投票表决，而且每个人的观点都要记录备案，并将全文呈递给国王。在拉科鲁尼亚召开军事会议时，无敌舰队实际上正是按照这种惯例履行了程序。梅迪纳·西多尼亚向来对待成规惯例和军队仪礼一丝不苟，他正是威廉·伯勒会乐意与之共事的那一派指挥官；对于如此重要的程序，每个步骤他都不会省略。同样，他也不会对大多数高级军官们的一致意见视而不见。尽管在接过指挥权六个月后，他终于开始不再晕船，并且日益自信起来，但直到最后，他都一直对专家的忠告谨遵不懈，而且总是谦虚地声明自己在海军和陆军事务上仍然懵懂无知。

正如我们没有丝毫理由去质疑军官们对会议决定形成了一致意见，同样，也没有任何令人信服的依据来谴责最终决定的合理性。那时前方布满了未知，在通往普利茅斯的航道沿途状况、海岸火炮的火力、英国舰队的驻扎地点等因素全都不能确定的情况下，只有轻率鲁莽的指挥官才会冒险下令满帆前进，让自己的运输部队自求多福，才会只为了抓住一处疑似存在的英军破绽，便将关乎任务成败的一切全都投入这场豪赌。现存最有效的一份情报显示，德雷克本人的确就在，或者说曾经就在普利茅斯，但霍华德则位于东侧的某处。倘若趁德雷克在卡泰水道[1]里或刚刚探出普利茅斯湾时打他个措手不及，那可能会取得一场大胜；可是如果领头的船只卡在了通往港口内部的水道入口处，与德雷克和海岸火炮展开激烈的交战，而霍华德又从后方猛扑过来，则必定会招致一场灾难。考虑到这些变幻莫测的可能后果，从表面上看，很难构想出比那次军事会议的决策——沿着海岸继续谨慎推进，同时尝试确定敌人的位置，视情况采取相应行动——更加出色的决定了。

真实情况是，虽然普利茅斯是他们最急于得到的港口，当时却绝不存在任何发动奇袭的机会，普利茅斯也丝毫没有可能被拿下。当他们还高坐在利泽德半岛附近海域上进行争辩、距离预期的目标尚有大概50英里时，

---

[1] 卡泰水道（Cattewater），普利茅斯东侧的普利姆河（River Plym）与南侧的普利茅斯湾会合的一条水道，往来船舶常常在此停靠。

德雷克和霍华德已经带领战力最强的那部分英军躲在雷姆岬后守株待兔。在会上必然商讨过的众多情形之中，最为不利的一种此刻正在前方逐渐成形。

散会后，无敌舰队开始小心地深入海峡，博登多纳的黎凡特分队以及加莱赛战船打头阵，紧随其后的是主力部队，由公爵和一支盖伦帆船分队率领，吉普斯夸的分队和来自安达卢西亚的舰船分居左右，中间则是排列得整整齐齐的霍尔克船，里卡德的比斯开分队连同剩下的盖伦帆船负责殿后。他们刚一进入陆地守军的视野，最前方的几座烽火台便立时燃起烽火，狼烟从一处又一处海岬上腾空而起，在远处看不真切的曲折海岸线上弥漫开来，警报随之从普利茅斯传播开去，直到整个南部海岸陆续闻风而动。连海峡对岸敦刻尔克附近的航船都能够望见多佛烽火台上的通红烈焰，北福兰角发出的烽火信号也传入了埃塞克斯岸边的哨兵眼中。同一时间，其他多条纵入内陆的烽火台连线比任何信使都要更加迅速地将警报传遍了英格兰的土地，截至早上，不仅伦敦和诺丁汉已经获悉敌情，约克和遥远的达勒姆[1]也都得到了消息，西班牙人最终还是来了。

有一阵子，无敌舰队见到的唯一敌人是一艘英国轻帆船，当他们正驶过利泽德半岛时，这艘船忽然从先头部队之间飞快掠过，几乎是以高耸的卡拉克帆船为掩护，轻盈地逃遁而去，面对"拉若塔"号倾泻着愤懑的攻击，离开的时候它还用船上形同玩具的加农炮冲着"拉若塔"号雷霆万钧的炮轰报以还击。临近傍晚时，舰队一线排开就地抛锚，此时他们大约处在多德曼海岬[2]的下风向（风向为西南偏西）。行动结束后，瞭望员看到埃迪斯通群礁后面有一片片闪烁着阳光的上桅帆——毫无疑问，敌船就在那里，但是数量多少、正做何动作，却因距离太远而无从辨认。于是梅迪纳·西多尼亚派出一些轻帆船，力求尽可能翔实地搜集敌情。

在耀眼的阳光下，霍华德的瞭望员乜斜着双眼，只能约略辨别出西班牙舰队绵延的队列，对方看上去就像一排浮动的长墙，来势汹汹，泛着黑

---

[1] 达勒姆（Durham），达勒姆郡的郡治已经接近英格兰的北境。
[2] 多德曼海岬（Dodman Point），在利泽德海岬的东北方向。

色的光芒，众多塔楼在巨船上方巍峨地耸峙着。他们无法辨别每一条船的身影，因而同样不能点清敌船的数量，不过根据攀到横桅索上观望的绅士们的回忆，自从世界肇造以来，还从没有人亲眼见过规模如此庞大的敌方舰队。明天，他们就能领教对方的本领了。而现在，乌云遮蔽了残阳，天空号啕着下起了雨，在苍茫的暮色中，双方舰队都从对手的视野中渐渐抹去。

那天晚上，当午夜过后，一艘西班牙轻帆船在一位会说英语的军官的指挥下，带着它捕获的一艘法尔默思[1]渔船返回了舰队，渔船上有四名船员。公爵从他们那里获悉，霍华德和德雷克已经与余下的英国舰队会合，当天下午有人看见他们驶入大海。稍后，在黎明到来之前，第一周激战中最具决定性的调遣活动就此发生了。风向在30日晚上是西南偏西，西班牙舰队处在英国人的上风向，因此占据着至关重要的有利位置。到了清晨，风向转为西北偏西，改由岸上吹来，如果西班牙人待在原来的位置，或是向东北方向的福伊[2]缓缓进发，他们的上风优势会进一步突显。天亮以后，他们发现自己仍处在一小支英军舰队的上风向，对方正沿着海岸抢风航行，试图从无敌舰队的前头移往西方。现在这支舰队正与西班牙前锋部队交火，可是就在阻截这支英军的时候，西班牙人却蓦地在自己身后正对上风向的位置看见了英国的主力舰队。西班牙人已经失去了风向优势，由于风在未来九天的多数时间里始终来自西方，因此除了某些短暂的时刻之外，他们再也没能重新赢回有利的风向。

我们不清楚一切究竟是如何发生的。霍华德出海之后，一定曾经迎风绕过了无敌舰队朝向大海一方的侧翼，然后返回，而且无敌舰队必然曾经向东方航行，或是顺水漂流了数英里之遥，唯有如此才能解释这项壮举何以完成。霍华德对此的全部描述是："第二天早上是星期天，所有离开普利茅斯的英国船只都重新找回了风向优势，我们目前位于埃迪斯通群礁西部2里格处。"之所以说"所有离开普利茅斯的英国船只"，是因为接下

---

[1] 法尔默思（Falmouth），英格兰西南部康沃尔郡南部沿海城市。
[2] 福伊（Fowey），康沃尔郡南部沿海小城。

来西班牙人将第二次大惊失色,其程度不亚于方才失去上风向后的反应,他们现在眼睁睁地看着那 11 艘沿岸边航行的船只安全绕过西班牙前锋部队,然后在进行新的调戗后驶离岸边,回到了自家舰队指挥官的麾下。正是在此时,多数西班牙人第一次意识到,敌船要比他们曾经操纵过的任何船只都要更加善于抢风航行。对方拥有性能如此优越的船只,还握有风向优势,里卡德等睿智之士很早以前就在担心的事情竟成了事实,战斗距离和性质现在都将听凭敌人的选择。

预感到英国人将会来袭,梅迪纳·西多尼亚发射了一响号炮,无敌舰队随即根据战斗序列列队,每个分队都高度精确地按照军事行动的需要腾挪辗转,各船或满帆或收帆,并依据邻船的情况调整操作,直到整支舰队在英国人眼前首次呈现出著名的新月阵型,这种阵型将在海峡内部的一路激战中持续不断地令对手感到困惑和敬畏。那当然不会是一弯形状完美的新月,但是它仍然有直指敌军的展开的两翼和厚实的中央地带,这么多形制不一的船只能够顺遂地排列并且牢固地保持如此复杂的阵型,足以让任何经验丰富的水手备感惊愕。

英国人做不到这一点,他们从没有进行过这类练习。英国的海员从未低估过伊比利亚人的航海技艺:欧洲其他地区的人民是追随着葡萄牙人的船只才得以远赴世界上最遥远的海洋,巴斯克人则可以从世界上最汹涌诡谲的海域中谋生活,从没有人认为他们是离不开和风丽日的水手;至于那些亲自完成过西印度群岛远航的英国人,更不会对这趟远航所需要的航海技艺心存轻视。即使是这样,呈现在霍华德舰队面前的操纵技艺还是让观者们大开眼界,一如此前英国轻易夺取风向优势时西班牙人的惊诧万分。而且在某种程度上,眼前的景象多少令人沮丧,因为这个阵型蕴藏着超乎寻常的防守力量。

新月阵型之所以令人生畏,是因为醉心于把持风向优势的英军船只只能攻击它探出的两翼,可是那里却静候着战力最强的船只,而且一旦这些船只中有谁严重受损,还可以轻松地"返回到舰队的中央地带"。另一方面,倘使有哪艘英国战舰鲁莽地冲到展开的两角之间,便一定会遭到合围,从而被来自左翼或右翼的强大盖伦帆船切断与后方的联系。那时它们将落入这个新月形包围圈的内部，从后方围堵上来的西班牙侧翼舰船还有风向优势，将在狭窄的水域里捉住它们，英国船只的速度和敏捷都将无用武之地。陷入包围的英舰将被迫近距离交战，并最终落入近身搏斗，它们的同伴若想施援，也只能亲自投入这场大型混战之中，展开面对面的白刃战。而这正是西班牙人一直梦寐以求、英国人却避之唯恐不及的作战方式。

　　故而当他们各自排出选定的阵型，西班牙人祭出古怪的新月，英国人则排出一列或两列时，两边都在打量对手，却没有任何一方喜欢眼前看到的景象。如果说英国人惊骇于无敌舰队的规模——其体量之大似乎让海洋都不堪重负地发出了呻吟——并且为西班牙人的秩序井然而咋舌的话，那么西班牙人却很清楚本方有多少舰船实则无力参战，他们不仅暗自为敌人的快速灵巧感到吃惊，还同样因为敌人的数量、英军一线战队舰船的吨位和显而易见的强劲火力大感讶异。当两军那天清早在战场上彼此注视时，二位司令的脑海必定都曾在一段时间内几近空白，接下来该做何安排，没人心中有数。

　　他们有充分的理由感到不知所措。出现在战场上的两支舰队在这世上前所未见。从没有人目睹过这样两支海军进行厮杀。没有人知道那些新式武器会有何作为，也没有人了解如何实施战术才能最高效地发挥武器的性能。这一幕揭开了海军战史上新的一页，假如把接下来的时代比作漫长的一天，那么风帆战列舰（ship-of-the-line）将要成为统治战场的女王，它们使用木质船板，借助风力驱动，配备滑膛式加农炮，而新式战列舰（battleship）则仅仅到了这一天的晚上方才登场，它们使用金属装甲，借助蒸汽动力驱动，配备膛线式加农炮。而食古不化的学者们在为始于彼时、绵延至今的时期取名，也就是我们如今所谓的"现代"时，还可能会把这两种战列舰一概而论。不过在这一天的初始，风帆战列舰还没有名字，人们也不知道它该如何使用。那天早上，在埃迪斯通群礁附近，双方舰队中没有一个人知道该如何去打一场"现代"战争。当然，纵使放眼全世界，当时也没有任何人对此知晓一二。

23
第一滴血

埃迪斯通群礁到起点岬
1588 年 7 月 31 日

  历史上第一次现代海战恰如其分地以中世纪的姿态、以骑士文学中的场景拉开了帷幕。西班牙的海洋舰队总司令下令在自己的主桅楼上升起他的圣旗,这是象征开战的信号,是卡斯蒂尔指挥官在海上看到摩尔人的加莱桨帆船时的一贯做法。英格兰海军大臣也派出自己的轻帆船"蔑视"号,向西班牙舰队指挥官表明本方的挑战诉求,就像亚瑟王委派高文爵士向卢修斯皇帝声明反抗意愿一样。霍华德的挑战诉求得以传达,此时大约是早上 9 点钟,接着他亲自率领英国舰队以纵列(一艘紧跟着另一艘形成一列纵队,西班牙人称之为"en ala")前进,与西班牙舰队朝向海岸一侧的新月北部尖角彼此相对。

  遭到攻击的侧翼主要由德·雷瓦率领的黎凡特分队组成,当无敌舰队此前向着海岸朝北挺近,试图切断处在下风向并与大部队离散的那些英国船只时,他们构成了全军的先锋。多数有关这场战斗的描述仍将德·雷瓦的分队称作"先头部队",虽然事实上在无敌舰队施展出新的阵法后,先锋已经变作两翼,每一艘船都向东转动了至少 90 度,因此德·雷瓦此时已处在左翼,他的黎凡特武装商船也就构成了新月的一角,伸向那一侧的后方。

  而在这支分队的最后,在充满荣誉和危险的位置上,便停泊着德·雷瓦自己的"拉塔·科罗纳达"号。当霍华德的"皇家方舟"号开始调转船尾时,堂阿隆索·德·雷瓦也转动船舵,与英国人的旗舰彼此侧舷相对,这样德·雷瓦便与对方构成平行,与西班牙新月的拱弦则彼此相交,他正尝试向上风向移动，以便拉近射程。在他身后投入战斗的是博登多纳的大型卡拉克帆船"里加桑纳"号，这是无敌舰队中最大的船只，几乎与英格兰女王的"凯旋"号一般大小，博登多纳的身后则跟随着黎凡特分队的其他船只。霍华德带着"拉塔·科罗纳达"号才是西班牙舰队指挥官座驾的错误印象，以为那是无敌舰队的旗舰，"认为公爵就在那艘船上"，于是他下令与"拉塔·科罗纳达"号彼此侧舷相对，相互炮击了好一段时间，"直到'拉塔·科罗纳达'号被各式各样的西班牙船只救走"。当然，这可能只是霍华德的一面之词。事实是，即使在无敌舰队中也并非最善于抢风的黎凡特分队始终无力迫近射程，而霍华德也无意拉近射程，于是两方的队列始终相互远离。就我们知道的情况而言，没有人在这部分战斗进程中受伤，或者说根本没有哪艘船的伤势严重到需要同伴施援。

与此同时，包括霍金斯的"胜利"号和弗罗比舍的"凯旋"号在内的一组英国船只在德雷克及其"复仇"号的率领下，向无敌舰队的另外一边侧翼发起了进攻，部署在那里的"殿后部队"由舰队副指挥官胡安·马丁内斯·德·里卡德指挥。这部分英军舰队受到的接待大为不同。里卡德指挥的是来自葡萄牙的"圣胡安"号，是无敌舰队中火力最强大、吨位最出众的盖伦帆船之一，她现在出乎意料地回船转舵，主动迎上前来发起攻击，但余下的盖伦帆船却继续向前航行。在察觉到眼前发生的一切后，梅迪纳·西多尼亚似乎产生了这样的印象，里卡德之所以与自己分队的余下船只分离开来，要么是出于意外，要么是出于属下的有意遗弃。他递交给国王的报告认为两种情况都存在可能。然而，这两种情况实则全无可能。葡萄牙人的盖伦帆船由老兵操纵和指挥，他们绝不会仅仅因为敌人的炮声作响便手足无措。在战斗的余下进程中，双方阵营里再没有哪支分队能在勇气上胜过他们。更何况要想象里卡德的比斯开同侪会遗弃他们的指挥官，也实非易事。另一方面，在所有分队的指挥官中，里卡德是最不可能出于意外而身陷陷阱的一个。他因擅长操控船舶而声名赫奕，而他驾驭属下的本领与此相比也同样毫不逊色。如果说他将公爵置于要在两种不大可能发生的情况中做出选择的境地，那一定是因为他不想证实唯一可能属实的猜测，即他违背命令单独离开了自己的分队，有意孤身闯入虎穴，并且事先嘱咐属下不得尾随。

里卡德比任何人都更加清楚，舰队现在已经丢掉了风向优势，若要取胜，唯一的机会在于制造一场大混战。里卡德对战斗形势做出了充分的观察，已经能够确定他对英军指挥官意图的解读是正确的，他明白霍华德打算远远站在一边，用长重炮将西班牙船只击成碎片，而英国人的射程优势足以保证英军船舶自身毫发无损。不过在海战历史上，此前还从没有过一艘船只孤零零地被敌军包围却没有被登船占领的先例。对于战力占优的一方来说，当目标价值连城时，接舷战是唯一能够确保完好无损地拿下战利品的方式，里卡德审视过向自己驶来的敌军，能够确定其中有一艘船比自己的"圣胡安"号更大，而且首尾船楼也和"圣胡安"上的一样高。考虑到这些，如果说对方这艘船的船长面对孤身闯入的诱饵竟会按捺着不靠上前来的话，那将是一件奇怪的事。里卡德知道，本船一旦能够用抓钩扣住一艘英国盖伦帆船，甚至交好运的话，扣住了两艘，他就能独力支撑困局，直到后方的援军抵达。到那时，如果英国人也力图增派援手，那么一场寄托了所有希望的大混战也许就将宣告实现。而且假如他能够引诱英国人靠近，那么船上那些形制巨大却射程较短、以摧毁船舶为目标的加农炮、半加农炮和毕雷炮便能派上用场，届时他或将赢得转机，趁势有所作为。这些构想值得拿出一艘船来冒险，甚至值得违背舰队的正式指令。

就像里卡德清晰地解读出了霍华德的意图一样，德雷克也必定对里卡德的想法心知肚明。"复仇"号、"胜利"号、"凯旋"号和其他英国船只拉近了距离，但始终小心地与里卡德保持300码左右的距离，用他们的主要武器长程火炮攻击"圣胡安"号。里卡德无法靠近英军，而后者也无意上前，虽然马丁·弗罗比舍必定会像里卡德希望的那样，正在"凯旋"号上焦渴难耐。事情到了这种地步，"圣胡安"号只好独自与这一小支英国舰队鏖战了将近一个钟头，直到庞大的"葛兰格林"号和其他比斯开船只上前营救，才驱散了英国人。援军又保护"圣胡安"号退回至舰队的中央地带，在那儿她将能够利用掩护修补损伤。

营救里卡德的行动似乎始于舰队的旗舰"圣马丁"号，而这也导致了战斗的中止。里卡德也许有意尽可能长久地充当陷阱的诱饵，但是无论他曾经怎样叮嘱属下军官，他肯定没有对总司令吐露只言片语。梅迪纳·西多尼亚刚一看见自己的副指挥官落入危险，就立刻降低船帆受风力，急转船舵前往施救。未几，所有中央地带的战船，包括来自安达卢西亚、吉普斯夸的战舰，以及余下的盖伦帆船，全都效法"圣马丁"号，它们先让船帆松弛下来，等待殿后部队慢慢漂流向前与自身持平，如果英国人彻底陷入激战，可能还会超过它们，使它们获得上风优势。英国人却在这个关键时刻选择了避战，主动退到射程之外。这便是第一天交战的结局。

英国人终止战斗后，大约在下午1点钟，梅迪纳·西多尼亚命令舰队转为进攻姿态，希望逆风航行，赶超至敌人的上风向。由于新月阵严格意义上是一个防守阵型，只有在顺风条件下才能保持，公爵遂将用于战斗的舰只划拨出来，组合成若干纵队，每一个纵队都以纵列行进，全力顶风前进，让脚步拖沓的霍尔克船继续在下风处行驶。无疑，数量众多的盖伦帆船呈现出壮观的视觉景象，它们倾斜前进，在朗日清风中逆势而上，不过英国人却能轻易按照自己的意愿保持合适的距离，时不时地在西班牙人可笑地齐射出的一通实心弹中上下颠簸。西班牙舰队一次次骤然发起猛冲，从左舷、右舷轮番尝试突破，然而与接连发起盲目冲刺，想要顶翻敏捷的斗牛士的勇猛公牛相比，他们并没有得到更多的机会。整整三个小时过去了，公爵的努力毫无收效；他只得转舵退去，与艰难行进的霍尔克船会合。"敌人已经拉开了射程，"西班牙的官方航海日志上写道，"公爵追上了英军舰队，但再也无计可施，敌人仍然保持着风向优势，他们的船只太过快速、灵巧，可以为所欲为。"

对于双方来讲，第一天的战斗经历多少都有些令人沮丧。与受到的损伤相比，西班牙人深深感到的恼怒更值得一提。全军之中没有哪艘船受到的创伤比里卡德的座驾更为严重，而"圣胡安"号的损失不过是前桅挨了两枚加农炮弹，一些支柱和索具被打掉，几名水手受伤或阵亡而已。如果认为英国人的远程炮击有所收获的话，截至目前，也只是构成了恼人的刺拳罢了。然而，无论英国人什么时候选择靠近，这一套刺拳显然都是西班牙人必须忍受的代价，而且不大可能作出有效的反击。

至于英国人，纵使他们没有受到任何损伤，却至少有所警醒。这支敌军比他们指望碰到的要更加庞大和强悍。整日下来，西班牙人的航海技艺和纪律无懈可击，在这场战斗的最后，他们仍然像开战之初那样斗志昂扬。无敌舰队的火炮要比英国人预期的更加强大，不仅配备了足以还击英军的长程火炮，而且最好的船只还比女王的盖伦帆船配备了更多擅长击毁船舶的短程火炮，如加农炮和毕雷炮等。假使能够拉近足够的距离，西班牙人甚至不需要接舷作战便能造成巨大的杀伤。此外，如果说西班牙人的火炮那天没有给敌人造成半点损害，那么就像大家所看到的那样，英国人也同样一无所获。从近距离看去，无敌舰队甚至比远观时更加骇人。当战斗终了，无敌舰队转身驶入那天下午愈织愈浓的晦色之中，逐渐遁去了身影，此时的它浑如一堵木墙，而且要比之前看起来更加坚不可摧，更像是一座塔楼高耸、阴森可怖的堡垒。

英国人并没有因为自己的表现而骄傲。他们已经驱赶西班牙人驶过普利茅斯，如果说无敌舰队曾经对普利茅斯有过想法（事实已经证明并没有这样的打算），那么至少这个念头已经遭到挫败。不过眼下无敌舰队正以整齐的阵列坚定不移地在海峡中挺进，向着与帕尔马会合的地点赶去。假使要阻止他们相会，就需要付出更多的努力。霍华德曾经打算以65艘船正面对抗整支西班牙无敌舰队，但现在也开始举棋不定了，在重新开战之前，他需要等待普利茅斯的余下船只赶来会和，他还在向各处写信求援，希望继续补充人员和船舶。他的想法得到了军事会议的一致认同。在给沃尔辛厄姆的信中，霍华德写道："我们与他们交火［从9点战至下午1点］，迫使敌人的不少船只退回后方修补漏洞［这与其说是他了解到的实情，不如说是他的期望］；尽管如此，我们不敢冒险与他们短兵相接，他们的舰队实在很强。"德雷克在向西摩提出敌人迫近的警告时，简洁明了地表示："我们到21日一直在追击他们，最终赶上了他们，之后我们舰队中的一些船只和他们之中的一些船只对射了一阵，据我们看来，他们已经下定决心要在炮弹中死得其所。"

迟至战斗结束后，西班牙人才第一次遭受严重的损失，两起事故都与敌军的行动无关，却像是注定似的，让无敌舰队失去了两艘主力战舰。第一起事故看起来轻微一些。下午4点过后不久，西班牙人开始重新组建用于防御的新月阵型，当时安达卢西亚分队正在靠近公爵的右侧，该分队的 capitana，亦即由佩德罗·德·瓦尔德斯指挥的旗舰"罗萨利奥圣母"号突然与另一艘安达卢西亚船只相撞，由此失去了船首斜桅。接着，仅仅几分钟过去后，公爵的左侧又发生了一起大爆炸。奥昆多分队的第二主力舰（almiranta）"圣萨尔瓦多"号在人们眼前陷入熊熊火海；她的尾部连同两层甲板的艉楼已经消失不见。显然，是储藏在船尾的火药发生了爆炸。

关于第二起事故，我们离它越远，它的情节就变得越发详细并透露出戏剧性。在送交腓力的日记或者航海日志中，8月21日这天，梅迪纳·西多尼亚只是简单地提及储藏在"圣萨尔瓦多"号上的几桶炸药发生了爆炸。推测起来，公爵应该已经询问过内情，一些"圣萨尔瓦多"号上的幸存者登上了"圣马丁"号的甲板，假如他掌握的信息真的仅限于上报的内容，那也并不值得大惊小怪。毕竟发生爆炸时周边的所有目击者几乎都已罹难。很自然地，各种光怪陆离的臆测很快传遍了舰队上下。一位最后在"圣马丁"号上结束航程的名叫弗雷·博纳多·德·贡戈拉的船员表示，据他听说，爆炸原因被归结为炮手的疏忽大意，这是一个听上去可信的猜测。但在另一艘船上，有人说是炮手主动点燃了炸药桶，而且没有人知道个中原委。也许原因在于，这位炮手是名英国人。另一些在格拉沃利讷[1]之战后被救起，但并非来自"圣萨尔瓦多"号的西班牙逃兵又讲述了一个情节更加详细的故事。据说一名荷兰炮手长因粗心大意受到指责，忿忿不平的他在弹药库安装了导火索，点燃之后跳下了海面；至于他随后去往了何方，也没有相关的说明。在阿姆斯特丹，一位富有想象力的消息灵通人士还提供了一个更妙的故事版本。这位炮手长（自然换成了一位被迫服役的荷兰人）由于在后甲板上抽烟而受到奥昆多的责备，于是他冷静地将烟斗中残剩的烟丝抖落在一只火药桶中，整条船因此炸开了花。当然，奥昆多本人并不在"圣萨尔瓦多"号上，不过，错把西班

---

[1] 格拉沃利讷（Gravelines），法国北部海港。

牙舰队中的第二主力舰当成旗舰的，并不是只有荷兰人。至于那桶火药为什么要放在后甲板上，倒是一个无关故事精彩程度的小问题了。几周后，汉堡也有了本地的故事版本，这一回炮手长换成了德意志人，西班牙长官施暴的道具则变成了一根棍子。

等到佩特鲁乔·翁博蒂尼也开始关注这起事件的时候，故事已经有了完备的轮廓。这一次炮手长乃是弗莱芒人，他的职业荣誉和个人尊严都经受了非难，申斥下属的西班牙长官不仅早就为他戴上一顶绿帽子，现在竟公然威胁起他女儿的幸福和安全，故事的创作者显然享有诗化的特权，竟然允许炮手长的妻女全都出现在"圣萨尔瓦多"号的甲板上。弗莱芒人在引燃导火索后纵身跃入汪洋，与大船同归于尽。在结尾的地方，翁博蒂尼用动人的笔触谴责了西班牙长官的愚蠢行径，指明他不该唤醒人类胸膛中野蛮的复仇烈焰。翁博蒂尼的版本具有华丽的巴洛克风格，本可以令之前的所有传言黯然失色，不过它已经有了太多的竞争者。而且在北方人看来，翁博蒂尼的故事和意大利的某些巴洛克风格教堂一样，多少有些琐碎繁杂、华而不实。一个又一个的版本被灌注了热爱自由、爱国主义和矢志复仇等各种主题，故事的主角在荷兰人、德意志人、英国人和弗莱芒人之间来回变换，所有这些传言与大卫·格文的神话一起，都已深深嵌入了有关无敌舰队一役的传奇故事。

故事虽是杜撰的，它们意在解释的那场灾难却足够真实。梅迪纳·西多尼亚当机立断地鸣了一炮，借以吸引全军的注意，他一边下令旗舰调整航向，朝后方的"圣萨尔瓦多"号驶去，同时又派出多条轻帆船和舰载艇，将通报消息的信使载往各方。小型船只聚集到着火的"圣萨尔瓦多"号身旁，将她的船尾拖离风口，以免火势向船首蔓延，船上的水手正在不顾一切地想要扑灭已经燃至船体中部的大火（艉楼下方就是火药的另一储藏地点），人手的稀缺现在得到了缓解，因爆炸致残或烧伤的水手也陆续转移，舰队中有两艘霍尔克船专门充当医务船，其中的一艘被用来收治当前这场事故的伤员。"圣马丁"号就停泊在一旁，公爵则站在艉楼的甲板上，在容易听到别人打招呼的地方监督和鼓励营救工作的展开。直至最后，两艘加莱赛战船出现，这才将火势已经得到控制的"圣萨尔瓦多"号拖到了霍尔克船中间。

孰料入夜后天气却越来越糟，天空愈加低沉，疾风出人意料地呼啸而来，不断卷起惊涛骇浪。舰队还在散开阵型，以便为两艘加莱赛战船和它们身后模样无助的"罗萨利奥圣母"号让路。佩德罗·德·瓦尔德斯的战舰由于失去前帆的平衡力，变得难以操控。或许是因为之前发生的碰撞和船首斜桅的破裂，船上的前桅本已经非常脆弱，此时干脆彻底坏掉了。又一次，公爵果决地采取了行动。又一次，他鸣了一炮，命令舰队停步，面向在后面左右摇摆的"罗萨利奥圣母"号驶去。这一回，"圣马丁"号是第一艘赶到的船只。在无敌舰队中，再没有比旗舰的领航员马罗林·德·胡安船长更出色的海员了，即使海面如当下这般波涛汹涌，"罗萨利奥圣母"号此时又是如此颠簸摇晃，马罗林船长还是成功地将锚索搭上了"罗萨利奥圣母"号。"圣马丁"号现在要拖着残废的"罗萨利奥圣母"号前行。然而在这样的天气下，锚索绝不会是安然无虞的，随着"罗萨利奥圣母"号像野马一样桀骜难驯，她最终还是脱缰而去。风更加猛烈了，海也愈发汹涌狂暴，事实证明，想要再次搭上一根锚索的艰难程度超出了预想。公爵依旧站立在艉楼的甲板上，痛苦地目睹着众人的劳作。

天色渐渐灰暗下来，还有一对轻帆船正在随时准备投入使用，就在此时，迭戈·弗洛雷斯·德·瓦尔德斯冲上艉楼甲板表示抗议。这是一位经验丰富的军官，是卡斯蒂尔盖伦帆船分队的指挥官，在国王的建议下，他兼任总司令的首席幕僚和有关海军及一切军事事务的首席顾问，被安排在旗舰上效命。他现在斩钉截铁地宣称，公爵必须回到自己的岗位上，舰队也必须向东继续航行。眼看海面愈加澎湃，如果还像当下这样徘徊不决，船只不仅有可能自相冲撞，而且一定会在夜间漂散开去，果真如此，等早上来临时，出现在公爵眼前的船只将会不足现在的一半。在虎视眈眈的敌人面前，绝对不能再让失控的形势继续恶化；为了搭救这一艘船，不惜使整支舰队的胜果和安全继续处于危险境地，实在不可接受。

当时似乎发生过一场尖锐而激烈的争论。迭戈·弗洛雷斯显然得到了另外一名军官的支持，此人也许就是战场总指挥[1]博瓦迪利亚将军。本来公爵坚持在一旁等待，但在看见奥赫达率领他那艘作为屏护部队旗舰的小型盖伦帆船与四艘轻帆船一道前来接管局面，并且得到亲口保证，自己的命令已经下达给一艘加莱赛战船和安达卢西亚分队的第二主力舰之后，梅迪纳·西多尼亚才作出让步。最终，他拨转航向，率旗舰回到了在主力舰队中的本来位置，于是无敌舰队保持着紧凑的阵型重新踏上了征途。一段时间之后，从船尾后方的黑暗之中传来了令人不安的巨响，那是长重炮的轰鸣，而那里正是"罗萨利奥圣母"号漂流的地方。

公爵整整一天都待在甲板上，早餐过后便再未用膳。直到现在，他仍然不曾下到船舱中去。他让一名贴身服侍的少年将一片干面包和几块奶酪送到艉楼的甲板，自己斜倚着船尾栏杆，望着前船的航迹和漆黑险恶的远方，又继续伫立了许久。抛弃"罗萨利奥圣母"号是他经历的第一次真正的失败，他清楚，无论是谁提出的建议，无论建议本身有多么明智，身为舰队指挥官的他都要受到谴责。也许直到此时，他才回想起一件事，迭戈·弗洛雷斯·德·瓦尔德斯和佩德罗·德·瓦尔德斯不仅是一对堂兄弟，还是彼此积怨已久的宿敌。

---

[1] 战场总指挥（*maestre de campo general*）是神圣罗马帝国皇帝查理五世设立于1534年的西班牙高级军衔，可以独立指挥一个西班牙方阵。

24
"总价骇人的优质炮弹"

起点岬到波特兰角
1588 年 7 月 31 日至 8 月 2 日

  同一天晚上,英国舰队指挥官也一样苦恼不已。在军事会议上,他的军官们一致断定西班牙人正打算夺取南部海岸的某一处海港。如此一来,前方的若干处港口和锚地都成了可能的选项,问题也进一步转变为,既然我军一直在尾随敌人,那么霍华德能否阻止西班牙人登陆。在以放行为代价换来风向优势后,海军大臣已经冒险押上了赌注。保守派本着自己的军事方略,期待他迎头赶上西班牙无敌舰队,然后牢牢扼守前方的海峡通道,就像一支卫戍部队把守住一处关键的隘口。假如西班牙人现在剑走偏锋,竟至于一反常规地就近夺取锚地和登陆,无论这会给英格兰带来怎样的后果,他的个人声誉都会受累,届时他将只能与名望挥手,与大战的指挥权作别。与梅迪纳·西多尼亚一样,霍华德得到了经验远比自己丰富的船长们的献策,但同样与对手相似的是,最终的责任也无法由旁人分担。

  如果只需追踪敌军,而不必上前堵截,他至少要确保合适的尾随距离、良好的舰船协同合作。故而,当前方的梅迪纳·西多尼亚决意放弃夺回风向优势的念头时,霍华德升起了召开会议的旗帜,当西班牙人在与"圣萨尔瓦多"号和"罗萨利奥圣母"号的事故搏斗时,英国的船长们正在就追踪采取什么阵列进行讨论。我们对于这一阵列的了解仅限于它不再如作战时那样一列排开,无论会议的详情如何,在所有人都将阵列谙熟于心后,"海军大臣安排每个人回到自己的船上,并专门委任弗朗西斯·德雷克爵士负责当晚的值勤工作"。也就是说,德雷克要用他的"复仇"号来引领舰队,余下的船只则应紧随其船尾的大灯笼前行。将本属于舰队指挥官的荣誉和领导职责委托给声名显赫、见多识广的副指挥官，此举堪称慷慨，当然霍华德一定还认为这也是一种审慎的姿态。

夜幕正在降临，在清新的晚风中，英国人开始从无敌舰队身后奋起直追，后者现在正位于起点岬[1]附近。来自伦敦的"玛格丽特和约翰"号在朝海方向的某个地方航行，这是一艘重达200吨，可能拥有14门火炮的私掠船。"玛格丽特和约翰"号想必拥有出色的速度，因为当她看到（她自诩为第一个目击者）一艘陷入麻烦的巨大的西班牙船只时，她正好冲在舰队前列。这艘西班牙船只的船首斜桅和前桅都已不见踪影，在其身旁还停泊着"一艘巨大的盖伦帆船"、一艘加莱赛战船和一艘轻帆船，它们正在设法施援。根据"玛格丽特和约翰"号的军官们的描述，他们一鼓作气朝着西班牙人冲去，"没有任何来自我方舰队的战舰、轻帆船或是其他小艇陪伴"，西班牙人却因此抛下无法动弹的同伴，仓皇逃走。

我们不必对"玛格丽特和约翰"号讲述的故事太过当真。既然她的军官们试图索要"罗萨利奥圣母"号上的一部分战利品，那么自然不会在评价自己的角色时仅仅止于轻描淡写。我们了解到，奥赫达的盖伦帆船（顺带提一句，这艘船的形制颇小，即使比"玛格丽特和约翰"号大，优势也并不明显）和一艘加莱赛战船的确在晚上9点左右抛弃了堂佩德罗·德·瓦尔德斯的战舰，之所以这么做，似乎更多的是因为他们看到英国舰队在逼近，而并非出于对某一艘来船的恐惧，无论这艘船有多么危险。最后，"玛格丽特和约翰"号带着足够的谨慎赶上前来，保持顺风航行，有从容的时间观察局势走向。"罗萨利奥圣母"号看上去已遭遗弃，她没有升帆，也没有照明，船体不再随舵运转。为了验证这个结论，"玛格丽特和约翰"号一步步靠近，还用滑膛枪试探性地齐射一通，这才激起了对方的回应，三两门大炮从"罗萨利奥圣母"号上隆隆作响。"玛格丽特和约翰"号又以侧舷炮作出回复，继而审时度势地闪避开来，在旁观望了一段时间，直到午夜前后，根据船员的描述，此时正在追赶敌军的海军大臣也出现在视野之中，由于担心引起指挥官的不悦，"玛格丽特和约翰"号才又重新回

---

[1] 起点岬（Start Point），在德文郡南部沿海。

到舰队阵列中来。又或者情况更可能是这样的，霍华德在后方听到火炮声，于是派出一艘轻帆船给"玛格丽特和约翰"号送来指令，直截了当地要求这艘离队的私掠船归队。霍华德已经了解了"罗萨利奥圣母"号的惨状，因此命令全体舰队忽视她的存在，继续保持紧凑阵型。如果来日清晨西班牙人要在托尔湾[1]下锚，他需要舰队随时准备全力以赴。

对当晚的能见度多作一些了解，会为我们理解接下来发生的事情带来帮助。那一晚的夜幕中应该有月亮升起，并且是上弦月，但没有任何当时的记载曾提到月光。在经历了傍晚五六点钟的狂风怒浪后，风势弱了下来，从起点岬开始，天空中至多只有一丝微风。但不管有没有月亮，能见度都不可能十分理想。也许阴云一直密布，也许迷雾如鬼魅般时断时续，就像人们时而能够在海峡中遇到的那样。总之，无论出于什么原因，尽管"皇家方舟"号一路径直追随德雷克，"复仇"号的尾灯却从她的视野中消失不见了。

如果霍华德曾经下过甲板进入船舱，那么他就应该是被别人召唤上来的，所有人的眼睛都正竭力向前张望。他们现在确实又一次看到了灯笼，不过出现的位置比预想中的要远。"皇家方舟"号打开了更多的风帆，开始急起直追。没有哪艘船可以把"皇家方舟"号远远甩在后面，甚至连德雷克的"复仇"号也概莫能外。海军大臣不是曾经立誓保证，就航海性能而言，"皇家方舟"号在世上的所有船只中无出其右、举世无双吗？"皇家方舟"号一路直追，逐渐来到了合适的距离，追上了那盏明灯。直到薄晓的光芒逐渐爬上水面、领航者和追随者来到贝里岬[2]——如果西班牙人打算从这里进军托尔湾，战役的整个走势兴许会在此地一举奠定——附近，霍华德才恍然大悟，他一直紧追不舍的原来是敌军旗舰的尾灯，为此他几乎已经闯入可怕的西班牙新月阵型的中央。只有那两艘夜间距离自己最近的同伴"熊"号和"玛丽·罗丝"号，依然在本船左右陪同。余下的舰队船舶中，离得最近的几艘也只是刚刚在地平线上露出了中桅而已。至于弗

---

[1] 托尔湾（Tor Bay），德文郡东南部沿海地带的港湾。
[2] 贝里岬（Berry Head），位于德文郡南部，托尔湾的最南端。

朗西斯·德雷克和"复仇"号,则根本不见踪影。

在关于无敌舰队一役的同时代记载中,最让人气恼的地方莫过于它们在向我们展示发生了什么时,总好像隔着令人晕眩的迷雾。有的时候主要轮廓尚可辨识,细节却晦暗不明,有时候所有情景全都一清二楚,有时候却连事件的前后经过一概模糊不清。对于这一刻发生的事情,英国官方的记载仅仅提到:"我方的舰队由于看不见指路的灯笼而感到失望,因为弗朗西斯·德雷克爵士已经擅自离开岗哨,前去追击敌军的某些霍尔克船了……舰队在后方踟蹰,不知道应当追随何人;只有大人在'熊'号、'玛丽·罗丝'号的陪同下……追击了整整一夜,与敌人之间保持着不超过长重炮射程的距离;他的舰队远远落在了后面,翌日清早,最近的船只也最多只能露出半个桅杆,许多船舶完全处在视线之外,直到第二天清早将尽的时候,那些航速较快的才得以与大人重新会合。"霍华德孤身追赶西班牙舰队是轻率的鲁莽之举,但并非是个愚蠢的错误,原谅霍华德是容易的,特别是考虑到他并未对德雷克提起控诉,反而竭尽所能避重就轻地为后者开罪。不过他竟然对事态的随后发展一字未提,这一点实在难以宽宥。

我们只能假定那三艘英国船只立刻拨转航向,拼命逃离了现场,而西班牙人也恰好没有尝试追赶。同时代的西班牙文献没有对这起事件留下任何记载,不过可以想象,当西班牙人拂晓醒来,发现三艘英国盖伦帆船如幽灵般出现在眼前,他们感到的震惊想必不亚于英国人。对此,梅特伦[1]笔下的一句话可能与之相关,哈克卢特[2]将之重述如下:"就在那时[以霍华德几乎闯入西班牙舰队一事拉开清晨帷幔的同一天],四艘加莱赛战船的指挥官雨果·德·蒙卡达谦逊地向梅迪纳公爵提出请求,希望得到授权,前去追击英格兰的海军大臣,然而公爵认为赋予他这样的自由不太合适。"也许堂雨果的某位同僚后来曾将雨果的抱怨带回西班牙,这一席话听起来像是怨声的回响。这番话真实与否尚且存疑,不过回到拂晓刚过的

---

[1] 梅特伦(Emanuel van Meteren, 1535—1612),佛兰德编年史家。
[2] 哈克卢特(Richard Hakluyt, 1553—1616),英国作家,1583 至 1588 年间曾任英国驻法大使爱德华·斯塔福德的秘书。

那个时刻，发生这样的事并非没有可能。"皇家方舟"号和同伴的身影一定被人注意到了，"皇家方舟"号的身份大概也已经被西班牙人认了出来。加莱赛战船正是西班牙舰队中唯一真正有机会赶上敌船的分队，因为只有它们能够正面迎风航行，并在数海里的冲刺中保持上佳的速度。假使加莱赛战船能够拦阻这三艘英国船只逃遁的脚步，余下的盖伦帆船就有充足时间赶上前来，完成包抄和歼灭。

如果蒙卡达提出过请求，梅迪纳·西多尼亚一定表示了拒绝，那么人们必然要追问，为什么？难道他当真认为沿海峡前进的谕令是如此急迫，甚至不愿稍作逗留，以便击毁敌人的三艘重要船舶？他在第二天的行为使得这种猜测看上去明显站不住脚。难道拂晓时分的风力有所增强，而且方向转而对逃跑的敌人有利，让加莱赛战船的追击看起来毫无机会？这当然不是完全没有可能。又或者是因为梅迪纳·西多尼亚想起了老派的海战礼节，与敌酋交锋被认为是专属舰队指挥官的义务和特权，因而对于将自己无法履行的机会授予堂雨果心有不甘？或许他进一步认为，一位西班牙绅士绝不会胜之不武，以20对1的悬殊优势面对敌人，所以宁愿推迟这场期望中的对决？既然公爵的瞬间判断常常诉诸浪漫的骑士精神而非军事常识，这种见解也未必纯属臆造。事实上，如果当时真的存在哪怕一丝机会，可能迫使"皇家方舟"号及其同伴在其他英军赶来之前投入战斗，而梅迪纳·西多尼亚却当断不断的话，那么这就是他在不到12个小时内所犯下的第二个错误。

手忙脚乱的同时，霍华德莫名其妙地脱离了危险，并且目送着无敌舰队继续在海峡中缓慢进军。直至最后，对方也没有对托尔湾表现出一丁点兴趣。

这天下午，失散的英国船只纷纷归队，其中就包括"复仇"号。德雷克表情严肃地向霍华德讲述了下面这则故事。"那时已经是深夜了"，他发觉有些朦胧的轮廓正在向面海方向移动。由于担心这可能是敌人在利用夜色的掩护设法绕过我军，夺回风向优势，德雷克下令转舵右行前去迎敌，为此他熄灭了船尾的灯笼，以免误导舰队的航路。被他一道带走的只有"雄獐"号，这是由维登船长指挥的一艘大型普利茅斯私掠船，以及两艘由他自己管辖的轻帆船,这些船想必是执行追踪任务的头等选择。孰料这一支小型船队赶上前船后,却发现那些神秘的陌生势力只是些无害的德意志商船,德雷克于是立刻回船追赶,想要向海军大臣复命,可是当太阳升起后,您瞧,就在航线上仅仅1链远的地方,正好停泊着堂佩德罗·德·瓦尔德斯那艘残损的旗舰。一开始堂佩德罗表现出了意欲谈判的姿态,但在听说自己面对的挑战者是德雷克本人后,他认为如果得到公平对待的保证,归降并无耻辱可言。德雷克已经派维登船长和"雄獐"号护送这艘战利品前去托尔湾,但是这位履历辉煌的战俘却被当作客人留在了"复仇"号上,现在德雷克已经将他带来,将要献给海军大臣。

在这一刻,似乎没有人对德雷克在这一段非凡插曲中的行为表示谴责。就我们知道的情况来看,除了马丁·弗罗比舍,没有人在提及此事时表达过丝毫的诋毁,而弗罗比舍的不满也更多是着眼于"罗萨利奥圣母"号上战利品的分配,而非获得战利品的方式。然而,这其实是一个极为蹊跷的故事。为什么再没有其他人看到过那些神秘的德意志霍尔克船?如果德雷克擅离职守,前去调查情况一事可以得到原谅,那么对于他熄灭那盏指引整支舰队的明灯,却没有向海军大臣禀报所作所为的罪责,又能找到什么开脱的理由呢?倘若霍华德及时获知此事,就可以点亮自己的尾灯,舰队就能继续保持良好的秩序。可是德雷克对此没有提供任何解释,似乎也没有人认为他有提供解释的必要。

霍华德认真地接受了德意志霍尔克船的故事,但是在听德雷克讲到自己偶遇一艘残损的西班牙旗舰并大感讶异的部分时,他一定在暗自发笑。弗朗西斯·德雷克拥有在七海之上闻名遐迩的技艺或本能,使他总能在辽阔的水域中准确寻找到尤为渴望的战利品,而事后证明,"罗萨利奥圣母"号是整场战役中捕获的最为肥美的猎物。正是这一点使得解释已经不再重要,因为没有人准备去谴责一项人人公开妒羡的功绩。在任何正规化的现代海军中都会让当事人被送上军事法庭、尊严扫地的行为,就这样为弗朗西斯增添了声誉和一大笔捕获赏金。既然同时代人从没有指责过他,我们又何必多此一举呢?

出于同样的原因,也许我们也不应当责备堂佩德罗。当然,也没有人这么做过。在得知故事的内容后，他的本国同胞曾经高声痛斥公爵及其顾问迭戈·弗洛雷斯，因为他们抛弃了"罗萨利奥圣母"号，但对于该船的指挥官，他们却报以单纯的同情，这种同情日后也在历史学家们的著述中一再得到附和。不过，想要粉饰堂佩德罗在这段插曲中的表现同样很难。正是"罗萨利奥圣母"号的操控不善给了人们最重要的口实，认为无敌舰队的船长们和全体船员不过是一群平庸的水手；该船的失守也极大地瓦解了西班牙人的勇气。在这两个方面，堂佩德罗都必须担负责任。导致"罗萨利奥圣母"号先失去船首斜桅，继而损毁前桅的那场碰撞，兴许是不可避免的。但是一艘失去了船首斜桅和前桅的舰船却不一定要在十多个小时后依然无法自立。"罗萨利奥圣母"号理应载有118名水手和额外配备的300名士兵。实际上，在西班牙海军中，士兵们接受过训练，懂得如何在紧急情况下拉动绳索，使用斧头。有这么多人手，又恰逢劲风消歇、海面平静，理应能够制作出一批应急索具来协助平衡船舵，如果再加上一些剪裁合宜的风帆，就算步履依然迟缓，至少"罗萨利奥圣母"号将不再无法控制。但是当"玛格丽特和约翰"号出现时，距离损失前桅已经几乎过去四个钟头，"罗萨利奥圣母"号仍然无助地不停颠簸，甲板上没有表现出任何有所行动的迹象，以至于看上去如同遭到了遗弃。甚至直到被德雷克发现时，她还是那一副沮丧无助的老样子。

正如堂佩德罗没能修好自己的船，他也没有奋力保护好她。堂佩德罗拥有的人手几乎有"复仇"号和"雄獐"号的总和那么多，可是他们基本上从没有投入过战斗。"罗萨利奥圣母"号是无敌舰队中形制最大、材质最坚固，同时火力也最为强大的战舰之一，除了行动大抵笨拙一些，在任何方面都不输给里卡德和公爵的盖伦帆船。她的船楼高高耸立，足以俯视所有英国船只，想要登上她的甲板是一件危险的事。假如坚决投入防卫战，她应当有能力坚守多个小时，至少能让这两艘英国船只白忙活一天，也许还能击伤其中的一艘。然而现实却是，在致以优雅的鞠躬礼后，她的船长选择向弗朗西斯·德雷克的名声屈服，使敌人白白笑纳了一份厚礼，将一艘装载了46门强大火炮、藏有大量武器和弹药、在船长的船舱里存放了5.5万金达克特的战舰收入麾下。也许堂佩德罗并不必然应当招致这些行径在晚近年代应得的惩罚——绞刑，但即使以16世纪的标准来衡量，他也不应当因为此举在英格兰和西班牙同时成为小有名声的英雄，可是事实却已然如此。

佩德罗·德·瓦尔德斯出降这天是8月1日，星期一，同一天稍晚的时候，英国人又获得了第二份战利品。大约在中午时分，"圣萨尔瓦多"号的船长遣人前来传话，表示本船正在缓慢下沉。爆炸使该船损毁了后甲板，并产生大量裂缝，海水渗入的速度比泵出的速度更快。该船被安排在舰队的后方漂流，船员和部分存货都已转移，可是奇怪的是，火药和大炮仍然留在前舱。在被英军俘获之前，她理应被下令凿沉，但要么没人得到指令，要么英国人赶来得太快。霍华德勋爵亲自登上了她的甲板，但只是非常简要地巡查了一番便匆匆离去；尸体焚烧后发出的恶臭对于他而言过于刺鼻了些。之后，最早带来无敌舰队抵达消息的轻帆船指挥官弗莱明船长赶来，把浸满水的"圣萨尔瓦多"号成功拖往韦默斯。两艘敌舰沦为战利品的新闻让海岸一带的军民士气大受鼓舞。成群的围观者们在陆地上清楚地看到了第一天发生在埃迪斯通群礁附近的战斗，但是要对战况作出判断还并不那么容易。

周一下午，当风力减弱到飒飒低语的程度时，为部署新的战术分组，梅迪纳·西多尼亚发出了召开会议的信号。所有战舰被分成了两部分，强大的殿后部队将暂由堂阿隆索·德·雷瓦指挥，直到里卡德修好他的"圣胡安"号，规模较小的先头部队则由公爵亲自率领。公爵选择充任先锋，是因为他预期由霍金斯带领的英军东翼随时都有可能在他前方出现，虽然事实上对方的领导者是西摩。从连续出现新的船只判断，很容易看出霍华德在召集援军。

尽管如此，当战斗真的来临时，方向却正好相反。周二一早，前一天晚间的风平浪静顿时被黎明时分的强风打破。这一次风来自东方，西班牙人突然拥有了风向优势。

霍华德很快意识到局势的改变。西班牙人先是看见他在越来越亮的晨光中率领一列英军船只，朝着东北偏北方向向陆地顶风进发，希望绕过西班牙人的左翼，以便重新占据上风向。黎明时分，无敌舰队已经调整至几乎与波特兰角[1]成直角的方向，霍华德似乎开始担心起韦默斯来，就像前一天担忧西班牙人会在托尔湾登陆一样。可是这一回西班牙人距离海岸实在太近，而且航速很快，让英军难以侧翼包抄。刚一看到英国人采取行动，梅迪纳·西多尼亚便带领先头部队中的盖伦帆船前去阻截，霍华德一看难以赶在西班牙人先头部队逼近自己之前绕过波特兰角，便在相反的方向上进行调戗，于是英舰的纵列又开始朝西南偏南方向进发，尝试绕过无敌舰队朝海一边的侧翼。然而在博登多纳的率领下，西班牙的殿后部队再次迅即上前拦阻，双方纵队排头船只的彼此距离逐渐缩短至长重炮的射程以内，继而又达到了滑膛枪的射程，乃至滑膛枪射程的一半。局势已经明朗，英军从面海方向绕行的努力再次遭到阻拦，双方遂在浓烟烈焰之中短兵相接起来。

由此展开了一场罕见的战斗，硝烟弥漫了余下的整个早晨，卡姆登[2]在检视了相关证据之后评论称，这场战事"足够混乱无章"。这可能是实情，许多细节仍旧隐晦难辨。但是两位指挥官的目标却是明确无疑的，而且我们今天掌握的文献要比卡姆登能够使用的更加丰富，战事的基本轮廓非常清晰。英国人一再试图绕过无敌舰队朝海一边的侧翼；西班牙人则反复尝试接舷作战，或是引诱比他们更加灵敏的敌人主动采取这种战术。双方的努力都失败了，不过多数时间里，敌对的两军都同时处在彼此火炮的覆盖范围内，有时甚至更加接近。两位舰队指挥官都对战斗的激烈程度印象深刻，战后都挑选了部分船只进行特别嘉奖。我们被告知，加农炮的轰鸣听起来就像滑膛枪在连续射击，腾起的烟雾遮蔽了众人的视线。连资格最老的士兵也从未目睹过这样一场炮击战。此外，由于风一直从东南方向吹来，海上的战场也渐渐漂移至莱姆湾[3]内。

与此同时，一场规模较小的战斗正在波特兰角的背风处进行。马丁·弗罗比舍的"凯旋"号在那里停泊着，这是作战双方所有船只中最大的一艘，它正在掩护5艘中等规模的伦敦武装商船，同时也得到后者的拱卫，而这

---

[1] 波特兰角（Portland Bill），英格兰南部多塞特郡波特兰岛的最南端。
[2] 卡姆登（William Camden, 1551—1623），英国历史学家、地理学家、文物收藏家。
[3] 莱姆湾（Lyme Bay），毗邻德文郡和多塞特郡的南部海岸，位于托尔湾和波特兰角之间。

6艘船正一同遭到4艘西班牙加莱赛战船的攻击。之所以陷入如此困境，也许是因为弗罗比舍及其同伴未能绕过波特兰角，又没能及时追随霍华德变换航向，只好就地抛锚等待，希望战场的西移能够给它们带来风力和空间以便移动。又或者是因为弗罗比舍怀揣更加狡猾的目的。就在波特兰角以东几英里处，便是长长的铺满贝壳碎片的夏波斯海滩，这条浅滩不规则地探出海面，常年承受着来自波特兰角的潮汐流，有时速度高达4节。明智的船只都会和那条死亡地带保持安全距离。但要想抄近路袭击"凯旋"号，就必须穿过这道潮汐流。由于在这儿航行需要更加谨慎，并时刻与诡谲的水流搏斗，来船的风向优势必然会荡然无存。"凯旋"号有高耸的船楼，这使她在灵活度上要比多数英军船只稍逊一筹，但也因此更容易防备接舷登船的士兵。或许马丁·弗罗比舍厌倦了远距离炮轰的游戏，果真如此的话，那倒是再也没有别处比这儿更适于找回乐趣了。

在霍华德更改路线时，梅迪纳·西多尼亚已经看到弗罗比舍那支小型分舰队陷入困境，或者说看起来像是陷入困境，他随即派出4艘加莱赛战船，在堂雨果·德·蒙卡达的指挥下前去消灭这支敌军。但是一个小时乃至更长的时间过去后，当他再有工夫回头远眺这里的战况时，他只看到4艘加莱赛战船正在"凯旋"号长重炮的远距离射程内小心翼翼地移动，就像是经验丰富的几只猎狗发现自己与一头老练、敏捷、狡狯的大熊同处深穴之中。现在海潮已经开始退却，奔流逐渐沸腾，浪涛正将加莱赛战船冲向一边，但梅迪纳·西多尼亚不可能看到这一切。他又派出一艘轻帆船，专程前去责难堂雨果。

撤出战斗的霍华德一直在分神关注"凯旋"号的境况，过了一会儿，风转而从南方吹来，这时他亲自带领一列战舰，包括女王的全部盖伦帆船和形制更大的志愿参战的一批舰船前去"援救"弗罗比舍。我们不清楚弗罗比舍是否希望被援救。又或者，只要我们弄清楚德雷克的"复仇"号是否在援救的队列之中[1]，我们可能就可以知晓答案，因为大约三个礼拜后

---

[1] "复仇"号正是属于伊丽莎白女王的盖伦帆船之一。

在哈里奇[1]，易怒的约克人弗罗比舍正在向众人声称，德雷克打算瞒着我们独吞"罗萨利奥圣母"号上的战利品，但我们还是会得到自己那一份的，否则"我会让他拿肚子里的鲜血来偿还"，这句话听起来并不像是感到恩重如山、无以报答的口吻。

梅迪纳·西多尼亚看见霍华德上前驰援，于是也迅速率领拥有16艘船的先头部队前去阻截英军。可是就在两支小型舰队接触之前，公爵回头看到了胡安·马丁内斯·德·里卡德，他也带着经过修复的"圣胡安"号加入了战斗，却遭到十余艘敌船的拦截和包围。由于风向的改变，除了公爵的分队，无敌舰队的余下船只全都处在里卡德的下风向。公爵立刻向身后的纵列传话，要他们调整方向，前去援救副指挥官。"圣马丁"号将要独自上前会一会英军，当"皇家方舟"号开始超越她时，"圣马丁"号用侧舷炮击落了对方的上桅帆，好像是在邀请英国人展开一场接舷战。这才是公爵从书中读到的海战应有的样子，舰队指挥官面对舰队指挥官，各自仗剑上前，在黄沙铺地的后甲板上来一场决斗；这也许就是他昨日放过敌酋时心中憧憬的时刻。

事与愿违，霍华德根本无意陷入接舷战，在近距离倾泻了一番侧舷火炮后，"皇家方舟"号从旁边一闪而过。后面一艘英国盖伦帆船亦然，再下一艘依然如此，直至所有余下的英军船只全都鱼贯而过。接着他们便转过船身，发动了第二轮侧舷炮击，随后是第三轮。同时，先前袭扰里卡德的船只也加入了西班牙舰队指挥官周遭的包围圈，以至于从里卡德的"圣胡安"号甲板上看去，好像"圣马丁"号正独自面对至少50艘重型船只的围攻。然而无敌舰队旗舰的每一门火炮都铆足了劲狂轰不休，根据船上亲历者的报告，"圣马丁"号对英军的还击十分奏效，迫使对方在接下来的战斗中退到了比围攻开始时更远的位置。由于无敌舰队待在距离舰队指挥官很远的下风向，"圣马丁"号独自支撑了足足一个小时。在此之后，由奥昆多率领的一列盖伦帆船才终于赶来，按照霍华德的说法，西班牙人在他们遭受重击的旗舰旁边"像羊群一样聚集起来"。

---

[1] 哈里奇（Harwich），英格兰东南部海港城市，属埃塞克斯郡。

此时，英国人开始退兵。加莱赛战船早就停止了对"凯旋"号的袭扰，西风已然再起，既然英国人恰好又处在上风向，无敌舰队便恢复了着意于防卫的新月阵型，缓慢地提起脚步继续前进。下午，双方又远远地相互炮击了一番，但西班牙舰队指挥官的获救其实已经标志着一整日战斗的结束。

对于西班牙人而言，这一日的苦涩教训在于，纵然他们占据风向优势，也依然无法扣住和登上英国船只——对方足够快速，适合顶风航行，可以任凭自己的心意保持作战距离。现在西班牙人一致认为，敌人选择依赖火炮似乎也同样是正确的，英军拥有更多的重型火炮，射程也更远，他们的炮手也更出色，完成炮击的速度快得多。尽管要作出精确估计必定很难，但双方舰队中的每个人都在议论，英军发射一枚炮弹只需要西班牙人三分之一的时间。

对于英国人而言，这一日的苦涩教训又在于，面对西班牙海军的作战纪律，他们选择的战术无法奏效。它们从未期望甫一接战便能击沉大量西班牙战舰，即使是第二次交战也不大可能，但他们的确曾经期待能够一艘接一艘地击伤敌人的盖伦帆船，最终迫使对方无法拼凑出预设的阵型，从而被彻底摧垮。可是到现在为止，他们不过夺取了两艘西班牙战船——"罗萨利奥圣母"号和船体已经下沉的"圣萨尔瓦多"号。虽然英国人可能会认为本方火炮在夺取这两艘战船时起到了作用，但那两艘船却都已因为意外事故提前受损。而经过两天的战斗，尤其是在激烈的波特兰角海战之后，按照霍华德的说法，他们已经消耗了"总价骇人的优质炮弹"，多数船只的弹药已经用得一干二净。舰队指挥官绝望地给岸上去信，申明若不能补充火药和炮弹，他将无力发动下一轮战斗。同时，他也不能确定已经给西班牙人造成任何损伤。后者比作为对手的己方更好地保持了阵型，在战斗过程中没有丢弃一艘船。他们并未夺走韦默斯，但也没有任何迹象表明他们曾经有过如此行事的意愿，现在他们又恢复了紧凑的队列，威严地向前进军，一如先前。

25

令人惊叹的阵列

波特兰角到加莱锚地
1588年8月2日（星期二）至6日（星期六）

从波特兰角到加莱锚地尚不足170英里。但无敌舰队和在身后追逐的英军为了走过这段航程，却花费了100个小时或者更长的时间。即使减去路上发生的两场突然却并不具有决定意义的战斗所消耗的时间，平均速度也还不到2节。这是由风造成的。周二早上发生在波特兰角附近的那一战过后，就周期性地出现风平浪静的时段，有时天上会掠过些许轻风，风向飘忽不定，余下的时间里则只有极其柔弱的微风，从西方某个角落吹来。西班牙人所希求的最好的天气也莫过于此。它使无敌舰队能够在保持紧凑阵型的同时将风险和麻烦降至最低程度，让英国船只的灵敏优势遭到削弱，还给了梅迪纳·西多尼亚公爵充分的时间向帕尔马派送一连串信件，提醒他做好准备，一旦得到通知就立刻率领部队登船，公爵还要求帕尔马为舰队额外补充一笔物资，并且邀请他在与舰队会合的时刻连带向英国人发动一场进攻。

与此同时，英国人还在机警地尾随无敌舰队，来自海峡内各个港口的志愿军也在持续不断地加入。英国人依旧可以任凭自己的意愿，随时将西班牙人引入战斗，但他们仍然无力击溃对方的阵列。两次突然发生的战斗也证明了这一点，虽然每一次英国人看上去都曾手握良机。

8月3日，星期三，在熹微的晨光之下，一艘大型西班牙船只落在了向海一侧的新月犄角后方，英国人旋即鼓足风帆猛扑上来，想要切断她归队的路线。对于这场战斗，英国一方没有留下记载，但是借助西班牙人的辨认，冲在战阵最前方的那艘旗舰只能是德雷克的"复仇"号。正常情况下,他的作战位置似乎就在向海一翼,如果霍华德本人也在这一翼,这时一定也会投入到战斗中去。在西班牙阵列的右侧,里卡德及"圣胡安"号也已经回到了自己的位置上。眼见此景,他连忙亲率一组一级战船,赶来营救掉队的同侪。

掉队的是乌尔卡船的旗舰"葛兰·格里芬"号,由胡安·戈麦斯·德·梅迪纳指挥。里卡德之前要求该船前来补强他所在的向海侧翼,在这一点上,他没有表现出平时应有的判断力,因为"葛兰·格里芬"号虽然是一艘650吨(西班牙制)的坚固大船,配备有38门火炮,却笨拙而难以操纵,只适合跟随在她负责管理的霍尔克船身后。看到即将落入险境,她开始全力挣扎,想回到新月阵型的安全范围以内,然而英国人的那艘旗舰不久后便已与之齐头并进,还冲她发射了一通侧舷炮,继而又在抢风调向后再次朝她开火,随后从她的船尾后掠过,在滑膛枪一半射程的距离内扫射了一番。其他英国船只也都次第赶到,"葛兰·格里芬"号不久就被敌人从四面八方包围了起来。尽管如此,没有哪艘英军船只尝试登船作战,笼罩在硝烟中的"葛兰·格里芬"号仍然能够蹒跚前进,她还在用咆哮的炮火表示反抗,直到最终抵达了里卡德的纵队。

西班牙新月右翼的全部殿后船只现在都参与了这场激战,里卡德、奥昆多、德·雷瓦、博登多纳以及来自佛罗伦萨的那艘庞大的盖伦帆船首当其冲,但与此同时,德雷克却在继续坚持不懈地追击"葛兰·格里芬"号,虽然我们并不知道后者的桅杆、索具、船舵的受损情况现在究竟有多么严重,但到了这会儿,她已经失去控制,深陷险境。正在此时,梅迪纳·西多尼亚派来了加莱赛战船,将她带离了危险,其中一艘成功地将"葛兰·格里芬"号拖在身后,将她拖回舰队的中央地带,其他盖伦帆船则与"复仇"号彼此互射,还打折了——或者至少自认为打折了——德雷克的主帆桁。眼看发生在右翼的这场战斗愈发进入白热状态,公爵和先头部队也转过船头向后赶来,同时升起了上桅帆,这正是发动全面战斗的信号。发现情况有变的英国人马上后退,将间距拉长至长重炮才能触及的射程上,他们偶或向这边开火,同时继续保持威胁的姿态,相持了一段时间后,公爵断定他们无意接受全面战斗,只是在想方设法拖延自己的脚步,便也回到先前的位置，无敌舰队随即再一次恢复了行军。

尽管双方舰队周三早上参战的船只数量都远少于各自总数的一半，而且战事可能仅仅持续了两三个钟头，但西班牙的官方报告却声称阵亡人数达到60人，另有70人负伤，比前一日波特兰角海战的死亡人数还多了10人，是进入海峡以来伤亡代价最高的一天。也许多数伤亡人员来自损毁严重的"葛兰·格里芬"号，但是人们依然能够觉察出，英国人正比先前更加频繁地拉近距离，为此双方都在承受并给对方造成更为严重的损伤。

周三下午，风完全停息了，此时两支舰队正处在尼德尔斯尖柱群[1]西南方数英里处，它们顺水漂流，保持着一英里左右的间距，可以互相望见。不时扬起的一阵柔风使双方或者某一方的航帆张满，也推动着前来增援霍华德的船只一路向前，它们中的多数是在战斗中微不足道的小型战船，如轻帆船、沿海货船、港务船，但是船上却挤满了急于求战的年轻绅士，而且这些志愿军还带来了比自身更受欢迎的物资，比如实心弹和火药。

霍华德利用当前的机会再度召开会议。他和手下的军官们必然会对至今为止的事态进展感到不满，一如他们的对手。在波特兰角的战斗进程中，英军主战部队分裂为三个互不协调的组别，仅仅靠着向海一侧船只的灵敏性和弗罗比舍的顽强防御，才避免陷入更加被动的局面。而在另外一方，西班牙人在每场战斗中都能够维持阵型，虽然他们的船只更慢，还有霍尔克船无法参战的不利因素，但凭着整齐划一的精确调度，仍然得以一次次免遭重大损失。

英国军官们在会议上给出了答案——全军将按分队重组。在过去的四天中，他们已经目睹了西班牙人的作战系统，德雷克和霍华德也许还已经从健谈的来客堂佩德罗那里获知了有关这套系统的更多内情。于是他们将现有的战力，大约100艘大小不等的帆船，编入4支实力大致相当的分队。霍华德自然会接过其中一支分队的指挥权，第二支将会交给德雷克；至于其他两支力量，其中之一被委托给经验丰富的老水手、女王新式海军的缔造者约翰·霍金斯，另外一支则多少有些出人意料地交给了马丁·弗罗比

---

[1] 尼德尔斯尖柱群（the Needles）是三块陡峭的近岸礁石，位于怀特岛最西侧。

舍，那位刚刚从波特兰角一役中涌现出来的英雄。

无论陆军、海军都时常会模仿一些令人钦佩的对手，借以重塑自己的战术或组织形式，但是当敌人近在咫尺，一场关键的决定性战役已经浮现眼前时，这样的事情并不常见。新的组织形式似乎的确比旧的更胜一筹。及时采用既要归功于英国军事会议的才智，也是在向对手的作战成效致敬。

分队的组织形式在翌日清晨便迎来了第一次战斗考验。自午夜以来，海面一直风平浪静，到了黎明时分，曙光下再次出现了掉队的西班牙船只，这次有两艘，一艘是王家盖伦帆船葡萄牙的"圣路易斯"号，另一艘是来自安达卢西亚分队的西印度群岛武装商船"圣安娜"号，它们彼此相隔并不太远，距离阵型中的本来位置也没有远到成为诱人目标的程度。但是这一回，海上几乎没有一丝风。最靠近二者的约翰·霍金斯命令自己的舰载艇出发，凭着人力划桨，把所属分队中的主力战船拖向敌人，他自己的"胜利"号一马当先，直到对方发射滑膛炮弹的声响已经开始呼啸着传入桨手的耳朵。

这是适合加莱赛战船的天气条件，于是梅迪纳·西多尼亚派它们前去搭救那两艘离散的船只。其中的三艘很快出现在战场上，并且一道拖来了额外的支援火力——堂阿隆索·德·雷瓦那艘庞大的卡拉克帆船"拉塔·科罗纳达"号，一时之间，霍金斯分队里成功突入射程的船只看起来遭到了火力压制。但是海军大臣的"皇家方舟"号此时出现了在霍金斯的左翼，霍华德的舰载艇船员拼尽全力摇橹，刚刚超越了一道赶来的他的同宗族亲、指挥"金狮子"号的托马斯勋爵。

有好一阵儿，两组战船彼此热闹地互射，舰队的其他成员却只能袖手旁观。由于空中没有鼓动船帆的风，若非借助加莱赛战船的牵引，其他船只根本无法移动。"我们打出了好些发漂亮的炮弹，"英国海军大臣自豪地写道，"就在两军的眼前，'皇家方舟'号和'金狮子'号命中了加莱赛战船。"最后加莱赛战船遭到重创，以至于"其中的一艘不得不被全速拖走 [更确切地说，船体已经开始倾侧]，另一艘被'皇家方舟'号的一枚炮弹击中，丢掉了她借以航行的照明灯，第三艘则被打掉了船首"。霍华德还沾沾自喜地补充道，此后这几艘船再也没有在战斗中出现。

西班牙人的记载只是简单提到，两艘加莱赛战船拖走了"圣路易斯"号和"圣安娜"号，随后全部六艘船便从敌军舰队之间撤离了。就像其他指挥官一样，霍华德好像略微高估了自己给敌人造成的损失。失去一只尾灯和一个船首雕饰不大可能会让两艘船彻底丧失作战能力。如果说第三艘船因为船体被击穿而造成倾侧，那么漏洞也一定立刻得到了修补，因为就在大约一个半小时之后，加莱赛战船便又再次全员出击，投入到新的行动中去，而且在随后无敌舰队去往加莱及更远地方的途中始终待在它们平时的岗位上。

就在此刻，一阵微风泛起，就像在波特兰角时一样，有两处地方同时爆发了战斗，但在一段时间内彼此毫无关联。西班牙殿后部队遭到三支英国分队的袭击，而在另一边，梅迪纳·西多尼亚正带领先头部队进攻第四支英国分队。为了理解形势，我们必须对海岸线稍作审视。经过一夜的航行或漂流，双方舰队已经向东行进了足够远的距离，因而当黎明到来时，他们已经行至怀特岛南端附近，也许离海岸只有不到 1 里格。他们正在趋近索伦特海峡[1]的东侧入口，这是腓力国王曾经向他的舰队指挥官推荐过的一处锚地，如果公爵将来不得不等待帕尔马，可以在紧急时刻去那儿停泊，现在它就在前方。在利泽德半岛附近召开军事会议时，大家曾经作出决定，到达索伦特海峡东侧入口后，在得到帕尔马关于已经做好出兵准备的确切回复之前，舰队将不再继续东行。为了保障舰队在当地的安全，西班牙人相信自己还需要"夺取怀特岛"，而根据当时收集来的情报，这并不是一件难事，或者说，要不是难以对付的英国舰队尾随而至，这可能真的不是一件难事。梅迪纳·西多尼亚依旧没有得到帕尔马的确切回复，我们不知道他是仍在思忖如何去怀特岛夺取一个滩头阵地、到斯皮特海德[2]攻占一块锚地，还是听取了更为明智的建议，但是霍华德似乎担心西多尼亚会这么做，所以一直想要在近岸航行。

无论如何，到了拂晓时分，由弗罗比舍率领的英军近陆分队要比所有

---

[1] 索伦特海峡（the Solent），将英格兰本土与怀特岛相隔开来的海峡。
[2] 斯皮特海德（Spithead），索伦特海峡的东部水域，毗邻海峡东侧入口，是一片碇泊处。

西班牙船只都更加靠近海岸，完全覆盖了无敌舰队的左翼。那一天的这个时候，海潮正强劲地向东涌动，以至于战斗期间虽然全然无风，双方舰队却都在以超过每小时 1 海里的速度向东漂流。不惟如此，越靠近海岸，海流就越强劲，所以当微风渐起时，一点也不奇怪的是，在最左端率军前进的弗罗比舍竟然发现自己越过了敌军，处在了西班牙先头部队的东北方向。倘若周四清晨的第一缕微风与周二清晨的第一缕微风来自相同方向，弗罗比舍便能掌握风向优势。可惜事与愿违，风改从西南方向吹来，位于邓诺斯[1]附近的弗罗比舍和分队里的其他先头部队刚好落在了西班牙先头部队的下风向。

起风的时候，在弗罗比舍的分队里，包括"凯旋"号在内的半打左右的战船已经与"圣马丁"号缠斗了半个钟头之久，期间"圣马丁"号的处境一度十分艰难。风势转强后，十余艘西班牙重型战船立马赶来支援他们的总司令，英国人见势不妙，旋即走为上策。弗罗比舍分队的多数船只都成功地从西班牙人的左翼溜之大吉，唯独领头羊"凯旋"号因为身在最东端，被截断了归路。梅迪纳·西多尼亚当即率领增援部队继续紧扼"凯旋"号的撤退路线，而"凯旋"号看起来似乎被困在了下风向。弗罗比舍决定放手一搏，派出舰载艇，希望它们能在前方拖着大船撤离。其他英军船只看到弗罗比舍的挣扎，也都不约而同地派出了船上携带的工作船，一会儿工夫，牵引"凯旋"号的小艇已经有 11 艘之多，而霍华德另外两艘最大的盖伦帆船"熊"号和"伊丽莎白·乔纳斯"号也从侧方绕道赶来，试图拖延西班牙人的进攻。不过梅迪纳·西多尼亚依然坚持拦截，希望最终能够登上敌船，"这是我们取胜的唯一办法"。怎奈人算不如天算，随着风力随后逐渐恢复、转向，"凯旋"号升起了船帆，解开了小艇的缆绳，还是成功地回到了分队的怀抱。

梅迪纳·西多尼亚此时的注意力已经转移到了向海侧翼的战况上来。在那儿，德雷克正集中力量进攻西班牙新月阵型的最右侧的尖端。通常那里由里卡德的"圣胡安"号镇守，但由于里卡德现在正和先头部队忙于用

---

[1] 邓诺斯（Dunnose），怀特岛南部海角。

侧舷炮与"熊"号一较高下，犄角的顶端位置便交由"圣马特奥"号看守。这艘船是葡萄牙王家盖伦帆船中的一艘，拥有结实的船体和勇敢的船长，但终究在吨位上比里卡德的"圣胡安"号小300吨，而且相比于配备了50门炮的"圣胡安"号，她的火炮数量只有34门。最终，"圣马特奥"号退回到新月阵中，顶替其位置的是"佛罗伦西亚"号，这是一艘强大得多的战船，但是二者的调动即使没有破坏阵型，也多少扰乱了秩序。当德雷克加倍攻击新月阵的外缘，而风力又已转强时，西班牙人的整个南端侧翼似乎正在向东和向北缓缓移动。

通常，这种情景并不会让公爵太过担忧。但这会儿从旗舰的后甲板上远眺，他身边的领航员已经看到了令他担忧的情景。就在自己的下风向不远处，浅水区的海面浮现出异样的外观和色泽，一直向东北方向延伸到目力所及的尽头，其中到处散落着礁石，犹如一颗颗黑色的獠牙。弗朗西斯·德雷克和约翰·霍金斯可能早就心中有数，前方是欧沃斯群礁[1]，假如他们能够吸引西班牙人的注意力，同时挤迫他们继续向北方航行，只需要再过20分钟，就能让整支无敌舰队因为触礁而全军覆没。西班牙舰队指挥官连忙鸣了一炮，提醒舰队上下多加小心，令各舰打开更多的船帆，向东南偏南方向航行，以求脱离险境。舰队严格遵照命令行事，这才逐渐与死亡暗礁拉开距离，怀特岛和英国舰队也被愈来愈远地甩在了身后。一位没有留下姓名的见证人写道，当时的情景真称得上千钧一发，西班牙舰队指挥官先是目睹了胜利从细如发丝的指间滑落（"凯旋"号的逃脱），继而又将全体舰队从危难关头的毫厘之间解救了出来。此言可谓不虚。

英国人继续尾随，但再没有尝试主动挑起战端。首要原因是他们几乎用光了所有的火药和炮弹，霍华德已经急切地向沿海各地发出吁请，各地当局也都给予了高尚慷慨的回复，但加农炮弹并不是一项治安法官们会在平时储存的物资，而方便易得的刨链和装满铁块的皮袋又委实算不上合适的替代品。第二点原因在于，霍华德早就与西摩及其东线舰队约定在多佛附近会合，那是一支强大的援军；为了迎接下一场较量，很可能就是一场

---

[1] 欧沃斯群礁（the Owers），塞尔西角（Selsey Bill）南端的近岸群礁，位于怀特岛东侧。

决战，他自感需要尽其所能地将全部增援力量聚集起来。

现在终于可以肯定，西班牙人不会在英格兰南部海岸登陆了，霍华德像打了一场胜仗一样庆祝周四的战斗。风平浪静的周五早上，他在"皇家方舟"号的甲板上为霍金斯、弗罗比舍以及自己的一些族亲举办了骑士册封仪式，仿佛这里是得胜的战场。然而，根据他日后所说的话和当时的行为举止来判断，此时的他并非畅怀无忧。虽然到目前为止，他的船只和人员都没有遭受严重损失，同时他还颇能肯定，自己已经在这两方面重创了敌军，然而前方的对手依然远比麾下各位军官——也许只有德雷克例外——预想的更加强势、坚韧和好斗。以船只投入和炮弹耗费数量而论，双方的四次交手堪称有史以来规模最大的海战，而西班牙人的纪律并没有出现半点松懈，他们那令人惊叹的阵列也没有出现任何缺口，他们至今仍在渴望缩短间距，来一场徒手搏斗，与第一天早上在埃迪斯通群礁附近开战时的状态并无不同。

如果说霍华德尚不能尽情庆祝，梅迪纳·西多尼亚就更没有心情了。其实他成功地沿着自己的路线靠近了目标，如果说他还没能击溃在身后纠缠不休的英国人，至少对方也无力阻碍他的进军。但是，随着他日益靠近目的地，他的欣喜之情却已不如先前。他很快就会进入一条狭窄水道，等待他的将是惊涛骇浪，而且没有一处友好的港口可供舰队泊锚。直到现在他也没有从帕尔马那里得到确定的答复，不知道后者究竟何时才能做好登船的准备，他们又将在何处、以何种方式聚首。他仍然没有找出对付英国舰队的办法。尽管他也颇为相信本方炮火对敌人造成了严重的杀伤，不仅让一些敌船残损，另一些兴许已然葬身大海，还击毙了不少英方船员，可是他毕竟无法接舷近战，而且对方还在持续不断地从岸上得到增援，每过去一天，反而声势愈盛，自己的力量却在他们的远程炮击之下一损再损。

除此之外他还明白，从现在开始他将很难再借助火炮杀伤敌人了。他们曾经从里斯本带来储量难以置信的炮弹，此时已经消耗殆尽。火药倒是依然充沛。他自忖，自己毕竟携带了足够的火药，那本是为了日后那场大规模登陆战役而准备的。可是在相当一批船只上，型号更为有用的炮弹已经用罄，整支舰队的库存也已所剩无几。相似的窘况也在烦扰霍华德，但他可以指望从每一座英国海港得到新一轮补充，而梅迪纳·西多尼亚却只有一处可以寄托希望的地方。他再一次措辞迫切地向帕尔马发出呼吁，请求支援加农炮弹，务求争分夺秒、多多益善，各类型号皆宜，但尤以10磅、8磅和6磅的炮弹最为紧缺。同时，在那个风轻云净的星期五，当霍华德正在册封他的亲戚为骑士时，公爵却正在阅读存货清单的汇总结果，忙着从乌尔卡船和战力较弱的船只那里抽取它们持有或者愿意承认持有的部分炮弹，调拨给库房空虚的盖伦帆船。

双方的指挥官似乎都过高估计了各自火炮给敌人造成的杀伤，而这种错谬在当时并非鲜见。据瓦内加斯船长估计，西班牙人在海峡中的四场战斗过后的伤亡总数为死者167人、伤者241人。这当然没有将"圣萨尔瓦多"号爆炸时伤亡的150人以及因"罗萨利奥圣母"号被俘损失的大约400人计算在内。但即使加上这两个数字，对于一支实际可作战人员超过2万的大军而言，这样的折损率也并不特别刺眼。瓦内加斯船长似乎专职负责统计舰队官方通报的伤亡人数，并且尽职尽责，他的估算无疑由于两点原因而过低了些。第一，伤者只有沦为残疾人时才会记录在案；第二，西班牙的船长们就像16世纪的所有船长一样，在报告阵亡人数时不情不愿，只要死者的名字仍然登记在册，船长就可以支取死者的薪俸。"人寿已尽，薪俸无止。"同一场战役期间，在提到英军的情况时，伯利厌倦地如是写道。

西班牙人纪律严明，且瓦内加斯还可以亲身参与调查统计，在这两点优势下，倘若连他都不能拿到精确的伤亡名单，那么这段时间内英国舰队得出的各种敌军伤亡评估也就无一可信了。而且如果西班牙人的炮击真像多数报道中描述的那样，大都徒劳无效，霍华德便无法为他没能拉近作战距离寻找借口。不过有一点看上去可以确定，英国人在前四场战斗中的伤亡要远远低于西班牙人，也许只有后者的一半或者比一半略多。两军在另一方面情况相似，尽管双方都有船只损失了帆桁和小型缆索，但没有一艘船曾因为炮火轰击而失去桅杆，或者由于严重损毁而不得不脱离战队超过一天的时间。

有两个因素共同导致了这场炮战何以雷声大雨点小。第一，在如何配合舰队的作战行动使用重型火炮上,所有人都欠缺经验。无论英国人还是西班牙人都错误地相信,在长重炮、半长重炮等远程武器上占有显著优势的舰队,可以待在最大射程的边缘位置,将敌方舰队轰成碎片,而自身则毫无危险。结果表明,事实未必如此。在300到700码的距离上,想要用16世纪的长重炮或半长重炮击穿一艘盖伦帆船或者任何其他结实的大型战舰,基本上不可能如愿,即使真的得偿所愿,也只能在目标身上造成一个小小的孔洞而已,很快就会被某一名警觉的船员堵上。实践证明,若想以这样的方式击沉一艘船,将会是一个冗长的过程。战术家们日后会认识到,只有使用火力尽可能强大的重型火炮在尽可能近的射程内舷炮齐发,才能在舰队作战中发挥决定性作用。

另外,双方的火炮射击水准也一定会让人沮丧透顶。16世纪的船载火炮很难瞄准目标,也不确定是否能够正常发射,在50码距离上显得无关紧要的误差,在500码上就意味着完全脱靶。不过在经过像样的训练后,双方炮手的射术都应当会大幅提高。可是无敌舰队中多数所谓受过训练的炮手,从来没有在舰船的甲板上演练过,而尽管英国人中有一些技艺精湛的海军炮手,他们的人数也并不充足。西班牙人十分歆羡英国人发动火炮的速率,却对他们的射击精度只字未提。在英国人中,类似霍华德这样的业余人士也许会为本国海军炮手的表现喝彩,但像威廉·托马斯这样见多识广的老兵则只会感到震惊。"造成这一切的是我们自己的罪过,此外还能说些什么呢?"战斗过后他在致伯利的信中写道,"耗费的火药、炮弹如此之多,作战时间如此之长,相比之下,给敌人造成的伤害却那么微不足道。"可是即便如此,英格兰炮手还是比西班牙炮手技高一筹。在海峡中激战一周后,西班牙人才是两支舰队中损失更加惨痛的那一方。

让梅迪纳·西多尼亚公爵忧形于色的还不是舰队所受到的损失,而是眼看全军即将驶出海峡,进入北海,却还没有与帕尔马约定会合的时间和地点。此时大抵只有一条路可走了。当无敌舰队在周六下午较晚时分逐渐行近加莱锚地时,全军猝然收帆,在惊如雷霆的铁索绞动声中抛锚。这真是聪明的举措,如此一来便有很大机会让英国人措手不及,在海风和浪潮的推动下不得不继续沿着同一方向向前驶去，从而丢掉风向优势。但是，英国人也许早就在等待公爵发送信号了。赶在西班牙人停止释放缆绳前，英国人已经开始抛锚，两支停泊不前的舰队就此在加莱的峭壁附近相互凝视，只隔着长重炮射程的距离。

26

地狱燃烧者

加莱附近
1588 年 8 月 6 日至 7 日

当霍华德在维特桑湾[1]下锚时,正在执行封锁任务的西摩舰队也得到召唤,从西北方向抢风驶来。几个钟头过去,后者的船锚已经紧邻霍华德的旗舰抛入海中,英国舰队愈发强大了,此次加入的 35 艘帆船包括女王的 5 艘盖伦帆船,新造好的"彩虹"号和"先锋"号都位列其中,它们在这些船里性能最为出众。但是当霍华德沿着海峡一路艰难追击时,这支有效战力却正在敦刻尔克和多佛之间的海域上往来巡航,抱着碰运气的心态等待帕尔马出现。

这当然是兵力的浪费,但无论西摩还是女王的那班谋臣都无法对荷兰人完全寄托信任,部分原因在于荷兰联省议会的态度,议员们对于布尔堡谈判的迟迟未决面露愠色,另一部分原因则在于,尽管拿骚的贾斯丁坚决表示自己可以应付帕尔马,但是就西摩几个月来的亲眼所见,荷兰人只是摆出三两艘浅吃水船在近岸游弋,甚至比英国人小心翼翼冒险到达的地方还要离岸更近。从布鲁日到弗拉辛,消息能够飞快穿越敌对双方的阵营,拿骚的贾斯丁因此自感有十足的把握,只要帕尔马决定突袭,他就能及时得到警告。他真挚地盼望帕尔马早日行动。想到可怕的西班牙步兵和他们所向披靡的主帅全部离开陆地,搭乘平底兵船驶入远海,再也没有什么比这更加让人欢喜的了。阻击他们的地方离岸越远,他们想要回来,不就得游得更远吗?

---

[1] 维特桑湾(Whitsand Bay),康沃尔郡东南部海湾,在雷姆岬的西侧。

故而贾斯丁命令自己的舰队藏匿在弗拉辛，或是在斯凯尔特河口的西侧水域巡航，希望如此一来帕尔马会得到假情报，相信荷兰人在海上疏于戒备。孰料被幻象欺骗的却是西摩，让贾斯丁头痛的是，西摩带着充足的兵力沿佛兰德海岸上下巡游，击沉了一打以上疑似属于帕尔马的小型船队。由于贾斯丁的算盘可能让女王觉察到伦敦沦为了荷兰人设下的捕鼠夹上的诱饵，在荷兰政策的幕后制定者们看来，此举当然有失分寸。因此，西摩没有得到任何暗示，对于贾斯丁的心思丝毫不知情，贾斯丁则只能寄希望于西摩会被某一阵风吹走，或是由于一无所获而怏怏而归。在误解造成的僵局下，双方心神俱疲地煎熬了好几个月，与此同时，布尔堡的议和专员还在争吵不休，无敌舰队的消息则全无下文，荷兰人和英国人已经开始表现出盟友之间惯有的状态，怀着与日俱增的恼怒和狐疑彼此抱怨。

真实危险的到来让互相抱怨的双方最终缄口。贾斯丁得到通报，无敌舰队已经离开利泽德半岛，帕尔马的部队在沉寂了数月之后也蓦地恢复了生机；不久，虽然两支舰队一再发生冲突，无敌舰队却还是能够沿海峡一路而上。无论在远离海岸的地方将帕尔马一网打尽的想法有多么诱人，只要尚未落败的西班牙无敌舰队还随时有可能在同一片海域上出现，对于这种想法就一刻也不应予以考虑。在无敌舰队被赶走之前，任何从陆地上突围的企图都必须被立时制止。荷兰的战船正是为了完成这个任务而打造的，因此拿骚的贾斯丁丝毫没有困扰，立即带领他认为完成任务需要的全部船只，经过敦刻尔克一路南下。在西摩启航前去与霍华德会合之前，荷兰人已经接手了他们的海域，只是还没有人将此事禀报给霍华德。

那个周日的早上，当英国舰队指挥官挂起旗帜召开会议时，有更为紧急的事情需要商谈。加莱距离敦刻尔克只有不到30英里。帕尔马和梅迪纳·西多尼亚已经联系上对方，或者说眼看即将联系上。很明显，无敌舰队打算继续在此地停泊，等候帕尔马一切就绪，等待有利的风向和天气到来。英国的船长们对于帕尔马的海上力量还摸不着头脑；他们不知道帕尔马能否凭借小型船队冲出海面，如果他成功了，本方的作战任务又会在多大程度上变得愈发棘手，但不管怎样，他们并不愿意面对这样的风险。如果说西班牙人现在的锚地并不安全，那么他们自己停泊的地方也并不更加让人安心，他们心中确信，假如自己被驱逐到下风岸的某个地方，那里一定不是友善之地。到目前为止，加莱的总督古尔丹还没有对英格兰海军大臣的出现表示任何官方性质的关切，但是已经有人看见一些小艇来回出入于总督的城堡和"圣马丁"号之间。人们相信，古尔丹对神圣同盟持同情态度，当然，既然法国国王已经败在吉斯手下，除胡格诺派之外的所有法国人必然都应被列入潜在的敌人之列，并不比西班牙人的附庸好到哪儿去。舟楫在无敌舰队和海岸之间穿梭，所暗示的信息不言自明，一场为英国人准备的梦魇正在酝酿之中。事情逐渐清楚起来，在梅迪纳·西多尼亚或是与法国长官或是与帕尔马联合行动之前，最好能够逼迫无敌舰队驶离加莱。为了达成这个目标，只有一个办法：用引火船火攻。

前一天晚上抛锚时，温特已经看出了这一点，也许舰队中每一位经验老到的军官也都已经看出了这一点。新来的西摩爵士、威廉·温特爵士、亨利·帕尔默爵士都对停泊在加莱悬崖之下的那支可怕力量印象深刻，他们受到的触动并不亚于已经与之交过手的船长们。没有人再想上前与西班牙人近身较量一番，或是认为拿火炮轰击对方还能带来多大的益处，所以会议上的大部分时间肯定都被用来讨论获得引火船的方法和途径了。会议做出的第一个决定是委派亨利·帕尔默搭乘一艘轻帆船，前往多佛索要船舶和易燃物，不过直到亨利已经带着任务启程之后，一些更为大胆和明智的意见才在会议上占据上风。等待多佛的船舶到来意味着进攻最早也要等到周一才能付诸实施，这样的话，就要白白错过一次由喷薄激荡的潮汐流和从东南偏南方向渐起的强风同时出现所带来的良机。最合适的时机就在今夜，就是周日的这个晚上。德雷克主动提供了自己的一艘船，那是200吨的来自普利茅斯的"托马斯"号，霍金斯也奉献出了他的一艘船，随着热情的高涨，又有6艘加入进来，其中最小的一艘有90吨，剩下的则在150吨到200吨之间。由这些船舶组成的引火船队足以对付庞大的无敌舰队了，船长们于是各自散去，开始着手准备工作，用手头所有可用的引火物资塞满船体。船员们当然拿走了自己的衣物，水桶和货物也大都被一一搬离，不过在一位船长事后给国库递交的清单上，罗列了数量惊人的黄油、牛肉和饼干，它们全都留在船上化为了灰烬。

桅桁、风帆和索具全都留在了船上，因为人们希望这些船只能够扯满了帆全速逼近敌方的锚地，此外，所有船只的火炮也都留在了船上，双倍填充了弹药，等到火焰使其变得足够滚烫时就会爆炸，即使不能彻底摧毁敌军，也会平添几分威慑。这些引火船是匆忙间组装起来的攻敌武器。说来也奇怪，沿岸各地竟然连一艘引火船也未曾事先准备。尽管这项工作被勒令以最快速度完成，但似乎所有奇思巧智能够想到的东西，或是舰队能够提供的物资都没有被落下。

若能知晓那些在"圣马丁"号附近往来徘徊的小艇的真实意图，霍华德想必会备受鼓舞。古尔丹之所以派去小舟，只是为了回应来使，给公爵送上答复，主要内容不过是些冷冰冰的警告：无敌舰队的锚地毫无遮蔽、非常危险——公爵已经从领航员那儿获知了这些情况——最好不要在那里过久停留。为表迎迓，古尔丹还送来一小份水果，给公爵本人专门提供了点心，但是它们远远不能打消警告带来的阵阵寒意。加莱离沙特尔路途遥远，就像那年夏天法国的众多地方官一样，古尔丹一直在思量国王和吉斯公爵言归于好的可能性会有几分，他们都在骑墙观望，等着看究竟结果若何。不管怎样，他似乎已经下定决心，要始终保持正确的中立态度。他的确曾经许可无敌舰队的司膳官员随意采购沿岸供应的新鲜食物，英国人看到的那些小艇的大部分活动可能跟这项许可有关，但是我们并没有理由认定，他不会对霍华德提出的要求报以相似的恩惠。霍华德及其他与会人员认定法国人是自己的对头，但是单就加莱总督本人而言，他们并没有确凿无疑的证据。

倘能获知梅迪纳·西多尼亚给帕尔马送去的信函上的内容，霍华德必然会再次精神为之一振。公爵几乎刚一抛锚便立马差人前去面见帕尔马，提醒他虽然自己频频去信、日催夜催，却已经一连几个礼拜没有得到片纸只字。他继续补充道："我已经在此地抛锚，距离前方的加莱只有两里格，但敌人的舰队就在我的侧翼。他们可以随时向我开炮，我却无法以其人之道还治其人之身。如果您能送来 40 或 50 艘平底快船，凭借您的襄助，我将有能力在这里自保，直到您做好开拔的准备。"

平底快船指的是那些航速快、吃水浅的小型战船，在尼德兰起义的早年岁月里,"海上乞丐"[1]正是使用这种船只在海峡上制造了恐慌,自那以后,这种船便被造反的荷兰人用来掌控自己的近岸水域。平底快船恰恰是帕尔马匮缺的资源。就眼下而言,不消说拿不出40或50艘这类船只增援无敌舰队,就算海上没有人尝试阻止他的行动,他可以派遣出海的平底快船也凑不齐一打。他拥有的所谓"舰队"停泊在敦刻尔克和尼乌波特,几乎全由运河舟艇组成,这些船甚至没有桅杆、风帆和火炮。它们中的多数是平底造型,两端都可用作船头,甲板是露天的,本为运输牛群而造,在帕尔马看来,这些船已经足够在最有利的天气状况下将步兵运至海峡对岸的马尔盖特,当然,那样的话他得将自己的手下像牛群一样塞得紧紧实实。至于哪里有平底快船,帕尔马知道它们可能正在敦刻尔克和奥斯滕德之间来回游走,那是拿骚的贾斯丁的强悍小船,面对佛兰德海岸凶险的沙洲和浅滩,宛如小顽童在自家的游乐场上一般,驾轻就熟、不可一世。

甚至迟至8月6日星期六晚上,对于帕尔马无力施援的状况,梅迪纳·西多尼亚应该还一无所知。奇怪的是,从那时起,多数书写这一段历史的人都假定,在"酿成战败的致命误解"中,首要之因在于梅迪纳·西多尼亚,他或是出于恐慌,或是出于愚蠢,始终拒绝接受明摆着的事实。然而再没有比这种论调更加站不住脚的了。梅迪纳·西多尼亚也许在战役指挥中犯过错,但他并不是蠢汉。此外,无论是何种因素影响了他的决策,就我们掌握的情况来看,其中绝不包括恐慌。帕尔马的确足够清楚地向他人概述了自己的处境,但梅迪纳·西多尼亚不在此列。帕尔马在整个1587年频繁给腓力去信,又在1588年1月再次重复和强调,除非无敌舰队能够保护他们免遭敌军侵袭,否则他的驳船无法冒险出海。4月份时他又向马德里派去两位使节,呼吁在计划面临重重困难的当下理应推迟行动,不妨与英国人媾和,以便给自己一个征服瓦尔赫伦岛和弗拉辛的深水港口的机会。当腓力拒绝改变计划时,两位使节中的一位、未来的历史学家路易斯·卡布雷拉·德·科尔多巴根据自己的记述,揭示了难题的症结所在。据他回

---

[1] "海上乞丐"(Sea Beggars),荷兰起义军对自己的戏称,因起义贵族曾表示为了国家的事业宁愿沦为乞丐而有此说。

忆，他曾禀告国王："陛下请看，帕尔马公爵的船只想要与无敌舰队会合几无可能。西班牙盖伦帆船吃水 25 到 30 英尺，然而遍观敦刻尔克的周边水域，在离岸几里格的范围内，他们将找不到任何水深达标的锚地。敌军船舶的吃水线要浅得多，因而能够随意选择地点安全停靠，对想要闯出敦刻尔克的一鱼一鸟布下天罗地网。既然佛兰德的驳船与无敌舰队的相会是全盘计划的肯綮之处，而这一点根本无法达成，那何不暂时收手，以免徒耗时间、浪费国帑？"

当然，这段话是卡布雷拉·德·科尔多巴在整件事之后的某个时刻写下的，在腓力面前，他恐怕既不会如此措辞唐突，也不至于具有这等先见之明。但即便如此，也一定曾经有人屡次三番向腓力禀告过相同的内容，否则才是咄咄怪事呢。另外，还有一件事情更加古怪。在双方屈指可数的正式交流中，很可能帕尔马公爵没有向梅迪纳·西多尼亚公爵坦承他的所有难处，在提到自己的海军兵力时，他应该用上了华美而含混的辞令，使梅迪纳·西多尼亚及其部下得出了错误的结论。然而腓力对于帕尔马的海军劣势必然有十分准确的认知。自梅迪纳·西多尼亚在里斯本接过舰队指挥权伊始，至败局已定、腓力的指示和建议早已无补于事为止，在所有那些国王写给公爵的冗长而巨细无遗的谆谆嘱托中，为什么从未提及这道居于核心地位又至关紧要的难题？诚然，他曾提醒自己的总司令远离敦刻尔克附近的险恶海岸。然而他又一再告诉梅迪纳·西多尼亚要与帕尔马在海上会合，或是在"马尔盖特角附近"晤面。这里暗含的意思清晰明了：帕尔马无法应对的只是英国盖伦帆船，至于荷兰人的平底快船则完全不在话下。这就难怪梅迪纳·西多尼亚公爵接连派出的信使在看到尼乌波特和敦刻尔克的真实景象后会感到震惊。

周日清晨，梅迪纳·西多尼亚第一次隐约意识到灾祸即将来临。破晓后不久，堂罗德里格·特略的轻帆船向舰队驶来，两周前他被派去向帕尔马通报无敌舰队的行程，当时大军已经来到韦桑岛的纬度。堂罗德里格在布鲁日面见了帕尔马，他携带的信件涵盖了公爵的全部信息。帕尔马在回信中写到，他为无敌舰队的安全抵达感到高兴，并许诺一切事项将在接下来的六天内准备停当，一旦良机闪现，他会立刻发动突袭。可是当堂罗德里格昨晚驶离敦刻尔克时，仍然没有任何迹象表明帕尔马将会到来，他在尼乌波特和敦刻尔克看到的船只全都小得可怜，它们不过是些空荡荡的平底船，没有帆桅和火炮，也没有装载货物。不花上两周的时间来准备，堂罗德里格看不出这些船只如何能够派上用场。

在事情的整个经过中，帕尔马的行为多少让人感到有些怪异。显然，他已经发现驳船的准备进度令人沮丧，敦刻尔克的平底快船建造工作甚至更加不如人意。木匠和造船工动作迟缓，令人气恼，无论什么时候，一旦薪酬发放得迟缓了些，他们就会干脆撂挑子不干。上好的木材里总是掺杂了腐烂的木料和泛绿的板材，大量驳船不得不再次拆卸、重建，许多造好的平底快船被证明毫无用处，在运载实验中，一批驳船刚入水便转眼沉入运河，船员们一个个淹到了脖颈。即使手中有钱，仓促间也很难找到适合平底快船的加农炮，也不可能凑齐那么多有经验的水手。其实，帕尔马曾经多次面对过与之类似的困难，通过威胁、奖赏和哄骗，凭借随机应变、不知疲倦的辛勤工作以及事必躬亲所起到的激励作用，此前的难题总能被各个击破。然而这一回，他却放任准备工作进展缓慢。纪律和监督逐渐废弛，慢如蜗牛的造船速度更是一缓再缓。无敌舰队出现在海峡上的新闻曾一度激起了几分工作热情，但似乎也没有什么成效。帕尔马虽然下达了必要的命令，但直到 8 日周一下午，他才从布鲁日动身，迟至周一和周二，他才无济于事地加快了装载工作的速率。

敦刻尔克的周二之夜笼罩着暴风雨，眼前的一幕在此情此景下显得极不真实。这一艘平底快船没有火炮和桅杆，另一艘未曾配备活动索具，还有一艘早已进水，横向倾倒在运河的烂泥里；一些驳船还未经过防水处理，这会儿已经开始漏水，另一些在装货的那一分钟已经裂开了缝，士兵们像成袋的小麦一样被扔进其他可靠的驳船，当他们听到有人指望这些仅仅状如棺材的木盒儿出海时，都满心怀疑地笑出声来。夜幕降临，装载工作在火炬的照明下继续进行，帕尔马在一旁候立，面色苍白，无动于衷，越来越多的水手被塞进驳船，虽然此刻的敦刻尔克沙洲上正怒涛激荡、碎浪如雪，而且吃了败仗的无敌舰队已经顺风驶过（如果帕尔马对此全然不晓的话就太不可思议了），已经在下风向几里格之外了。

目睹这一幕的人们会产生一种感觉，这位伟大的军官大约是在装模作样，他纯粹是为了摆出一系列以供记录在案的姿态。卡布雷拉·德·科尔多巴在谈及帕尔马上一周的所作所为时说："他表现得好像自己并不相信无敌舰队到来的消息是真的。"也许，帕尔马内心相信的与卡布雷拉·德·科尔多巴几个月前说与腓力的那番话如出一辙。即使无敌舰队摧毁了英国海军，只要荷兰人依旧躲在浅滩里，便终究无法对他们造成杀伤。即使帕尔马所拥有的适合执行任务的武装平底快船不止可怜的十余艘，而是哪怕100艘，也只能每次放一艘船入海，拿骚的贾斯丁完全能够在平底快船出现的一刹那当即将之击沉，直到整条水道最后堵满船骸碎片为止。假如帕尔马能以铁石心肠般的冷静来面对计划的失败，那也许只是因为他早在很久之前就预见到了注定中的失败。

敦刻尔克那古怪的一幕是在周二晚间上演的。上周日的清晨，甚至在得到了罗德里格·特略的消息后，梅迪纳·西多尼亚仍旧拒绝相信计划无望实施。他催促有条件的所有船只灌满水桶，白费力气地向古尔丹借调实心弹，又向帕尔马派出了一连串信使，后者一个个全都用说理、恳请和劝告武装了起来。波特兰角附近的战事结束后，梅迪纳·西多尼亚已经发现，即使本方握有风向优势也无法靠近英国人，自那以后他就在说服自己，为了胜利，他需要的全部筹码是一支足以补充本方重型战舰不足之处的轻快作战舰队，他相信帕尔马麾下就有这样一支舰队。只要帕尔马能够被这样的构想说服，确定出兵，合兵一处的他们就能在海上横扫英军。

与此同时，他的心中还藏有其他的忧虑。如果英国人开始炮击自己，由于可供盖伦帆船的大炮使用的弹药少之又少，他将不敢回击，那样要不了多久英国人就会认识到他的无助，并随之逼近到能置无敌舰队于死地的射程范围。但他面临的最严峻的危险还不是这些。英国人正处在他的上风向，一股强劲的海流又正涌向多佛海峡，这使得锚地由于船体彼此牢牢紧靠，刚好处于最适合火攻的位置。对于一支由木船组成的舰队来说，所有危险中居于首位的非火莫属；它们的风帆、涂了焦油的缆索、晒干了的甲板和桅桁，都可以立刻着火，而整条船上几乎没有什么地方是不能燃烧的。但是，令公爵感到忧心的还不是普通的引火船，而是更加可怕的东西，这不是没有理由的。如果说腓力曾经提醒过他的话，那么国王肯定已多次向他提起，英国人正在准备许多奇怪的火焰发射器和邪恶的发明。某种程度上，这份警报是由爱德华·斯塔福德爵士透过他在巴黎与门多萨的接触而发起的心理战导致的结果。但支撑这个说法的至少还有一则确凿的事实，梅迪纳·西多尼亚以为只有自己知道，但实际上这在全军上下早已不是什么秘密。事实的内容关乎"安特卫普地狱燃烧者"的发明人，他的发明堪称人类迄今所使用过的最可怕的武器，那些引火船实为巨型炸弹，在一次爆炸中殒命的人数也许比一场大战的阵亡人数还要多，着火的船骸碎片甚至会铺天盖地地坠落到方圆一英里以外。据说，这些伪装炸弹的设计者意大利工程师贾姆贝利[1]眼下就待在英格兰，为伊丽莎白女王工作。贾姆贝利的真实境况的确与传闻一致。但这一刻他对西班牙人毫无威胁，他正忙于鼓吹一项不切实际的狂想，打算在格雷夫森德将泰晤士河用一道水栅封闭起来。在这场针对无敌舰队的战役中，他唯一能为英国人提供的有效武器只是自己的可怖名声。而这已然足够。

怀揣着对于古怪的火焰发射器的担心，梅迪纳·西多尼亚有所警觉地注意到了周日下午加入霍华德的众多新船只。对方其实只是些无害的补给船，但在公爵眼中，那也许便是贾姆贝利设计的伪装炸弹，它们最终还是来了。面对这一切，他所能做的并不多。他命令一众配备了抓钩的轻帆船和其他舰载艇组成屏护部队，前去捕捉引火船，将之拖引到岸边。他又派人传话给舰队官兵，一场由引火船发动的袭击即将到来，但是屏护部队会妥善应对敌人的进攻。只要屏护部队还在执行任务，众船就不得擅离岗位。不过，假使某些引火船届时突破了防线，舰队要立刻松开锚索并为锚索设置浮标，然后出海，让引火船随着海浪漂向近岸。舰队还要及早回到原地再次抛锚，以便在破晓之前争取到些许机会，拾起那些仍旧留在锚地的浮标。以上就是刚刚进入这个令人心神不宁的夜晚时发生的事情。

直到午夜将至，一切依然如故，仅有的变化在于渐起的南风以及月影

---

[1] 贾姆贝利（Federigo Giambelli），意大利军事工程师，从16世纪末至17世纪初先后为西班牙、西属尼德兰和英格兰服务。

前疾走的流云，这预示了一个狂风大作的早晨。紧接着，从英国舰队的外围亮起了灯笼。不，那不是灯笼，而是火焰；只见2团、6团，直至8团烈焰向前迅猛直冲，越发放射出夺目的光，到最后，锚地的西班牙哨兵们已经能够清楚地看到8艘高桅横帆船正张开满帆，伴随着爬上索具的火势，借助风力和海浪朝着自己径直袭来。引火船保持完美的队列向前行进，相邻两船彼此之间如此贴近，设若那些火势窜天的甲板上能够待得下人，相邻两艘船上的两位长枪兵甚至可以探出身子，递出长枪，让枪尖在两船中央的水花之上铿锵碰撞。哨兵们还能看到火焰映衬下的黑斑，那是屏护部队的轻帆船正在逼近引火船只。

　　这是生死存亡的一刻。双方舰队本来便停靠得如此接近，以至于轻帆船不得不冒着敌军的炮火工作，引火船的队列十分紧凑，轻帆船想要对付它们只有一种办法——扣住船尾，一次一对拖出队列。这些着火的怪兽可不是填满了树枝和稻草、用船桨推动的捕鱼小船。在强风、大潮和海峡洋流的联合驱动下，队列的行进是如此之快，只需要几分钟就能走完全部路程，要用抓钩控制住来船，使它们回旋并被拖至海滩，决计是一桩驾船技艺上的壮举，需要同时具备勇气、膂力和刹那间的敏捷判断。第一对轻帆船显然足够聪敏地执行了操作，因为第二天清早，这两艘被拖开的引火船躺在了远离西班牙人锚地的海滩上，只剩下焦糊的肋材在闷烧。然而，几秒钟后，当第二对轻帆船才刚刚就位，站在船头的水手想必正准备掷出他们的抓钩时，填充了双倍弹药的火炮近乎达到了白热状态，随之接连走火，将炮弹随机射往周边水域，火炮在后坐力的作用下溅起喷泉般的火花，被风吹散到周边的各艘小艇上。受了惊吓的各条轻帆船赶紧转向闪避，于是场面霎时大乱，正是在这一刻，6艘余下的引火船逼近了锚泊的无敌舰队，船上火炮爆炸的巨响震耳欲聋，压过了烈火的咆哮，喷泉般四溅的火星高高地冲向了天际。疑云已然散尽。就在这里，致命的安特卫普地狱燃烧者再度现身了。

27

阵列溃乱

加莱锚地到格拉沃利讷
1588 年 8 月 8 日

在看到自己的屏护部队漏掉了引火船后,梅迪纳·西多尼亚鸣了一炮,松开锚索并迎风出海。然而这一次,舰队没有遵从指令。相反,一阵恐慌在拥挤的锚地迅速蔓延。也许是因为经由参与过佛兰德战事的众多老兵之口,已经有太多关于地狱燃烧者的骇人故事散播开来。也许,梅迪纳·西多尼亚的指令在口耳相传的过程中遭到了曲解,尽管这不大可能。无论什么原因,多数船长仅仅是松开了锚索,顺着风向四散而逃,这里一撮儿,那里一摊儿,彼此之间像害怕引火船一样害怕对方。强劲的洋流和逐渐转强的海风将整支丧失秩序的乌合之众挈往多佛海峡之外,吹向弗莱芒海岸的沙滩。可怕的西班牙新月阵列终于走向了溃乱。

"圣马丁"号出海行驶了一小段距离,旋即转回,在首次抛锚之地以北 1 英里左右的地方抛下了备用的船首大锚。在她身前,4 艘夜间距离最近的伴侍船舶也都一一抛锚停泊,它们是里卡德的"圣胡安"号、"圣马科斯"号以及其他两艘船,可能是"圣菲利佩"号和"圣马特奥"号,虽然并不十分确定,但肯定都是来自葡萄牙的盖伦帆船,这些船只和往常一样继续坚守在危险而光荣的岗位上。当狂风在拂晓时分发作时,除了堂雨果·德·蒙卡达的"圣洛伦索"号,这五艘战船就是目力所及范围内的全部无敌舰队成员。"圣洛伦索"号是加莱赛战船中的旗舰,她已经失去控制,主桅也出了点问题,现在正如一只受伤的甲虫在岸边踽踽前行。她那不走运的船舵("相对于悍野的重洋,这些加莱赛战船也委实脆弱了些!")[1]

---

[1] 语出自第 22 章,见"圣洛伦索"号的船舵第一次出故障时公爵的抱怨。

被一条邻船的锚索缠住，船体也在夜间的慌乱中多次遭到情形复杂的撞击。在更加靠近加莱码头的地方，六艘引火船残剩的船肋还在兀自闷烧。随着所有填充了弹药的火炮都炸开了花，爆炸也就停止了下来。它们终究不是真的地狱燃烧者。

往南去，英国人依然待在前一晚的锚地，但不久后霍华德的"皇家方舟"号也鸣了一炮，水面上传来了行动的军号声。于是船锚被拉起，风帆被展开，旗帜高高升上了船顶。英格兰海军的全部兵力都已现身此地，这里共有150艘帆船，其中包括女王的所有盖伦帆船和数量更多、个头更高的重型武装商船，还有隶属私人的部分战船以及100艘左右的较小船舶，纵然没有被命名为"大舰队"（Grand Fleet）[1]，但这同样是不折不扣的一支庞大舰队，此时它开始挪动身躯，准备发起进攻。

梅迪纳·西多尼亚必须当即裁夺何去何从，幸运的是，在这种局面下拿定主意对他而言并非难事。他是指挥官。直到四散的舰队得以重整之前，迎敌是他的职责所在，如有需要，纵使孤身犯险亦在所不惜。他启碇前行，以一种挑战的姿态驶入多佛海峡。在他后方，里卡德的"圣胡安"号和其他三艘王家盖伦帆船也都扬起轻帆，逆风而上。由于狭窄水道此时已经通行，他们的轻帆船遂离开他们顺风疾驰而去，前去召集散开的各条船只，命令他们迅速归队，支援舰队指挥官。

在曙光朗照之前，霍华德对于引火船作战成功与否并没有十足的把握。很明显，其中的两艘已经被早早拖往岸边，那么剩下的几艘也未必不会落得同样的下场，毕竟除了船上逐渐黯淡的火光外，再没有其他迹象可以判断火势了。西班牙人兴许会在撤离后返回原地再一次抛锚，兴许根本就没有转移。不管哪一种情况发生，除了用火炮驱逐对方外再无他法，倘使如此，霍华德打算身先士卒，亲自领导第一波攻势。这一回，战斗将不会止于谨慎小心的远距离炮战。战后提交的所有英方报告都强调周一这场战斗缩短了射程，这表明每个人都认识到了相同的问题：此前他们与敌人保持的距离过远。

---

[1] 大舰队由英国皇家海军于1914年8月组建，是英国在第一次世界大战期间的主力舰队。

黎明时分的景象改变了霍华德的计划。西班牙人已经散开。霍华德派出其他四支分队前去应对眼前仅剩的西班牙盖伦帆船，将发动首攻的荣誉让给弗朗西斯·德雷克，而后率领自己的分队前去俘获或摧毁那艘加莱赛战船。对方活像一头跛脚的巨兽，眼看英国人的战队逐步迫近，开始绝望地挣扎，想要逃往加莱海港寻找庇护。但是面对落潮的湍流和汹涌的巨浪，自己既无法操控船舵，又不了解附近海滩的轮廓，逃亡遂成了奢望，最后一刻来临时，船上划桨的奴隶们已经筋疲力尽，他们在巨浪面前的苦干仅仅使得船体越发牢固地搁浅在了原地。她停在那里，随着海潮在她下方退却，很快横向倾覆，甲板向海岸倾斜，侧舷的火炮可笑地指向了天空，加莱城堡的高墙近在咫尺，但她已然寸步难行。

对英国人来说，当时的情况令人非常气恼。英国盖伦帆船总体上要比西班牙盖伦帆船吃水更深，而加莱赛战船远比任何一方的盖伦帆船吃水更浅。"圣洛伦索"号搁浅的地方太靠近海岸，以至于滞留身后的英国人无法用炮火摧毁敌船。为此霍华德派出一支由舰载艇组成的小型船队，打算登船攻占"圣洛伦索"号，它们一会儿要与这艘加莱赛战船展开猛烈对攻。"圣洛伦索"号倾侧得太厉害，因此没有一门火炮可以瞄准目标，但正是由于这一事实，这些火炮恰好为船员提供了庇护，让舷侧更加难以攀登。接下来的一段时间内，舰载艇转身从向海一侧小心翼翼驶过"圣洛伦索"号——借助朝向陆地一侧的侧舷栏杆虽然更有利于攻占该船，然而此处的水太浅，很难绕到那一边去——它们利用小型武器连续发起猛烈的进攻，但也遭到了同样猛烈的回击。围绕登船发动的一连串尝试未能起到决定性作用，他们被西班牙人的火力击退，艇上开始出现伤员，甚至有人战死。孰料就在此时，堂雨果·德·蒙卡达被一颗滑膛枪的子弹击穿了头颅，看到这一幕，遵照他的命令坚守岗位的士兵自忖前景渺茫，便终止了战斗，他们从朝向陆地一侧较矮的围栏那里跳船，蹚水而行，挣扎着爬上岸去。英国水手则已经攀上了"圣洛伦索"号向海一侧的围栏，穿过了栏杆下的炮眼。

依据征服惯例和战争法，加莱赛战船上的战利品属于这群英国人，加莱总督古尔丹也承认了这一点。每个人或举或抬，船上所有值钱的东西很快就被洗劫一空。但是加莱总督提醒他们，船舶本身及其火炮、索具应当归自己所有，当他察觉到这帮人不仅把自己的警告当耳边风，还有意趁机劫掠，对围聚在海滩上观看战斗的加莱市民下手时，古尔丹下令城堡驻军向英国人的小艇开炮。只有这样才能迫使小艇的船员退回自己的母船，而甲板上的霍华德早就急不可耐地想要加入远方的另一场海战了。

让一支强大的分队枯等数个钟头而不能参加一场大战，只是因为劫掠了一艘搁浅的战船，这个原因看上去有些蹊跷。但是应当记得，"圣洛伦索"号的级别令人惊叹，她是这个级别的战船中最强大的一艘，在海峡内的战斗中让英国人吃了不少苦头，因此霍华德在谨慎却明智地考虑了自己的任务后感到，为她逗留是值得的，在弃她而去之前，要确保她永远无法重归战斗。返回的小艇向他作出了这方面的充分保证，绝不会有人能够让"圣洛伦索"号再一次回归海面。事实也确实如此，"圣洛伦索"号日后果然躺在加莱城堡之下烂成了碎片。与此同时，霍华德下令转舵，朝着火炮声的方向赶去。

关于无敌舰队在格拉沃利讷附近的最后一战，正如此前发生在海峡内的诸多战斗一样，我们只能捕捉局部的浮光片影。双方舰队中没有一个人留下令人满意的记录，哪怕只是有关某一艘船的行动内容。海面上充斥着噪音、烟尘，眼前尽是险境、乱局，要在过短的时间里完成过多事务，同时又很难辨认出他人的举动，所有这些交织一处，足以淆惑视听、扰乱心绪，更遑论其他的不利因素了——首先是我们早先曾提及的一则事实，即这场战役的参与者中没人能在领会新武器、新战术的使用诀窍上达到要求，第二点则缘于周一的客观环境，这是双方头一次在恶劣天气下对战，强风、怒浪和有限的能见度都让战况更加错综复杂。

然而另一些事似乎又是清晰的。到了早上，风向一定转向了西南偏南，风力至多不过是强风罢了，又或者可能达到了疾风的程度。"圣马丁"号以及陪伴左右的其他船只纵然只张起了较小的风帆，想必也正顺风前进，穿越多佛海峡进入北海，"圣马丁"号仍然殿后，"圣胡安"号和另外一到两艘战船则处在下风向。即使到了这一刻，梅迪纳·西多尼亚还在惦记如何召回迷途的船只，想要将它们从危险的敦刻尔克海岸引向深水区。也许他打算让流散到下风向的船只围绕里卡德的"圣胡安"号组队,让离自己更近的船只回到旗舰"圣马丁"号周边。不过没有人提到过这些。无论如何,他北上的动向引发了英国人的尾随,并且延后了战斗爆发的时间。

第一个点燃战火的是弗朗西斯·德雷克的"复仇"号,这正是海军大臣委派给他的任务。在英国人靠近的时候,西班牙旗舰抢风调向,在前方转身将侧舷炮亮给敌人,而后顶风停住,在随后一段时间内,双方都不主动发动攻击,等待"复仇"号和"圣马丁"号之间的距离不断拉近。英国人这一回下定决心要让每一发炮弹物有所值,西班牙人由于弹药所剩无几,也不得不力求每一发都击中目标。故而,直至双方来到"滑膛枪射程的一半距离"(100码?),"复仇"号才相继发动船首炮和侧舷炮,对于德雷克的攻击,"圣马丁"号也用雷霆般的炮击报以回答。有可能正是在这一轮互射中,就像翁博蒂尼所说的,"复仇"号的船体被"各种型号的加农炮弹击穿"。芬纳和他的"无双"号紧随德雷克赶到,在他身后还有德雷克分队的其他船只,每一艘都在就位之后立即发动侧舷炮,同时也要承受遭到"圣马丁"号回击的风险。随后全体分队却在指挥官德雷克的带领下向东北方向进发,暂时消失在了所有存世文献的空白之中。

这并不意味着他们没有可能在其他地方大展身手。朱利安·科贝特猜测,在德雷克眼中,合适的战术目标也许在更远处的下风向,更加强大的西班牙盖伦帆船正在转向,以求避开那儿的浅滩,并设法在深水区重新集结,这个猜测是合乎情理的。那也许是一个足以左右战局的关键点,若能阻止和破坏无敌舰队的再度集结,将会获益无穷,远比捕获或击沉"圣马丁"号更具有决定性意义。紧随其后赶来的马丁·弗罗比舍没能领悟德雷克的战术洞察力,无法理解后者的所作所为。后来,弗罗比舍在哈里奇当着谢菲尔德勋爵[1]和其他的人的面,对德雷克的行动做出了评价:"他[德雷克]的确自吹自擂地第一个冲了上去,向他们发射了一通船首炮和侧舷炮;但接下来他改由抢风航行,又一次像一个懦弱的无赖或叛徒那样高高兴兴地溜之大吉——别的我不敢说,但在这一点上我敢发誓保证。"弗罗

---

[1] 第三任谢菲尔德勋爵埃德蒙(Edmund, Lord Sheffield, 1565—1646)。

比舍当时正因为另一件事生德雷克的气,而且他一直是个爱发火的急性子,容易口无遮拦。但是他必定没有领悟德雷克此举的用意,更谈不上尝试予以支持。而假如他领悟到了,行动的目标本来有可能顺利达成。

相反,弗罗比舍待在原地继续与"圣马丁"号鏖战。"凯旋"号的船楼更高,体积也更大,尽管没有主动发起接舷战,弗罗比舍却拉近了与西班牙旗舰之间的距离,并用自己的大型火炮轰击对方,余下的分队船只也蜂拥而上,围聚在"圣马丁"号的左右两翼和下风向,朝着对手水线以上的船舷开炮。在众船让开一条通道,让霍金斯和他的"胜利"号也加入战场后,梅迪纳·西多尼亚几乎是在独自与全体英军交战了。或者,至少可以说是近乎独自。来自葡萄牙的"圣马科斯"号上搭载着佩纳菲尔侯爵和许多其他家世显赫的贵族,他们作为绅士冒险家参与了战事,并且自始至终从未远离过西班牙舰队指挥官。"圣马科斯"号因此得以靠近德雷克分队的其他部分船只,随时待命准备战斗的她正在承担起相应的战斗任务,也像"圣马丁"号一样对敌军的炮轰给予回击,不仅动用了遭到削减、少得可怜的大炮,而且由于彼此间只有咫尺之遥,还干脆用上了滑膛枪和火绳枪。

到此时为止,霍金斯分队已经全员抵达,其他的西班牙战船也开始陆续加入战斗。这些战船的名字已经为我们所熟知,它们就是进入海峡以来一路上遭受猛攻的那些船只,诸如葡萄牙和卡斯蒂尔的盖伦帆船、德·雷瓦和博登多纳的卡拉克帆船、佛罗伦萨的盖伦帆船、奥昆多的旗舰,以及两到三艘类似"葛兰格林"号这样的体积最大、火力最强的比斯开战船。最初只有七八艘船投入作战,随后上升至 15 艘,接着达到 25 艘,它们无法组成我们所熟知的完满的新月阵,但也足以展现出阵列中尤为强悍的侧翼轮廓,它们充当了一面盾牌,让更加迟缓和弱小的船只能够在身后重整队列。当西摩和温特加入战斗时,它们发现西班牙人已经在一定程度上恢复了常规阵型。"他们开始行动,"温特说道,"按照新月的形制组织起来,他们的舰队指挥官和副指挥官身居中央,那里聚集的船只数量最多;阵列向两翼展开,那里汇聚了加莱赛战船、葡萄牙舰队和其他性能良好的船只,每一边侧翼的船舶总数达到了 16 艘,几乎可以肯定这些就是他们的主力战船。"在周一清晨狂风大作的最初几个小时里,能够迅速恢复这一令人生畏却精妙复杂的阵列,实实在在是一桩了不起的成就,格外体现出了西班牙人的作战纪律和航海技艺。而此举之所以有可能达成,当然离不开梅迪纳·西多尼亚公爵的领导能力及其亲自殿后的近乎执拗的过人勇气。

尽管如此,在双方都展现出了极高的勇气和大胆的领导风格后,胜利还是逐渐向着拥有最好的船只和火炮的一方倾斜。英国船舶在性能上的优越性早已在一次次战斗中展现得淋漓尽致。它们可以任凭自己的意愿从侧翼包抄和袭扰敌人,可以将风向优势牢牢掌控在手中,并根据需要随时调整射程,任何时候,只要他们喜欢,都可以确保全身而退。西班牙人愿意承认英国人在火炮和射术上拥有优势,不过英军在格拉沃利讷附近表现出的压倒性优势是建立在他们仍然拥有充足弹药的前提之下的。有关缩短射程的决定想必是周日早上表决通过的结果,那时他们还不可能知道西班牙人缺乏弹药的底细,可是在周一的战斗进入到第二个阶段后,当五支英国分队快马加鞭冲上前去紧贴西班牙新月展开搏斗,试图将其撕扯成碎片时,他们发现自己大可以逼近至听得见招呼声的距离,而不会遭受过于沉重的惩罚。

英国人仍然把最有效射程估计得过大。"距离越近,效果越好。"理查德·霍金斯爵士后来评论道。他曾在父亲的分队里负责指挥"燕子"号,这个结论是他在经历过整场战役后得出的。不过在周一战场上的大部分作战距离里,英国人的火炮都可以给敌人造成实质性的伤害。在用西班牙橡树制成的坚硬木板的防护下,西班牙盖伦帆船的船体下部虽不至于粉碎,但也被屡次击穿。在战斗结束前,无敌舰队的多数一级战舰都已漏水,有些还遭到致命的损伤。西班牙战舰的高层建筑本来最多不过能够抵御滑膛枪的射击,因此入夜时已经被击成了碎片,并且染着鲜血,想必上层甲板上曾经发生过可怕的屠戮。

西班牙人表现得非常英勇。一艘又一艘盖伦帆船在不利局面下拼死一搏,不断尝试发起接舷战。毕竟这是将战斗拉回到均势状态的唯一机会。"圣马丁"号在战斗的第一阶段已经身负重伤,但随后她又至少两次深入龙潭,亲自将一艘陷入麻烦的船只解救出来。当博登多纳的卡拉克帆船经过时,旁边一艘乌尔卡船的全体船员亲眼见证了船上的情形，甲板上的惨状浑似一处屠宰场，她的火炮早已喑哑，当船体迎风倾侧时，鲜血便从她的排水孔中涌出，即使这样，她还在固执地试图返回战队就位，她的滑膛枪手依旧在桅楼和后甲板上随时待命。"圣马特奥"号两次身陷重围，仍然坚持与围在身边的敌人交战，处境甚至更加糟糕。超过一半的人员，包括士兵和水手，都已阵亡或伤残，她的大炮早就全无用处，漏水的船体俨如筛网，吃水很深，左右摇摆，可是当"圣马丁"号前来提供掩护，舰队指挥官主动提出让她的军官和全体船员登上自己的甲板时，船长堂迭戈·德·皮门特尔却骄傲地拒绝了弃船的建议。后来，一艘英国盖伦帆船，可能就是西摩的"彩虹"号，被这一幕充满英雄气概却徒然无益的牺牲深深打动，他们靠近该船，让一位军官上前打招呼，提出优厚的投降条件。作为回答，"圣马特奥"号上的一位滑膛枪手击穿了这位军官的身体，他们宁愿忍受敌人一轮又一轮的侧舷炮火，继续徒劳地使用小型武器执意还击。

到了这个时候，梅迪纳·西多尼亚已能辨明局势，他费尽千辛万苦重新组建的阵型即将在自己眼前走向毁灭，现在众船七零八落，舰群首尾阻隔，越来越无助的整支西班牙败军在英军的无情围拢之下，被迫退往佛兰德海滩。英国海军大臣早已现身并投入到鏖战之中，无论是否遵循了德雷克的示范，英军的主攻方向都放在了无敌舰队的上风侧翼。此时已是下午4点钟。战斗在日出后的一两个小时内打响，一直持续到这会儿，看起来日落之前英军将有足够的时间彻底了结无敌舰队。

接着，眼见无敌舰队下一个钟头就会被摧毁、它的多数船只即将被赶上沙滩，一场狂躁的风暴却旋踵而至，随之带来了滂沱豪雨。有差不多15分钟，比起注意敌人的动向，英国人不得不更加操心如何避开自己人的航路。当他们终于可以回过头来打探对方时，却看到西班牙人已经趁机逃往北方，无敌舰队不仅脱离了英军的射程，并且就在英国人的注视下，令人难以置信地重新组成了他们已多次摆出的强悍的新月阵。现在"圣马丁"号又具有挑衅意味地收帆减速，阵列重整的舰队成员也都接连效仿了总司令的做法。看起来，遭到沉重打击的西班牙人意欲主动挑起一场新的战斗。

28

迟到的奇迹

泽兰海岸和北海

1588 年 8 月 9 日至 12 日

  英国人没有重新发动攻势。这并不像有些人揣测的那样,是由于他们看到西班牙人重整阵列而感到气馁。他们已经击破过西班牙人的阵列,并且知道自己有能力让这一幕再度上演。更有可能的是,中止战斗的间隙给了各船指挥官们准备时间,他们因此发现在多数船只上,无论是炮弹还是火药都已消耗殆尽或所剩无几。类似最后四个钟头那样的激战,余下的弹药哪怕连一个小时都将难以支撑。因此,在另寻办法以便完成工作的同时,保证无敌舰队留在视野里眼下已然足够。事实上,从这一刻起,双方舰队都已无力再次投入到大规模炮战之中,但是也没有任何一方了解对手疲弱到了何种程度。

  当晚,霍华德致信沃尔辛厄姆:"华翰收悉,您在信中希望我制定火药和炮弹的比例并提交给您 [这些墨守成规的官僚!],但由于我方未来工作的不确定性,没有人能够制定这一比例;因此,我恳求您以最快速度送来弹药,有多少送多少。"此外,他还提到舰队也同样需要食物,在简要报告了当天的战况后,他说:"自那[早晨]以后我们便一路穷追猛打,夜深时已经重创敌军;但他们的舰队终究拥有非凡的战舰和强大的实力,难以毕其功于一役。"他又加上了一段附言:"他们的强大令人惊叹,可是我们已经一根又一根地拔除了他们的羽毛。"就截至目前的战役进程而言,这堪称是一句足够谦逊的评价,甚至听不出任何对于战斗即将走向尾声的奢望。

  德雷克倒是对战果表现得更加满意。"上帝赐予我们如此美好的一天,他实现了我的祈愿,迫使敌人远远待在下风向,帕尔马亲王和梅迪纳·西多尼亚公爵将有一段日子无法握上手了,而且无论什么时候,当他们再次会面时,我相信这二位都不会因为这一天的战事而感到十分愉快。"但是他在附言中的强调却比霍华德还要强而有力:"必须有人高度重视起来,赶紧给我们输送弹药和食物,无论敌人将要去往何方。"德雷克并不比霍华德看得更远,他也没有预见到他们将不会与无敌舰队再度交手。

西班牙舰队此刻的处境事实上极为悲惨。就公爵所查明的情况来看,尽管还有些许火药余留下来,但是大型炮弹已经一干二净或者寥寥无几。自开战以来,无敌舰队第一次遭到了实质性的重创。多数头等战舰都已漏水;放眼全军,大部分船只都程度不等地损失了桅桁、索具,甲板上到处都是船舶残骸;所有船只都出现了比例极高的人员伤亡。其中一些受损情况尤为惨重。在暴风中,一艘大型比斯开战舰"玛利亚·胡安"号由于在当日先前的战斗中被隔离包围,受到重击,最终沉入海底,好在多数船上人员赶在倾覆之前得到了转移。进入前半夜,严重漏水的"圣马特奥"号和"圣菲利佩"号自感留在海上的时间不会太长,于是改变航向,双双向岸边摇摇晃晃地驶去,在冲上尼乌波特和奥斯滕德之间的海岸后主动搁浅。等到早上,两艘船都被拿骚的贾斯丁派来的平底快船俘获。下一日清晨,迭戈·弗洛雷斯分队里的一艘武装商船也绝望地落在了后方,脚步迟缓的她最终在英、西舰队的共同注视下一点点地沉下了海面。

入夜后,风力越来越强,无敌舰队盲目地沿海岸而上,一路向着东北偏东方向进发,英国人则在后面紧咬不放。最危险的时刻最终在8月9日周二的一早出现了。梅迪纳·西多尼亚当时正负责殿后,在旁提供支持的有里卡德的"圣胡安"号、德·雷瓦的卡拉克帆船、忠诚的"圣马科斯"号、一艘卡斯蒂尔盖伦帆船,以及三艘仅存的加莱赛战船。无敌舰队的其余力量都处在有一定距离之遥的下风向,而在殿后部队的船尾上风位置,刚刚超出大约一枚长重炮弹射程的地方,便是虎视眈眈的英国舰队。风力随后有所减弱,但转为了西北风,在竭尽所能顶风而行的情况下,无敌舰队还是无法获得更广阔的海面空间。令人胆战心惊的是航线和水域坡度的改变,以及海水颜色在前方及船首左舷面海方向的水域中发生的变化。从现状来判断，整支无敌舰队还有不到半个钟头就将闯入泽兰的海岸地带。

就算捐躯沙场，也胜过不战而溺亡。梅迪纳选择了顶风停泊，他的小型殿后部队也都纷纷追随总司令一道行动。他派出多条轻帆船传达命令，要前方各船就地抛锚、静待敌军，如果有能力做到，也可以抢风返航，回到自己身边。其中一些船只设法遵从了指令。同时，官兵们开诚布公地进行了交流，准备用仅剩的供小型武器使用的弹药乃至冷兵器迎接来敌。可是英国人却停在远处冷眼旁观，不断进行短程调戏，时而靠近，时而驶离。至于个中缘由，根本不需要领航员告诉公爵。甚至在顶风停泊的当下，风和海流也在不断推挤着西班牙人的殿后部队向下风向漂流。由于水底只有松软的流沙，很难指望船锚奏效。而在前方，除了眼下的这条航线，舰队将无路可走，几分钟后，一场大灾难即将临头。英国人正是打算在一旁冷眼看着他们的敌人在上帝手中走向覆灭。

领航员说服了公爵，使他明白除了坚持先前的航线，尽力向深海慢慢移动外，再也无计可施。根据"圣马丁"号的测链来看，测深员先是报告水深为7英寻，而后便缩减至6英寻。"圣马丁"号的吃水深度是5英寻。从现在开始，前方的舰船随时有可能触礁；看上去叫人讶异的，反倒是一些船只至今仍然安然无恙。与英国人的侧舷炮相比，海浪接下来可能会令西班牙船只更为彻底地粉身碎骨。有那么几分钟，无敌舰队里每个头上长眼的人无不提心吊胆，他们一定都嗅到了死亡的味道。我们不知道船员们曾经如何祷告，又许下过怎样的誓言。我们只知道事情遽然出现了戏剧性的反转，当他们还在轻微搁浅触发的震动中勉力为自己打气时，风向发生了逆时针偏转。一位欣喜若狂的目击者表示，风向忽而毫无预兆地掠过罗盘，急转至东南方向。又或者根据公爵的报告，风向更可能是西南偏西，无论如何，风力已经足够强劲，起风的时机也足够出乎意料，这下子甚至连领头的船只也得以安全绕过即将断送性命的沙滩，无敌舰队的全体官兵终于死里逃生，进入深水区域。公爵和他的随军牧师都确信，舰队方才的获救无疑是上帝显现的奇迹。

当然，这并不完全是腓力国王和他的舰队指挥官一直以来望眼欲穿的那种奇迹。如果说无敌舰队幸得保全，但距离击败英国人却还差得远。带着一丝苦涩的自嘲，里卡德可能认为，就整场战役来看，这场神的干预——如果一场风暴末尾发生的风向转变可以被如此冠名的话——未免来得太晚了些。但身为一名出色的水手，里卡德足可以辨识出，自从进入海峡以来，无敌舰队在获得天气垂青这方面实为更加幸运的一方，这一点甚至超出了任何人的期待。

英国人也一定会怀有同样的看法。他们对无敌舰队莫名其妙的脱身大感失望，以至于未曾就此留下只言片语，即使这还没有动摇德雷克的自信，他还依旧笃定地认为上帝站在自己这一方，或者依然渴望与西班牙军队再较量一个回合，这至少使得德雷克、霍金斯、海军大臣以及其他所有人在催促火药和炮弹的补给方面变得更加焦躁不安。不过在此期间，英国人"虚张声势，金玉其外"，一路尾随敌人，佯装一无所缺。

那天晚上，双方的旗舰都在召开军事会议。在"皇家方舟"号上，会议的气氛固然焦虑不安，但用时极短。英方船只全都状况良好，人员伤亡并不严重，除了弹药匮乏、食物也即将告罄外，一切运转如常。大家的心中燃烧着希望，认为物资眼下正在身后一路送来，他们拿定主意，只要危险还没有彻底解除，敌人还可能尝试在英格兰或苏格兰登陆，主力舰队就将继续跟踪西班牙人。不过西摩将要带领他的舰队回到唐斯[1]，负责监视帕尔马的动向。西摩当场大发雷霆，咆哮着表达了抗议，他认为自己在格拉沃利讷战场上的表现足以赢得留下参战乃至马革裹尸的资格；他期望与西班牙人再次交手，即使那将会是一场短兵相接的白刃战；他谴责霍华德的动机，指出此举明显是为了将荣誉尽收囊中。然而海军大臣的态度毫不动摇。一定要有人回防，在帕尔马可能尝试渡海时加以拦阻，而霍华德显然从不认为能够依靠荷兰人完成这部分行动计划。虽然就在同一天，拿骚的贾斯丁派出的平底快船俘获了敌方的两艘盖伦帆船，虽然他的防范工作做得滴水不漏，连一艘轻帆船也没有放出过敦刻尔克和尼乌波特，霍华德还是留下了这样的记录："海上没有一名荷兰人或者泽兰人。"他对于盟友的所作所为远不如对敌人的那么了如指掌。可就算这样，仍然没有任何

---

[1] 唐斯（Downs），英格兰东南部肯特郡的东部沿海锚地。

迹象表明他正为英格兰的安危之外的任何事情，譬如自己的私人荣誉打小算盘。他只是耐心地、顽固地决意让自己的船只在任何必要的时刻随时横亘在国家公敌和祖国海岸的中间。

"圣马丁"号上的会议耗时更长，也更加令人不快。基本上所有头等战舰都负有需要报告的重伤。所有战船的人员折损都很惨重，其中一些甚至到了无法维持正常运转和作战的地步。弹药极度短缺。看起来，无敌舰队在下一场战斗中的胜算将微乎其微。可就在这样的情况下，会议因为某些没有言明的原因，一致投票通过了一项决议，如果风向在接下来几天中如愿改变，他们将原路折回发动进攻，力争夺取一处英国港口，或者杀出一条血路，重新穿越多佛海峡。在未曾言明的原因中，有一点必然源于食物和水的逐渐匮乏，这让任何长途航行都变成了希望渺茫的畏途。而首要原因则可能与驱使霍华德不懈尾随的原因并无不同，只要还有一线机会，他们就必须尝试完成肩负的使命。再没有比承认失利，然后踏上返回西班牙的归途更加糟糕的了。不过愁眉不展的他们也都同意，倘使风向始终保持不变，再过四天他们就将不得不驶入挪威海，届时他们只得向西绕过不列颠群岛，才能回到故土。这会是确保舰队安全的最好出路，在公爵的总结中，如果他们对于作战已然无能为力，那么尽可能多地保存国王的船只就成了不容推卸的职责。

风向依然如故。两支舰队还在向北航行，已经接连抵达了比赫尔[1]和柏威克[2]更高的纬度。时间来到了第四天，即8月12日（旧历8月2日）的周五下午，在大约北纬56°的位置上，英国人终于回转船头，朝着福斯湾[3]的方向归去。眼看西班牙人并未在登陆方面再作打算，霍华德感到心满意足，而此时每条船上的食物和水都已濒临耗尽。

从"圣马丁"号的艉楼甲板上，梅迪纳·西多尼亚亲眼看到英国人逆风退却，离船尾越来越远。自从第一场噩梦般的战斗在两周前的普利茅斯附近打响以来，他几乎从未离开岗位。他身边的人不断被对手击杀，他

---

[1] 赫尔（Hull），英格兰东部约克郡近海城市。
[2] 柏威克（Berwick），位于英格兰最北方，比邻苏格兰。
[3] 福斯湾（Firth of Forth），位于苏格兰东部，是福斯河流入北海的河口湾。

们之中有一位索环工、一位滑膛枪手、一位水手长，还有一些最尊贵的西班牙绅士，而他自己除了在上周一清早的战斗中大腿被割伤，行动起来僵直不便外，倒是一直毫发无损。他偶尔会走下船舱抽空吃点食物，或是草草睡上几个钟头，但多数时间里，他只是胡乱接过递上甲板的食物随意吃一点果腹，又或者干脆忘记了用餐，在多数短暂的夏夜里，他总是倚在船尾栏杆上彻夜不眠。他现在还依靠在那里，目送着对方那熟悉而令人生厌的上桅帆消失在遥远的西方。他的身上只穿着紧身上衣、长袜和一件短披风。他把自己华美的海军斗篷送给了离开"罗萨利奥圣母"号后一无所有的弗雷·博纳多·德·贡戈拉，他的另一件斗篷则搭在了一名负伤后留在自己船舱中的男孩身上。天很冷。但直到对手的最后一片上桅帆从视野中沉落许久，他依然还在船尾栏杆上独自凭靠。倘或进入海峡以来他曾在某些时刻深思，无敌舰队一路上究竟是在得胜进军，还是在避敌拒战，那么答案现在已经显豁无疑。这是一场逃亡，纵然身后已不再有追亡逐北的英军。这是一场失败。他拼尽全力做到了最好，可是还远远不够。也许站在这里的假如是更具才干、更有经验的另外某个人，情况会大为不同？弗朗西斯·德雷克曾扬言，他会让梅迪纳·西多尼亚希望回到当初的圣玛丽港，回到自家庄园的橘树丛中。我们不知道那天晚上的公爵究竟希望自己身在何处。

29
"我本人正是你们的将军"

提尔伯利
1588年8月18日至19日

  8月18日（旧历8月8日），周四清晨，"大舰队"顺着东北强风的风尾迅疾驶入哈里奇、马尔盖特锚地和泰晤士河口附近的其他港口。六天前，大约在福斯湾的纬度上，他们停止了追击，目送着无敌舰队继续沿东北偏北方向驶入了挪威海。自从最后的补给船在上上个周日抵达加莱后，英国海军就再也没有见到过它们的身影，全军残剩的弹药、食物都已少得可怜，而尤其糟糕的是，啤酒也几乎一滴不剩。

  同一天早上，尊敬的女王陛下踏上了停泊在圣詹姆斯宫外的王家游艇，从那里出发，在银制军号的高亢配乐声中穿越了伦敦。其他的游艇有的用来搭载女王的私人扈从——或者说是所有没能悄悄溜走参加海战的那部分扈从，他们全都半身披挂铠甲，头戴装饰了羽毛的头盔——另一些游艇则搭载了王家卫队的全体士兵，使得这一列游艇宛如一场军力走秀。在场的市民备感欣慰，他们或者在河滩上列队欢呼，或者从伦敦桥上的窗户里向外眺望，目送盛大的游艇队伍乘着落潮从桥下穿行而过。女王陛下由此踏上了检阅的道路，驻扎在提尔伯利[1]的陆军部队正在等待她的到来。

  她的副官和总司令莱斯特伯爵喜出望外地收到了女王即将造访的消息，并乞求她加快行程。倘若此事发生在两周前，莱斯特本来不会如此迫不及待。两个礼拜前的周四下午，在目睹了怀特岛附近的激战，看到两支舰队消失在海峡中后，受过训练的汉普郡民兵终于拔营赶来，而在当时的

---

[1] 提尔伯利（Tilbury），英格兰东部埃塞克斯郡海港城市。

提尔伯利，除了莱斯特自己的亲兵外，没有任何看上去像样的军事力量。甚至在埃塞克斯本郡也没有一名壮丁前来报到，虽然他们早在周一就收到了命令。"如果召集这里的乡勇要花费五天，"等他们最终抵达提尔伯利时，莱斯特禁不住愤怒地大叫起来，"那么指望那些40、50、60英里外的人前来报到又要用多少天？必须要用多少天？"既然这就是一旦英国海军战败便注定要与帕尔马的登陆军对战的部队，那么继续从更远的地方征调兵力就大有必要了。一道匿迹藏形的甚至还有食品供应商，尽管莱斯特早就派街头公告员前去每一处市集广场表达吁请。这也许是因为供应商们早已洞悉内情，知道服务于一支尚不存在的军队无利可图。酿酒方面的安排也沦落为彻头彻尾的乱局，莱斯特根本不清楚如何解决啤酒供应的问题。最后，伯爵连自己的委任状都还没有拿到（委任状事实上尚未签署），可是手上若是没有委任状，身为临时受命上任的总司令，莱斯特将没有权力开除任何不称职的下属，或是整编他的军营。

四天后，当无敌舰队来到敦刻尔克附近，帕尔马也迎来了发动突袭的大潮时，事态依然未曾得到多少改善。来自埃塞克斯郡的4000名步兵和数百名骑兵最终抵达，一同报到的还有配备了火器的1000名伦敦步卒，不过"黑杰克"诺里斯[1]还在枢议会往来差遣，罗杰·威廉姆斯爵士也才刚刚从多佛踏上归程。由于缺少富有经验的军官，军营的编制工作只能以在莱斯特看来气煞人的迟缓脚步艰难推进，而且正如伯爵本人所说的，他还要为整支军队"烹饪、置办筵席和打猎"。舟艇将被用来搭建浮桥，将提尔伯利堡垒和格雷夫森德连接起来，万一帕尔马选择在泰晤士河南岸登陆（他的确有过这样的计划），莱斯特的部队将能够渡至那里布防，不过在投入使用之前，还有许多工作等待完成。贾姆贝利用来封闭泰晤士河口的水栅，在第一场洪水来到时便由于自身的重量而损毁了。但是，尽管有诸多不足，在莱斯特将他那典型的个人脾性，那种甚至有时使他误入歧途的狂暴能量全部倾注在工作中后，提尔伯利仍然堪称王国境内最完善的防御中心。除了这里，还有第二处军营建在肯特郡，那里几乎只具有被用作

---

[1] 即约翰·诺里斯，他因为从母亲那里继承了一头黑发而在官兵中得到这个诨名。

海军代换仓库的资格，而所谓驻扎在威斯敏斯特周边、万一发生入侵将充当女王卫队的强大后备军，也只是虚张声势地存在于纸面上罢了。

倘若帕尔马真的下定决心登陆，在他上岸的那一天，他会发现除了提尔伯利以外，只有伦敦完成了一定程度的备战工作。尽管伦敦城内有1000名壮丁被抽调给莱斯特，经过补员，受过训练的入伍民兵仍然达到了1万人之多，虽然战壕看上去颇为污秽，城墙的某些地方已经坍塌，可是墙内的环形防线已经一道道布置完毕，何况在它们的后面还有伦敦的人民，他们在合适的地方摆上了上次对付怀亚特叛党时使用的锁链，用以保卫自己的城市，将一条又一条街衢封锁起来。伦敦人听说过安特卫普的故事。他们想让帕尔马的部队付出更为昂贵的代价，让劫掠伦敦能够带来的看似更高的收益得不偿失。在此期间，武装稽查队开始昼夜巡视，城市当局将持各种信仰的外国人全都置于严苛的监视之下，由于行会学徒自愿参与了任务的执行，对立情绪进一步加剧了，因为后者"天然仇视外地人"。佩特鲁乔·翁博蒂尼本来是狂热的新教徒，是西班牙的死敌，现在尤为烦恼。他无可奈何地带着怨气写道："找到几群白乌鸦都比找到一名热爱外国人士的英国人（无论他抱持何种宗教倾向）还要容易。"

情况果真如此，也就遂了女王身边所有人的意愿了，他们正期待牢牢建立在排外情绪之上的爱国主义最终能够证明比任何宗教纽带都更加坚不可摧。但是没人对此拥有十足的把握。这种看法并不符合流亡者们的实情。不仅西班牙舰队中有英国的领航员，还有成建制的英国士兵在英伦贵族和士绅的率领下效命于帕尔马的部队。流亡者中最卓绝的人物莫过于现任红衣主教的威廉·艾伦博士，他在安特卫普出版了一本自己多年来一直渴望写成并发表的著作：《论今日之战：致英格兰贵族和人民的忠告》。书中的主要观点是要告诫祖国同胞，现任教皇"确认了……庇护五世［针对伊丽莎白］的罢黜判令……伊丽莎白才德兼亡，违制篡位，乃至崇信异端，亵渎圣明，生活邪鄙，终于被逐出教门，剥夺权柄"。教皇陛下还进一步下达圣谕，艾伦继续写道，任何人都不得服从或者保卫伊丽莎白，所有人必须做好准备，"在天主教国王的大军抵岸的那一刻慨然从戎……帮助重建天主教信仰，推翻僭越之人……届时……将由这场圣战的统帅改受天命"。册子中的其他内容致力于论证废黜伊丽莎白是合乎自然法的正义之举，因为她本是一位僭主，这么做也同时合乎神法，因为她身属异端，所有英伦臣民均有义务帮助祖国清洗伊丽莎白的统治所带来的罪孽，此举将有助于他们拯救自己和孩子的灵魂，而其他举措则必定会令自己和子嗣的灵魂陷入诅咒。在现代读者看来，伴随论述倾泻而下的粗言恶语可能会削弱文章的力量，但是威廉·艾伦的同时代人却为他的笔锋惶恐不安。伊丽莎白的政府用尽了一切办法来没收、销毁这些小册子，但是没人清楚究竟有多少遗漏的印本在暗地里转手流传，就像没有人了解到底有多少来自艾伦的神学院的教士经过乔装打扮后，从一处乡村宅邸穿行至另一处，劝告尊奉传统信仰的贵族士绅在神意得以执行的那一天勿忘肩负的重任。

在佛兰德的酒馆里盛传着一种耳食之谈，据说三分之一的英国人——或者二分之一，有人说；还有人说是三分之二，但不管怎样至少有三分之一——确凿无疑是天主教徒，而帕尔马的登陆将会是诱发一场遍及全国的大起义的信号。在这种局面下，枢密院压根儿没有把握能证明英国人的爱国主义（和对外国人的仇恨）比宗教纽带更加牢固。对于违逆国教之徒的领导者们已经采取了预防性的羁押措施。其他人也被褫夺了武器和马匹，假使他们有的话，这些人甚至还被软禁在自己的教区乃至住宅中。但是在英格兰，公开宣誓坚信天主教的极端分子毕竟屈指可数。秘密秉持天主教信仰的人、服从国教却怀有强烈的天主教倾向的人无疑为数众多。究竟多出多少，他们又有多么愤愤不平，没有人知道答案，但是没有哪位枢密院议员或是郡守乡绅会缺根脑筋，打算悉意对所有涉嫌叛教的人士采用高压手段。其中一人写道："对于任何人来说，如果认为自己的房舍随时都会在自己身后被人付之一炬的话，他就很难果敢地面对敌人。"一场由未知力量主导的天主教宏大阴谋所激发的恐惧，令许多人的心灵笼罩在阴影之中。在1588年那个不安的夏天，这种担忧是诱发紧张局势的主要源头。处在这种气氛下，英格兰政府却拒绝向危言耸听者施加的压力屈服，虽则事态危急，也只将矛头对准众所周知的叛教分子，这一点值得赞许。这是最明智的办法，而这么做诚然需要勇气。

就我们已知的情况而言，首功可能应记给女王。沃尔辛厄姆从来都会把危险看得过于严重,这一回甚至连睿智的伯利也成了惊弓之鸟。不过伊丽莎白却很难相信宗教是种压倒一切的动机,一些头脑错乱的盲信之徒或许会惹人生厌,但也算不上危险。她曾经不无勉强地同意颁布王室法令,像对付外国势力派来的间谍和密探那样,应对耶稣会士、神学院教士以及他们的共犯和教唆者,但除此之外,她并不乐意走得更远。虽然伯利拿"心灵上的隐秘叛国"警告过她,请求采取新的措施予以打压,伊丽莎白仍然拒绝在清教徒们的促逼之下冲动行事,不愿在必要范围之外去窥探臣民内心的信仰,或者仅仅由于某个人对古老的生活方式心存依恋便怀疑他拥护罗马、意欲谋反。

伊丽莎白容易焦躁不安,却很难被恫吓。她也许会在踏出不受欢迎的一步之前朝令夕改,一次次后退犹疑。她也许会在丑陋的事实面前故作不见,直到几乎把自己的大臣逼疯。然而当危险真正来临,其中的压力反倒会让她打起精神。"能看到女王陛下如此气度非凡,没有丝毫的心慌意乱,"在两支舰队还在缠斗的期间,罗伯特·塞西尔[1]写道,"这真是一种安慰。"眼下精神抖擞的伊丽莎白正率领游艇组成的军事游行队列沿河而下,继主动权由外交官转移到前线战士身上后,她再次找回了参与重大事件的感觉。至于下一个决定,她要么是在河上拿定的主意,要么就是在登陆提尔伯利、亲眼看到扎营的情况后才心中有数。

提尔伯利已经做好了迎接女王视察的准备。我们不清楚莱斯特到底召集了一支多大规模的武装力量;总兵力必然会低于原计划,而且决计没有自信满满的卡姆登给出的2.3万人这么多,但想必又不止怀疑论者认同的"介于5000到6000之间"这么少。这支陆军部队或许无法阻止帕尔马,却一定会给他制造麻烦,在前方列队展示威仪的是全都(或者大致全都)身着统一上衣的步兵团,以及披坚执锐、头上翎羽不停晃动的骑兵部队。军营的面貌也像士兵们一样鲜艳、清洁,战壕都已挖掘完毕,栅栏也终于竖立起来,供贵族和绅士们享用的大帐色彩斑斓、光鲜艳丽,为普通士

---

[1] 罗伯特·塞西尔(Robert Cecil, 1563—1612),伯利勋爵威廉·塞西尔的幼子,伊丽莎白一世晚年和詹姆斯一世执政早期的重臣。

（上左图）马丁·弗罗比舍爵士，"凯旋"号的船长（上右图）德雷克写给亨利·西摩勋爵（下右图）的信函，时间为1588年7月31日，信中提出警告：无敌舰队正在逼近

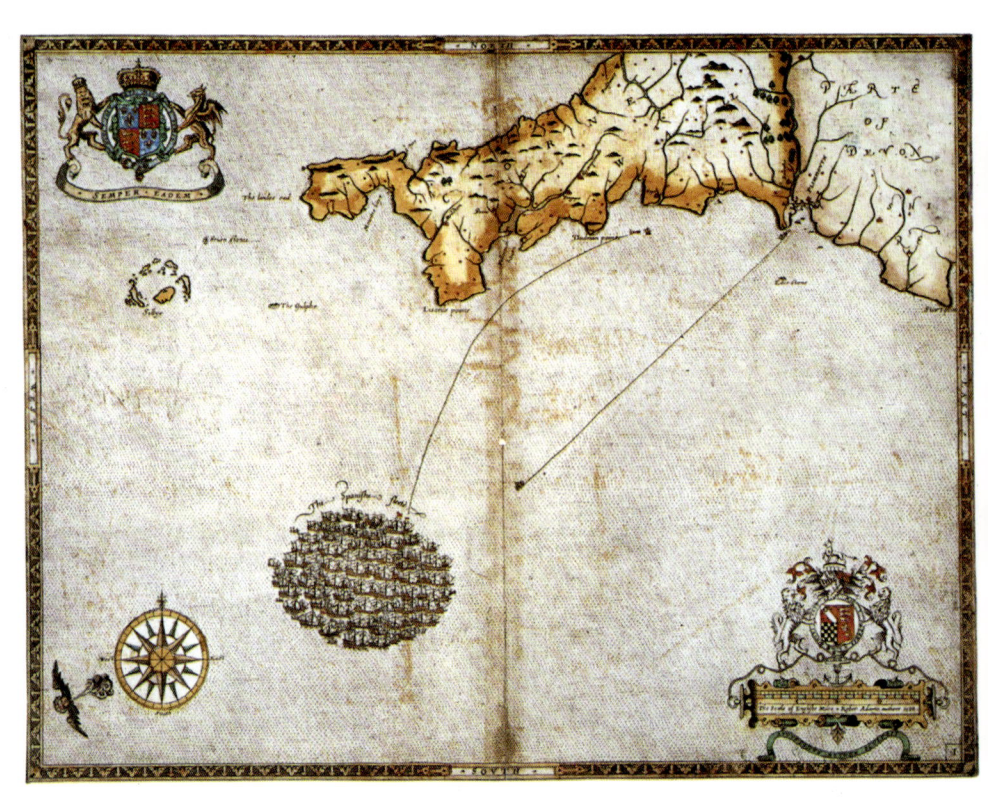

（上图）1588年7月29日，西班牙无敌舰队来到康沃尔海岸利泽德岬的附近水域（下图）7月30~31日，英国舰队驶离普利茅斯，并在西班牙人组成新月阵列之时兵分两路，以备发起攻击

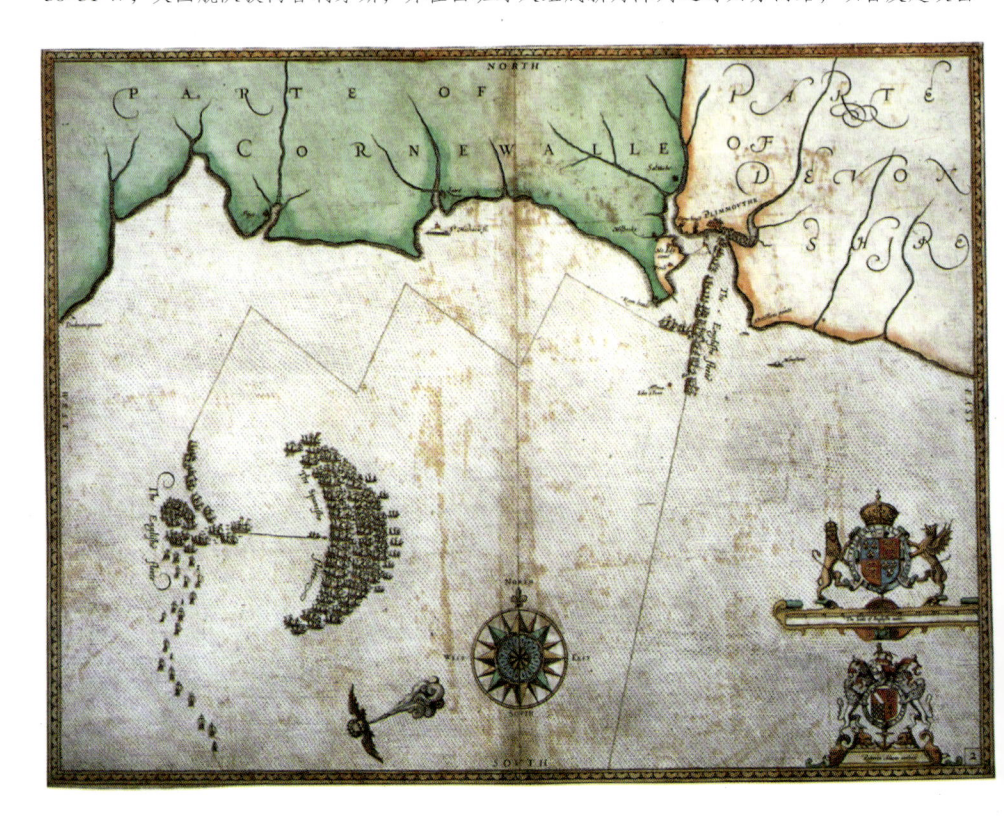

（上图）1588年8月1~2日，两军在贝里岬和波特兰角附近接连爆发激战（下图）1588年8月4~6日，无敌舰队于怀特岛一役结束后重组新月阵型，驶往加莱

(上图)8艘英军引火船于1588年8月7日午夜向无敌舰队发起攻击(下图)1588年8月8日，两军在格拉沃利讷周边海域交火。无敌舰队在几近落败的一刻成功地重组阵列，撤往北海

（上图）无敌舰队的逃归历程，始于格拉沃利讷，沿途绕过苏格兰和爱尔兰（下图）亨德里克·弗鲁姆（Hendrick Vroom）为我们展示了战争来到第七天时的景象，格拉沃利讷的战场被置于前景的显著位置，后方是冲散西班牙舰队阵列的引火船，远处则是败退北方的西班牙船只

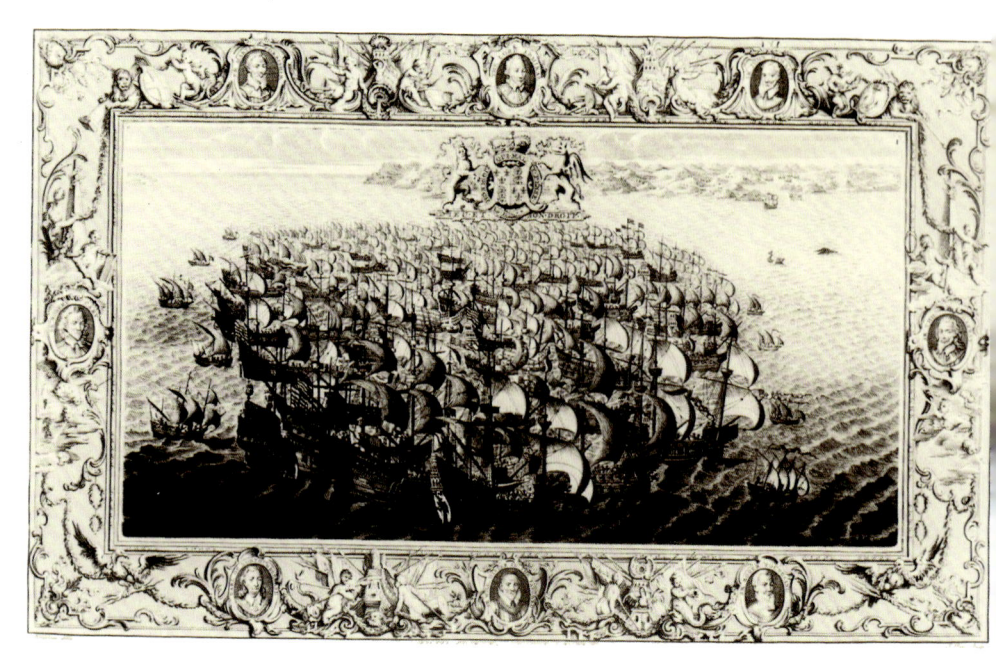

（上图）组成阵型的西班牙无敌舰队驶经康沃尔海岸附近。一幅18世纪的版画，来自某块已然遗失的挂毯，出自弗鲁姆之手（下左图）33名无敌舰队的幸存者终遭处决，理查德·宾厄姆（Richard Bingham）爵士在致女王的书信中罗列了他们的名单（下右图）据说为伊丽莎白赠送给托马斯·赫尼基（Thomas Heneage）爵士的盒式挂链。揭开盒盖后是女王本人的袖珍肖像，由尼古拉斯·希利亚德（Nicholas Hilliard）绘制，底盖上描绘的是在暴风席卷的大海上劈波斩浪的"皇家方舟"号，设计意图是为了纪念击败无敌舰队

（上图）某一卷近岸海图的卷首插画，该卷海图最初以荷兰语标注，为服务水手绘制而成，1588年10月再度刻印并译成英文。这卷海图在无敌舰队铩羽而归后即刻付梓，是第一份印刷出版的海图集

（下图）无敌舰队肖像（Armada Portrait），画中伊丽莎白将手安放在地球仪上，预示着未来她将享有超越国界的荣耀地位，成为"世界的伟大女皇"

西班牙无敌舰队队,此画乃是为庆祝战胜无敌舰队而绘制,画中既有巡视克尔伯利驻防军的伊丽莎白,也有正忙于战斗的"皇家方舟"号

兵新搭建的绿色棚屋也还未来得及变得破旧、污浊。此刻的提尔伯利俨然具备了两种景致，它既展现出了壮观的军营盛况，又像是一处天真欢快的乡村市集。

当自己的总司令出列表示欢迎，接受检阅和视察的命令时，女王向他表达了心中的喜悦。她此行是为了亲眼看一看这支部队（也让他们亲睹天颜）。她并不想透过王室卫士的宽阔肩膀和绅士们头顶浑如枝丛的翎羽与士兵们目光相接。这些全副武装的同胞都在为自己效命，在他们面前，她并不需要卫兵。因此，任谁如何抗议，检阅队伍还是以如下方式组织安排。奥蒙德伯爵[1]仪态隆重地手握国剑，在最前方步行，两名身穿白色天鹅绒的少年侍者在其身后跟随，其中一人捧着天鹅绒的丝垫，上面陈放着女王的精致银盔，另一人则为女王牵马，接下来有三人骑马前行，居中的便是女王本人，分列左右的分别是她的总司令和掌马官，在他们身后步行的是约翰·诺里斯爵士。这就是女王的全部扈从，共有四位男士和两名男孩。王室的卫队和绅士们都列队驻留在提尔伯利城堡的前方等待，随着这支小型检阅队伍从民兵组成的行伍中间穿行而过，两侧爆发出沸天震地的欢呼声。

女王以缓慢的步伐走遍了军营的每一个角落。她的右侧是一位体格魁梧的男士，他没有戴头盔，红色的脸庞被泛白的髭须笼上了一层光晕，很少有人能从这副渐趋老迈的容貌中探寻出罗伯特·达德利当年那热烈的吉卜赛式的魅力和傲慢自矜的优雅，但时至今日，伊丽莎白·都铎也许依然可以做到这一点，30年前，她曾与他许下风情月债。此外包括伊丽莎白在内，很多人的眼睛已经注意到了女王左侧那位年轻男子漂亮得近乎过分的容颜，他身材高大健美，风雅俊逸，前额高耸无瑕，乌黑的眼珠宛如梦境一般，嘴唇则看上去敏感而温柔，他是罗伯特·德弗罗，年方23岁的埃塞克斯伯爵，已经受封为嘉德骑士和掌马官，他不仅是一位声名日隆的军人，而且注定还要扶摇直上，因为他是莱斯特的继子、女王本人的表亲。

---

[1] 第十任奥蒙德伯爵托马斯·巴特勒（Thomas Butler, Earl of Ormonde, 1531—1614），爱尔兰贵族，是16世纪下半叶英国政坛的重要人物。

当然，除了伊丽莎白，人们会怀疑那一天是否还有人真正深入留心过这两位男士。所有人的目光都锁定在女王身上。她骑着一匹脊背宽广的白色骟马，如果女王的肖像画可堪信赖的话，她表情和蔼，却相当做作。她周身都裹在天鹅绒的华裳中，外面穿戴着饰有神话图案浮雕的银质胸甲，右手则握着一柄镂金的银质权杖。与左右两侧的骑士们一样，女王也没有戴头盔，不过她的头发上佩戴了一丛装饰性的翎羽、光泽动人的珍珠和闪闪发亮的钻石。

或许在一位客观的观察家眼中，这不过是一位年已五秩晋五、在岁月中磨损了容颜的老姑娘，瘦骨嶙峋、牙齿泛黑的她却骑一匹肥硕的白马，她头上的红色假发略为歪斜，腰间悬挂的宝剑活像玩具，她身上那一小片专门在游行场合才穿戴的铠甲显得荒诞可笑，像是刚从戏院的道具箱里取出来似的。可是她的臣民们却看到了另一幅与此不同的景象，他们目眩神迷，并不仅仅因为女王的银制胸甲上闪耀着阳光，或是自己双眼已然潮润。臣民们看到的是朱迪斯和以斯帖[1]、葛洛瑞娜和贝尔芙碧[2]，是贞洁的狩猎女神狄安娜和睿智的保护女神密涅瓦，但尤其是他们自己爱戴的女王和女主人。伊丽莎白在这危险的时刻驾临，毫无戒备地来到他们中间，这一姿态蕴含的正直和真实令人动容，策励了在场的民众，使他们激情高涨，只能借助山呼海啸的祝福、示好和宣誓效忠来倾诉衷肠。伊丽莎白上一次感到如此快活，已经是很久以前的事了。

这一天大获成功，伊丽莎白于是决定要让此景再度重演。她在大约4英里外的一处采邑宅邸度过了当晚，第二天又动身返回该地。女王此次的检阅还伴随着分列式表演，接着骑士们还一展身手，进行了一场即兴的马上比武，随后女王在总司令的大帐里庄重地享用了晚餐，麾下的所有军官全都一一上前向她行吻手礼。不过在此之前，也许是在检阅结束之际，伊

---

[1] 朱迪斯（Judith）是基督教典籍《伪经·朱迪斯记》中的古代以色列女英雄，她用计杀死来犯的亚述将领，保卫了祖国。以斯帖是古代犹太女英雄、波斯国王薛西斯的王后，她挫败了波斯宰相迫害犹太人的阴谋，保护了境内的同胞，事见《旧约·以斯帖记》。
[2] 葛洛瑞娜和贝尔芙碧（Belphoebe）均为诗人斯宾塞《仙后》中的人物，用以指代伊丽莎白一世。葛洛瑞娜之意请参见前文，贝尔芙碧意即美丽的（月神、狩猎女神）狄安娜。

丽莎白向她的人民发表了一场为他们日后所珍视的演说："我亲爱的人民，一些关心我们安危的人士曾经提醒我们注意，我们要置身于持有武器的民众之中，对于可能发生的变节和不忠应当心存忧惧。但是我向你们保证，怀疑忠诚而可爱的人民，我不愿意如此活着。让暴君们去担惊受怕吧。而我一直恪守本分，在上帝的庇护下，我最主要的力量和护卫来自于我的臣民们的忠心和善意；因此正如你们所见到的，我来到这里与你们同在，不是为了自己的消遣和欢愉，而是已经抱定决心，要在战斗进行到一半和白热化的此刻，与你们所有人生死与共，为了我的上帝、国家和人民，我甘愿抛却荣耀、挥洒鲜血，哪怕将这副身躯交付尘土。我知道，我只有一副柔弱女子的身体，可我拥有一位国王、一位英格兰国王的决心和胆魄，倘使帕尔马、西班牙国王或是欧洲的任何君主胆敢入寇我国的疆土，我将视之为对我自身的玷辱；任何将要施加于我的侮慢都无法与此相提并论，我会亲自拿起武器，我本人正是你们的将军和法官，你们中的任何人若在战场上立下殊勋，我都会是你的奖赏者。我知道凭着你们已经表现出来的奋勇向前的热忱，已经配得上酬劳和荣誉；我们在这儿向你们郑重承诺，以君王的话作保，你们必将得到应得的一切。"此时，欢呼的啸叫声早已震天价响。

同样就在这两天，又有关于舰队遭遇和战果的消息送达。总体来说，对前方战况的估计并不乐观。虽然女王的舰队中没有船只彻底损毁或是遭受重伤，而根据颇为可靠的消息，至少有 7 或 8 艘西班牙大型战舰因为不同原因退出了战斗，但是火药和炮弹的匮乏却让英军在最后的决战前捉襟见肘，这一战若能奏凯，英军也许就可以将无敌舰队彻底击溃，但在此之前，对方仍然是一支庞大而可怕的舰队。"这世上从未见到过像他们这样令人惊叹的武装力量，"霍华德用敬畏的笔触写道，他还最无必要不过地提醒沃尔辛厄姆，"这座王国已经被押上了一场豪赌。"德雷克做出了准确的判断，他认为无敌舰队受到的损伤要比其他人所认为的更加严重，但就算是他也没有把握断定西班牙人绝不会杀个回马枪，非但如此，他的观点从总体上说还要悲观得多。从各位船长的话中听不出他们曾经拿下一场大胜，而是认为错失了一次极佳的战机。亨利·怀特在给沃尔辛厄姆的陈述中如此总结："……尊敬的阁下也许已经能够看出,我们在家中的悭吝何以导致远行征战的舰队错失了一场最为闻名遐迩的大捷,本来我们的海军是有可能从海上凯旋的。"周四这天,沃尔辛厄姆在提尔伯利收到了一大批类似的报告,当晚他落笔沉重地致信哈顿:"故此,半途而废的我们不过徒然蒙羞罢了,沉疴依旧不能痊愈。"看起来,即使英国舰队战败,他也几乎不可能表现得更加垂头丧气了。

翌日,当女王正与她的军官们坐在莱斯特的帐篷里享用晚餐时,外面传来消息,帕尔马已经做好准备,可能会在未来几天中的任何时候趁着大潮出兵来袭。对此,伊丽莎白与其说感到惊慌,不如说兴奋不已。她直截了当地宣布自己不会在西班牙人到来之时撤下军队,她要留下来,与战士们一起直面西班牙的进攻,她的军官和谋臣们费了好一番工夫才打消了女王的主意。为了说服伊丽莎白,他们最后摆出了自己人之中都没人相信的道理,尽管这些道理完全属实:帕尔马在得到西班牙舰队高奏凯歌的有利信息之前不会动身。为此,到了周五晚上,多少有些失望的女王终于同意在廷臣陪伴下返回圣詹姆斯宫。

尽管如此,形势却很明朗,无论陆上还是海上,现在都还不是遣散军队的时候。不管运转的开销多么高昂,提尔伯利的军营必须得到保留,一起维持下去的还有伦敦周边那处终于即将建成的军营。虽然在食物,尤其是啤酒供应方面困难很大,有些船只,如"伊丽莎白·乔纳斯"号,还有令人忧虑的患病名单需要处理,但是女王的所有船舶都将继续待命。即使到了这会儿,英国人也要看看从北方的迷雾中会杀出怎样的敌船、可怖的帕尔马公爵又意欲何为,丝毫不敢放松警惕。

30
德雷克落网了！

西欧
1588 年 8 月至 9 月

　　时间来到 8 月的后半段，如果说英国人和荷兰人对于战况的了解仍然少到不能确定无敌舰队是否已被击败的话，岸上的其他人就更加一头雾水了。从普利茅斯到怀特岛，西班牙人曾经在这一段航程中连续出现在英国海岸居民的视野中，其足迹与东渡各船的惯常航线并无不同。那时有数千双眼睛在注视他们，攒动的人流涌向各地的海岬和沿海的开阔丘陵地带，目睹了四场海上大战，一场场战斗刚好标注了他们的进展。每一天，来自英国海军的船只都会携带信息和请求进入这一座或那一座港口，一些带着物资和志愿军的航船则会出海加入霍华德的大军，船上的人看起来与其说像援军，其实更像踏上旅程的观光客。最后，女王的船只及其辅助船只终于返回了港口，一并带回了他们的故事。

　　与此相反，欧洲大陆上若说有谁曾经目睹战况，除了荷兰人，便只有加莱一役的现场见证者了，可是在加莱，除了"圣洛伦索"号的命运一目了然外，人们并没有任何办法把握战局的整体动向。当然，自从无敌舰队抵达利泽德半岛后，帕尔马每天都会收到新闻通报。因此截至 8 月 7 日的那个星期日，与他曾透露出的情况相比，他所了解的有关无敌舰队的信息必然还要丰富得多，但即使是帕尔马，除非他是在全无意义地装模作样，否则直到 8 月 10 日乃至更晚些的时候，他一定还心存希冀，以为西班牙舰队仍然可能在任何时刻返回，并且会以某种奇迹般的方式驱逐严防死守的荷兰人。与此同时，帕尔马和梅迪纳·西多尼亚两位公爵都未曾费心向一个人通报过前线战况，虽然此人是除他们二人外最关心战局走向的人，他便是堂博纳迪诺·德·门多萨。

门多萨十分迅速地得到了梅迪纳·西多尼亚抵达利泽德半岛的消息，一两天后，他又获悉一艘身份不确定的大型西班牙船只（事实证明那正是里卡德的"圣安娜"号）在拉霍格海湾抛下了船锚。不过此举意味着什么还不得而知，接着，在度过了焦躁却风平浪静的六天后，一些模糊的谣言传来，据说有人听到海峡内传来炮声，但与之矛盾的报告很快纷至沓来，或称西班牙人已经登陆不列颠，或称无敌舰队落败后沿海峡向上悲惨逃亡，德雷克还在身后穷追不舍，还有人宣称无敌舰队取得了大捷，正向着约定的会合地点胜利进军。在呈递给主人及罗马的奥利瓦雷斯伯爵的报告中，他汇总了每一种信息，却又一一注明信息的源头并不可靠，内容尚有待确认；姑且存疑，不作定论，是目前最明智的选择。

接着便到了 8 月 7 日，星期天，门多萨在鲁昂[1]的密探报告了一些更为实质性的信息。刚刚从勒阿弗尔[2]传来的消息称，一些来到此地停泊的纽芬兰渔船曾经从敌对的双方舰队中间穿过。根据船员们的描述，无敌舰队周二那天在怀特岛附近水域遇见了德雷克。由于英国人早先曾向岸边移动，西班牙人重新夺回了风向优势，并一路穷追猛打。战斗激烈地持续了 24 个钟头，西班牙人最终占得上风。他们击沉了 15 艘英国盖伦帆船，又捕获了另一些，这些俘虏的船只最后在移除火炮后被尽数凿沉。此外，不少落水挣扎或是搭乘舟艇逃遁未遂的英国人也做了西班牙人的战俘。整场战斗中，加莱赛战船尤其战功赫赫。鲁昂的通信人还赶紧补充说，这些报告的内容已经从迪耶普[3]送来的信函中得到确认，数量更多的纽芬兰渔船已经带着相同的信息抵达了那里。一位来自布列塔尼的船长自称曾经在战斗中极为靠近德雷克的旗舰。德雷克当时遭到一艘加莱赛战船的袭击，西班牙战船第一次开火便击断了德雷克的所有船桅，第二次开火后，德雷克的旗舰已经开始下沉。这名布列塔尼人（兴许是大卫·格文的远房表亲）看到德雷克逃上了一艘小艇，没等战斗结束就仓皇离去。西班牙得胜的消息传遍了鲁

---

[1] 鲁昂（Rouen），法国北部诺曼底地区重镇，坐落在塞纳河畔。
[2] 勒阿弗尔（Le Havre），法国诺曼底地区海港城市。
[3] 迪耶普（Dieppe），法国诺曼底地区海港城市。

昂城，人们正在赶着印制一份单面报纸以表庆祝。

所有这些听起来像是来自几个纽芬兰人的零碎传闻的汇编，他们似乎从周二开始便在全程观察波特兰角附近的战况，一直持续到周三早上，信息本身并非完全站不住脚，只是具体细节的可靠性仍然值得推敲。这是人类见过的最大规模的海战，绝无可能有某一位渔船船长能够在战场中央游荡，不仅可以近距离观察到一艘加莱赛战船的炮火给"复仇"号造成损伤，还清点出了被击沉的英军船只的精确数目，另一方面，在提供看似确凿的详情方面，水手们从来不以勉为其难著称，他们总是乐于给出绘声绘色的描述，让本来单调而缺乏说服力的叙述显得逼真无比。在相隔很远、空气中又弥漫着浓重硝烟的情况下，纽芬兰人也许只是自认为看到了某些出现在鲁昂报告中的情景。然而门多萨必定对鲁昂密探的判断深信不疑，因为这一次他在传播信息时摆脱了一贯的谨慎，措辞中满溢着喜悦之情。

门多萨的举动远不止这些。他公开谈论胜利，在大使馆庭院正对大门的地方垒起了巨大篝火堆，准备在鲁昂的报告得到确认后立即点亮火焰。又过了两天，在愈来愈多的报告汇聚到手中后，他启程前往位于沙特尔的法国宫廷，打算让沙特尔大教堂为天主教的胜利举行一场感恩弥撒，同时吓唬一下亨利三世，迫使他进一步归顺神圣同盟。

在无敌舰队一步步靠近英格兰的时候，法国国王也在一点点就范。他的前任最爱埃佩农公爵已经放弃了归其所有的诺曼底政府和舰队指挥官一职，在宫中受到冷落，被迫离开了自己的采邑洛什[1]。最后，国王也在威吓之下签订了《阿朗松敕令》，向神圣同盟极端苛刻的要求表示屈服，其中的一则条款规定，异端分子和异端思想的教唆者将永远不得被拥戴为法国国王，这是一次怯懦的投降，亨利三世放弃了一直以来致力实现的王位继承方案。

即或如此，到目前为止，国王作出的妥协仍然主要限于纸面上。至少在此刻，埃佩农依旧统治着昂古莱姆[2]。忠于王室的皮卡第诸城，包括布

---

[1] 洛什（Loches），位于今法国中部的安德尔 – 卢瓦尔省（Indre-et-Loire）省。
[2] 昂古莱姆（Angoulême），今法国西南部夏朗德省（Charente）省会。

洛涅[1]，仍然坚持反对神圣同盟。尽管纳瓦拉国王在卢瓦尔河南岸兵事频仍，王室的旗帜却还纹风不动。有传闻称，9月份在布洛瓦[2]召开的三级会议，将赶在笃定要掌控会议的天主教极端主义者得以聚集之前宣告暂时休会。亨利似乎依然在某些事情上寄托了希望，也许英国人在海上的胜利将会恢复法国国内各党派的力量平衡，这正是他的政府当前的命运所系。他正在逃避最终的让步，为此用尽了所有花招。在另外一方，门多萨却下定决心要逼迫亨利卑躬屈膝地出降，让他永远无法重获自由。大使很清楚，正如街垒日对于无敌舰队的安全起航必不可少，唯有战胜英格兰，才能将亨利降为神圣同盟和吉斯公爵的奴隶，进而才能让法国沦为西班牙的附庸。门多萨之所以来到沙特尔，正是为了推动该进程的下一个步骤。

在路上，他收到了另一则信息。信中称无敌舰队已经到达加莱，最终将与帕尔马顺利会合。在收到信函的那一刻，他已经确信西班牙必然将会登上英格兰的土地。怀着冷酷的满足感，门多萨将这则信息补充进了将要送往罗马的邮包，还评论道，这与他掌握的其他情报完美吻合。对于罗马曾经许诺100万达克特一事，他知道得清清楚楚。看来教皇陛下最终还是要全部付清了。

他与法国国王的会面安排在8月12日周五早晨。但凡有合适的机会出现，门多萨便禁不住要对消息的要旨再做一番详述。他确信国王将会希望在王国各地举办一场感恩典礼，这场特殊的仪式将用来庆祝天主教的伟大胜利。他还暗示国王现在也许该考虑一下，除了言辞，也要通过行动来彰显自己与天主教事业的团结一致，而最合宜的第一步，莫过于返回忠实于他的城市——巴黎。然而，亨利三世在听了西班牙来使的汇报后，只是出于礼节冷漠地答复："假若言之有据，你的消息将是求之不得。可是我们也得到了来自加莱的信息，或许你会愿意知悉详情。"亨利做了一个手势，贝里艾佛尔把一封寄自加莱总督古尔丹的信递给了大使，信上的落款时间为8月8日。

---

[1] 布洛涅历史上曾长期隶属皮卡第地区。
[2] 布洛瓦（Blois），今法国中部卢瓦尔-谢尔省（Loir-et-Cher）省会。

等到自己的秘书仔细阅读了亨利的信函，在他耳边喃喃复述信中的内容时，门多萨的身子缩进了一处斜面窗洞里。西班牙舰队进入加莱锚地时正被身后的英军追赶。索具和水线以上船体的状况表明，它曾经历过激烈的苦战。舰队指挥官关于购买食品的申请得到了许可，但购置火药和实心弹的请求却遭到回绝。周日夜晚，无敌舰队的几乎所有船只都被引火船逐出了锚地，逃向了北海，只有一艘加莱赛战船搁浅在加莱城堡的火炮下方。清晨来临，英军排着整齐的队列，又一次发起了追击。

门多萨先向法国国王表达了谢意，随后将信递还给亨利，他仅仅简略地评论道："显然，我们收到的报告与此不同。"门多萨上马返回了巴黎，在接下来的24小时里，他一直在给自己的主公写信，表示此前的信函过于乐观了些。无论如何，大使馆门前的篝火终究没能引燃。尽管如此，他还是没有放弃希望，他依然渴望将亨利三世捆绑手脚送到吉斯的面前，依然渴望将吉斯捆绑手脚送往西班牙的土地，他也没有放下心中长存的梦想，他要像此前说过的那样，以征服者的姿态策马返回伦敦，身后跟随着曾经在低地国家浴血奋战的同侪。

下一个礼拜又在暧昧不清而且彼此矛盾的谣传中过去了，其中最为离奇和扰乱人心的传闻来自一位汉萨同盟的下属船长的报告，这位船长声称曾经在驶过一片空旷的海域时，发现水中挤满了正在泅水的驴和马。一周下来，门多萨能够确定的消息寥寥无几，仅限于在拉霍格出事的船只的身份（"圣安娜"号）、法国人有意将搁浅在加莱的"圣洛伦索"号上的火炮移交给西班牙，以及至少有四艘头等战舰落入敌军之手这一事实，其中两艘被英国人夺去，两艘归属了荷兰。

接着各种报告便如洪流般涌来。一名丹麦人看见有人抛弃船只，乘小艇逃生。由于对西班牙人友好的海岸里最近的一处也已超出了这种小艇可能到达的最远距离，他推断这艘正在下沉的船只属于英军。帕尔马的一艘舰载艇被派出寻找无敌舰队，结果看见一小支英军正杂乱无序地逃往英格兰。一则消息流入安特卫普，据说德雷克的腿被击断，"皇家方舟"号也已被无敌舰队拿下。迪耶普的居民听说在苏格兰海岸爆发了一场大战，除了侥幸逃走的二十余艘船外，英军全部被击沉或俘获。不过听起来最确凿的新闻来自英格兰。25 艘船，这就是英国舰队所有的残余力量，已经回到泰晤士河口避难。8 月 13 日，一场战斗在苏格兰沿海地带爆发。德雷克尝试登上"圣马丁"号，却被抓了个正着。至少有 15 艘英国盖伦帆船被击沉，其他的盖伦帆船则被尽皆擒获，在余下的船只中，多数也损坏极为严重，很可能已经在随后到来的暴风雨中沉船。风暴阻止了西班牙人的追击，让残存的英军避免了灭顶之灾，梅迪纳·西多尼亚公爵已经进入一座苏格兰海港，舰队要在那里休整，补充水和物资，公爵在等待将会带他返回多佛海峡的下一阵顺风。同一时刻，英国人早已魂飞胆裂。官方禁止人们写作或言及任何涉及英国舰队命运的话题。恐慌情绪正在向四面八方蔓延，人们担心英国天主教徒将会揭竿而起，出于安全考虑，女王已经前往军队驻地。

要弄清为什么会出现这些传闻并不是一件难事。中止追击后，英国舰队在周二被一股东北方向的劲风吹散，而后在 8 月 17、18 日两天，分别在泰晤士河口及周边不同港口躲避风暴。船员们仍旧留在甲板上，只有高级军官和官方信使获准登岸，很自然地，为门多萨间谍系统——此时已经可悲地彻底瓦解了——效力的天主教的同情者、残余力量会急不可待地得出结论，认为他们在某一处港口看到的船只便是英格兰败军的全部力量，而且轻易地相信，把控越发严格的审查制度和女王对提尔伯利的造访无一不是惊慌失措的表现。与此同时，早些时候从迪耶普和哈佛格雷斯[1]传来的报告在某种程度上恰好形成呼应——有关 15 艘船在战斗中被击沉的传言不断重复出现，这不可能只是单纯的巧合。与此如出一辙的是，8 月 16 日至 19 日期间在英格兰流传的谣言——很快就传播到了布鲁日、迪耶普和勒阿弗尔——也在巴黎四处传响，而这似乎让门多萨产生了误解，以为此前透过直接路径获知的信息终于得到了其他独立渠道的确认。

随后的两个星期里，各式各样的故事版本四处流传，雄心勃勃的出版商都在搜罗各方传闻，或是用在单面报纸上当作素材，或是添加进新版的无敌舰队报告所增补的结尾段落之中，在 8 月 20 日以后发行的这些报告里，

---

[1] 哈佛格雷斯（Havre de Grace），勒阿弗尔的旧称。

通常都附有海峡战况的简短记述。无论这些新闻小册子的作者是天主教徒还是新教徒，除了出版商为迎合各自读者的口味而加入的或表达虔诚或鼓吹战争的感喟外，在关于加莱发生的战斗以及乐观地高估杀伤敌军的程度方面，二者区别甚小。许多作者描述了北海上发生的最后一战（极其异想天开），此时他们的笔触却天差地别，一些新教人士在描写德雷克——永远是德雷克——如何将一场浩劫加诸敌人时更极尽幻想之能事，情节的离奇程度丝毫不亚于门多萨笃信的版本。

天主教一方也有各式各样的故事版本。有的说德雷克已然毙命，有的说他负伤在身，还有的说他乘小艇逃离了战场，从此杳无踪影。不过门多萨采纳的正是最受欢迎的那个版本，他将这份报告径直递交给西班牙的腓力国王，还派人在巴黎公开宣读，最后终于点燃了庆祝的篝火。故事中的德雷克在试图登上"圣马丁"号时落网。眼下他已身陷囹圄，沦为了梅迪纳·西多尼亚公爵的囚徒。对于这位恶贯满盈的大海盗来说，这似乎是再合适不过的结局了。

德雷克落网了！消息宛如插翅一般从科隆传到美因茨，继而散播至慕尼黑、林茨[1]和维也纳。德雷克落网了！巴黎如是告知里昂，里昂又如是告知都灵，最后由都灵告知了全意大利，虽然威尼斯和其他诸城早已通过外交邮袋中的信件提前听闻了相同的故事。"德雷克落网了，"门多萨致信自己的主公，"到目前为止，此事还需要来自公爵本人的进一步确认，但是人们普遍相信事情凿凿有据，属实的把握大抵十有八九。"临末，他还随函附上一捆厚厚的报告。在得到王室秘书伊迪亚克兹的授意后，这些报告构成了在马德里出版的一份单面报纸上的新闻情节主干，在塞维利亚，这份报纸还配上了一曲意气风发的歌谣，那是科尔多巴的一位盲诗人的大作。一时之间，人们心中那根绷紧了太久的弦得以稍微舒缓。在西班牙，很少有哪户贵族人家没有儿子、兄弟、父亲在无敌舰队中服役，许多人自从5月底开始就再也没收到过任何有关家人的确凿消息。失去联系似乎一度意味着凶多吉少，好在现而今，尽管官方还没有举办庆祝典礼，人们也

---

[1] 林茨（Linz），今奥地利北部港口，位于多瑙河畔。

仍然在为无敌舰队不停地祈祷，可是在历经了风风雨雨之后，看上去胜利最终还是如约而至了。

在布拉格，西班牙大使圣克莱门特的堂吉伦对于胜利胸有成竹。莱茵河沿岸诸城的消息紧随门多萨的第一份报告来到，并且显然确认了后者的真实性，事实上这些都只是相同故事的不同回响而已，虽然富格尔[1]的密探提供过一个截然相异的故事版本，堂吉伦还是以自己的名义下令在大教堂中安排了一场感恩弥撒。堂吉伦正打算在这帝国皇帝的都城里为自己平添几许副王一般的气派；不管怎样，他毕竟代表了哈布斯堡家族中地位更高、更具权势，也更为正统的那个分支。面对各国使节，皇帝鲁道夫否认自己曾经授意举办弥撒仪式，而且当众表示自己对于这场所谓的西班牙人的胜利一无所知，怎奈大使们都已经习惯了对鲁道夫的言辞将信将疑。

甫一收到门多萨断言胜利的第一份信件，奥利瓦雷斯伯爵便一路直奔梵蒂冈而去，在提出要求后，他得到了一次特殊的觐见机会。据他自己所言，他直截了当地向西克斯图斯陈述了教皇的职责所在。教皇陛下不仅应当在圣彼得大教堂主持一场特别的感恩庆典，还应命令罗马城中的所有教堂全都照此行事。罗马应当像过节一样张灯结彩。英格兰红衣主教理应马上拿到被委任为教皇使节的谕令，这样他就能够马上启程前往尼德兰，没有丝毫拖延。教皇早先允诺过的 100 万金达克特，其中的第一笔款项也应立即偿付。要知道此时此刻，帕尔马兴许已然踏上了英格兰的土地。

西克斯图斯同意，一旦门多萨的报告得到证实，所有承诺将会如约履行。但他又补充道，最好再等待一些时日以便最后加以确认。他还没有从其他渠道听到消息，现在欢庆未免为时过早。

可是对于红衣主教艾伦而言，时间已经不早了。一个苦等多时的人，总是容易轻信好消息的来临，在前去梵蒂冈之前，奥利瓦雷斯已经差人往蒙塞拉托大道送来了喜讯，但艾伦静候的时间实在太久，以至于这则消息

---

[1] 富格尔（Fugger），德国奥格斯堡的著名商业贵族，15、16 世纪该家族曾盛极一时，通过对银行业等领域的垄断在很大程度上掌控了欧洲的经济命脉。

竟没有给他带来丝毫的喜悦，而只是提醒他抓紧时间采取下一步行动。艾伦曾经想去一趟安特卫普，确保他的《论今日之战》能够顺利印制出来，但他不得不将这项任务委托给克瑞斯维尔神父，因为专为他起草的谕令还未准备完毕，而他在未来抵达尼德兰时应当完全获得派赴英格兰的教宗亲身代表的身份，这一点非常重要。自打进入 5 月以来，他就一直在心潮澎湃地期待动身，而在谒见厅面见教皇的奥利瓦雷斯和暗中活动的帕森斯神父一直在为他的事业努力，二人俨然分享了艾伦的紧迫感。想要让意大利人理解，在帕尔马第一次登陆后，必须要有一位拥有合法委任身份的英国人尽快到场的重要性，着实是一件难事。那个夏天，艾伦的身体状况本来并不太妙，可是如果他的鞍囊因此没有如往常那样时刻打叠得紧紧实实，以便在教皇谕令到手后立刻上马动身，那才是怪事一桩呢。8 月 28 日的晚上，当奥利瓦雷斯伯爵结束了与教皇的晤面时，艾伦正在西班牙大使馆中等待他的归来。流亡者当然早就习惯了等待，可是在亲耳听到自己必须继续等待，哪怕只有少许时日后，艾伦仍然难以接受这样的事实。

没过多久，门多萨的第二封捷报也已抵达。但这一回，虽然艾伦再一次心急如焚地盼望出发，奥利瓦雷斯却谨慎了许多。他在向梵蒂冈传达消息时刻意有所保留，教皇陛下也坦诚地表露出了疑心。门多萨的报告与教皇从布雷西亚主教那里听到的消息不符，与他从佛兰德人那里得到的口风相异，更与威尼斯人从帕尔马公爵处收到的信息迥然不同。诚然，都灵人声称德雷克已经束手就擒，其他地方则流传着德雷克丧命、负伤或失踪的说法，但在另一些故事版本里，德雷克反倒赢得了一场大胜，战败遁走的却是西班牙舰队。类似这样的大事，真相不可能完全匿迹藏形。那么最好的办法自然是等待，直到事实水落石出。果然，新的消息没过多久便从英格兰传来。

首先到来的是一份手稿，那是莫罗西尼[1]于 8 月 17 日从巴黎寄出的邮包的附件，是"1588 年 7 月 28 日至 8 月 11 日期间，西班牙和英格兰两军之间发生的一切的汇总日志，根据不同地区的新闻采写而成"。手稿采

---

[1] 莫罗西尼（G. G. Morosini），他就是上文提到的布雷西亚主教，也是罗马教廷的大使。

用的是法语和新历，但是消息的最终来源只有一个，即伦敦的枢密院，那里负责接收所有来自舰队的邮件。在按照时间先后予以整理、对各类事件进行筛选这些方面，该手稿则与霍华德呈递给议会的"有关两军舰队非常事态的摘录"颇为相似。与之相像的还有出版地点和时间不明的《真言》，这是记述无敌舰队一役的最早的印刷品之一。从莫罗西尼的警告来看，由于他提醒读者消息的源头在英国，可能有不足采信之处，有人或许能够因此猜出，是斯塔福德直接从英格兰驻法大使馆将这些文件送到了他的手上，此外人们还有充分的理由怀疑，正是斯塔福德在同一时间通过一家巴黎的出版社，安排了《真言》的印刷发行。据枢密院所知，《真言》中仅有少许地方与事实有所出入，一是对女王麾下陆军力量的严重高估，二是关于王国境内天主教首要分子的断言，文中咬定他们已然全副武装，自行团结在女王大军的阵营之中。那一年的夏天，不曾有人目睹英国天主教徒手握兵刃。下一部宣传小册子《致堂博纳迪诺·德·门多萨……函札抄录》也将鼓吹英国天主教徒效忠于新教领袖伊丽莎白作为了行文重点，它描写了女王对提尔伯利的造访，只是简短地提及英格兰在海上的胜利，似乎这一点早已人尽皆知。文中在海军事务方面着墨甚少，因为信函的作者——会不会就是伯利本人？——动笔于8月末，显然对于霍华德停止追击后西班牙无敌舰队的际遇一无所知。

然而，当发自爱尔兰的报道开始抵达时，《抄录》的法语第一版还未来得及离开出版社，英语版本也还躺在印刷所中。人们可以从下一部英语小册子《实情公告》中读到这些报道的摘要，或是从公共档案馆和其他地方获取更多的详情，有关沉船、饥饿、屠杀的纪事今天读来会令人毛骨悚然，可是在当年的欧洲新教世界看来，这却是1588年最受欢迎的新闻。那一年，每个人都预感会有骇人的浩劫从天而降，雷乔蒙塔努斯在其不祥诗篇中所作的预言将会兑现。现在，浩劫降于何人头上终于水落石出。英国人已经无可争议地获得了胜利。

当"来自爱尔兰的公告"还在陆续出版时，枢密院得到了门多萨第二份失实报告的塞维利亚版本的一份副本，内中完整抄录了那位盲诗人的歌谣，于是枢密院立即安排做出了回应。新的小册子以双栏印刷，西班牙人的声明被一段接一段置于其中一栏，同一页的对面则针锋相对地铺陈了详尽且饱含轻蔑的驳斥，篇幅一般比原文长数倍。这本小册子得名《西班牙谎言集》，被翻译成欧洲各种主要语言分别发行。这些版本中有低地和高地荷兰语、法语、意大利语版本，以及一个非常特殊的西班牙语版，后者包括一首讽刺诗歌，人们猜想，这首诗大约出自某位西班牙新教流亡者之手，意在借此回击那位盲诗人的浪漫诗篇。

最后这部宣传小册子其实全无制作的必要。那时英国人已经在圣保罗大教堂挂起了俘获的西班牙战旗，荷兰人也出版了堂迭戈·德·皮门特尔和其他囚徒的审讯报告，受审者都是搁浅的盖伦帆船上的船员，帕尔马公爵设在敦刻尔克的军营已经解散，来自爱尔兰的一连串报告则带来了可怕的真实信息。唯有堂博纳迪诺·德·门多萨还不愿意放弃希望，他仍旧相信不可战胜的西班牙无敌舰队将会重新出现在北方的重洋之上，从那里南下，直捣英国海岸。最晚到9月29日，门多萨发出的急件依然洋溢着乐观情绪。当天落款的一封信函还在向国王保证，根据可靠的报告，无敌舰队已经在设得兰群岛和奥克尼群岛[1]完成了维修，补充了新物资，他们正一路南下，再一次驶向佛兰德海岸，随行的还有从英国人、荷兰人那里缴获的众多战利品，包括12艘英国战舰。实际上，几周以来，腓力已经阅读了梅迪纳·西多尼亚笔调阴郁的日记，以及由运送日记的堂巴尔塔扎·德·祖尼加提交的报告，这份报告描绘了落败的无敌舰队的现状。早在门多萨的信使抵达埃斯科里亚尔修道院之前很久，腓力早已收到信息，他的海洋舰队总司令只带着一支被摧垮的舰队的残余船只零零落落回到了桑坦德[2]。在门多萨来函的页边，国王用透着倦怠的笔触潦草地写道："没有一句是真相。最好对他如实相告。"

---

[1] 设得兰群岛（Shetlands）、奥克尼群岛（Orkneys）都在苏格兰东北部。
[2] 桑坦德（Santander），西班牙北部海港城市。

31
漫漫归乡路

从北纬56°附近的北海海域绕过爱尔兰，去往西班牙港口
1588年8月13日至10月15日

　　8月13日，周六清晨，越过残损的船尾栏杆，两周以来梅迪纳·西多尼亚公爵第一次在醒来后不曾看见穷追不舍的英军。无敌舰队正顺着一股西南风前行。折回海峡的时机业已错过，在壮烈殉国和败走还乡之间，无论公爵曾经多么倾向于前者，现在他唯一能为主上效劳的，只剩下尽可能多地将船只带回祖国。

　　胜负已定，战局万难逆转。自从进入海峡以来，他先后失去了至少7艘一级战船，这里面除盖伦帆船外还包括一艘加莱赛战船，其他头等战船也都身负重伤，仅能勉力航行；五分之一的人员非死即残，弹药也几乎消耗殆尽。甚至连全军的士气，如果说曾经在海峡中维持了高昂状态，也已经显露出疲敝的迹象。9日早上，面对旗舰下令原地停泊、迎接来敌的信号，超过一半的船只佯装未见。在这种情况下，公爵做了他所能做的一切。他在"圣马丁"号的甲板上召集了一次简易的军事法庭，在摆出确凿证据，证明自己的命令已经有效传达却遭到有意违抗后，20位抗命的船长被当场判处绞刑。其中一位犯人是他在桑卢卡的邻居、一位绅士，可是公爵真的把此人吊死在了一艘轻帆船的桁端上，还让这艘船在舰队中间巡游，一路挂着它那吓人的重担。其他19人在受到警告后幸得身免，却被剥夺了指挥权，交由军法官马丁·德·阿兰达羁押监管。但要让舰队恢复在埃迪斯通群礁附近开战时的斗志，仅有法官和绞刑吏是不够的。

　　如果说带领无敌舰队得胜的机会已经化为乌有，那么率军全身而退的可能性也不见得多上几分。"圣马丁"号一次又一次被长重炮、半长重炮

击穿，就在她的水线上方，还留有一个大窟窿，那是一枚重达50磅的炮弹的杰作。虽然接受过高超的修补，"圣马丁"号的船体仍在像个筛子似的漏水。就甲板以下的部位来看，里卡德的"圣胡安"号的情况同样不妙，不单如此，船上的一座主桅脆弱到甚至无法承受风帆的自重。曾经在格拉沃利讷与"圣马丁"号并肩作战的"圣马科斯"号也已千疮百孔，由于害怕船体散架，她的船长下令拿缆绳从龙骨下方穿过，将她捆了起来。即使这样，上述三艘葡萄牙盖伦帆船的伤情还要轻于另外三艘黎凡特大型商船，这三艘武装商船每一天都在进水，眼见船身一点点下沉，它们也在舰队后方落得越来越远。的确，所有战舰都严重受损，霍尔克船中也有一些情况相当糟糕。其中有一艘，我们只知道海员们唤其为"汉堡的小帆船"，后来下沉得过于突然，尽管船员全部得救，货物却丢了个精光。

这些问题已经足够触目惊心，但最严重的麻烦还在于存货。新鲜食物自然早已告罄。饼干大多生霉或腐烂了，大量咸鱼和腌肉也都不能吃了。虽则如此，当前急需的补给也不太可能是腌制食品，因为饮用水已经匮乏到了极点。本来所有能用的大小木桶都曾在拉科鲁尼亚装得满满当当，存量应当足够舰队支撑三个月。可是木桶再一次出现裂隙，当其中的一些被开启时，里面只剩下高不过数英寸的绿色黏汁。到了这个时候，德雷克突袭圣文森特角的致命后果才在世人眼前显露出来。漫长而艰辛的航路尚在前方，然而在一支又一支分队提交上来的报告中，即使按照最严格的定量来分配，剩下的饮用水也至多不过能坚持一个月左右的时间。

德·雷瓦主张去挪威，迭戈·弗洛雷斯呼吁去爱尔兰，但这一次公爵显然得到了余下的"将军们"的支持，这里面不包括里卡德，他已经回到自己的铺位，正缓缓迎来生命的终点，公爵的意见压过了反对派，得到了军事会议的一致认可。舰队将向北绕过苏格兰和爱尔兰，一旦获得足够宽广的航行水域，便会转舵张帆，使右舷受风，一路抢风返回拉科鲁尼亚。在那天下达各船的所有航行指令中，公爵尤其强调经过爱尔兰时必须与海岸保持安全距离，"因为我们担心在海岸一带也许会有灾殃降临"。公爵还殚精竭虑地给出了其他告诫。为节省用水，他下令将所有驴子和马匹统统抛下船舷，又命令舰队中的每一个人，无论尊卑贵贱，都要严守食品配额，每人每天8盎司饼干、1品托水、半品脱酒，严禁擅自加量。不管其他舰船情况怎样，配额供给在"圣马丁"号上得到了严格贯彻，公爵本人则起到了模范作用。就他的情况而言，这样的食品配额并不算是多大的牺牲。自打他们驶出塔霍河后，食物就只有在风平浪静时才对他具有吸引力。"根据海上经验，"他曾向腓力抗辩，"我知道自己一贯晕船，而且极易感冒。"对于此次航行，他曾经作出比旁人更加悲观的预言，而今这正在成为现实。

由此，无敌舰队继续"驶入了挪威海峡"，他们乘着一阵和风，轻易地朝着东北偏北方向前进，直到领航员认为舰队已经抵达北纬61°30′，足以在转向西南偏西方向的航程中避开设得兰群岛，舰队方才停下北上的脚步。然而又有新的船只在这个过程中离开了舰队。14日清早，三艘庞大的黎凡特卡拉克帆船在越发下沉后，当着众人的面驶向了东方，似乎在绝望地寻找最近的海岸。不幸的是，它们必定已经拖延过久才转向离开，因为人们再也没有听到过它们的音讯。经过17日夜间的风暴后，霍尔克船分队的旗舰"葛兰·格里芬"号连同其他一些霍尔克船一道不见了踪影。就在那一天，舰队开始转向，由于现在是左舷受风迎风航行，转舵不够灵便的海员就易于被甩在靠北的后方。路上雾气迷蒙、阵雨频仍，衣衫褴褛的船员们，尤其是安达卢西亚人和黑人，深受严寒之苦。

21日，领航员判断舰队已经来到北纬58°，大约在戈尔韦海岸阿基尔岬[1]的西北方向90里格处，由于某些原因，西班牙人完全把阿基尔岬这处地标错当成了克利尔角，也许是因为它毗邻克莱尔岛[2]。这里便是改变航道的地方了，公爵再次传令舰队集合，进行了最后一次清点。他由此得知，除伤员外，过去八天中舰队病员的数量出现了骇人的剧增，已经高达3000人，这使他惊恐不已。此外，饮用水的短缺也超出了他的预想。要么一些看起来挺不赖的木桶竟也开始漏水，要么一些船长并没有严格执行配额供给制。公爵重申了航行指令，下令全军转向新的航程，同时他派出

---

1 阿基尔岬（Achill Head），在爱尔兰西北部。
2 两地名称相近，爱尔兰语分别称作"克莱尔"（Chliara）、"克利尔"（Chléire）。但克莱尔岛在爱尔兰西北、阿基尔岬以南，克利尔角则在爱尔兰西南。

堂巴尔塔扎·德·祖尼加,要他搭乘一艘快速轻帆船回国,向国王报告舰队的位置以及令人唏嘘的战役历程。

紧跟着,麻烦找上了门来。接下来的两周暴风雨下个不停,风从最不利的西南方吹来,连绵不绝的顶头风令人垂头丧气。到9月3日的那个周六,根据领航员的测算,公爵发现自己仍旧处在北纬58°附近,而且可能比两周前的位置还要靠东。在这期间又有17艘船只离队,这里面有里卡德所在的"圣胡安"号、德·雷瓦的卡拉克帆船"拉塔·科罗纳达"号和其他4艘黎凡特武装商船,以及另外4艘大型舰只,其中的两艘分别来自安达卢西亚分队和卡斯蒂尔分队,另外两艘则隶属奥昆多的吉普斯夸分队,此外,一些霍尔克船和两艘加莱赛战船也离开了舰队。可是风向却在这时候转向了东北。于是梅迪纳·西多尼亚在派出另一艘给国王报信的轻帆船后,又一次尝试带领舰队的残余力量,踏上了漫长的归乡之路。

19天后,"圣马丁"号终于向桑坦德外围海域的领航员发出了信号。在随后几天的报告中,我们得知66艘曾在7月间驶往英格兰的船只先后回到西班牙的各处海港。但余下的所有船舶却都音讯渺茫,直至年终,竟只有一艘船又回到了出发地。

稍后,先是通过英国的出版物,继而借助幸存者们的确认,人们了解到无敌舰队蒙受损失最为惨重的地点在爱尔兰。5艘黎凡特武装商船——由"拉塔·科罗纳达"号领头,西班牙贵族精英竞相争取在她的指挥官阿隆索·德·雷瓦手下服役——1艘大型比斯开战舰、1艘吉普斯夸战舰、1艘葡萄牙盖伦帆船以及3艘我们知晓名字的霍尔克船,驶向了爱尔兰的西部海岸,希望就地补充食物和水、维修千疮百孔的船体和索具。最终只有两艘船得以离开:里卡德的葡萄牙盖伦帆船"圣胡安"号成功来到丁格尔湾的河口,在大布拉斯基特岛[1]的背风处锚泊,补充了淡水后重新回到海上,渡尽劫波的她最终在10月7日跌跌撞撞、窘迫万分地回到拉科鲁尼亚,成为载入记录的最后几艘幸存船只之一;一艘用作医务船的霍尔克船曾载着里卡德驶离丁格尔湾,但因为不相信自己能够将病号活着带回西班牙,

---

[1] 大布拉斯基特岛(Great Blasket Island),爱尔兰西部沿海岛屿。

这艘绝望的医务船竟又驶进了海峡，希望抵达一处法国乃至英国的港口，然而事与愿违，她后来在德文郡沿海的布退尔岬[1]搁浅，幸运的是船上的物资还在，一些船员也保住了性命。除此以外，其他所有前往爱尔兰的船只（爱尔兰副总督报告说有 17 艘，应该有足够多的难以辨明身份的霍尔克船和轻帆船能够补足这个数字）一概有去无回。这些船抵岸时不仅没有携带航海图和领航员，甚至常常连船锚都已不见踪影，残损的船体仅能勉强支撑航行，船员们已经在定量配给和疫病的折磨下虚弱不堪，几乎没有力气驾驭船舶，有的船在岩石上粉身碎骨，有的闯入暗礁之间动弹不得，还有一些由于停泊不稳，在暴风突如其来时一头撞向了峭壁。最后幸存的船只"赫罗纳"号加莱赛战船，在带着她竭力搜救的船难幸存者——包括德·雷瓦及其剩余的同伴——驶离这不友好的岛屿时，却在巨人堤[2]附近失事，船上的所有人员全部罹难。

必定有数以千计的西班牙人葬身于爱尔兰海岸。相比于他们悲惨的命运，那些登上了岸的人，下场也未见得好到哪儿去。许多人精疲力尽地倒在登陆的海滩上休息，却就此被敲碎了脑袋。其他人在荒无人烟的爱尔兰西部漫游了片刻，直到被成群的士兵像对待野兽一样猎捕和杀死，或是被爱尔兰的收留者们心有不甘地移交给英国的行刑者。一批数量可观而且被指望能够勒索一笔赎金的绅士，在得到保全性命的许诺后出降，后来仍然命丧斧锧，他们的捕获者曾提出抗议，无奈这些命令明明白白出自爱尔兰副总督之口。副总督威廉·菲茨威廉爵士旗下的英军只有不到 2000 人，他们的训练和装备水准都很差劲，想要靠这支力量守护该国，即使一时风平浪静，也难保长治久安。让如此众多的西班牙士兵出现在爱尔兰的土地上，即使是以囚徒的身份，此间的风险他亦无力承担。他的办法很简单，抓住他们，就地杀掉。总体来看，这条政策得到了有力的贯彻落实。

这里需要对两则虚构的神话予以澄清：第一个传闻几乎在无敌舰队一役发生的当年便由英国人散播开来，据说上岸的西班牙人是被爱尔兰人擅

---

[1] 布退尔岬（Bolt Tail），位于英格兰德文郡南部海岸。
[2] 巨人堤（Giant's Causeway），在北爱尔兰东北部沿海，是由火山喷发造成的绵延数公里的天然玄武岩长堤。

自谋害的，因为当地人觊觎对方的衣服、武器和珠宝，第二个传说也在西方世界流传甚久，说是爱尔兰人长有鹰钩鼻和黑色的眼睛、头发，面色黝黑，这显示了西班牙人的血统特征，是当年无敌舰队的船员留居此地的结果。诚然，有些野蛮的爱尔兰人为这些不请自来的客人卸下了肩头值钱的重担，这样的事并不鲜见。也许偶或还会有来客被他们割断喉咙。但是在爱尔兰人击杀西班牙船难幸存者的记录中，只有一例不是直接源于英国人的指使，此事还引起了当地舆论的广泛谴责。通常而言，爱尔兰人会庇护西班牙人，为他们提供必需品，在任何力所能及的时刻帮助他们逃出王国。几百名西班牙人的确因此脱身，其中的大多数逃去了苏格兰。当时他们认为已经没有同胞留在身后的爱尔兰，即使有也为数极少。可能在某些地方，剩余的西班牙流浪者在某一处友善的村庄里找到了容身的屋檐和相伴的妻子，但是他们的人数决计不足以改变爱尔兰人的整体面相。如果有人曾屡次在康诺特[1]和西班牙加利西亚地区的居民身上看到相同的体貌特征，那也一定是出于其他的缘由。

　　除了与敌人作战失去的战舰，无敌舰队中剩余战舰的损失都是由爱尔兰和苏格兰周边海域的沉船事故造成的。7月30日途径利泽德半岛时，舰队中共有战舰68艘。迟至9月3日，梅迪纳·西多尼亚仍旧清点出了44艘。它们全都遵从了公爵的命令，沿着公爵设定的航向前行。这些战舰全都回到了故土，其中包括来自西印度群岛警卫部队的全部10艘盖伦帆船、10艘葡萄牙盖伦帆船中的7艘、8艘安达卢西亚战舰、奥昆多分队中的7艘战舰以及6艘里卡德分队的战舰。只有黎凡特武装商船所剩无几，早先的10艘大船只有两艘存留至今。这是一支支离破碎的败军，但是许多更有经验的舰队指挥官却在对阵尚且不及英军的对手之后，只带回了更少的残兵，无论有谁曾经向他建言献策（在危急关头作出正确抉择的既非迭戈·弗洛雷斯，也不是里卡德），剩余的这些船只之所以得以保全，实在多亏了指挥官的领导才华和意志力。

　　但在当时，没人记得他的功绩，而且从那时起，很少有人对此做出过

---

[1] 康诺特（Connaught），爱尔兰西部沿海省份。

持平之论。公爵本人也没有特别强调过这一点。格拉沃利讷一役结束后，他彻骨地体验到了战败之痛。公爵认定，尽最大可能挽救舰队、保全力量是他的最后职责。他尽力确保船只和火炮的安全，差不多保住了舰队几乎三分之二的战力，但对于举国蒙受的浩劫来说，这些在他眼中必然只是微不足道的事后弥补罢了，根本无助于减轻他个人的耻辱。他为这几个月内发生的一切而自责。可是英国人的确拥有更出色的船只和火炮，他们的船员更加勠力同心，受过更好的训练，除此之外，他们还握有事后证明左右了战局的决定性优势——临近自己的大本营。远道而来的无敌舰队是在物资补给极度乏力和不足的情况下，为了毫无希望的目标而战。然而当同时代人将战败的责任归结为指挥官的力不胜任，当他们口口声声认为，倘若由圣克鲁兹、里卡德、奥昆多，甚或是那位脾性乖戾的英雄佩德罗·德·瓦尔德斯接过指挥权，一切就能被改写时，梅迪纳·西多尼亚却对此表示完全赞同。也许这就是自那以后极少有人对于此间的功过评判表示过质疑的原因。

　　是谁真正领导这支残损的舰队完成了最后一段航程，我们也许永远无法得出答案了。马罗林·德·胡安船长本来应当担负起这项任务，但是这位老练的海员、技艺高超的航海家却无意间在敦刻尔克被留在了后方。"圣马丁"号上有四位领航员，其中一位还是英国人。四人中的三人死于海上，因此一定是仅剩的第四人带领旗舰在强劲的西风中蹒跚驶过拉科鲁尼亚，来到桑坦德附近靠岸。我们不知道他的名字。

　　至于公爵，在9月3日那天作出返航回家的最终决定后，他回到自己的床铺，并且待在了那里。几天来他一直发烧不退，又因为痢疾引发的空腹干呕而痛苦万分。在梦魇一般的剩余航程中，他的意识时有时无，只能模糊地感觉到逆风的来袭、暴风雨的倏然而至和不意间错过的靠岸良机。当他在桑坦德海岸被搀进下方的领航船时，公爵已经虚弱到难以坐直身子、几乎无法提笔写出自己的名字的地步，可他依然强拖病体，立刻给国王、桑坦德省省长和圣地亚哥大主教发去一系列信函，恳请他们伸出援手。

　　援助实属必要。单就"圣马丁"号来看，除了当场阵亡和战后因伤致死的人数外，到9月23日进港时，又有180人因为先染上坏血病、斑疹伤寒或者流行性感冒，继而在饥渴难耐之下病情加重，最后撒手人寰。沿海的乡民对于无敌舰队的抵达毫无准备，当他们忙着搜罗食品、衣物、床位和寝具，试图让病员保住性命时，无论在"圣马丁"号还是其他船只上，每一天都有更多的人死去。在归来的高级军官中，极少有人还能继续胜任职务，最为声名卓著的两位，里卡德和奥昆多，都已经在10月过半时不幸辞世。比起"圣马丁"号，很多船上船员的状况还要更糟。其中一些尽管已经在西班牙的港口上岸，但是仍然没有得到任何食物，陆续沦为饿殍。有一艘船的水手在过去12天的航行中没有喝过一口饮用水，他们想要润一润喉咙，只能从被雨浸湿了的破衣烂衫中拧出一点水分。还有一艘船在拉雷多港[1]搁浅，原因竟然是船上已经没有足够的人手来降帆和抛锚。一连几个星期，在食物和拨款正从四面八方东挪西凑、急救医院纷纷组建而成的同时，军官和普通船员依然在陆续减员。

  船舶状况的悲惨程度分毫不亚于船员。有一艘船在抛锚后不久便当众沉没。一些如"圣马科斯"号这样的头等战舰，唯一合宜的结局只能是拆毁船体，以求保存尚堪使用的木料和火炮，这些船只中就包括本属于佛罗伦萨公爵的那艘崭新的优等盖伦帆船。她的船长巴托利在战舰进港的第二天辞世。巴托利的大副也已经在格拉沃利讷一役中战死。接下来船上军衔最高、继任船长一职的加斯帕尔·达·苏萨后来宣称，无敌舰队中再没有哪艘战舰比该船更加出色地完成了任务，更加频繁地出入于枪林弹雨之中，这一点梅迪纳·西多尼亚公爵也在日后致佛罗伦萨大使的一封正式信函中予以肯定。但是这些褒奖根本不足以对托斯卡纳大公[2]构成补偿，因为他已获知根本无望将"圣弗朗西斯科"号拖往拉科鲁尼亚进行维修，他的海军阵容中唯一的一艘盖伦帆船就以这样的方式与他作别，再无可能悬挂自己的旗帜了。就我们能够确定的范围来看，舰队的幸存船只中几乎有一半已经不再适合服役。一位观察家甚至认为，能让这些朽木残骸如此长久

---

[1] 拉雷多港（Laredo harbor），在桑坦德东部不远处。
[2] 1569年，佛罗伦萨公爵科西莫一世（Cosimo I de' Medici, 1519—1574）被教皇庇护五世擢升为托斯卡纳大公，此后佛罗伦萨公爵的爵位就成了历任托斯卡纳大公的附属头衔，在这里公爵和大公指的都是费迪南多一世（Ferdinando I de' Medici, 1549—1609）。

地逐浪浮沉，只有奇迹可以为之。

梅迪纳·西多尼亚还躺在病床上，陪伴身边的工作人员大多刚从岸上临时征调而来，他仍在勉力处理与舰队有关的疑难问题，无论什么时候，一旦自感身体允许，他还会口述将要呈递给王室秘书伊迪亚克兹和国王本人的信函和备忘录，这些文字大多是发发牢骚，其中的一些几近语无伦次。船只的状况令他焦躁不安，船员们所处的困境更使他感到忧心如焚，他的属下还没有拿到薪俸，缺衣少食、营养不良，由于岸上没有足够的安置空间，他们也拿不到应该结付的薪资，只能留在气味刺鼻的霍尔克船上，在一团污秽之中相继亡故。他一直强调，应当派一位兼具经验和能力、能够解决上述问题的人过来。他似乎因为自己未能采取更加积极有效的措施而在自我责备，他没有诿过于重病，尽管有好些天他都因为发烧和其他病症昏迷不醒，即使是在清醒时也虚弱到难以提笔签名，尽管事实明摆着，眼下的处境已然超过了任何人可能控制的范围，但他却把所有责任全都归结为自己的经验不足和能力不逮。在一封给伊迪亚克兹的便笺中，他忽然开始离题抱怨国王不该错把无敌舰队的指挥权交到自己手中。梅迪纳·西多尼亚说道，他对大海和战争一无所知，这话好似他早先接到委任状时写给国王的第一封信的回声，他仿佛全然忘记了从过去的这个夏天中学到的种种残酷教训。他早就提醒过国王，自己这样一位对于分内事务毫无头绪、甚至不清楚何人可以信任的将军只会败事有余。好吧，现在看看事情败坏成了何种局面！他绝不会再赴海上指挥，绝不会，哪怕要他付出项上人头作为代价！

公爵想要的一切只是回家，回到桑卢卡的橘园中去，回到自己乡间宅邸的暖阳之下。对待这位败军之将，腓力国王比同时代的其他君主以及大多数后来的历史学家都要更加公正、宽宏。在听完堂弗朗西斯科·德·博瓦迪利亚的报告，读罢来自布尔戈斯[1]主教和公爵随侍医师的各自来函后，腓力解除了梅迪纳·西多尼亚的指挥权，免除了要他进宫行吻手礼之类的繁文缛节，批准他离任回乡。

---

[1] 布尔戈斯（Burgos），西班牙北部城市，在桑坦德南方不远处。

10月，在稀稀拉拉的剩余仆从的陪护下，一台挂有窗帷的马拉轿子穿过逶迤的山岭，开始向南方进发。轿子的主人没有在沿途的贵族别墅中停顿歇脚，因为西班牙举国上下没有几个人不在悲痛哀悼。轿子也避免行经城市，那里也许会有满天的辱骂和掷来的石块。公爵回到桑卢卡时，圣马丁节庆典才刚刚结束，直到来年春天，他才能在自己的庄园周围自由地散步、骑马，才又似乎做回了自己。事实上，后来的他或许与往昔并无二致。他又继续为腓力二世服务了10年，为腓力的儿子[1]驰驱了12载，而且历任要职，可是本国同胞对于他的往事却既未忘怀，亦未原谅，一位法国外交官在15年后见到了梅迪纳·西多尼亚，从公爵忧郁的举止和面容中，这位外交官似有所悟，旧日的那场败仗遗留在他心中的伤痕显然仍未愈合。

在英格兰，事情的发展与人们的预想并没有多少不同。英国舰队的归乡路既不漫长，也不险恶，可是在刚刚得知帕尔马已经错过本欲借以出兵的大潮，无敌舰队也再无动静后，女王马上不耐烦地下令船只入坞停航，开始着手遣散船员，船长和臣子们全都因为她的鲁莽大惊失色。他们费力说服女王耐心等待，让船只保持满员和戒备状态，直至有确切消息从爱尔兰传来。结果，在哈维奇和马尔盖特、多佛和唐斯，船员们接连病倒、丧命，速度之快庶几与西班牙人停留海上时的减员速度相若。有人推断，暗中作祟的是相同的罪魁祸首：船热，亦即斑疹伤寒。不过，按照都铎一朝军队中的优良传统，部队官兵一律将之归罪于劣质啤酒。只要有足量的优质啤酒，英国的士兵和水手就会一直保持健康，这在那个时代是一条公理。

女王最终还是任着自己的办法行事了，解散和复员随即开始，烦恼像往常一样应运而生，这关乎薪饷、衣物和食品，关乎如何为身体虚弱、一时间无法还乡的海员提供住宿。病骨支离、衣衫半裸又求助无望的水手们倒毙在多佛和罗切斯特的街衢中，就像他们的同行和对手殒命在拉雷多和桑坦德的大街上一样。大伙儿的神经开始紧绷起来，只穿着衬衫的弗罗比舍向德雷克发起了挑战，另外一位老英雄约翰·霍金斯——如果有人堪称

---

[1] 腓力三世（Philip III, 1578—1621），1598年至1621年在位。

英国这场大捷的缔造者的话，此人非他莫属——也在一封致伯利勋爵的信函开头写道："我很抱歉自己活了太久，竟然会从阁下那里收到措辞如此尖锐的来信。"稍后他还笔锋饱含愠怒地致信沃尔辛厄姆："我会向上帝祈祷，愿自己不再负责处理钱款……我在此次效劳中饱受的痛苦和不幸难以尽数……我坚信上帝不久后便会将我解救出来，因为除了这里，再无地狱可言。"他的话听起来活像出自一位西班牙军需官之口，而面对愈来愈长的舰队死者名单，只能无助发火的霍华德语气也和梅迪纳·西多尼亚的并无二致。

在英格兰，人们也一样开始暗自嘀咕，怀疑高官们搞砸了自己的任务。为什么西班牙人没有被彻底摧毁？为什么海军大臣会害怕近距离交战？（奇怪的是，在西班牙，质疑梅迪纳·西多尼亚的人们也在质问相同的问题。）民众信誓旦旦地表示，倘若让德雷克接过指挥权，两支舰队肯定不会遥相对峙地互射炮弹，最后不了了之，与此同时，整场战役中的每一次胜利在人民口中好像全都变成了德雷克一人的功劳。当然，霍华德并没有像梅迪纳·西多尼亚那样蒙受不公的指责，他毕竟是赢家。在他生命的最后几年，他也获得了足够的名望。那时击败西班牙无敌舰队的荣耀逐渐消退为一层金色的烟霭，新王詹姆斯一世时期的政治家们从朦胧中看见了"英明女王"的善政，此战正如伊丽莎白时代的多数勋绩一样，距离当下越远，就越显得壮阔和辉煌。不过，在多数民众的心里，这仍然是属于德雷克的胜利。

在过去的差不多二十年中，历史学家已经给予了霍华德更为公正的评判。最近的历史叙事直言不讳地指出："这是霍华德的战斗，他赢得了胜利。"还有人主张，霍华德采用了唯一一种无须担负太多风险的战斗方式，没有哪位舰队指挥官能够做得比他更好。对于梅迪纳·西多尼亚，近来也出现了一种更为善意的评价趋势，对他的勇气和统御能力均予以承认，虽然至今无人声称他已经在各方面做到了极致，但是至少可以认为没有人能够做得更好。除了那个周一的清晨，他本有可能在托贝[1]附近海域切断"皇

---

[1] 托贝（Torbay），英格兰德文郡南部沿海自治市，濒临托尔湾。

家方舟"号及其两艘同行船只的归路外,很难再指出他曾犯下任何错误,以至于影响了战役的最终结局。我们甚至有理由认为,梅迪纳·西多尼亚的所有其他决定,包括前往加莱锚泊以及在还乡路线上的选择,就像他个人的勇敢表现一样无可指摘。不过即使赢得这样的评价,也不会为梅迪纳·西多尼亚带去多少安慰。无论他做过什么,好像都无法堵住悠悠之口。对于死去的人来说,能否在身后的一代代人那里得到公正的评鉴,也许完全不足介怀。可是,对于生者而言,还死者以公正,纵然是迟来的公正,仍然意义非凡。

32
一位高个儿男子的末日

布洛瓦
1588 年 12 月 23 日

  1588 年的秋末，天主教的事业在法国步入了死局。随着无敌舰队日渐逼近水陆大军的汇合点，瓦卢瓦的亨利一度对吉斯的亨利频频让步，但又从未在核心利益上退避半分。进入 8 月，当西班牙获胜的流言甚嚣尘上时，法国国王敕封吉斯为自己的副将，不过他并不愿意与吉斯一道返回巴黎，而等到西班牙得胜的可能性缓慢而悄悄地渐次消退时，国王又摆出了顽强的抵抗姿态。一场谨慎、迂回的战役开始在他这里缓缓展开，瓦卢瓦的亨利要夺回失去的一切。

  9 月初，当《真言》开始付梓、帕尔马从敦刻尔克拔营而走时，法国国王遣散了身边的臣子。朝中重臣全部卸任而去，包括御前大臣谢韦尔尼、财政大臣蓬伯纳·德·贝里艾佛尔、三位国务秘书（布律拉尔、维勒鲁瓦和皮纳特），以及国王在政务部门的所有骨干分子，自从瓦卢瓦的亨利加冕以来，这些骨干分子就一直以国王的名义治理着法国，早在亨利统治波兰时便鞍前马后一任驰驱，亨利尚处襁褓的时候，他们就已经是干练的王室股肱了。遣散这些老臣的过程没有伴随任何责备，也没有列举任何理由，亨利只用一句"准予致仕归家"便开始了放逐，为他们的政治生命判处了死刑。在三级会议即将于布洛瓦召开、王国的事务尚且纷乱如麻的此时，发动这样一场宫廷革命似乎极其愚蠢，对于王室政府也极具毁灭意义，多数人都在猜测，遣散必定是被逼无奈的结果，其幕后推手一定是历来在这方面呼声最高的那一派——神圣同盟的激进分子。

  谢韦尔尼比其他人更加了解底细，因此也有人怀疑，他的同僚大抵也都心知肚明。症结其实在于，这些大臣们是在侍奉凯瑟琳·德·美第奇很久以后才转而为她的儿子效命的。出于习惯的力量，他们总是向王太后出示最新的函件，对于王太后在自己的拟稿上所作的修正，他们也都照单采纳，王太后的意见更是被他们认真记在了自己的备忘录中。贝里艾佛尔在苏瓦松与吉斯交涉时，每天都向王太后呈报最新进展，对其建议言听计从。街垒日过后，维勒鲁瓦又背着国王，按照王太后的指示往昂古莱姆去信，那封信意在断送埃佩农的性命。谢韦尔尼之所以高呼返回巴黎，也是因为这是凯瑟琳王太后的心意。凯瑟琳清楚大臣们何以被解职，她将之视为国王对自己的抛弃，由此心怀忿恨。

事实正是如此。如果说凯瑟琳自己还没有意识到这一点的话，她的儿子早就明白母亲已经抛弃了自己。为了转败为胜，凯瑟琳已经在本能的支配下自然而然地弃瓦卢瓦的亨利而去，选择了吉斯的亨利。这解释了为什么在至今一年有余的时间里，无论吉斯意欲何为，凯瑟琳总能说服自己，相信这实际上也对儿子最有利、最安全。这就是为什么那天凯瑟琳在卢浮宫救下吉斯公爵的性命后，她的儿子便再也不愿信任母亲的原因。国王在凯瑟琳臣仆的注视下如芒在背，眼看前方就是远僻的歧途，他无法再这么驯顺地亦步亦趋了。

国王在布洛瓦形单影只。他的新臣子们诚实勤恳但无足轻重，只是埋头干自己的活儿，却不适合与之交谈。茹瓦斯和埃佩农曾经是仅存的宠臣，或者说是最后两位有分量的"甜心"，他们是国王身边的好友，而非玩物。可是现在茹瓦斯已经死去，埃佩农也在昂古莱姆闷闷不乐，相信自己的朋友和主上亨利三世要置他于死地。国王的妻子性格过于沉闷、软弱，就好像他的母亲过于尖锐、强硬一样，都不适于分享他的隐衷。他的身边只有任用的工具，只有笔杆子和刀把子。他要有所作为，只能独自行事。

有时候，这一切真令他难以承受，他会一连数个小时、几天几夜把自己关在室内，不与任何人交谈，一个人在黑暗之中昏睡。不过多数时间里，他仍保持着平日的风度，履行着自己的职责。三级会议的议员们相继到来，亨利和颜悦色地招待他们，魅力十足。在议员最终到齐后，他用雄辩而哀婉的词句发表演说，让本来心怀敌意和疑窦的会众禁不住起立喝彩。他花了很多时间陪伴表兄吉斯公爵，面对这位他王国中的副将、王室的大总管，他能够得心应手地取予进退，随时报以无伤大雅的戏谑和模棱两可的话锋。随着冬天的脚步临近，他的母后比往年更加不耐寒气，长时间卧在床上，因此每一天他都在母亲的床边徘徊，向她禀报法国和欧洲的新闻，耐心倾听母后的建议。他总是倍加警觉，在敌人的环伺之下，孤身一人的他必须如此。

这是一项缓慢、艰辛的工作。即使那帮旧臣全都在场，还在为他指点筹划，他的议会策略也不可能设计得更加精明，不过，他却终究无法在三级会议上取得进展。他曾寄望于不仅利用本次会议缓解自己的长期贫窘，而且要借此夺取吉斯公爵在神圣同盟中的领导权，可是会议中的温和派只占极少数，激进分子们在尝到了一点权力的滋味后，提出了许多互相矛盾的要求。他们想要一个更加高效的中央政府。他们还想让这样的政府在自己的持续监督下运转。他们同时期冀和平与繁荣、发展经济和进行改革、实行更低也更加公平的税负，希望立刻发动一场毫无保留的十字军运动，彻底铲除异端分子。他们在所有这些要求上如此专心致志，竟至于对萨伏依公爵[1]吞并了法国在阿尔卑斯山外的最后一处前哨这样的事拒绝关心。他们表示，绝对不会投票通过任何新税种。欲捐输，先改革，议员们呼唤道，但是国王的每一次让步又总会为新的呼请提供垫脚石。这真是令人沮丧的死结，然而亨利并不因为改革的呼声高涨，便认为三级会议不可操纵。相反，他将一切症结都诿过于吉斯家族的阴谋诡计。一旦吉斯公爵失势，国王便有充足的自信来掌控三级会议。

吉斯同样感到灰心丧气。三级会议的议员本来全都是神圣同盟的热心支持者，现在却完全跳出了他的掌心。吉斯需要一只大军来实施自己的计划。如果拨款议案不能投票通过，大军从何而来？除此之外，只要三级会议还在召开，国王和他当然就还要待在布洛瓦，而在离巴黎如此遥远的地方，他并不能完全放松下来。他是巴黎之王，但还不是法国之王，他也不

---

[1] 萨伏依公爵伊曼努尔一世（Charles Emmanuel I, 1562—1630）趁法国内战，于1588年秋占领了横跨今日法意边境的萨卢佐侯爵领（Marquisate of Saluzzo）。

需要门多萨来提醒自己，此时此刻他几乎无法对西班牙的支持稍作指望。倘若他曾预见到无敌舰队将会不光彩地落败，可能就会待在离布洛瓦远一点儿的地方。在这儿，在国王的宫廷中，他无时无刻不在面临危险。一旦三级会议闭幕，他就要把国王带回巴黎，哪怕被迫动用武力，也要把国王拖回国都。

与此同时，他还在未雨绸缪，以应不测。当时的布洛瓦布满了神圣同盟的武装力量，留驻在王室城堡中听命于他的追随者，在人数上远超王家卫兵。作为王室总管，城堡的所有钥匙全都保存在吉斯那里，无论白天夜里，他都能前往城堡的任何角落，甚至可以带着士兵打开国王卧室的门，而不会受到任何人的盘问。不过，最让他感到高枕无忧的是，他确信瓦卢瓦的亨利只剩下一副可怜巴巴、毫无生气的躯壳，绝无可能发起反击。当里昂大主教乞求他在公开场合给予国王更多的尊重、不要将后者逼得太紧时，吉斯却只报以一笑。"我比你更了解他，"他说道，"要掌控他，必须蔑视他。这是一位需要吓唬的国王。"

12月19日的早上，受命探入城堡的一位间谍向他禀报称，国王正与一些人商议如何除掉"迫害者"，会上阿尔丰塞·奥纳诺再次强调了5月份时已经陈述过的观点："马上除掉他。"对于这份报告，吉斯仅仅耸了耸肩而已。他收到过大量这类最终无关痛痒的警报。12月22日的晚餐席间，他发现一张匿名的便笺被人塞进了自己的餐巾中，上面写着另一段急迫的警示文字。他向在场的同伴大声朗读了便笺的内容，接着从旁边的桌子上取了一支笔，在纸上潦草地写下"他不会有这个胆量"，然后就将便笺掷于地上不管不顾。他已经声色俱厉地恐吓过瓦卢瓦的表弟太多次，他毫不怀疑自己可以一直奉行故事。

就像吉斯获悉的那样，国王的确已经就这个问题与一个非正式的咨议班子进行过商谈。亨利三世告诉众人，他握有证据，一场针对自己的王位和性命的密谋正在酝酿之中。在吉斯的红衣主教[1]的餐桌上，密谋者已经为公爵祝酒，恭贺他即将荣任下一任法国国王。有人向吉斯公爵的秘书申

---

[1] 指亨利的三弟路易二世（Louis II, 1555—1588），他在1578年受封为红衣主教。

请战争期间的安全通行证,结果得到如此答复:"可以的话,你最好稍等一会儿。我们很快就会改变头衔和身份了。"国王继续补充道,他收到了许多警告,除非更坏的厄运降临在自己头上,否则不久后他就会被绑架到巴黎。甚至连吉斯的弟弟马耶讷公爵也差人给自己送来了警告信。"有我无他,"国王以此结束了陈述,"诸位有何良策?"

第一个作出回答的可能是新任御前大臣蒙托隆。他认为吉斯无疑犯下了叛国罪。证据已经非常充分。应当迅速将他捉拿归案,完成控告、审判和处决。国王悲伤地笑了笑。上哪儿找这样一处法庭,来对一位法国贵族、神圣同盟的总司令进行审判和定罪?难不成,在巴黎?

奥芒元帅提出了一条更加直接的应急之策,阿尔丰塞·奥纳诺也直率地表示了赞同——"杀了他。"不过奥纳诺虽已准备就绪,亨利却知道,没人比他更令吉斯党人感到恐惧和疑虑了。手持利刃的奥纳诺绝无机会走入距离公爵100英尺以内的地方。国王又看了看克利翁。这位法兰西警卫队队长的脸颊立刻胀成了红色,开始口吃起来。虽然难以置信,可是他确实从未在事先没有给予警告的情况下刺杀过敌人。他不认为自己可以完成这一使命。不过,现在可以举行一场决斗。他将很乐意向公爵发起挑战,亲自参与这场决斗。而且他确信能够杀死吉斯。亨利摇了摇头。面对这样一场挑战,吉斯将会作何应对,即使向克利翁解释也是枉费功夫。亨利感谢了所有人。他还要另作思考。

在第四天过去之前,他有了主意。有一个时刻,如若未经允许,吉斯派的党徒将不得擅入城堡内的王室寓所。届时枢密院将在前客厅晤面,那里连通了前方入口处宏伟的螺旋楼梯和后方王室下榻的套房。会谈期间,但凡未经授权之人均被排斥在外,参会议员只能独自前来,会场招待员将负责把控出入的各扇大门。客厅里有一群特别的与会者,国王可以完全信赖他们的忠诚,这便是所谓的"四十五人卫队"。四年前,他们由埃佩农招募而来。四十五人卫队全部出身贵族阶层,但又只是加斯科涅的小贵族而已,他们每个人的全部身家不过只有一匹马、一口剑、一块褴褛的斗篷,还有几英亩遍是石子、勉强赖以度日的薄田。他们在宫廷中无亲无故,除了国王,再无怙恃。他们中有15人被要求担任国王的贴身侍卫,日夜值勤,随时听候亨利的调遣。作为回报，他们可以支取一笔在其眼中俨若王侯待遇的高额俸禄。吉斯早就提到过他们，认为这不过是一帮游手好闲、一无是处却又穷奢极侈的恶棍，在由三级会议中的吉斯朋党所提出的改革意见中，就有一条主张解散这帮无赖。四十五人卫队对此一清二楚。

人员安排妥当后，还有别的复杂程序等待处理。城堡一边的侧翼是先王弗朗索瓦一世[1]下令兴建的，亨利三世的寝宫眼下也设在其中，那里的构造暗藏玄机，由一座座回环曲折的小型楼梯、一条条出人意料的隐蔽通道组成。两处平时畅通的门廊现在要临时封闭，一扇总是紧锁的门则应保证打开，这样做是为了让到时不可或缺的演员们在不被注意的情况下及时登台。国王对于每一处细节都要亲自过问，不允许出现任何纤介之失。

12月22日下午，他与吉斯进行了一次长谈，有关这场对话的唯一记录显得过于程式化，以至于不可能是真的。但根据这份记录，国王肯定向吉斯提到了第二天的行程，他和王太后将会离开城堡，前往猎场的大帐欢度圣诞佳节，不过在动身之前，还要召开一次会议。过了一会儿，他又差人前来，表示需要拿到城堡的钥匙——这当然是出于翌日行程的考虑。吉斯遂将一串钥匙扔给了报信人。这件事刚好发生在最后那封匿名警告信送达吉斯之前。

早上7点钟，还在卧房中安睡的吉斯被他的现任情妇唤醒，得知会议将在8点开始，时间之早异于平时。（国王凌晨4点就起床开始着手最后的准备了，为避免走漏风声，他要尽可能等到最后一刻再把剧情透露给登台的演员们，而且仅限于他们必须执行的部分。）这是一个惨淡的清晨，窗外的纤纤细雨中夹杂着雪花，古老的城堡里寒气刺骨，但吉斯只能穿上昨晚的薄裳——一套紧身的绸缎上衣和半长裤、一件短小的斗篷——便急急忙忙赶去了会场。

在宏伟的螺旋楼梯上，吉斯惊讶地发现了一群弓手卫兵。领头的军官礼貌地向吉斯陈述了情况，他们正在请愿，请求至少先领取一部分拖欠的薪饷。一些弓手一边随同吉斯登上台阶，一边乞求公爵代为美言几句，以

---

[1] 法国文艺复兴时期的著名君主，1515年至1547年在位。

方便诸位大人知晓他们已经多久没有领到薪饷,当下的处境又是多么苦不堪言。而后会议厅的大门在吉斯身后关闭,弓手们也转身散开,肩并肩排成坚实的阵列,将宽阔的楼梯从一端到另一端封锁得严严实实。

吉斯是来到会场的最后一人。他的弟弟红衣主教和里昂大主教是除他以外自己这一派仅有的两位与会代表,二人也只是在不久之前刚刚抵达;其他人看上去都来得早得多。吉斯略感不安。他抱怨了一下寒冷的天气,令人生起炉火。他又派人去取一些糖渍的水果。(宏伟的螺旋楼梯已经被完全封锁起来,这些水果是从国王专用的食橱里取来的。)接着,他下方有旧伤疤的那一只眼睛开始莫名地流泪,却发现自己并没有带手帕过来。一位男侍连忙为他递来国王的方巾。这时火焰已经令身子恢复了暖意,他于是解下了自己的斗篷。会场随后因为一些与钱款有关的例行讨论嗡嗡作响起来,一位贵族侍从向吉斯传话,国王想要在自己的内室中与他单独见面。在提请众人原谅后,吉斯离席而去,他推门进入了国王的套房,左臂上还不以为意地搭着自己的短斗篷。

四十五人卫队中的 8 人正在走廊里休息。吉斯穿廊而过时,他们全都如陪侍一样在他身后列队尾随。等到约略行至国王内室的门口处,吉斯蓦地转身面向了他们,此时走在最前方的那个人猛然将一把匕首攮入了吉斯的身体。吉斯挣扎着试图拔剑,可是慌乱中剑柄和斗篷缠绕在了一起,抢在他拔剑出鞘前,他身后的一扇门突然打开,四十五人卫队中的其他人霎时闪现,上前攥住了他的双臂。吉斯是个力大无穷的男人,尽管受到众人的纠缠,他却仍然能够拖着袭击者们在大厅中到处走动,他拼命想要挣脱双臂,在一把把匕首接连刺来时,他竭力疾呼:"啊!我的朋友们!啊!先生们!啊!背叛!"接着,有片刻时间,他稍稍挣脱了四周的刺客,一个人挺立着,却禁不住开始摇晃,他又迈了一步,终而头颅向前重重地栽倒在地。后来,众人在搜查他的身体时,发现了一张尚未完成的手稿,那是一封信,开头的句子是这样的:"继续维持法兰西的内战,还要每个月花费 70 万里弗[1]。"这句话总结了吉斯的事业,或许可以当作他的墓志铭。

---

[1] 里弗(livre),法国旧时货币单位,1794 年停用。

还在楼下寝宫中的王太后听见了头顶上奇怪的扭打声和踩踏声，浑身开始哆嗦不止。还在会议厅中的红衣主教吉斯也听到了兄长因愤怒而高亢的嘶吼，他立时站起身来高叫："背叛！"可是利剑在握的奥芒已经把手搭在了他的肩膀上，须臾，弓手护卫们冲了进来，将红衣主教和里昂大主教带出了会场，二人就此沦为阶下囚。清晨还未过去，吉斯一派的好几位贵族密谋者已经被收押在监，其中就有出自波旁家族、年事已高的红衣主教查理[1]，他已经被密谋者们内定为王位过渡时期的傀儡君主，国王卫队还闯入三级会议的会场，逮捕了几位领导者，例如街垒日的两位抵抗英雄布里萨克伯爵和拉夏贝尔·马尔托，前者是三级会议中贵族等级的主席，后者是巴黎革命政府的现任领袖、第三等级的主席。

有人抗议，但无人反抗。刹那间，布洛瓦的神圣同盟追随者们在低首慑服后走向了瓦解，不过由于亨利三世并非嗜血之辈，肃反的全部代价也只有两条性命而已。红衣主教吉斯死在了卫兵的长枪之下，其他所有被逮捕的人士遭到的最严重的惩罚也不过只是暂时的囚禁。严格说来，这是亨利三世完成过的最成功的一次政治行动，国王的私人医生卡夫利亚纳从医学角度记载了一则有趣的事实：相比于几个月前，此时国王的眼睛更加明亮了，他的气色越来越好，步履也愈发轻快了。

当亨利三世来到内室的门前，看到敌人死在自己脚下后究竟说了些什么，我们没有可靠的记录，不过那些读过普鲁塔克著作的传记作家和编年史家，但凡注意到普氏经常引述笔下主人公在重要场合的慷慨陈词，总会有人抵御不住诱惑，也想让国王说点什么。多数时候他们为亨利三世安排了这样的台词："在这一切之后，我才是国王！我再也不是当初的囚徒和奴隶了！"诚然，亨利有可能说过类似的话。他是一个随时做好准备根据场合发表激昂演说的人，在场的其他人很可能细心留意国王的言论并笔之于书，他时刻谨记着这一点，据卡夫利亚纳医生的记载，第二天他用来吓唬母后的那一番志得意满的言辞与前一日所说的话十分接近。不过我们手

---

[1] 即波旁的查理（Charles de Bourbon, 1523—1590），事实上亨利三世于翌年驾崩后，他仍然被天主教神圣同盟视为真正合法的继任君主。

头还有另外一个版本的记录，虽然在权威性上有所不足，但它却有一个特点，经常在不甚切题的地方透漏出事件的真相。依据这个版本，亨利走到房间的入口，停步俯视脚下四肢伸开的尸身，在停顿片刻后，开口道："他好高啊！我从没意识到他有这么高！死了的他甚至比活着时还要高！"

认为这几句表面上无关宏旨的话曾经真实发生过的唯一麻烦在于，它与后来发生的事高度相关，而这些话是在事后很久才形诸笔墨的，足以让作者借后见之明巧作妙语。之所以会有这些妙语，是因为在杀死这位巴黎之王后，亨利并没有比以前更称得上是法国之王，相反，正如他的母亲怀着难以自持的愤怒告诉他的那样，他将比早先任何时候都更难堪称法国之王。果然，一听到吉斯的死讯，巴黎便在沸反盈天中起事了，一座座城市相继抛弃了对国王的忠诚，国王则在开春后与这个造反联盟正式对垒，但在此之前，他已经在挣脱了吉斯的监管后与纳瓦拉国王结盟，此举几乎丝毫也没有缓解尴尬的局面，因为有人认为这意味着他与英格兰女王有一种共谋关系。

即或如此，瓦卢瓦的亨利也并不会像大多数人那样，将发生在布洛瓦的谋杀与他经历过的诸多失败相提并论。当他告诉母亲，他又一次成了法国唯一的国王时，人们有理由相信，他言下所指的不只是外在的王室标志，也不仅限于凯瑟琳看重的权威、实力和江山永固，他在谈论的是王权的神秘本质，是王位因循根本法度一代又一代冠冕相传的正统理念，是国王身为上帝恩典的肩负者和神之意志的代理人的玄妙意象。亨利之所以固守王位，并非出自任何鄙陋的自私之心。纵使亨利逃过了不久后的那场行刺，他的寿数也已无甚余裕，剩下的日子也难言欢愉。他永远不会有子嗣克绍箕裘。假若他要的全部不过是舒适的生活、表面的服从和王权的威仪，他大可以提出交换，通过臣服在吉斯的缰绳下、许诺未来让这个来自洛林的家族继承王位，换来自己生前的半世安稳，这样一笔交易正是老迈的波旁红衣主教求之不得的。可是身为国王，就算亨利已经背叛过太多的朋友和原则，却终究无法背叛王权的理念，在看清手中已无良策避免吉斯攫取王位后，亨利杀死了他，而且尽其所能地让此举看上去宛如一场公开处决。

正因如此，当雅克·克莱门特七个多月后在圣克卢宫用匕首终结了亨利三世的生命时，瓦卢瓦的亨利才能把圆满无瑕的王权亲手交在纳瓦拉的亨利手上。[1] 法国克吕尼修道院的副院长记录了当时的场景，卧床不起的亨利三世在弥留之际向纳瓦拉倾诉道："我的兄弟，现在是时候由你接过这上帝赐予的王权了，我备尝辛苦，乃是为了将它专为你一人保留。正是早先的含辛忍苦使我沦为今天你眼前的模样。但我并不后悔，因为一直以来倚靠我充当保护者的正义，要求你继我之后承袭这个王国。"无论亨利三世是否真的说了这样一席话，它很好地诠释了亨利的作为，表达了他此生的终极意义。考虑到亨利三世身上背负的诸多弱点，以及他所处的不幸的位置，这真可谓一项壮举。

至于那位同时充当亨利的迫害者和牺牲者的吉斯，在他身上没有什么神秘之处，除却这一点：这样一位肤浅的自矜之徒竟然令如此众多的人民心旌摇荡。他是一个典型的冒险家，胆大包天、心狠手辣，他也是一个典型的赌徒，甘愿投入到一场身家和手段本来承担不起的豪赌中来。或早或迟，他的好运总会到头，虽然西克斯图斯五世和腓力二世因为对他离世的方式不满，摆出了惯常的非难姿态，我们却没有证据表明二者之中有谁果真由于吉斯的死而心烦意乱。吉斯过于贪得无厌，在细节上又太漫不经心，以致所有人都持有一种印象，不管他是在为教会还是西班牙服务，他真正在意的只是自己的目的。西班牙可能会比罗马更加感到惋惜，可是雇佣军从来便是用来牺牲的。雇佣吉斯是为了从侧面转移主战场的注意力，但在主攻方向已遭挫败后，此刻的他已经完全暴露，而且再也无法得到相应的支持。在某种意义上，他与无敌舰队中诸如雨果·德·蒙卡达和阿隆索·德·雷瓦等亡魂并无不同，区别只在于那些船长是为了克尽厥职而捐躯，而吉斯之死却如同门多萨暗示的那样，主要怪他自己鲁莽灭裂。门多萨曾经颇为重视吉斯的利用价值，但那终究不是一段惬意的共事经历。无须门多萨禀报，他的主公自然明白垂涎法国王冠的人比比皆是，很快就会

---

[1] 1589 年 8 月 1 日，多明我会修士雅克·克莱门特（Jacques Clément）来到圣克卢宫，以递交秘密文件为由接近并刺杀了亨利三世，临死前亨利三世将王位传予纳瓦拉的亨利，要求众臣向新任国王效忠。

有其他德高望重的名流显贵乐意把西班牙的金币揣进自己兜里。根据各国大使们的记录，腓力二世在听闻吉斯的死讯后沉思了片晌，随后下定结论："这是教皇该考虑的事情。"而教皇西克斯图斯在闻知消息后也只是点了点头，好像对此早有预料似的说道："这么看来，西班牙国王又损失了一位船长。"

33

来自上帝的风

埃斯科里亚尔修道院
1589 年元旦

  无论灾殃临头还是捷报入耳，皆能神色举止不异于常，这就是腓力二世的公众形象，也是他生前便为世人津津乐道的传说之一。还是龆年小儿时，他必然已经多次听到过父亲的事迹，当皇帝查理五世收到帕维亚大捷[1]的喜讯时，他的面无喜色引发了众人的广泛崇敬。也许他早就决心效法父亲的言行，而后又发现如此行事本来就更为容易，因为他的天性恰恰不那么生气勃勃。无论如何，当他的统治来到第三十三年时，腓力已然在许多倾慕者的眼中化身为一位行为世范的斯多葛主义[2]基督徒，关于他在艰难险恶中的凛然自持，有不下一百个绘声绘色的故事在民间传颂。其中的一些好似经典喜剧，有这么一则故事，说有一位新来的秘书，他对于尚未谙熟的职责颇感紧张，在从国王手中接过刚刚写好的羊皮信纸，接着要用沙来打磨时，竟错拿起墨水瓶倒了一纸。他吓得瑟缩成团，满以为会触怒龙颜，却只听到了国王温和的声音："那是墨水，这才是沙。"还有一些故事像是感伤的逸闻，它们描绘了国王对于长子和继承人堂卡洛斯[3]经年累月的忍耐，这位王子的乖戾当时正因为神志不清而日渐加重。在腓力

---

[1] 发生于 1525 年 2 月 24 日，是漫长的意大利战争中的决定性战役之一。帝国军队在此战中重创法军，法王弗朗索瓦一世沦为查理五世的阶下囚，被迫签订《马德里条约》。
[2] 古希腊著名哲学学派，核心学说认为"顺应自然"或"顺应理性"是人的美德，人应该学会接受"命运"这种普遍法则。
[3] 身为长子的堂卡洛斯（Don Carlos, Prince of Asturias, 1545—1568）本来是王位的法定继承人，但他最终因疯癫早逝，王位由他的弟弟虔诚的腓力（Philip the Pious）继承，史称腓力三世。弗雷德里希·席勒曾以他为主人公，创作同名历史悲剧《堂卡洛斯》。

驾崩后的十年里，还有许许多多类似的故事流传开来。很自然地，那些对他心怀同情的编年史家能够从中撷取一些合适的片段，来彰显他如何在生命中最为失落的时刻仍旧保持钢铁一般的自控力。

经过高妙的打磨，神父法米亚诺·斯特拉达写作的道德寓言展现出了最为精致的文学技艺。在他的故事里，当一位从桑坦德赶来的信使（兴许就是战场总指挥博瓦迪利亚？）带着这场浩劫的信息抵达埃斯科里亚尔修道院时，国王还依然怀着无敌舰队高奏凯歌的信念。王室秘书莫拉和伊迪亚克兹全都惊慌失色，二人相互推诿，希望由对方前去呈报这可怕的消息。最后莫拉走进了国王的内室，国王放下笔，看着他的秘书走近，莫拉期期艾艾地将无敌舰队的坏消息陈述了一番，便把信使推上前来。国王听取了这个令人沮丧的故事，神色始终如常，末了他开口道："我要感谢上帝，蒙他伸手襄助，我还能选择在任何时刻派遣一支与我们的败军一样庞大的舰队出海。溪流会偶有阻塞，但只要源头畅流不息，就还无甚大碍。"没有一声叹息，脸上也没有半点异色，国王拾起了笔，开始继续写信。

可是斯特拉达终究是地地道道的罗马人，事实上，即使是西班牙人口中说出的最精妙的言辞，也不会如此华美造作，它们听起来要更加低沉如铁、铿锵作响。或许这就是为什么从17世纪晚期以来，西班牙的历史学家更加偏爱另外一个不同的版本。这个故事里也有烘云托月的过程，受到惊吓的秘书、平静工作的国王、信使带来的残酷消息，所有这些别无二致，但是在重新提笔之前，国王只是简单地说道："我派出自己的舰队，是为了与人战斗，而不是为了迎战来自上帝的风浪。"

当然，这些故事没有一个可能是真的。腓力根本没有机会展现他那面对不虞之患时闻名于世的坚毅风采，因为无敌舰队战败的全过程是一点一滴缓慢地为他所知的。在公爵回到桑坦德之前，腓力不仅已经读过梅迪纳·西多尼亚写于8月21日的来信和随信附上的日记，而且听过巴尔塔扎·德·祖尼加令人沮丧的报告。他从帕尔马那里听说了水陆两军会合的失败，后来又获悉了从爱尔兰海岸传来的种种沉船流言。此外，我们很难相信腓力会如此突然地责怪起上帝安排的风浪，因为他派这支舰队出海正是为了做神的仆人，特别是他还从梅迪纳·西多尼亚的日记里获悉，截至

8月21日，无敌舰队一直在天气上占尽优势。

尽管肉身凡胎的承荷能力是有限度的，人们大可相信，当坏消息来临时，腓力依旧保持了尊严和坚毅。那年秋天，腓力生了一场大病，而且在各国外交使团看来，焦急和失望即使不是病因，也至少加剧了病情的严重程度。罗马教廷的新使节认为，国王的眼睛之所以红肿，既是因为读书，也是流泪的结果，饶是如此，却没有人亲眼见过腓力伤心落泪。另一些人提到，过去十个月内发生的事情让国王看上去老了好几岁。就是从1588年开始，他的皮肤奇怪地猝然间苍白起来，松垂地耷拉在了双颊之上。他那丛白色髭须失去了最后一抹金色，蓄得更长了，在某些肖像画里，竟不知为何好似忘了打理一般。1588年以后，国王更少出门，能与之晤面的人越来越少，愈来愈多的时间被他花在了离群索居和阅读研究之中。

不过，倘若腓力已经体悟到命运的打击，而且公开显露出自己的感受的话，他却并没有被命运击垮。几乎刚一得知己方的损失程度，他就立刻向各国大使保证，他将打造一支更加强大的舰队，哪怕要为此熔化自己餐桌上的每一只盘子，要熔化埃斯科里亚尔修道院的每一盏银烛台，也在所不惜。事情自然到不了那种地步，不过单单只有美洲运来的金块银块的确不够，看起来卡斯蒂尔的橱柜要被掏空了，此外还要与热那亚银行家订立新的协议。在与一些船长有过交谈后，腓力愈加清楚地看到，仅仅租用船舶是不够的。若要得到首屈一指的头等战舰，就不得不自己来造。为此，他必须扩大西班牙的火炮制造业。征兵、制炮、造船、筹资，国王的笔在一刻不停地游走，赶在新年到来之前，所有处置方案都已草拟完毕，虽然这些事项一如西班牙的惯常情况那样进展缓慢，大量虚耗的时间在等待弥补，许多疏漏还在等待补救，以至于很少有人相信腓力念想中的新舰队能在春天建成，但是从来没有人怀疑腓力的蓝图终究会如愿实现。

与此同时，腓力也要面对既成的事实。他迈出了第一步，10月13日这天，他向西班牙各地的主教们发出信函。在信中，他简要地向各位主教告知了他们实际上早已得知的消息，并提醒他们注意海战固有的不确定性，他继续写道："我们必须为上帝乐意为之的一切向他献上礼赞。现在我要感谢神，为了他已然昭示的垂怜。那些暴风雨本来可能为无敌舰队招致更加不堪的厄运,但最后并没有雪上加霜,这务必应归功于为了此行圆满成功而献上的祷祝,多亏诸位的祈祷曾经如此虔诚和不懈。"他也彬彬有礼地告诉各位主教,祈祷或许可以结束了。不大可能再有船只回到故土。日后西班牙将无敌舰队的战败归因于来自上帝的风,这种做法最早便源于此时。

我们可以非常容易地看出为何英国人、荷兰人同样持有类似的解释。在一枚伊丽莎白女王颁授的庆祝击败无敌舰队的纪念章上,刻有这样的文字:"上帝吐纳风雨,他们因之溃散。"一枚荷兰打造的纪念章上也记录了相近的情感,那些饱学的诗人们则不吝辞藻,用拉丁语诗篇来庆祝童贞女王的王位得以保全,歌颂新教信仰得以胜利守护,他们忙于礼赞神灵的显圣,对于上帝以其格外恩赐的风暴让数千西班牙人溺毙誉不绝口,竟全然没有工夫略微提及英国舰队的殊勋。

实情当然与此不同,在西班牙人因天气不利而蒙难之前,性能更为上乘的船舶和火炮早已决出了战斗的胜负,即使是在爱尔兰附近蒙受的损失,其祸根也更多埋在德雷克身上,他在圣文森特角一把火烧掉木板条的所作所为要比暴风雨更加致命,但是敌军的毁灭越是能够被视作上帝在直接插手,自然就越能彰显上帝垂青新教,如此一来众人的共同事业也就像宣称的那样,真的成了上帝自身的伟业。故而,大风暴摧毁了西班牙无敌舰队的传说也就和其他捏造的故事一样成了源远流长的神话,这些故事还包括野蛮的爱尔兰人大开杀戒、巨大的西班牙舰船令英格兰船只相形见绌、怯懦的西班牙指挥官躲进船舱内一处专门建造的避难所中畏葸不出,以及受到侮辱的炮手在炸掉一艘盖伦帆船后跃入大海,不胜枚举。

奇怪之处还在于,所有这类传说在西班牙就像在英格兰一样广为流传,甚至连涉及梅迪纳·西多尼亚的那个故事也概莫能外,据说公爵"为了安全起见,下榻在旗舰的最底层",这位《理查德·雷恩卧室遗存……函札抄录》的作者完全向壁虚构了一番莫须有的情节来嘲讽他的本国同胞。至于涉及英国战船体型渺小、无法与搭载西班牙人的庞然大物相提并论的故事,始作俑者一定是那些通晓文墨的旱鸭子,他们也许当时正在怀特岛观战,于是错把英军的一群轻帆船与对方硕大却笨拙的乌尔卡船拿来比较,而没有注意到战舰。乍看上去，最难以理解的还是西班牙人为何愿意接受有关风暴的神话。英国人自然会欢迎这样的解释，他们又有了一项实物证据表明上帝与自己同在，可是为什么西班牙人要接受这种上帝与之对立的观点，证明他们劳而无功的舰队不是在与人交手，而是在与神指使的狂风骇浪拼死相搏呢？只要稍作细想，此间的奥妙也不难领会。败于上帝之手永远要比败于凡人之手更容易让人接受，犹太－基督教传统提供了丰富的资源来解释上帝那些表面上反常的举动。这一回上帝安排他们承受失败，既不意味着西班牙人并非在为神的事业而战，也不代表神不会在最后关头为其张目。

堂博纳迪诺·德·门多萨是另一位基督教斯多葛主义道路的探索者，在他终于接受了无敌舰队战败的苦涩事实后，也以闳中肆外的雄辩和巧语向他的主公阐释了同样的道理。甚至连至为高贵的十字军战士们，哪怕是圣路易[1]本人，据他观察，也不是常胜不败的——他采用这种委婉的措辞是情有可原的。我们的罪如此纷繁深重，上帝施予的每一次天惩无不自有缘由，但是上帝惩罚那些真正爱神的人，是为了他们的好，有时是让他们在此世因此获益，有时则是在来世。也许上帝只是选择让那些为他效力的战士们今时受馁，以使他们在谦卑中习得制胜之法。看到这句话，腓力不但特意划线标注，还在页边涂写强调，以表同意。

在谦卑中习得制胜之法。是年的整个冬天，腓力都在不停挥笔，试图揭示他曾经听凭自己犯下的过错：舰队的船舶种类驳杂——下一次既要准备更好的船只，还要在形制上整齐划一；缺少长程火炮——下回出兵时，应当配备更多的长重炮和半长重炮；指挥权的割裂、协作的低效、深水港口的匮乏，甚至还有如何掌控荷兰沿岸水域的问题，不知何故，在最后这个至关紧要的问题上，帕尔马竟然不仅自己抛诸脑后，还听任其他所有人同样疏忽大意。腓力并没有得出什么出类拔萃的解决方案，但是至少他开

---

[1] 即法国卡佩王朝皇帝路易九世（Louis IX of France, 1214—1270），因对基督教无比虔诚而在中世纪美名远扬，但并不以战功闻名，曾亲自发起和参与第七、八次十字军东征。两次东征皆未取得胜利，路易在第七次东征中被俘，法国以大笔赎金将他赎回，他最终在第八次东征途中病逝于突尼斯。

始直面存在的问题,想要看清还应作何努力。此次战败造成的惊骇情绪让他从梦游一般的恍惚状态中觉醒,自从玛丽·斯图亚特辞世,他曾一直深陷于这种状态而不能自拔。在他余下的统治岁月里,他再一次变回了那位审慎之王,处处小心,乃至到了看似畏怯、迟疑,凡事都要瞻前顾后、思虑再三的地步,在无奈地把一切最终留待天意裁决之前,他往往早已把所有可能的机遇竭力挥霍一空。

这里还有另外一则听上去真实而又切合当时情景的逸闻。我们不晓得故事的发生时间,但至少也应该是1588年之后一两年的事,否则就会让人感到奇怪。那时腓力正在圣洛伦索教堂的内庭花园中徜徉,他听见一位园丁向人宣称,在为修剪南墙下的梨树付出如此繁重的心力后,上帝完全没有理由任由这应许的果实走向枯萎。腓力叫住了园丁,说出了一番语气比平日与这些修士们交谈时更为严厉的话。"尼古拉斯兄弟!尼古拉斯兄弟,留心你的话!自以为懂得上帝的意志,是对神的不敬,几乎是在亵渎神灵。这是源自骄傲的罪。甚至是国王,尼古拉斯兄弟,"他继续说道,只是语气柔和了些,"也必须恭顺地为上帝的意志所差遣,哪怕对神的意志一无所知。任何时候,他们都绝对不能妄想把神的旨意当成工具来利用。"

34

没有一丝沮丧

里士满
1589 年元旦

  那一年，女王陛下在里士满[1]度过了圣诞节。那是个天气恶劣的季节，天空中总是雨雪交加，元旦当天，一场暴风雪在伦敦周边各郡肆虐，吹倒了许多烟囱、掀开了许多屋顶，但在里士满宫的壁炉里，高高的火苗还在明亮地燃烧，那里到处充斥着各种筵席、舞会和荒谬轻浮的嬉闹，来自圣保罗童伶剧团[2]的孩子们表演了舞台剧，在一些欢快的游戏中甚至还能看见女王本人的身影，既然是元旦，最后当然少不了惯常的赠送礼品环节，礼物自然也是贵重的。考虑到伊丽莎白平日出手吝啬，今年女王赠送给海军大臣的礼物堪称奢华，西摩和其他贵族也都纷纷收到了可观的纪念品，作为对其为国效命的酬谢。伯利送给女王一只巨大的金质餐碟，上面镌刻了象征女王得胜的纪念图纹，沃里克伯爵献上了一匹精美的薄绸，上面饰有光彩照人的红宝石、钻石、珍珠和沉甸甸的黄金，霍华德同样送上一匹绸缎，虽然没有沃里克伯爵的礼物那么造价不菲，但也庶几与他从女王那里收到的镶银餐盘价值相垺。
  这些庆典看似寻常，却很难不让人注意到宫廷正在悄然发生的变化。伊丽莎白一直习惯性地以为她的表兄、宫务大臣汉斯顿勋爵并不比自己年长许多，可是这位大人却好像突然间已经变得腿脚僵硬、华发满头。她的财务总管詹姆斯·克罗夫特爵士只比汉斯顿略微大上几岁，看上去却已老

---

[1] 里士满（Richmond），位于今英格兰北部北约克郡。
[2] 圣保罗童伶剧团（Children of Paul's）是伊丽莎白一世和詹姆斯一世时期伦敦著名的男童剧团，最初是由圣保罗大教堂的男童唱诗班发展而来的，因此得名。

态龙钟。让他倏然间老去的也许是关于其叛国的谣传,那些窃窃私语自打他从佛兰德归国后便散播开来;又或者是因为他在面对帕尔马时的糊涂失策,让人们格外注意到了其日益老迈的年岁。克罗夫特的敌人沃尔辛厄姆也一样看上去苍老了许多,虽然他事实上还算年轻,并不比女王更加年长。玛丽·斯图亚特的命运悬而未决时导致他卧病在床的顽疾,毕竟并不只是出于策略考虑而进行的表演。伯利很少再熬夜了;什么时候身上的痛风能放他一马,允许他在议事桌上安稳地工作一个早上,他就要感天谢地了。年事渐高、疾病缠身以及死亡还让其他一些我们熟悉的官阶出现了缺员。最难以让人忽视的那个空缺职位曾经长期由一位自信满满的高个子男人占据,他日后体态发福,脸盘越发红润,髭须愈加泛白,但是仍然凭着华贵的丰姿,当之无愧地在这场由女王担任明星的好戏中充当年轻的男主角。9月初,在前往巴克斯顿[1]疗养的路上,莱斯特伯爵还给女王写了一封短信,字里行间洋溢着兴高采烈的问候,诉说了温情款款的牵挂。可是几天后伊丽莎白便得知了他的死讯。[2] 在他的便笺上,伊丽莎白执笔写下"他的最后一封信"几个字,随后将之收藏了起来。如果伊丽莎白·都铎曾经爱过一个男人,他就是罗伯特·达德利。如果她曾经在里士满的新年庆典这天思念过某一张面孔,那便是他的容颜。

  伊丽莎白一生忠于老友故旧。身为一位因善变无常而恶名昭彰的女王,她却极少更换自己的仆人。不过新的面孔也会令她感到兴奋,填补这些官缺的正是一群新人。例如,她那英俊而年轻的掌马官埃塞克斯伯爵。此时此刻,他正和沃尔特·雷利怒目相向,两人俨如彼此敌对的校园男童,伯爵的举止可谓愚蠢,这分明是在提醒大家注意他有多么少不更事。但在经过适当指点后,他也许会适应宫廷中复杂的芭蕾舞蹈,学会优雅而坚定地踏准难以把握的节拍,一如他的继父莱斯特曾经擅长的那样,或许到那会

---

[1] 巴克斯顿(Buxton),英格兰中部德比郡的小城,是著名的温泉疗养地,也是繁荣的贸易集镇。
[2] 健康欠佳的莱斯特伯爵罗伯特·达德利当时正前去巴克斯顿的温泉疗养,1588年9月4日,在途经牛津附近的查尔伯里公园(Cornbury Park)时溘然辞世,现代历史学家认为他的死因可能是疟疾或胃癌。

儿他便能够及时填补莱斯特的角色了。一位芭蕾舞首席女明星需要有一只手时不时从旁提供依靠，即使只是那么轻轻的一靠。

至于伊丽莎白，无论有谁因为年岁、健康和精力问题掉队，她本人都绝无此意。在这支新的舞蹈中，她已经作为领舞者跳出了前几步，而且发现自己依然能够像领导老臣们那样统领好新人。上年9月7日，伊丽莎白度过了自己的五秩晋五华诞，可是她感觉自己几乎仍然和早先一样年富力强。至少她还能跟上年轻人的步伐，只要尚有一口气在，她就还能继续有所作为。大约12年后，在女王67岁时，她还告诉对自己安排的一次长途巡行喃喃抱怨的廷臣们，"让老人们留在后面好了，年轻人、能干的人跟我来"。

第二年夏天的战役计划已经在圣诞节前准备妥当，这是一份为年轻和能扛得住的人准备的计划，是为赞成大胆进攻的富有冒险精神的年轻人和久经沙场的职业军人准备的计划。德雷克将出任本次作战的舰队指挥官。而霍华德则或许因为过于谨小慎微而未获委任。"黑杰克"诺里斯将指挥陆军，他和德雷克负责的这场战斗完全不亚于一场针对葡萄牙的全面入侵，里斯本乃是战役的主要目标。葡萄牙王位的竞争者克拉图的堂安东尼奥也将和他们同行，对于他一再作出的保证——一旦他登上葡萄牙的土地，忠顺的国民将会万众一心、揭竿而起，把西班牙侵略者逐出国境——终于能有机会一验真伪了。运气好的话，此次远征会在腓力国王的门前台阶上触发一场战争，这将迫使腓力一心忙于自家门前的事务，从而无暇为祸海外。

这就是女王的心愿。针对无敌舰队的战前准备、敌人来到之前的漫长等待，尤其是西班牙人逃离格拉沃利讷后水陆两军仍在维系的动员工作，所有这些实在耗资巨万。除了召开新一届议会外将别无选择，但由于从更为明智的角度考虑，在上一届议会的最后一笔拨款得以筹措之前，最好不要加征任何新的拨款，会议的开幕又因此延迟到2月举行。如果伊丽莎白了解下院议员，她应该知道，他们并不像急于开战一样急于为这场战斗掏钱，除非德雷克、诺里斯和堂安东尼奥就在梅迪纳·西多尼亚、帕尔马与威廉·艾伦失败的地方获得成功，否则无论新一届议会投票得出何种结果，这次筹款都将只是一系列筹款中的第一次而已。而腓力是一个顽固的人，这一战谅必会延续多年。

伊丽莎白从来不曾深陷于毫无意义的悔恨之中；假如这场战斗确乎旷日持久，伊丽莎白的慎思告诉她情况很可能就是这样，那么她必须学会最大限度地利用战争的价值。过去的日子里，她曾偶或谋求和平，以便获得和发动战争别无二致的效果。放眼未来，她又有必要谋求战争，以便获得与求取和平完全相同的结果。只要英国的土地没有燃起战火，税负还不至于吞噬人们的家业，就算这座岛屿时刻严阵以待，这儿的生活也依然要比法国或者尼德兰更加安详。对于伊丽莎白一世而言，维持现状永远比赢得胜利更加重要。

这并不是说她不喜欢胜利。自从造访提尔伯利以后，她感到自己与民众比以前更加亲近了。现在，他们把孩子扛在肩膀上，步行数英里，又耐心等上几个钟头，只是为了一瞻女王的天颜，那时伊丽莎白可能只是为了动身前去捕猎，或是在火炬的照耀下影影绰绰地从一处宫殿启程迁往另一处。当她出门的时候，辕马和坐轿总是被围得水泄不通，仪仗队几乎无法从人山人海中探出前路，空气里也一直漫天回响着高喊的祝福和爱慕。在登基30周年纪念日过后的那个星期天，她曾以凯旋的仪态前往圣保罗大教堂，一路上穿过的每一条街无不因为触目皆是的旗帜和花环而光彩熠熠，无不聚集着跪地欢呼的人民，这简直是她的第二次加冕礼，而且比第一次更加令人心满意足，正如一份承诺在兑现时总会比在立誓时更加称心如意一样。如果说她曾经怀疑过自己是否有能力在战时统御英国，这种疑虑如今已经在她的心中云开雾散。

结　语

纽约

1959 年元旦

　　历史学家们同意，无敌舰队的战败具有决定性意义，事实上，这也是世界范围内的一场决定性战役，但是提及这场战役究竟决定了什么，各方的观点就言人人殊了。它肯定不曾最终决定英格兰和西班牙的战局走向。虽然不久以后德雷克的进攻没有遭到任何敌方舰队的反击，诺里斯仅仅受到当地防卫力量的阻挠，英国人在 1589 年实施的葡萄牙作战行动却招致毁灭性的失败，与西班牙 1588 年吞下的败果几乎同样苦涩。两国之间的战斗又因此拖延了近乎 14 年，并伴随着女王的寿数一起告终，而最后的战况至多不过是平分秋色罢了。一些史家声称，无敌舰队的战败"标志着西班牙殖民帝国的衰落和大不列颠的崛起"。很难看出他们缘何持有这种观点。到 1603 年为止，西班牙还没有将任何一处海外前哨拱手让与英国人，反倒是弗吉尼亚的英国殖民地建设由于战争受到了拖延。无敌舰队一役也没有"把西班牙对海洋的掌控转交给英格兰"。英国在大西洋上的海军战力从来便强过卡斯蒂尔和葡萄牙的总和，这种优势得以一路延续下来，但到了 1588 年以后反倒有所削弱。无敌舰队的落败与其认为是西班牙海军的末日，倒不如说是其重生的开始。英国人可以劫掠西班牙的海岸，但没有能力进行封锁。德雷克和霍金斯梦想通过截断腓力从新世界获得的收入来迫使他屈膝投降，然而与西班牙历史上的任何连续 15 年相比，1588 年到 1603 年间，从美洲押解至西班牙的财宝都要更多。在伊丽莎白一朝的双边战事中，哪一方都没有完全掌控过远方的重洋。

　　有时人们会认为，击败无敌舰队唤起了一种勃然奋励的乐观主义情绪，这塑造了伊丽莎白时代的性情,促成了文学天才的伟大迸发,为伊丽莎白最后15年的统治打上了鲜明的烙印。"尽管全世界都是我们的敌人,向我们三面进攻,我们也可以击退他们。"[1] 莎翁戏剧《约翰王》中的这句名言经常作为论断的例证得到引用。尽管如此,论断的第一部分还是遭到过质疑,即使是那些认可这句名言、认为它毫无疑问刻画了所处时代全体人民的心境和性情的人,也很难证明,同样在英格兰,"勃然奋励的乐观主义情绪"在1588年后的15年中要比此前的15年更为风行。论断的第二部分,有关无敌舰队战败和伊丽莎白时代戏剧繁荣之间存在因果关系的指认,则有些难以反驳;然而除非采用"后此即由此"[2]的诡辩方法,否则想要证明它会比驳斥它还要更难。在英格兰,我们无法找到任何有关无敌舰队一役与文学作品之间存在联系的明确证据,而西班牙却有一个。根据那个广泛接受的故事,一位从勒班陀归来的西班牙伤残老兵、小有名气的诗人,在无敌舰队从里斯本起航前手忙脚乱的那几个礼拜里,因为把手中负责的无敌舰队的募资账目搞成一团乱麻——没人说得清他是否有意欺君罔上——而被适时送入监狱,直至最后有人理清了他的账簿才得以重见天日。在被迫赋闲的这段日子里,他终于有了时间开始写作《堂吉诃德》。可是这件事又或许只是证明了战败与获胜一样有助于激励天才,毕竟能够支撑这一论点的历史论据可谓数见不鲜。再或者,其实无论无敌舰队起航与否,塞万提斯和莎士比亚都会写出他们本来就应当写出的杰作。

过去的历史学家,譬如弗劳德[3]和莫特利[4]、兰克[5]和米什莱[6],都认为

---

[1] 出自莎士比亚《约翰王》第五幕第七场,此为朱生豪先生译文。
[2] post hoc, propter hoc,是一句描述逻辑谬误的拉丁谚语。
[3] 见引言注释。
[4] 约翰·罗斯洛普·莫特利(John Lothrop Motley, 1814—1877),美国历史学家、作家、外交家,著有《荷兰共和国的崛起》(*The Rise of the Dutch Republic*)、《尼德兰联邦》(*The United Netherlands*)。
[5] 利奥波德·冯·兰克(Leopold von ranke, 1795—1886):对近代史学影响深远的德国历史学家,极其重视原始史料的考辨,认为历史写作的目的是还原客观史实,历史学可以被视为科学,以其为代表的兰克学派被称为历史研究的科学学派,著有《拉丁与条顿民族史》(*Geschichte der romanischen und germanischen Völker von 1494 bis 1514*)等。
[6] 儒勒·米什莱(Jules Michelet, 1798—1874),有重要影响的法国历史学家,首先使用和定义了"文艺复兴"的概念,著有《法国史》(*Histoire de France*)等。

无敌舰队的战败决定了反宗教改革运动无法赢得整个欧洲，这种观点更胜一筹。或许梅迪纳·西多尼亚对于如何赢下这场海战自感一筹莫展，可是霍华德无疑很有可能输掉这场对决。设若霍华德落败，帕尔马的大军也许就有办法渡海进军英格兰。假使帕尔马成功登陆，按照事先计划先取罗切斯特，而后进抵伦敦，并且能在泰晤士河畔得到奏凯的西班牙舰队的援助，英格兰乃至欧洲大陆的历史进程兴许就会走上与现在有所不同的诸多歧路中的一条。纵使帕尔马没能征服英格兰，或是没能废黜英国女王，西班牙人的有限胜利亦将有可能对新教事业造成严重乃至致命的打击。

不过，更有可能发生的情况却是，就算西班牙人攫取了海战的胜利，当和平最终降临时，欧洲的景象也不会与现在偏差太远。腓力和他的军事顾问们朝思暮想，渴望组建一支伟大的十字军，将异端彻底清扫一空，从而在基督教世界建立西班牙国王统御下的、由天主教支配的太平寰宇。而令德雷克及其清教同仁魂牵梦萦的，则是要将新教革命的果实散播到全欧洲，直至将敌基督从他的王位上狠狠推翻。两种梦想同样脱离现实。不管是天主教抑或新教，两大联盟都既缺乏必要的团结，又无法补充必需的军力。理念体系固然常常在传播时自我设限，却比人乃至国家更难以扼杀。在所有战争中，十字军式的圣战、为反对一种理念体系而发动的全面战争，最难企及胜果。其本质已然决定了，西班牙和英格兰之间的双边战争很可能无关全局，又由于人们的天性，甚至连这场战争留下的实际教训亦可谓无甚裨益。欧洲的大部分地区还将涉足另外一场战争，一场长达三十年的鏖战[1]，在此之后人们才终于认定，原来发动十字军圣战在解决观念的分歧上收效甚微，原来两派甚至更加繁多的理念体系可以并肩共存，而无须你死我亡、不共戴天。

然而在另一重意义上，西班牙无敌舰队的战败又确乎是一件关键的大事。只是其中关键的意义之于交战双方而言，却不如对旁观者那么显豁。

---

[1] 即著名的三十年战争（1618—1648），这场几乎涉及当时欧洲所有主要国家的混战被称为最后一场宗教战争，战争末期签署的《威斯特伐利亚和约》重申了1555年《奥格斯堡和约》中确立的天主教与新教平等共处、教随国定等基本原则，从此以后宗教原因便退出了欧洲的战争舞台。

在两边的行家里手看来，格拉沃利讷的战果之所以令人称奇，主要是因为无敌舰队竟然依旧表现出色，丝毫不逊于先前。但是在陆上的英国和西班牙同胞并不能确定胜利的天平会向哪一方倾斜，至于两国之外的人民，就更加难以预测战争的最终结果了。法国、德意志和意大利一度只看见西班牙这位巨人迈步向前，从胜利走向胜利。命运、日益显现的神意、未来的潮流，似乎全然处在西班牙这一边，身为天主教徒的法国人、德意志人和意大利人都认为西班牙已经明白无误地被拣选为神之教会的捍卫者，并为此喜逐颜开，虽然这与他们看待西班牙支配俗世的态度大相径庭，与此同时，各地的新教徒则相应地感到惊恐万分、灰心丧气。当西班牙无敌舰队不远千里去往对方的领地，挑战英吉利海峡自古以来的主人时，即将发生的这场龙争虎斗便俨如一场上帝的审判，人们素来对于此类决斗心怀期望，相信上帝自会庇佑正义的一方。这个重大的时刻更因为预言该年充斥刀兵之劫的凶兆而更显庄严肃穆，那些预言是如此古老而又广为接受，甚至连最开明、最具有怀疑精神的人士也不能完全视若无睹。故而，当两支舰队终于赶赴约定的战场时，全欧洲都在屏息谛视。

在双方观察者的眼中，战争的结果还因为一场非凡的暴风雨而越发具有了确凿的决定性意义，每个人对此都坚信不疑。法兰西和尼德兰、德意志和斯堪的纳维亚各国的新教徒都怀着慰藉看到上帝正如他们一直认为的那样，千真万确地站在自己这一方。法国、意大利和德意志的天主教徒也几乎得到了相同的宽慰，归根结底，这至少证明了西班牙并不是上帝钦定的捍卫者。从那一刻起，西班牙的优势固然又维持了不止一代人，可是她的威望已然从顶峰滑落。特别是法国，自从亨利三世在布洛瓦用武力夺回权力后，便开始回归制衡奥地利家族的过往角色，只要欧洲的自由还在受到哈布斯堡家族的威胁，她就是这自由的首要保证人。可是如果没有英国在格拉沃利讷的胜利，如果这胜利没有因为来自爱尔兰的消息得以最终确认，亨利三世或许绝无可能鼓起勇气，挣脱神圣同盟的重轭，那样的话，此后的欧洲历史就可能彻底不同。

所以，尽管日后又发生了一系列漫长而非决定性的战斗，西班牙无敌舰队的战败却的的确确具有决定性意义。它决定了已经没有人能够仰仗武力，重新在中世纪基督教世界的众多继承者身上强加宗教的统一，假如有人以身犯险，也无非只会证明如今的事态乃是诸种可能的结果中最有可能的一种，若问何以见得，也许这正是每一场我们称之为具有决定性意义的战争所揭示的全部。至于帕尔马是否有能力为西班牙重新征服荷兰和泽兰，就像他曾经克复南方诸省那样，我们永远不能知晓答案了。1588年后他与机会彻底失之交臂；他本已薄弱的兵力又被大量抽调，以协助神圣同盟在与纳瓦拉的亨利的对垒中求得自保。经此一役，领土国家这种未来将会塑造现代欧洲的新型国家形式也已经开始呼之欲出，最终它将被冠以"民族"国家之名。1588年以后的每一个主要国家现在不仅获得了自由，而且与日俱增地感受到了这种自由，各国将会孕育出自己内部的独特潜能，而无须再对任何从外部强加于己身的信仰体系唯命是从。由于欧洲的列强此时还不够强大，而且在接下来的数世纪中仍然没有强大到彼此之间可以造成难以挽回的伤害，那么如何让各国拥有秉持不同立场的自由，同时却又不致落入彻底的毁灭，这个问题大可以留待祸患显露的那个世纪再做应对。

在此期间，随着无敌舰队的插曲渐渐淡入往昔的时光，它却在以另一种方式影响历史。有关它的故事覆上了一层金色的烟霭，在被这层烟霭放大和扭曲后，变成了一则散发着英雄气息的寓言，意在推崇保卫自由、抵抗暴政的壮举，它化作了一段永恒的神话，讲述了以弱胜强、大卫击败歌利亚的故事。它令身陷黑暗时光的人们重拾风云之志，引领他们彼此砥砺："当年之勇，岂言不复？"就其今日的影响来看，击败西班牙无敌舰队的传说已然变得与真实的历史事件同等重要，甚或更加重要。

文献通释

档案和馆藏抄本

英格兰：

Public Record Office（下文简称 P. R. O.）的藏品中既包括已由 Bruce、Laughton 和 Corbett（见下文）公开出版的文书原件，也有涉及本土防务但尚未公布的其他文献。

British Museum（B. M.）。除了 Yelverton MSS. 和其他 1945 年以后获得的藏品，一些旧的馆藏仍然能够提供有用的信息。（参见下文各章附注。）

除了两封有关玛丽·斯图亚特之死和同一时间发生的其他事件的"时事通讯"外，牛津的 Bodleian Library（Bod.）还藏有一份尚未公布的《西班牙无敌舰队若干事项评论》，作者是 James P. R. Lyell，并附有西班牙文书的大量抄本，其中一些来自平时难以见到的私人收藏。就我所能检视的范围来看，这些抄本的真实性足以得到肯定。哈佛大学藏有一份 Lyell 的《评论》的打印副本。

西班牙：

Archivo General de Simancas（Sim.），不但包括许多与无敌舰队一役中海陆两军直接相关的信息的文件——多数已经公布——还囊括了大量这些年间的外交和行政方面的文书，尤其是 Alexander Farnese 和 Bernardino de Mendoza 与他人往来的书信，还尚未全部公布，没怎么被使用过。在马德里的主要馆藏中，我倒是没能进一步发现任何与无敌舰队一役有关但未曾公布的重要文件。

法国：

巴黎的三处主要公共馆藏均颇有裨益。Archives Nationales（Arch. Nat.）有 Mendoza 通信的微缩胶卷，还有种类纷繁的各色文件，内容涉及神圣同盟和三亨利之战。Ministère des Affaires Etrangères（Aff. Et.）藏有来自伦敦、罗马和海牙的报告。在 Bibliothèque Nationale（Bib. Nat. Mss.）所藏的抄本中，Longlée 寄自西班牙的急件已经充分披露，此外我先是发现了由 Bellièvre 和 Châteauneuf 寄自英格兰、由 Pisany 寄自罗马的信函，它们对 Aff. Et. 的馆藏构成了补充，继而又找到了一大捆与吉斯和街垒日相关的文书。遗憾的是，我无法查看 Châteauneuf 的其他文件，它们现在藏于私人之手。

尼德兰：

海牙的 Rijksarchief 藏有收集自阿姆斯特丹和泽兰海军部的丰富文件，各省档案馆的藏品中也有可作额外补充的材料，数量之多已经超出了我所能使用的范围。

意大利：

在所有主要国立档案馆中均能发现相关史料。热那亚、米兰、那不勒斯和巴勒莫的文件大多与地中海的防务、征兵和物资供应等主题相关，但必定没有超出本书触及的范围。Archivio di Stato di Venezia（Ven.）的馆藏中涉及政治观察方面的文献数量丰赡。由于绝非自愿地向无敌舰队借出了一艘盖伦帆船，托斯卡纳大公一直对战役的进展抱有强烈的兴趣，其后继者同样怀有不亚于大公本人的兴趣。围绕西班牙的海军事务，Archivio di Stato di Firenze（Flor.）的馆藏中有品类多样的报告和叙述性文书，其中大多数从未有人使用过。

Vatican Archives（Vat.）反倒是新史料的主要来源地。相较于同时代的其他统治者，教皇 Sixtus V 掌握的报告采自欧洲的各个角落，在种类的丰富和内容的翔实方面也许都要更胜一筹。对于同为辖下之马的西班牙国王，教皇始终在用殊为锐利的眼神打量这位伙伴在英格兰计划上的处境。

既然关于这个题目的全部有用文件都囊括在 Lettere delle Nunziature 之中，我便在引用时仅仅注明了各节或各卷的编号，如 Spagna, 34。

已出版文献

与这项研究有关并且业已完整出版的外交书信集包括 Dèpeches diplomatiques de M. De Longlèe, Rèsident de France en Espagne (1582–1590), ed. A. Mousset (1912); Nègociations diplomatiques de la France avec la Toscane, ed. G. Canestrini and A. Desjardins, Vol. IV (1872); Relations politiques de la France et de l'Espagne avec l'Ecosse, ed. A. Teulet, Vols. IV and V (1862), 最后这一本经过了带有一定主观色彩的筛选。Calendar of State Papers, Foreign, XXI (4 parts) and XXII 给出了完整而可资利用的材料摘要，多数内容只是经过轻微的缩写，涉及的对象则涵盖了 Public Record Office 中范围相关的所有文件。Calendar of State Papers, Venetian 从威尼斯的存世档案中精妙地撷取了相关的历史文件，Calender of State Papers, Spanish, Elizabeth, Vol. IV (1899) 同样对 Simancas 总档案馆的文件进行了相似的处理，唯独在可靠性上略有欠缺。

就已出版的有关无敌舰队一役的海军文献来看，在英格兰方面，目光敏锐的 J. K. Laughton 带来了 State papers relating to the defeat of the Spanish Armada, 2 vols. (Navy Records Society, 1895); J. S. Corbett 有 The Spanish War, 1585–1587 (Navy Records Society, 1898) 存世；在西班牙方面，C. Fernández Duro 著有 La Armada Invencible, 2 vols. (Madrid, 1885, 下文简称 F. D.), E. Herrera Oria 也有同名著作 La Armada Invencible (Valladolid, 1929, 下文简称 H. O.)。在 Vol. IV of The Naval Miscellany (Navy Records Society, 1952) 中，G. P. B. Naish 从位于格林威治的 National Maritime Museum 中辑录出一部有关西班牙一方的小型文献集，又从 British Museum 中的 MS. 中将 Ubaldini 的二手叙述资料翻译了过来，无论对于西班牙抑或英国的已出版文献，这些都是有益的补阙之功。Duke of Maura 已将 Medina Sidonia 公爵家族档案中迄今未获使用的文件公开付梓，并附

有相关说明,这为后人研究 Medina Sidonia 与 Philip II 之间的关系提供了新的视角,见 Gabriel Maura Gamazo, duque de Maura, *El designio de Felipe II*（Madrid, 1957）。

至于本国的防务以及无敌舰队一役在国内激起的反响,*Calendar of State Papers, Domestic*, II（1581–1590）对于 Public Record Office 中的相关文献提供了指导意见,另外 Dasent 的 *Acts of the Privy Council* 和 H. MSS. C. *Salisbury MSS*, Vol. III（1899）也都在这方面多有助益。

同时代的叙述

我看过七八十种同时代人的作品,包括小册子、单面印刷的报纸等不同种类,内容都与无敌舰队直接相关,印刷时间则在 1587 年至 1590 年之间。这已经比我知道的任何一个主题下的原始文献目录都要更加数量庞杂了,但是我毫不怀疑,只要继续寻找,一定还会有新的文献出现。当然,有的材料只是重印或翻译,但是大多数仍然包含了足以自立的相异性。其中的一些是用早先的两份乃至更多的小册子中的要点拼凑而成。另一些纯属异想天开。还有一些全然是宣传的产物。可是尽管 16 世纪的这类新闻报道的水准并不比自那以后的总体状况更高,这些小册子对我而言却并不像在 Julian Corbett 先生眼中那样大可视而不见。有时候它们携带的信息细节还可以在其他报告和战士的叙述中出现,有时候它们又详述和解释了这些报告的内容,或者从迥异的角度反映了同一起事件的不同面貌。至少这些小册子告诉了我们在时人的脑海中正在发生的是什么事,有什么事即将发生,又或者某位大人物想要让时人认为什么事正在发生。我很高兴用到这些材料,只要它们看上去确实重要,我便会在需要的时候一一加以援引。

本着同样的精神,无论什么时候,一旦发现新的材料,我都会加以利用,这里面既有以上提及的单面印刷的报纸、时事通讯和政治小册子,又有同时代编年史家和早期历史学家的著作,尤其是 William Camden 的 *Annales...regnante Elizabetha*, ed. Hearne, 3 vols.（1717）; L. Cabrera de

Córdoba 的 *Felipe II, Rey de España*（1877）；A. de Herrera 的 *Historia general*（1602）；B. Porreño 的 *Dichos y hechos del señor rey Don Felipe segundo*（Cuenca, 1628）；E. Van Meteren 的 *Histoire des Pays Bas*（La Haye, 1618）；C. Coloma 的 *Las guerras de los Estados Baxos*（1625）；F. Strada 的 *De bello Belgico*（1647）；J. A. de Thou 的 *Histoire Universelle*（Basle, 1742）。

当代权威著作

Julian Corbett 先生在 *Drake and the Tudor Navy*（1899）第二卷中有关无敌舰队一役的描写依旧堪称海军史上的经典，尽管读者在领会书中的许多篇幅时必须持有严肃的保留态度。Corbett 有些过度依赖 Ubaldini 的二手叙述（B.M. Reg. 14, A, xi，用意大利语写成；另一个译本近来被 G. P. B. Naish 辑录在 *The Naval Miscellany*, IV 之中），还倾向于把阐释时遭遇的一切繁难全都诉诸一种假设，那就是 Drake 在每一次出战时都必然有出色的表现、能够提出合理的建议，仿佛他是霍拉肖·纳尔逊和马汉的合体似的。J. A. Williamson 在 *The Age of Drake*（New York, 1938）涉及无敌舰队的章节里提出了有助于平衡 Corbett 的正确意见，在那之后，Michael Lewis 发表在 *The Mariner's Mirror*, XXVIII（1942），XXIX（1943）上的"Armada Guns"一文就双方舰队的战术提出了新的见解。对于这场英西海战的第一个阶段，我所见到的最新研究首先来自 D. W. Waters，他发表在 *The Mariner's Mirror*, XXXV（1949）上的"The Elizabethan Navy and the Armada Campaign"一文很好地利用了潮汐的效用来阐释相关问题，此外提出创见的还有 A. L. Rowse 的 *The Expansion of Elizabethan England*（London, 1955）和 Thomas Woodrooffe 的 *The Enterprise of England*（London, 1958）。

一般而言，接下来的各章注释并未专门提及某些杰作，诸如 G. B. Black 的 *The Reign of Queen Elizabeth* 以及 A. L. Rowse 有关伊丽莎白的相关研究，这并不意味着我未能从中获益，我只是假定任何需要查考注释的读者都已经对二人的成果谙熟于心，因此没有必要以罗列文献的形式来展示这些已经在历史学公共领域内证实过自身价值的名著。

饶是如此,另一些惠及本书的著作因其影响的无处不在和历久弥坚,不能不专门在此谨申谢忱。所有研习都铎时期海军历史的学生都会从 J. A. Williamson 的作品中受益良多。特别是他关于约翰·霍金斯生涯的系列研究,这在 *Hawkins of Plymouth*(New York, 1949)一书中臻于顶峰,这部著作对于本书的帮助在他的所有作品里无与伦比。

与之相似,我还多次求教于 Conyers Read 的 *Mr. Secretary Walsingham*, 3 vols.(Cambridge, Mass., 1925),并且一再从中获得启发和裨益。遗憾的是,他关于 Cecil 的第二卷传记没能及时出现,我也由此错过了从中汲取营养的机会。

在关于 Parma 领导的尼德兰战役这一研究领域,Leon van der Essen 的 *Alexandre Farnese*, 5 vols.(Brussels, 1937)可谓超越了前人之功,虽然我没有盲目照搬书中的内容,但每次与之偏离,我的心中总会难免生出一丝不安。

我对于 Philip II 的御笔书信和国事诏书的研究始于吾师 R. B. Merriman 的指导,当时他还在致力于完成 *Philip the Prudent*(New York, 1934)一书。我认为这位君主具有复杂性格的观点,即使不是全然来自于我的导师,也必然受到了他的影响,无论是他已告出版的作品,还是他与我在超过 20 年间的通信和对话,均对我深有启发。

与过去四分之一个世纪的研习都铎王朝历史的大多数学者一样,我对 Elizabeth I 以及她的性格、统治手腕和政策的看法,深刻地受到了 John Neale 先生的濡染,他的女王传记、有关 Elizabeth 一朝议会的皇皇三卷本大作,以及他对于 Elizabeth 时期财政、外交的专项研究,乃至他给予我的个人建议,均以相似的方式启发了我的思考。且借此处一并敬表的谢意代替理应出现在各章节中的叨谢,虽然下文中每一次提及女王之名,实则都不啻为一次专门的致谢。

章节附注

第1章

关于苏格兰的 Mary Stuart 遭到处决一事存在大量自称情节属实的"描述",可是撇除由 Shrewsbury 及其同僚署过名的官方报告(Bod. Ashmole 830 f. 18)以及在 R. Chantelauze 的 *Marie Stuart*(Paris, 1876)中付梓的 Bourgoing 的 *Journal*,别的材料鉴于其出处、真实性,它们彼此的关系,还有它们与两份最早出版的报道 *Mariae Stuartae...supplicium et mors*(Cologne, 1587)和 *La Mort de la Royne d'Ecosse*, n.p., n.d. [Paris? 1587?](see Jebb, *De Vita...Mariae*, Vol. II, London, 1925)之间的关系,可谓问题重重。在官方和 Bourgoing 的报告之外,人们似乎还可以至少辨识出4份可靠的目击材料,目击者们描述的多数细节相互一致,但也有一部分内容存在抵牾之处。一些存世的报道只依靠某一份材料写成,另一些则参考了多份材料。这些报道包括 Bod. Ashmole 830 f. 13;Tanner 78;B. M. Landsdowne 51 f. 46;Yelverton 31 f. 545;*Aff. Et. Corresp. Pol. Angleterre*, XXII, f. 471(Châteauneuf);XX f. 454(Bellièvre)(均在 Teulet 的 *Relations*, IV 中付梓);*Bib. Nat. MSS. Fds. Fr.* 15890 f. 27;*Vat. Francia* 21. Cf. Ellis, *Orig. Letters*, 2nd ser. III, 113 以及 M. M. Maxwell-Scott 的 *The Tragedy of Fotheringhay*, Appendices, 等等。人们也许会说,中间的两位目击者是心怀同情的新教徒,另外两位则又是天主教徒,但是他们在些许微小细节上的不符似乎与其是否持同情态度无甚干系。例如,对于 Mary 衬衣颜色的判断就众说纷纭,是"绯红"还是"深红",是"紫色"抑或"一件黑色的女士紧身上衣外加棕色的衬裙",不一而足,Mary 在有些文献中戴着"鲜红的缎带",在有些文献中又没有如此打扮。大厅中的采光无疑很差,但是这最后一位目击者想必一定患有色盲症才是。我选择了绯红，这很大程度上并不是因为与其他任何材料相比，这一份报道在时间较早的 MSS. 中出现的次数更多，而是因为假如 Mary 拥有许多条绯红的衬裙的话（我们确实知道她有），那么我认为她应该会在出现时身着这样一袭华裳。

第 2 章

如上，Châteauneuf 和 Bellièvre 寄自英格兰的信函。Mendoza 致 Philip 的邮件，28 Feb. 1587（Sim.）；Fugger 家族的时事通讯，并参见文献通释的相关内容。

第 3 章

如上。同时参见 *Calender of State Papers... Scotland*, IX, *1586–1588*（1915）；*The Warrender Papers*, I（1931）；R. S. Rait 和 A. I. Cameron 的 *King James's Secret*（1927）；*Bagot Papers*（HMSSC. IV）；N. H. Nicolas 的 *Life of William Davison*（1823），特别是附录部分。

第 4 章

Mendoza 的通信，1584–1587，Simancas；De Lamar Jensen 未出版的博士论文"Bernardino de Mendoza and the League"（Columbia University, 1957）；*Journal d'un curé liguer*, ed. Barthelemy（Paris, 1866）；Dolfin 致元老院的信函，13 Mar. 1587（Ven.）；收录在 *Cal. State Papers, Foreign, Eliz.* 中的 Stafford 的通信；P. De l'Estoile 的 *Journal du régne de Henri III*, ed. L. R. Lefèvre（1945）；G. Ascoli 的 *La Grande-Bretagne devant l'opinion française*（1927）。

第 5 章

Mendoza 致 Parma 的信函，28 Feb. 1587（Sim.）；L. Van der Essen 的 *Alexandre Farnese*；Parma 的通信，1584–1587（Sim.），特别是 Parma 写给 Philip II 的两封信，时间分别为 14 Feb. 1587 和 22 Mar. 1587；C. S. P.

F.（Holland and Flanders, 1586–1587）。

第 6 章

Mendoza 致 Olivarez 的信函，28 Feb. 1587；Olivarez 致 Philip II 的两封信，时间分别为 1587 年 3 月 25、30 日，William Allen 致 Philip II 的信函，3 月 25 日，全部收藏于 Simancas，被编入 *Cal. Span.*, IV。Olivarez 的全部通信（*Sim., Estado, Roma*, 950）在目录编订上非常欠妥，但是对于研究英国流亡者，并从多个政治层面探究入侵计划而言，仍然具有极高的参考价值。

至于英国的天主教流亡者，A. O. Meyer 的 *England and the Catholic Church under Elizabeth*（London, 1916）依然不可替代。同样重要的还有 Robert Lechat 的 *Les refugiés anglais dans le pays bas*（Louvain, 1914），虽然相较而言没有那么尽善尽美。William Allen 的多数——并非全部——信函已经在 *Letters and Memorials of William Allen*（1882）中出版，并配有 T. F. Knox 为之所作的传记介绍。对于 Parsons，可以参见 J. H. Pollen 收录在 *Cath. Rec. Soc. Misc.*, II（1905）and IV（1907）中的 "The Memoirs of Father Robert Parsons" 一文。有关 Elizabeth 一朝的英国天主教徒的专项研究数量已经很多，而且还在不断增加。我不仅浏览了这类成果，还足够幸运地用上了两份至今尚未出版的博士论文，Rev. Albert J. Loomie, S. J. 的 "Spain and the English Catholic Exiles"（Univ. Of London）和 John Edward Parish 的 "Robert Parsons, English Jesuit"（Columbia Univ.）。

位于华盛顿特区的 Folger Shakespeare Library 藏有大批信函，它们先前是属于 Sir Thomas Phillipps 的藏品，显然一度是西班牙驻罗马大使的文件，所有这些信件无不与英国天主教徒的事宜有关。现在这批文件中有许多已经不再藏于罗马或者 Simancas 了，Phillipps 个人付梓的 *De conquestu angliae per Hispanos*（Middlehill, 1869）只公布了其中字迹较为清晰的那部分。Allen 幻想英国天主教徒会揭竿而起的那段黄粱美梦直白地阐述了他写给教皇 Sixtus V 的信函原意（也许是 Sept. 1585?），这封信眼下收藏于 Folger MSS. G. b. 5。另外还可以参看收录在 *Aspects de la propagande religieuse*（Travaux d'Humanisme et Renaissance, XXVIII, 日内瓦, 1957）中的拙文，见第 325—339 页。

我十分感谢 St. Joseph's College, Brooklyn, N.Y. 的 Joseph Damien 修女，她向我提供了与罗马的英国学院以及邻近建筑有关的详细信息。

第 7 章

Mendoza 致 Philip II 的信函, 28 Feb. 1587（Sim.）。还有藏于 Simancas，落款日期为 31 Mar., 1 Apr., and 2 Apr. 的文书，这一大批突然下达的指令被派发到帝国的各个地区（*Francia, Flandes, Roma, Estados Pequeños de Italia, Guerra Antigua, Mar y Tierra...*）其中的一些已经在 Hume、Fernández Duro 和 Herrera Oria 的作品中出版。R. Altamira 的 *Felipe II, Hombre de Estado*（Mexico City, 1950）持论公平，还附有一篇很有用处的文献目录。至于 Escurial 的情况，可以参见 José de Sigüenza 的 *Fundación...de Escorial*（Madrid, 1927）; Lorenzo Niño Azcona 的 *Felipe II y la villa de Escorial*（Madrid, 1934）; Louis Bertrand 的 *Philippe II à l'Escorial*（Paris, 1929）。

第 8 章

关于本章和接下来的三章，英国的文献主要收录在 J. S. Corbett 主编的 *The Spanish War*（Navy Rec. Soc., 1897）中，此外，尽管书中需要修正的地方随处可见，Corbett 的 *Drake and the Tudor Navy* 仍然是该领域的经典作品。今天有围绕 Drake 的大量传记存世。近年来出现的作品中，我个人比较喜欢 A. E. W. Mason 的著作。在刻画 Drake 的时候，很困难的一点在于要将此人与附着在此人身上的传说分割开来。

第 9 章

想要了解英国人对突袭 Cadiz 的看法，可以参考上述文献和 *News out of the coast of Spain*（London, 1587）;"有关 Drake……去往 Cadiz 路上……的一份简述"收录在 R. Hakluyt 的 *Voyages*, IV 中; Robert Leng 在 *Camden*

Misc., V（1863）中的叙述亦有参考价值。

关于西班牙人的观点，一方面有 Fernández Duro 和 Duke of Maura 印制的文件可供采用，另一方面还有 Novara 呈递给教皇 Sixtus V 的报告（Vat. *Spagna*, 34）以及由本国大使 Alamanni 传达给 Grand Duke of Tuscany 的大批文件（Flor. *Arch. Med.*, 4919 ff. 313–333）加以补充。同样具有价值的还有与 Fernández Duro 的著作内容相似的一份报道和一张罗列西班牙损失的清单，"一份来自 Cadiz 主教的管家的信函抄录，1 May, 1587"（西班牙语），3 pp.，以及另一份名为 *Relatione sopra le cose de Drac*（意大利语）的匿名报道，5 pp.，与其他描述相比，后者的内容具有相当的独立性，它的创作人肯定是一位目击者，兴许是佛罗伦萨的某一位执政官。

不过，最具启发性的文件当属 William Borough 为 Cadiz 行动制作的图表，现藏于 Public Record Office（S. P. 12 Eliz. 202 f. 20），但是此图应当在原有的尺寸下进行研究，也即 $17\frac{1}{2} \times 13\frac{1}{2}$ 英寸。像是 Corbett 的 *Drake*, II 中那种尺寸的插图就完全没有用处。除了其他方面的价值，这幅图确认了加莱桨帆船的数量，它提供的数字与来自 Cadiz 的描述完全一致。

理论上，加莱桨帆船能够在船首炮的位置上装载完全尺寸的长重炮（18 到 24 磅），一直到 18 世纪，在地中海的海战中，加莱桨帆船都是这么配置的，但是我从未看到任何记录可以证明 Philip II 的加莱桨帆船搭载了比半长重炮（9 磅）更大的火炮，远为常见的其实是猎隼炮（6 磅）。我倾向于认为这就是 Acuña 的加莱桨帆船携带的火炮。这大抵是一个稳当而且合乎情理的假设。

第 10 章

如上，此外又一次需要采用藏于佛罗伦萨档案馆的时事通讯。

第 11 章

如上，主要采自 Corbett 的 *The Spanish War*。

第 12 章

参见 Van der Essen 的 *Farnese*，连同援引的注释，特别是 Strada and C. S. P. F., XXXI。同样参见 Capt. Alonso Vasquez 的 "Los sucesos de Flandes"，收于 C. D. I. E., Vol. 75。在藏于 Simancas 的 Parma 的书信中，有一封关于 "Juan Visaguerde flamenco" 的报告，匿名写成，未曾注明日期，但归在 1591 年 6 月末的卷宗里，有一些国内的证据可以证明其大致时间。帕尔马写于 1587 年 7 月的多封信函里包含军事部署上的细节，Colonel Groenevelt 的报告 "De ce qui s'est passé durant le siège de l'Ecluse" 同样如此，收入 Yelverton MSS., XIV f. 502 ff.。Roger Williams 的信函现藏于 Public Record Office，在 C. S. P. F., XXXI 中有非常完整的记录。

第 13 章

政治背景方面，参见上文第四章的注释以及 Joseph de Croze 的 *Les Guises, les Valois et Philippe II*, 2 vols.（1866）；Comte Henri de L'Epinois 的 *La Ligue et les Papes*（1886）；V. de Chalambert 的 *Histoire de la Ligue*（1898）；M. Wilkinson 的 *A History of the League*（Glasgow, 1929）；Van der Essen 的 *A. Farnese*, III, 236 ff.。Jensen 的 *Mendoza*（ut supra）则就 Treaty of Joinville 提出了新的见解。

在战斗方面：François Racine, Sgnr. de Villegomblain 的 *Memoires*（1668），in Vol. II, "Voyage de M. le duc de Joyeuse...1587"；Agrippa d'Aubigné 的 *Histoire Universelle*, bk. xi；Sully, *Memoires*, bk. ii。所有三位目击人，包括与 Lavardin 的骑兵一起的 Villegomblain，靠近 Navarre 的 d'Aubigné，与炮兵同处的 Sully，像经常发生的那样，由于时间的流逝，他们的记录也并不十分可靠。De Thou, bk. lxxxvii；Père Matthieu, bk. viii；and du Plessis Mornay, bk. i，全都多少含有同时代人的记录，具有一定的价值。质量较高的当代著述有 Sir Charles Oman 的 *A History of the Art of War in the Sixteenth Century*（New York, 1937）和 Pierre de Vaissière 的 *Henry IV*（1928）。

第 14 章

如上。作为补充,若想了解德意志骑兵的战斗,外交文献的用处更大,尤其是 Stafford in C. S. P. F.; Cavriana in Canestrini, *Négociations*, IV, Mocenigo(Ven.)、Morosini(Vat. Francia, 20),当然,还有 Mendoza 的文件。Davila 的 *Guerre Civile de Francia*, bk. viii 提供了清晰的、大体来自同一时代的战役描述。Louis Maimbourg 的 *Histoire de la Ligue*(Paris, 1686)搜集了若干已经散佚的文件,该书的内容不仅富于启发,一般而言也是可信的。

第 15 章

Leslie Hotson 的 *Shakespeare's Sonnets Dated*(New York, 1949)对 Regiomontanus 的预言之于英格兰的冲击有很好的概括。同时代最好的延伸性论述来自 Harvey 的 *Discoursive Problem*。

在西班牙方面,在 Fernández Duro 的作品之外,还有 I, passim, Novara, 11 Dec. 1587, and 8 Jan. 1588(Vat. *Spagna*, 33),还有 Canciano 写给 Duke of Mantua 的信,17 Jan. 1588(Mant. *Esterni*, 601)。

罗马:"Merlin"预言见 Vat. *Francia*, 20 f. 379。

布拉格:San Clemente 致 Philip II 的信函, Oct., 1587–Feb., 1588, passim。从德意志寄给红衣主教 Montalto, Vat. *Germania*, 108, 109, and Archbp. of Bari, 111。

巴黎:Mendoza、Stafford、Cavriana、Morosini 的外交通信。还有 l'Estoile、Pasquier、De Thou 和 Curé Liguer 的文件。

荷兰:*Corte Prophetie van tgene int Jaer MDLXXXVIII dragen ende gesekieden*。阿姆斯特丹:Cornelis Claezoon, n.d.; *Praedictis Astrologica: Die Grote Prognostication...van dat wonderlyjke yaer...1588*, Amsterdam, A. Barentz [1587]; *Een wonderlycke nieu profecije op dit wonderlyck Schuckeljaer...1588* [N.p.]。三份材料全都收录于 Knüttel Collection。

英格兰:W. Gray 的 *Almanacke and a prognostication for Dorchester*, 1588 (STC, 451); Thos. Tymme 的 *A preparation against the prognosticated dangers of 1588*（STC, 24420）。

第 16 章

J. K. Laughton 的 *The Defeat of the Spanish Armada*, 2 vols.（Navy Record Soc., 1894），叙述开始于 1587 年 12 月 21 日，有关海上战斗的主要海军文件都得以在该书中呈现。其他的材料出处如上，特别值得注意的是 Van der Essen 的 *Farnese*, and *C. S. P. F.*。

第 17 章

就这一阶段而言，Herrera Oria 和 Duque de Maura 的 *El Designio* 对于 Fernández Duro 的作品尤其起到了补益之效。Simancas 还藏有一些未出版的信函和其他相关文件（见 *Guerra Antigua*, 197, 199），多数与军械和物资供应有关。

盖伦帆船 San Francesco 的故事见于 Flor. *Arch. Med.*, 4918, Alamanni to the Grand Duke and 5042, the Grand Duke to Alamanni and to Philip II。同样，4918 还间接提到了里斯本当时的情况，这些描述显然来自 Captain Bartoli。里斯本的情景在其他材料中有更为翔实的反映，如 Vat. *Spagna*, 34, 38，特别是 Monsig. Mutio Buongiovanni 从里斯本寄给红衣主教 Montalto 的信函，涵盖时间为 1588 年 1 月至 5 月，收录在 *Spagna*, 36。

C. Ibáñez de Ibero 的 *Santa Cruz: Primer Marino de España*（Madrid, 1946）可以对 A. de Altolaguirre 的 *Don Alonso de Bazán*（Madrid, 1888）构成补充。

我充分阅读了大量文献，它们可以佐证 Michael Lewis 教授的论点，无敌舰队的大副们在 1587 至 1588 年的冬天确实正尝试增加舰船的火炮数量，但另一方面，这些文献却对于工作的成效抛出了质疑，这项工作好像并不像 Commander Walter 别出机杼的推断（*Mariner's Mirror*, XXXV, 126 ff.）所暗示的那样成功。另外整体来看，我认为 *La felicissima Armada*（参见第 20 章注释）大体上准确地给出了 4 月末实际就位的火炮数量。这毕竟是基于官方报告得出的结论。也没有任何证据显示火炮的数量后来有所增加。可能理论上有一些火炮是能够从拉科鲁尼亚的近岸炮台借调的，但这看上去根本未曾发生。Lewis 教授认为无敌舰队拥有比英军更多的短程重炮（加农炮和毕雷炮），但远程长重炮的类型却远远不及对手，我觉得这个论断基本正确，但是我对于他给出的西班牙舰队的长重炮总数却感到非常怀疑（*MM*, XXIX. Table 12, facing p.104），我倾向于认为最后筹措到的这批军械受限于实际上能够搜罗到何种枪炮，而较少取决于既定的政策。

第 18 章

参见 Mendoza 的通信（Sim.）。还有 Ven. *Amb. Francia*, 1588；Jensen 的 *Mendoza*；Nicolas Poulain 的 "Histoire de La Ligue"，收录在 Cimber 和 Danou 的 *Archives curieuses de l'histoire de France*, 1er ser. XI（1836），289-323；Canestrini 的 *Négociations*；*C. S. P. F.* 和 Vat. *Francia*, 1584–1588, passim。另请参见上述第 4、13、14 章的注释。

第 19 章

参看第 18 章的注释，特别是 Mendoza 在 5 月 9 日至 13 日期间的报道（Simancas, *Estado*, K 1568 f. 31），以及 *Bib. Nat. Mss français*, 15909。涉及"街垒日"的传统文献都可以作为补充，l'Estoile 的 *Journal* 和 *Archives Curieuses*（ut supra）XI, 324-448 尤有可观之处。人们也许能想到，同时代人的叙述并不总是一致的，为此我必须竭尽所能在材料的矛盾之处取舍转圜。总体上，在觉察不出材料存在扭曲事实的动机时，我会努力追随观察位置最为优越的讲述者。譬如，提及王太后住所内部的情景时，我选取了 Dr. Cavriana（in Canestrini, IV）和 A. C. Davila（*Guerra Civile de Francia*）的描述；至于街衢中的状况，特别是上午 9 点钟前后 Place de Grève 和 Rue Saint-Antoine 附近的样子，我采用了 J-A. de Thou（*Memoires, and Histoire Universelle*, bk. xc）的描述，因为他差不多刚好在那个时间访问了 Guise；对于发生在 Place Maubert 和 Nôtre-Dame 附近的事情，在场的有瑞士雇佣兵的队长（"Lettres des Capitaines des Suisses à la Reine

Mère" in *Bib. Nat. Mss français*, 15909, f. 98 ff.），而要了解 Henry III 逃出巴黎时的周遭环境，则有陪伴君侧的 Cheverny 和 Bellièvre 的记述可供利用。Guise 在 5 月 13 日写给 d'Entragues 的信函已经在 *Memoires de la Ligue*, II, 313 中付梓。

第 20 章

参见上文第 17 章的注释，Fernández Duro、Herrera Oria 和 Duque de Maura 的作品尤为重要。有关无敌舰队军力的官方报告详情见 Herrera Oria, pp. 384–435，其采集自 Simancas 总档案馆的印刷副本（Lisbon, 9 May 1588, by Antonio Alvárez），在精确度上要胜过由 Fernández Duro 付梓、由 Laughton 重印的版本。后者虽然给出了正确的 130 艘船的总数，但漏掉了 Oquendo 中队清单中的两艘小型轻帆船，所以只剩下 128 个船名，这个失误令自那之后的历史学家颇感困扰。其他版本还有：P. de Paz Salas 的 *La felicissima Armada*, etc.（also Lisbon： Alvárez）；*Relación verdadera del Armada...juntar en Lisbon...salir...29 de mayo*, Madrid（viuda de Alonzo Gómez, 1588），这也是大多数后来的版本所依赖的文献来源。*Le vray discours de l'armée*, etc.（Paris:G. Chaudière, 1588）；*Warhaftige Zeytung und Beschreibung*（Cölln, 1588）；*Relatione vera dell'armata*, etc.（Roma, Vicenzo Accolti, 1588）。*Die wonderlijcke groote Armada...van Spaengien*（Gent, 1588）同样年代较早且独立成文，但是它关于西班牙军力的总结有可能是在前文 Madrid 版本的基础之上得出的。

第 21 章

大多采自 Laughton，在内容一致的情况下，也会兼采 Ubaldini 的二手叙述。

第 22 章

对于本章和有关海军战役的余下篇幅颇为有益的英方文件来自 Laughton。"Howard's Relation", I, 1–18 是唯一一以贯之且严格出自同时代人之手的报道。就其本身涉及的内容而言，虽然不够完整，但是看起来足以信赖。

站在西班牙人的角度，Medina Sidonia 的 *Diario*, F. D., II, No. 165 同样如此；可以提供补充的还有 Captain Vanegas, ibid., No. 185, 以及 Fray Bernardo de Gongora in J. P. Lyell, *A Commentary*（MSS. Bod. And Harvard），两人都在旗舰供职。F. D. 除收有描述特殊插曲的信件外，还包括至少 6 份来自其他船只的相当完整的"报道"，第七份则可以在 H. O. 中找到。M. Oppenheim 也从 Calthorpe MSS.（Navy Record Soc., XXIII）中发现了一份报道，*Cal. Span.*, IV 中还有另外两份，一份来自 Calderón, pp. 439–450, 另一份来自加莱赛战船 *Zuñiga*, 459–462, 除此之外，Mendoza 关于某些特殊插曲的报告——并非全部——也可以派上用场。见于欧洲各个档案馆的西班牙的多数"报道"和时事通讯大抵都以上述的某一份材料作为基础，最常见的材料当属公爵的 *Diario*, 虽然有时候它们也依靠同时代的小册子（见下文），如 Paris, *Aff. Etr. Espagne*, 237 f. 76 ff.。另外，佛罗伦萨还存有大批文件（Flor. Arch. Med., 4919, ff. 477–521），包括上述材料的不同版本、两份来自 Medina Sidonia 的信函以及一份意大利的独立记述材料，后者明显来自大公的盖伦帆船 *San Francesco*。

关于 Recalde 分队的 *Santa Ana* 的动向，参见 F. D., I, 170–171, II, 229, 371; *Cal. Span.*, IV, 425, 431, 457, 498。在 Mendoza 未经编订的通信中还有一些内容可供参考，但即使是从已出版的文件里也可以十分明显地看出，*Santa Ana* 作为 Recalde 分队的旗舰，先是出现在了 Bay of La Hogue, 继而去了 Le Havre, 从未参与战斗。在战役的全过程中，Recalde 一直留在第二主力舰 *San Juan de Portugal* 上。除了 *Santa Ana*, 负责召集部队的 Vanegas 船长还提到"一艘乌尔卡船"（没有说出船名）也没能在周五会合时出现，而且很可能永远不会再加入舰队了。这艘船可能是从未离开西班牙的 *David*, 当然这也有可能只是另外一艘货船的名字。没有其他人提到过这艘失职的船舶，但经此一事，无敌舰队的军官们却都尽可能地将乌尔卡船从自己的计划中剔除了出去。

Fray Juan Victoria 的记录描述了军事会议的情景，据他说，这个故事是从 Oquendo 的一位船长那里听来的，它首先被印入 *Colección de Documentos Ineditos*, LXXXI, p. 179 ff., 稍后另一份手抄本又收入 F. D., II, No. 186。虽然 Victoria 声称他是从 Oquendo 手下一位名叫 Julian Fernández de la Piedra 的船长那里听来的，可是对于这套说辞却无法加以验证。我们尚不清楚这位人士以如此身份何以能够知晓军事会议的经过，无论他的报告有怎样的来源，它乍一听上去便已不无荒诞，况且对于稍后发生在 Plymouth 附近水域的战斗描述也与其他所有报道反差巨大，不由得使人心疑这位所谓的见证者是否真的登上过无敌舰队的甲板。

一些意大利大使曾得到有关无敌舰队"新月"阵列的素描副本（Flor. Arch. Med., 4919, f. 340）；如 Novara 致 Montalto 的信函，4 June 1588（Vat. Spagna, 38）；Canciano 致公爵的信函（Arch. di Stato, Mantova, Esterni, 601）。一定是以其中的某一份材料为基础，才有了 Filippo Pigafetta 的 *Discorso sopra l'ordinanza dell'armata catolica*（Rome, 1588），参见 Corbett, II, 220 ff.。比起素描，Pigafetta 那份相当迂腐的描述尽管煞费苦心，却很不实用，好在西班牙人的描述和英国人的注释要清晰得多，从中可以看出，一般情况下，无敌舰队的确是在以一种形同新月的阵列前进，与 Adams 的图表中的样子不无相似，只是舰队两侧的触角还要更加探向后方。

第 23 章

Don Alonso Martínez de Leiva 是米兰的骑兵总司令，在印发的战斗指令中被简单地列为一名绅士志愿兵。他搭乘的战舰是 *Rata Santa María Encoronada*，这是黎凡特分队中的一艘武装商船，由 Martín de Bertendona 指挥。但是他卓尔不群的出身和军事履历却从一开始便带给了他优越的地位，使他在军事会议上享有与各位分队指挥官平等的权力；在去往 Plymouth 的途中，公爵似乎委任他统领先头部队，此后黎凡特分队大概也一路遵从了他的调遣，因此各种叙述材料经常把他刻画得俨如指挥官一般。

对于 *Nuestra Señora del Rosario* 的损失，存在两种截然相反的说法。第一种来自公爵的 *Diario*，旗舰上的另外三位独立见证人——Vanegas、Miranda 和 Gongora——的记载可作确认，并且补充了相关的细节，所有提及这起事故的其他叙述材料也都证实了公爵的解释。另外一种说法来自 Don Pedro de Valdés 本人（Laughton, II, 133–136），在西班牙流传甚广，因为 Don Pedro 的信函早在无敌舰队返回之前很久便已送达（cf. F. D. II, 427–428, 445, 448），而且在无敌舰队回归后，仍然有一些在舰队中服役的人士采信了这种观点（H. O., p. 352）。我遵从了第一种说法，而这与其说是因为支撑这种说法的证词分量更重，毋宁说是因为 Don Pedro 的故事自相矛盾。

Don Pedro 自称是在将要前往援救 Recalde 的时候与一艘比斯开船只相撞的。但是没有任何其他记载将 Don Pedro 与援救 Recalde 联系起来。所有记载均表示，他是在援救 Realde 的行动结束几小时后才与自己分队中的战舰 Santa Catalina 发生了碰撞。在整场战斗中，根本没有哪艘安达卢西亚分队的船只曾经靠近过 Recalde。

Don Pedro 宣称公爵对于他的不幸漠不关心。但在下一句话中，他又表示公爵的盖伦帆船有一段时间离自己很近，而且他还曾经两次派人联络公爵。

Don Pedro 清楚地暗示了，公爵不仅不愿意以其旗舰 San Martín 参与援助，而且拒绝授权舰队的其他船只前来施援。但是英舰 Margaret and John 的军官在稍晚时刻靠上前来时，分明看见了一艘加莱赛战船、一艘盖伦帆船以及至少一艘轻帆船正在旁边尝试拖走 Nuestra Señora del Rosario，他们都是公爵那个故事版本公正的见证人。Don Pedro 的故事还有另外一些蹊跷之处，例如关于主桅的部分，还有 Rosario 是如何在"那天晚上"受到保护，以抵御众多敌军的围攻的，但是最显而易见的地方还是在于矛头分明指向公爵的敌意。但假若事实并非如此，那么 Don Pedro 期望的必然是——这其实已经发生了——他针对公爵所作的任何指控都将转嫁给自己的堂兄弟和敌人 Diego Flores。

第 24 章

主要参见 Laughton 和 Fernández Duro 的研究。同时参见 J. A. Williamson 的 *The Age of Drake*, p.325。

第 25 章

周三的战斗参见 F. D., II, 235, 249, 258, 268, 275, 334–386。没有必要认为 Howard 在此战过后保持沉默是因为嫉妒 Drake。在西班牙人的左翼与 Howard 相对的地方，但凡提及本次战斗的观察者均只将之描述为 "一场远距离的炮战"。Howard 也许早已将这些忘诸脑后。与 Medina Sidonia 一样，他对于下属信息的掌握好像也不太充分，这大约还是纪律松弛的问题。

Cobett 对于发生在 Isle of Wight 附近的这场海战的过程还原，见 *Drake and the Tudor Navy*, II, 232–242, 内容很具有说服力，令我颇受触动。

第 26 章

对于荷兰人的海军行动，英国人的报告见于 Laughton 和 *C. S. P. F.* 的记述，我将其与荷兰档案馆的相关文件进行了比照。值得留心的文献还包括：Rijksarchief, The Hague, Admiraliteitsarchief: Resolutiën Admiraliteit Zeeland, Port. 2447（1584–1590）；Admiraliteitscolleges, Inkomende brieven admiraliteit Zeeland, Port. 2667（1587）。Rijksarchief in Zeeland te Middelburg: Ingekomen stukken, Port. 1201（1587）and Port. 1202（1588）；Register van Acten en brieven, Port. 1625（1586–1588）。尽管年久失修，内容或有脱漏，海军部的记录仍然给出了一幅有关荷兰海军实力和动向的完整图景，而且一并展示了 Justin of Nassau 的意图。来自伦敦的 Ortel，向 Zeeland 的政府专员通报了对于 Dunkirk 封锁状况的误解在英国公众舆论中产生的恶劣影响，然而一切为时已晚。这些文件还含有关于 Parma 军力的完整情报以及报道无敌舰队进程的准确新闻。另外参见 J. B. Van Overeem 的 "Justinus van Nassau en de Armada（1588）"，收入 *Marineblad*, LIII, 821–831（Oct. 1938）。

关于 Parma 的行动，主要参阅的是 Van der Essen 的研究，并结合 Medina Sidonia 信使的报告进行了校订，后者收入在 Fernández Duro 和 Herrera Oria 的作品之中。一些补充性质的细节材料见 Middelburg Ad., Port. 1202（如上所述），由 Cabrera de Córdoba 和 Coloma 确认过，二人

都是可靠的目击者。

关于引火船，作为出版资料之外的补充，可以参见 "Una carta sobre l'Armada enviada al Cardinal de Sevilla"（not related to HMC, *Salisbury MSS.*, III, 351），Flor. *Arch. Med.*, 4919, f. 487, and "Relazione...de Cales", ibid. ff. 532–533。两份均为匿名文件。还可以参阅 Gourdan 致 Bellièvre 的信函, 10 Aug. 1588, 连同一份来自加莱的匿名时事通讯, *Bib. Nat.* MSS. français, 15809, f. 111；以及 Mendoza 的通信（Sim.）和 Morosini 的信函（Vat.）。

第 27 章

如上，主要参阅 Laughton 和 Fernández Duro 的研究，荷兰海军部的记录可作补充，见第 26 章注释。

第 28 章

如上，主要依靠 4 份来自无敌舰队旗舰 *San Martin* 的叙述材料。

第 29 章

有关水兵的情况主要参见 Laughton 的研究；对陆军的了解则主要依靠 P. R. O. State Papers, CCXIII and CCXIV, 已经归档收入 *C. S. P. D.*, II。一些材料的全文或见于 Laughton 的著作，或见于 John Bruce, *Report on the arrangements...for defence*（1798）。两者均藏于纽约的 Morgan Library，Folger Shakespeare Library 还收录有尚未出版的相关文件，时间约在 1588 年 8 月。至于不服从英国国教的天主教徒，见 Folger MS. G. a I, "The advice of Lord Grey, etc"。

Tilbury 的情况参见："Richard Leigh", *The copie of a letter*, etc.; Thomas Deloney, "The Queen...at Tilsburie"，收入 Edward Arber, *An English Garland*, VII; James Aske, *Elizabetha Triumphans*（London, 1588）；另见 Miller Christy, "Queen Elizabeth's visit to Tilbury", in *E. H. R.*, XXXIV（1919）, 43–61; Nichols, *Progresses*, II, 536 ff., 内含 Aske 的诗歌。

还有 Ubaldini 的记述以及 *Copije van een Brief uit Engelandt vande groote Victorie die Godt almachtich de Conuncklijcke Majestat ven Enghelant vorleent heeft*（Delft, 1588, 36 pp.）；上述材料篇幅更长，内容部分独立于 *The copie of a letter* 之外；与 the Middleburg *Cort verhael* 内容无关，后者经过 Don Diego Pimentel 的考订。Morosini 和 Mendoza 转寄的小册子和叙述材料使我相信，至少有一份或者数份报道女王巡阅 Tilbury 的时事通讯在 9 月 15 日（新历）前便已流行于大陆地区。和往常一样，这里也存在大量矛盾之处，需要进行主观裁夺。也许 Aske 乃是一位目击者，就像 Christy 相信的那样，但是考虑到他同时还是一位诗人，我并不打算盲从他的意见。

E. M. Tenison 无比珍贵的 *Elizabethan England* 第七卷中有一段关于 Tilbury 的军马状况——但并不包括骑手——的再现。

关于女王在 Tilbury 发表的演说的真实性，参见 J. E. Neale 的 *Essays in Elizabethan History*（London, 1958），pp. 104–106。

第 30 章

外交报告见上文，外加 Flor. Arch. Med., 4344 以及从布拉格送达的信件。

Copie d'une lettre envoyée de Dieppe（[Rouen?] le Goux, 1588）。还有另一个版本（Paris: G. Chaudière, 1588）。*Les regrets de la Royne d'Angleterre sur le defaitte de son armée navale* [verse]（Rouen, 1588）。*Relacion de lo que hasta hoy a los cinco de Septiembre de 1588...se ha sabido...de la Felice Armada*。一份单面印刷的报纸（n. p. [Madrid]），副本藏于 Real Acad. De Hist., Madrid（cf. F. D., No. 166, 172）；*Relacion de lo sucedido a la Armada...treze de Agosto*（Sevelle: Cosme de Lara, n. d.），4 pp.。另一个版本附有一首歌谣（参见 F. D.）。在法国、意大利、德意志还有回声传响，包括：*Warhafte Relation Uberschlag und Inhalt*, etc.（Nürnberg, 1588）。再版时还额外附有 8 月 13 日的新闻，内容上则与 F. D., 166 相似。此外还有 *Spanischer Armada oder Kriegrüstung warhafte Relation*（Cölln: Gottfried von Kempen [Sept.?] 1588）。Reprint as above of Etzinger translation of Lisbon ed.，还有双方阵营在 8 月 22 日那天的报告，它们都参考了一份安特卫普的时事通讯和新闻摘要，其中暗示了可能到来的西班牙人的胜利。与 Mendoza 的材料无关。

Gewisse und warhaftige Zeitung von der Engelendischen und Spanischen Armada（Amsterdam, 20 Aug. 1588）。内容涉及 Drake 在英吉利海峡、加莱及北海的勋绩。部分篇幅是真实的，部分则纯属想象。其影响波及了其他的小册子。

Discours veritable de ce qui s'est passé entre les deux armées...depuis 29 Juillet 1588 jusques à 11 Aoust（[Paris?] n. p., 1588）。Cf. Morosini, 17 Aug., in Vat. *Francia*, XXXVII。

显然出自同一家出版社：*La copie d'une lettre...à Don Bernardin de Mendoza*（[n. p.] 1588）。英国的版本：*The copy of a letter...found in the chamber of Richard Leigh*（London: I. Vautrollier for R. Field, 1588）。意大利语译本，伦敦：J. Wolfe，荷兰语译本，阿姆斯特丹：Cornelis Claeszoon, 1588 年 10 月。

Certain advertisements out of Ireland（London: R. Field, 1588），无论法语或英语版本都常常附有 *The copy of a letter*。

A Pack of Spanish Lyes（London, 1588）。也曾收入 Harleian Misc., II。

第 31 章

档案和出版文献参见上文。

关于发生在爱尔兰的插曲，除了已经归档收入 *Cal. State Papers, Ireland*, IV 的文件和由 Laughton 付梓的那些文献外，我还发现了 William Spotswood Green 的 "The Wrecks of the Spanish Armada on the Coast of Ireland"，收入 *The Geographical Journal*, XXVII（1906），429-451，可以起到导读之用，另外 Cyril Fall 的 *Elizabeth's Irish Wars*, pp. 160 ff.，也是一份视角敏锐的信息摘要。

一般认为，无敌舰队在战役中损失了 130 艘船只中的 65 艘，又或是 128 艘中的 64 艘。实际数据无疑要比这个小。但整件事还因为计算的失准而疑云笼罩，这始于同时代的一些文件和多次再版的 *La felicissima Armada* 一书，而后又因为另一些事实的存在而更加治丝益棼，这首先是因为无敌舰队中的大量船只名字相同——舰队中不仅有 6 艘 *San Juan*，还有 2 艘 *San Juan Bautistas*，另外，有 8 艘船被一道唤作 *Concepción*，大部分轻帆船也名称相似——其次还因为一些船只会时不时被叫成其他的名字。譬如在 Recalde 的分队中，就有两艘 *Concepción*，都是大型船舶，它们有时会被叫作 *Concepción Mayor* 或 *Menor*，有时又变成了 *Concepción de Zubelzu* 或 *Concepción de Juanes del Cano*。F. D., No. 180 就报道称 *Mayor* 和 *Menor* 同时返回了故土（II, 329）。在下一页的 No. 181 文件中，*Concepción de Zubelzu* 和 *Concepción* de Juanes del Cano 据称又同时不见了踪影。

正是以 No. 181 文件为基础，Fernández Duro 得出了他关于西班牙一方损失的估算，而这成了日后歧见纷陈的一个主要源头。整理文件的人一定被错误的信息蒙蔽了，既然文中 7 艘后来安全返航的船只被记入"失散"一栏，那么文件开始动笔的时间可能要比 No. 180 更早，何况它还漏掉了一艘我们知道已然遗失的船只，并且如此结尾："损失：41 艘帆船、20 艘轻帆船［帕塔耶船］、3 艘加莱赛战船、1 艘加莱桨帆船，共计 65 艘。"虽然如此，船舶清单中只显示了 63 个船名。在其介绍中（Vol. I. 140），Fernández Duro 接受了文件中的估算，只是减去了两艘在入港后损失的舰船（一艘烧毁，一艘沉没）。这使他统计出的船只损失数量共有 63 艘，其中 35 艘"命运未知"，对此 Laughton 认为"这可能是一个能够得到的大致公正的估测"。

每个人似乎都接受了这个估测的数字，尽管其实存在更好的计算办法——只需要用无敌舰队驶离里斯本时已知的军力减去 No. 180 文件中舰队返回港口后残剩的船只总数即可。由 Fernández Duro、Herrera Oria 和 Hume（*Cal. Span.*, IV）付梓的另一些文件也暗示了继续深究的路径。

一份更加准确的清单也许是这样的——10 月 10 日左右已损失的船只如下：

3 艘加莱赛战船，一艘在 Calais 搁浅，火炮幸得存留，另一艘在爱尔兰海岸沉没，还有一艘正在 Le Havre 修缮，稍后安全返航。

一艘加莱桨帆船在 Bayonne 沉没。

20 艘（F. D. 声称有 26 艘）盖伦帆船和其他大型船舶的结局如下：一艘在 Le Havre 搁浅，火炮和货物得以保存；两艘在海峡中被英国人夺走；两艘被荷兰人从海滩上掠去；5 艘在经过 Gravelines 后沉入北海，当中包括 3 艘黎凡特武装商船；10 艘在爱尔兰周边水域遗失，其中有 5 艘黎凡特商船。唯一的不确定性在于遗失的究竟是哪些黎凡特商船，尽管这样，这里也只有两艘船的船名不能确定，其中一艘的失踪地点是在北海上，另一艘则在爱尔兰。

11 艘霍尔克船。（F. D. 认为有 13 艘，但是他的清单中有一艘船 *David*，早在 7 月 13 日便在报告中表示不宜执行任务，后来果然未能出海，另一艘叫 *Falcon Mayor*，后来在返回汉堡的途中被英国人在海峡内擒获，那时已是 1589 年 1 月，见 Laughton, II, 386。)

这 11 艘霍尔克船中，一艘在炮击中损毁，后于北海沉没；两艘在苏格兰周边的 Fair Isle 和 Mull 失散，继而又有两艘我们知晓名字的霍尔克船在爱尔兰海岸不见踪影；另一艘船的失事地点在 Devon；还有一艘则在 Brittany。余下的 4 艘船命运实难卜测，它们中的某一些，或者全部，可能要么在爱尔兰海岸倾覆，要么已经葬身汪洋。不过另一方面，它们亦可能早已像 *Falcon* 一样踏上了归程，只不过没有载入记录罢了。这 4 艘船中的两艘也许先前追随的是 Juan Gómez de Medina，那时他们的旗舰 *El Gran Grifon* 在 Fair Isle 遇难。既然 Juan Gómez de Medina 之后向东逃亡，另外两艘霍尔克船又属于德意志人，它们确实有可能就此踏上返乡的归途。没有人曾经就这 4 艘霍尔克船的下落做过真正意义上的研究，但是即便没有记录存世，也不能证明它们已经不在世上。

20 艘小型船舶（扎布拉船或帕塔耶船）也随无敌舰队一道从里斯本出发，并且在 9 月 22 日至 10 月 10 日期间未曾留下返航记录，所以 F. D. 称它们都已"失散，命运未知"。这很荒唐。就我们知道的情况而言，一些小船已经携带信件返回了西班牙，另一些则同样带着邮包被派往 Dunkirk 寻找 Parma 去了，而且就此留在了当地，有 5 艘这类小船——之前把英军的引火船拖去岸边的那两艘就包括在内——后来在 Calais 停泊至 11 月，Mendoza 可以证明这一点。轻帆船总是往来穿梭，一旦得到某个分队的差遣并且达成任务，便会得到薪酬或是新的工作任务。没有任何理由认为有许多这类船舶在无敌舰队一役中沉没或遭到抛弃。除了两艘葡萄牙的扎布拉船——它们得以全身而退——其他船只全都太小，不适合作战，何况它们比体型较大的船只更加快速、灵便，在适航性方面丝毫不落下风。纵然我们把 F. D. 的论断"20 艘船失散，命运未知"缩减为 10 艘，也仍然有言过其实之处。

故此，无敌舰队损失的船只至多包括：31 艘帆船（而非 41 艘）、充其量 10 艘轻帆船（而非 20 艘）、2 艘加莱赛战船（而非 3 艘）、1 艘加莱桨帆船。共计不超过 44 艘（而非 65 艘），真实的数字还有可能再少上五六艘乃至一打。

可以两相抵消的一点在于，人们应当记得返回故土的船只的糟糕状况。许多船只因为英军的炮击而创痕累累，未来已经不再适合服役。

本章中有关 Howard 和 Medina Sidonia 的评判得到了 J. A. Williamson 的权威著作 The Age of Drake, pp. 304–334 passim 的支持。文中对于 Howard 的品评引自 T. Woodrooffe 的 The Enterprise of England 一书。Woodrooffe 对 Medina Sidonia 也有一番持平之论。

在 Williamson 的翻案文章出现之前，对于 Medina Sidonia 声誉的攻评主要来自无敌舰队相关文件的第一位西班牙编纂人 Cesáreo Fernández Duro，然而其中充斥着令人好奇的乖谬之言。虽然算不上是一位十足完美的编者，Fernández Duro 还是值得钦佩地奉献了一部不可或缺的资料集，随书附带的评论也常常颇具价值。但是在论述无敌舰队的指挥官时，他却只是一次次重复着毫无根据的谰言，诡谲的是，其中的一些实则源于英吉利，而且由他编订印制的可信文献已经足以对谣传予以驳斥。现代西班牙学界也试图进一步还 Medina Sidonia 以公平。尤其参见 Duque de Maura 的 El designio de Felipe II，该书乃是以公爵的私人文件为基础撰写而成。

第32章

在众多外交界人士中，我主要依凭的是 Canestrini 的 *Négociations*, IV, 842–853（Blois, 24 and 31 Dec.）中 Dr. Cavriana 的内容，以及 Morosini（Vat. *Francia*, XXXVII, also "Relazione di quel ch'é successo in Bles" in *Francia* II, fol. 153 ff.）的记载。Mendoza 的叙述要简略、模糊得多。

在回忆录作者和编年史家中，我主要依靠 l'Estoile、D'Aubigné、De Thou 和 Palma Cayet 的作品；还有收入 *Archives Curieuses*, XII 中的文件。Wilkinson 列举了大量涉及谋杀吉斯事件的同时代小册子作品，它们中的多数收录在 Bib. Nat. 中，不过没有一部值得寄予过高的信任。

第33章

外交界人士的记载见上文；历史学家的作品见第 7 章注释。

第34章

主要参见 Nichols、Dasent 的作品和收入 *C. S. P. D.* 的文件。在论述英军对里斯本的袭击和英西交战后续进展的作品中，最具信息量、持论也至为公平的一部著作——假如不是同时在可读性上也出类拔萃的话——仍然当属 Edward P. Cheyney 的 *England from the defeat of the Armada to the death of Elizabeth*, 2 vols.（London, 1926）。

另请参阅文献通释的相关内容。

译名表

Achill Head 阿基尔岬
A Copy of a Letter...found in the chamber of Richard Leigh 《理查德·雷恩卧室遗存……函札抄录》
Acuña, Don Pedro de 堂佩德罗·德·阿库纳
Adelantado, Major of Castile 阿德兰塔多，卡斯蒂尔的马约尔
Alamanni, L. L. 阿拉曼尼，托斯卡纳驻马德里大使
Alba, Duke of 阿尔巴公爵
Albert of Austria 奥地利的阿尔伯特
Algarve 阿尔加夫
Allen, William 威廉·艾伦
almiranta 阿尔米兰达，第二主力舰
Amsterdam 阿姆斯特丹
An Admonition to the Nobility and People of England concerning the present wars 《论今日之战：致英格兰贵族和人民的忠告》
Andalusia 安达卢西亚
Angoulême 昂古莱姆
Anjou, Francis, Duke of 安茹公爵弗朗索瓦
Anne Boleyn 安妮·博林
Antelope "羚羊"号
Antonio of Crato, Don 克拉图的堂安东尼奥

Antwerp 安特卫普
A Pack of Spanish Lies 《西班牙谎言集》
Aragon 阿拉贡
Aranda, Martín de 马丁·德·阿兰达
Aranjuez 阿兰胡埃斯
"argosy" "阿格西"
Ark Raleigh "雷利方舟"号
Ark Royal "皇家方舟"号
Armada, the Spanish 西班牙无敌舰队
Artois 阿图瓦
Arrondissement 行政区
Arthur, King 亚瑟王
Arundel, Philip Howard, Earl of 阿伦德尔伯爵腓力·霍华德
Aubigné, Agrippa d' 阿格里帕·德奥比涅
Augsburg 奥格斯堡
Aumâle 欧玛勒
Aumont 奥芒
Auneau 奥诺
Aviz, house of 阿维兹家族
Azores 亚速尔群岛

Babington, Anthony 安乐尼·巴宾顿
Barcelona 巴塞罗那
Barricades, Day of the 街垒日
Bartoli 巴托利
Bastille 巴士底
Bayonne 巴约讷

Bazán, Don Alonso de 堂阿隆索·德·巴赞
Bazán, Don Alvaro de, Marquis of Santa Cruz 堂阿尔瓦罗·德·巴赞，圣克鲁兹侯爵
Beale, Robert 罗伯特·比尔
Bear "熊"号
Béarn 贝恩
Beauce 贝奥斯
Beaune, Renaud de, bishop of Bourges 布尔日主教博讷的雷诺
Belem 贝伦
Bellièvre, Pomponne de 蓬伯纳·德·贝里艾佛尔
Bellingham 贝林厄姆
Bergen-op-Zoom 卑尔根奥松姆
Bergerac 贝尔热拉克
Berry Head 贝里岬
Bertendona, Martín de 马丁·德·博登多纳
Berwick 柏威克
Béthune, Maximilian de 马克西米利安·德·伯苏恩
Bevenland 毕芬兰
Biron, Armand de Gontaut, Baron de, Marshal of France 毕龙
Biscay, Bay of 比斯开湾
Blankenberghe 布兰肯博赫
Blois 布洛瓦
Bobadilla, Francisco de 弗朗西斯科·德·博瓦迪利亚
Bolt Tail 布退尔岬
Bond of Association 《保王协定》
Book of Common Prayer 《公祷书》
Book of Martyers 《殉道史》
Bordeaux 波尔多
Borough, William 威廉·伯勒

Bosworth 博斯沃斯
Bothwell, James Hepburn, Earl of 博斯维尔伯爵詹姆斯·赫伯恩
Boulogne 布洛涅
Bourbon, Charles, Cardinal of 红衣主教波旁的查理
Bourbourg 布尔堡
Brabant 布拉班特
Brill 布瑞尔
Brissac, comte de 布里萨克伯爵
Bruges 布鲁日
Brûlart, Pierre 皮埃尔·布律拉尔
Brussels 布鲁塞尔
Buchanan, George 乔治·布坎南
Buckhurst, Thomas Sackville, Lord 巴克赫斯特勋爵托马斯·萨克维尔
Burghley, William Cecil, Lord 伯利勋爵威廉·塞西尔
Burgos 布尔戈斯
Burgundy 勃艮第
Buxton 巴克斯顿
Buys, Paul 博伊斯

Cabrera de Córdoba, Luis 路易斯·卡布雷拉·德·科尔多巴
Cadiz 卡迪斯
Cadzand, island of 卡赞德岛
Calais 加莱
Camden, William 威廉·卡姆登
Campion, Edmond 爱德蒙·坎皮恩
Cape Clear 克利尔角
Cape Espichel 埃斯皮谢尔角
Cape St. Vincent 圣文森特角
Capet, Hugh 休·卡佩
Capuchins, convent of 圣方济各会修道院
Caraffa, Antonio, Cardinal 红衣主教安

东尼奥·卡拉法
Carlos, Don 堂卡洛斯
Carmelites, convent of 加尔默罗会修道院
Cartagena 卡塔赫纳
Cascaes 加斯凯斯
Castile 卡斯蒂尔
Castle St. Julian 圣朱利安城堡
Catania 卡塔尼亚
Catherine de Medici 凯瑟琳·德·美第奇
Catherine of Aragon 阿拉贡的凯瑟琳
Cattewater 卡泰水道
Cavriana, Filippo 菲利波·卡夫利亚纳
Cecil, Robert 罗伯特·塞西尔
Cellini, Benvenuto 本韦努托·切利尼
Celtic fringe 凯尔特边区
Cemetery of the Holy Innocents 圣婴公墓
Cespedes, Don Alonso de 堂阿隆索·德·塞斯佩德斯
Chalais 沙莱
Charles V 查理五世
Charles IX 查理九世
Chartres 沙特尔
Château-Renard 沙托雷纳尔
Châtelet 夏特莱
Chatham 查塔姆
Cheverny, Philippe Hurault, Count of, Chancellor of France 法国御前大臣谢韦尔尼
Clare Island 克莱尔岛
Clément, Jacques 雅克·克莱门特
Coligny, Gaspard II de, Admiral of France 法国海军元帅科里尼
Cologne 科隆
Condé 孔代
Connaught 康诺特
Conti, François de Bourbon, Prince of 孔蒂

亲王
Copy of a letter...to Don Bernardino de Mendoza 《致堂博纳迪诺·德·门多萨……函札抄录》
"Corisande, la belle", mistress of Navarre 纳瓦拉的情妇"美人"蔻丽珊德
Corunna 拉科鲁尼亚
Cotswolds 科茨沃尔德
Count Palatine, Johan Casimir 帕拉丁伯爵约翰·卡西米尔
Counter Reformation 反宗教改革运动
Coutras 库特拉
Cranmer, Thomas, Archbishop of Canterbury 坎特伯雷大主教托马斯·克兰默
Cresswell, Joseph 约瑟夫·克瑞斯维尔
Crillon 克利翁
Croft, James 詹姆斯·克罗夫特
Crucé, Maître 迈特尔·克吕塞
Cumberland 坎伯兰
Curia 罗马教廷

Dacres, Gregory Fiennes, Lord 达克雷勋爵格里高利·费恩尼斯
Dale, Dr. Valentine 戴尔博士
Darnley, Henry Stuart, Lord 达恩利勋爵亨利·斯图亚特
Davison, William 威廉·戴维森
Dee, John 约翰·迪伊
Delft 德尔夫特
De Loo, Andrea 安德烈·德·卢
demi-cannon 半加农炮
Derby 德比
Deventer 德文特
Devereux, Robert, Earl of Essex 埃塞克斯伯爵罗伯特·德弗罗
Devonshire 德文郡

Diana "狄亚娜"号	Estates of Dutch 联省议会
Dieppe 迪耶普	Etampes 埃坦普
Dingle Bay 丁格尔湾	
Discours veritable 《真言》	Falmouth 法尔默思
Disdain "蔑视"号	Faubourg Saint-Honoré 圣奥诺雷区
Dodman Point 多德曼海岬	Fenner, Thomas 托马斯·芬纳
Dohna, Fabian, Freiherr von 多纳男爵法比安	Ferdinand I, Grand Duke of Tuscany 托斯卡纳大公费迪南多一世
Dordogne 多尔多涅	Fernández Duro, Cesáreo 塞萨雷奥·费尔南德斯·杜罗
Douai 杜埃	
Doughty, Thomas 托马斯·道蒂	Filles Repenties 女子感化院
Dover 多佛	Finisterre 菲尼斯特雷
Downs 唐斯	Firth of Forth 福斯湾
Drake, Edmund 埃德蒙·德雷克	Fitzwilliam, William 威廉·菲茨威廉
Drake, Francis 弗朗西斯·德雷克	Flanders 佛兰德
Dreadnought "无畏"号	Fleming, Thomas 托马斯·弗莱明
Dronne River 德罗讷河	Fletcher, Francis 弗朗西斯·弗莱彻
Dunkirk 敦刻尔克	Florence 佛罗伦萨
Dunnose 邓诺斯	*Florencia* "佛罗伦西亚"号
Durham 达勒姆	Fluellen 弗鲁爱林
	Flushing 弗拉辛
Eddystone 埃迪斯通群礁	Flyboat 快船
Edict of Alençon 《阿朗松敕令》	Fotheringhay 福瑟林格
Edict of Poitiers 《普瓦提埃敕令》	Fowey 福伊
Elbène, Abbé d' 修道院院长戴尔本	Foxe, John 约翰·福克斯
Elizabeth I 伊丽莎白一世	Franche-Comté 弗朗什孔泰
Elizabeth Bonaventure "伊丽莎白·博纳文图拉"号	Francis II 弗朗索瓦二世
	Francis, Grand Duke of Tuscany 托斯卡纳大公弗朗西斯
Elizabeth Jonas "伊丽莎白·乔纳斯"号	French Guard 法兰西警卫队
Elizabeth Tudor 伊丽莎白·都铎	Frigate 中型快船
English College 英国学院	Frobisher, Martin 马丁·弗罗比舍
Epernon, Jean Louis de Nogaret de La Valette, Duke of 埃佩农公爵让·路易	Fuentes, count of 福恩特斯伯爵
Escorial 埃斯科里亚尔	
Essex 埃塞克斯	Galicia 加利西亚
Estates General of Blois 布洛瓦三级会议	Galway 戈尔韦

Gascony 加斯科涅
Geneva 日内瓦
Genoa 热那亚
gens d'armes d'ordonnance "宪骑兵"
Gérard, Balthazar 巴尔塔萨·杰拉德
Giambelli, Federigo 费代里戈·贾姆贝利
Giant's Causeway 巨人堤
Gijon 希洪
Gillingham 吉林厄姆
Girona "赫罗纳"号
Glastonbury 格拉斯顿伯里
Gloriana 葛洛瑞娜
Goa 果阿
Golden Hind "金牝鹿"号
Golden Lion "金狮子"号
Gómez de Medina, Juan 胡安·戈麦斯·德·梅迪纳
Gongora, Fray Bernardo de 弗雷·博纳多·德·贡戈拉
Good Queen Bess "英明女王"
Gourdan, M. 古尔丹
Graff, Rudolph 鲁道夫·格拉夫
Gran Grifon "葛兰·格里芬"号
Grand Fleet "大舰队"
Grangrin "葛兰格林"号
Gravelines 格拉沃利讷
Gravesend 格雷夫森德
Gray, Walter 沃尔特·格雷
Great Blasket Island 大布拉斯基特岛
Greenwich 格林威治
Gregory XIII 格里高利十三世
Groenevelt, Arnold de 阿诺德·德·格劳内维特
Groningen 格罗宁根
Guadarramas 瓜达马拉
Guiche, Philbert de La 菲尔贝·德·拉吉什

Guipúzcoan 吉普斯夸
Guise, Catherine de, Duchess of Montpensier 蒙庞西耶女公爵吉斯的凯瑟琳
Guise, Henry, Duke of 吉斯公爵亨利
Guise, Louis de Lorraine, Cardinal of 吉斯的红衣主教洛林的路易
Guise, the （洛林的）吉斯家族
Guyenne 吉耶纳
Gwynn, David 大卫·格文

Haarlem 哈勒姆
Hague 海牙
Hakluyt, Richard 理查德·哈克卢特
Hamburg 汉堡
Hampshire 汉普郡
Hansa 汉萨
Harvey, Gabriel 加布里埃尔·哈维
Harvey, John 约翰·哈维
Harwich 哈里奇
Hatton, Christopher, Lord Chancellor 御前大臣克里斯托弗·哈顿
Havre, Le 勒阿弗尔
Hawkins, John 约翰·霍金斯
Hawkins, Richard 理查德·霍金斯
Hawkins, William 威廉·霍金斯
Heidelberg 海德堡
Hellburner, the, of Antwerp "安特卫曾地狱燃烧者"
Henry de Valois 瓦卢瓦的亨利
Henry III 亨利三世
Henry of Navarre 纳瓦拉的亨利
Henry the Navigator, Prince "航海家"亨利王子
Henry VIII 亨利八世
Hieronymite 圣哲罗姆修会
Hohenlo, Philipp, Count of 霍亨洛伯爵腓力

401

Holinshed 霍林谢德
Holy League 神圣同盟
Hôtel de Guise 吉斯公馆
Hôtel de Montpensier 蒙庞西耶公馆
Hôtel de Ville, Paris 巴黎市政厅
Howard, Charles, Lord Howard of Effingham 埃芬厄姆的查理·霍华德
Howard, Lord Thomas （指挥"金狮子"号的）托马斯·霍华德勋爵
Hradschin 赫拉茨金
Huguenots 胡格诺派教徒
Hull 赫尔
Hunsdon, Henry Carey, Lord 汉斯顿勋爵亨利·凯里
Huntly, George Gordon, Earl of 亨特利伯爵乔治·戈登
Hven 赫文

Idiáquez, Juan de 胡安·德·伊迪亚克兹
Ile de la Cité 西岱岛
India House 东印度大楼
Inquisition 宗教裁判所
Ipswich 伊普斯维奇
Isle River 伊勒河

Jacobins, convent of the 雅各宾修道院
James VI 詹姆斯六世
Jarnac 雅纳克
Jesuits 耶稣会
Joinville 茹安维尔
Joyeuse, Anne de Joyeuse, Duke of 茹瓦斯公爵安尼·德·茹瓦斯
Juan of Austria, Don 奥地利的堂胡安
Judith "朱迪斯"号
Judge Advocate General 军法官
Justin of Nassau 拿骚的贾斯丁

Kent, Henry Grey, Earl of 肯特伯爵亨利·格雷
King John 《约翰王》
Knight of the Garter 嘉德骑士

La Chapelle-Marteau 拉夏贝尔·马尔托
La Charité 拉沙利特
La Hogue 拉霍格
La Motte, Valentin Pardieu de, Count of Everbeck 拉莫特
La Rata (*Rata Coronada*) "拉若塔"号（即"拉塔·科罗纳达"号）
La Rochelle 拉罗谢尔
La Trémoîlle, Claude 克洛德·拉·特雷莫勒
Lagny 拉尼
Lagos 拉古什
Lancashire 兰开夏郡
Laredo 拉雷多
Las Puercas 拉斯·珀卡斯
Latin Quarter 拉丁区
Lavardin 拉瓦丁
legate a latere 教宗亲身代表
Leghorn 利沃纳
Leicester, Robert Dudley, Earl of 莱斯特伯爵罗伯特·达德利
Leigh, Richard 理查德·雷恩
Leiva, Don Alonso de 堂阿隆索·德·雷瓦
Leng, Robert 罗伯特·隆
Leovitius 利奥维提乌斯
Lepanto 勒班陀
letter writer 书信作家
Levant Company 利凡特公司
Leyden 莱登
Libourne 利布尔讷

Linz 林茨
Lizard, the 利泽德半岛
Loches 洛什
Loire River 卢瓦尔河
Lord Admiral 海军大臣
Lord Chamberlain 宫廷大臣
Lord Chancellor 御前大臣
Lord Deputy in Ireland 爱尔兰副总督
Lovell 洛弗尔
Low Countries 低地国家
Lyme Bay 莱姆湾
Lyons 里昂

maestre de campo general 战场总指挥
Maestricht 马斯特里赫特
Maineville 曼维尔
Mainz 美因茨
Malaga 马拉加
Maldonado, Don Diego de 堂迭戈·德·马尔多纳多
Marchant, Captain John 约翰·马奇安特船长
Marché Neuf 新市场
Margaret and John "玛格丽特和约翰"号
Margate 马尔盖特
Marguerite de Valois 瓦卢瓦的玛格丽特
María Juan "玛利亚·胡安"号
Marne River 马恩河
Marolín de Juan 马罗林·德·胡安
Martinmas 圣马丁节
Mary of Lorraine 洛林的玛丽
Mary Stuart 玛丽·斯图亚特
Mary Tudor 玛丽·都铎
Mary Rose "玛丽·罗丝"号
Master of the Horse 掌马官
Matignon, Jacque Goyon de 雅克·戈扬·德·马提尼翁
Matthieu, Claude 克劳德·马修
Maurice, Prince of Orange 奥兰治亲王莫里斯
Maximilian of Habsburg 哈布斯堡的马克西米利安
Mayenne, Charles de Lorraine, Duke of 马耶讷公爵洛林的查理
Medina Sidonia, Don Alonso de Guzmán el Bueno, Duke of 梅迪纳·西多尼亚公爵阿隆索·德·古兹曼·艾布耶诺
Medway 梅德韦
Melancthon, Philip 菲利普·梅兰希顿
Mendoza, Bernardino de 博纳蒂诺·德·门多萨
Merlin 梅林
Meteren, Emanuel van 埃马努埃尔·凡·梅特伦
Meuse River 默兹河
Milan 米兰
Minion "宠臣"号
Mompelgard 蒙贝利亚尔
Moncada, Hugo de 雨果·德·蒙卡达
Montcontour 蒙孔图
Montalto, Alessandro Peretti, Cardinal 红衣主教亚历山德罗·佩雷蒂·蒙塔尔托
Montague, Anthony Browne, Viscount 蒙太古子爵安东尼·布朗恩
Montargis 蒙塔日
Montereau-Faut-Yonne 蒙特罗-佛特-约讷
Montholon 蒙托隆
Montmartre 蒙马特高地
Morecambe Bay 莫克姆湾
Morforio 莫福利奥
Morley, Edward Parker, Lord 摩尔利勋爵

爱德华·帕克
Morosini, G.G., Bishop of Brescia 布雷西亚主教 G. G. 莫罗西尼
Mounts Bay 芒特湾
Moura, Cristóbal de 克里斯托瓦尔·德·莫拉
Muller, Johan, of Konigsberg 柯尼斯堡的约翰·穆勒
Munich 慕尼黑

Naples 那不勒斯
Needles, the 尼德尔斯尖柱群
Nelson, Horatio 霍拉肖·纳尔逊
Nether Stowey 下斯托伊
Netherlands 尼德兰
Nevilles, the 内维尔家族
New Spain 新西班牙
Nieuport 尼乌波特
Nombre de Dios 诺布雷·德·迪奥斯港
Nonpareil "无双"号
Norfolk, Thomas Howard, Duke of 诺福克公爵托马斯·霍华德
Normandy 诺曼底
Norris, Sir John 约翰·诺里斯爵士
North Foreland 北福兰
Northumberland, Henry Percy, 8th Earl of 第八任诺森伯兰伯爵亨利·珀西
Nottingham 诺丁汉

Ojeda, Augustín de 奥古斯丁·德·奥赫达
Old Castile 旧卡斯蒂尔
Oldenbarneveldt 奥登巴弗特
Old Tower 旧塔
Olivarez, Enrique de Guzmán, Count of 奥利瓦雷斯伯爵恩里克·德·古兹曼
Oquendo, Miguel de 米格尔·德·奥昆多

Orkneys Islands 奥克尼群岛
Orleans 奥尔良
Ormonde, Thomas Butler, Earl of 奥蒙德伯爵托马斯·巴特勒
Ornano, Alphonse d' 阿尔丰塞·德·奥纳诺
Ostend 奥斯滕德
Owers, the 欧沃斯礁群
Oxford, Edward de Vere, Earl of 牛津伯爵爱德华

Pallavincino, Horatio 霍拉肖·帕拉文奇诺
Palmer, Henry 亨利·帕尔默
Pantelleria 潘泰莱里亚
Parma, Alexander Farnese, Duke of 帕尔马公爵亚历山大·法尔内塞
Parry, William 威廉·帕里
Parsons, Robert 罗伯特·帕森斯
Pasquier, Estienne 埃蒂安·帕斯奎尔
Pasquino 帕斯奎诺
Pau 波城
Paulet, Amias 艾米亚斯·保莱特
Pavia 帕维亚
Pelham, William 威廉·佩勒姆
Peñafiel, Marquis of 佩纳菲尔侯爵
Percheron 佩尔什马
Percy 珀西
Peretti, Felice 菲利斯·佩莱蒂
Perrot, John 约翰·佩罗特
Peterborough, Dr. Richard Fletcher, Dean of 彼得伯勒教长理查德·弗莱彻博士
Petit Châtelet 小夏特莱
Petit Pont 小桥
Philip II 腓力二世
Picardy 皮卡第

Pillar of Hercules "赫拉克勒斯之柱"
Pimentel, Don Diego de 堂迭戈·德·皮门特尔
Pinart, Claude 克洛德·皮纳特
Pius V 庇护五世
Place de Grève 格雷夫广场
Place Maubert 莫贝广场
Platt, Anthony 安东尼·普拉特
Plaza Mayor 市政广场
Plymouth Hoe 普利茅斯高地
Plymouth Sound 普利茅斯湾
Poitou 普瓦图
Pont Nôtre Dame 圣母院桥
Pont Saint-Michel 圣米歇尔桥
Ponte Sisto 西斯托桥
Porte Neuve 新门
Porte Saint-Honoré 圣奥诺雷门
Porte Saint-Martin 圣马丁门
"Portingale sling" "波廷格尔投石器"
Portland Bill 波特兰角
Postel, Guillaume 纪尧姆·博斯特
Poulain, Nicholas 尼古拉·普兰
Prévost des Marchands 巴黎市长
Privy Council 枢密院
Prize court 战利品法庭
Public Record Office 公共档案馆
Puental 普恩托
Puerto Real 雷亚尔港

Quantock Hills 奎恩托克山
quarter （巴黎的）街区
Queenborough 昆伯勒

Ragusa 拉古萨
Rainbow "彩虹"号
Raleigh, Walter 沃尔特·雷利

Rame Head 雷姆岬
Recalde, Juan Martínez de 胡安·马丁内斯·德·里卡德
Reformed Church 归正会
Regazona "里加桑纳"号
Regiomontanus 雷乔蒙塔努斯
'Regnans in excelsis' 《至上统治》
Renty 朗蒂
Revenge "复仇"号
Rheims 兰斯
Rhine River 莱茵河
Richmond 里士满
Ridolfi Plot 里多尔菲阴谋
Río de la Plata 拉普拉塔河
Río de Santi Petri 圣彼得里河
Rising of the North 北方起义
Rizzio, David 大卫·里奇奥
Rochellais 罗什莱
Rochester 罗切斯特
Rock of Lisbon 罗卡角
Roebuck "雄獐"号
Rome 罗马
Rosario, Nuestra Señora del "罗萨利奥圣母"号
Rossall 罗萨尔
Rouen 鲁汶
Royal Merchant "皇家商人"号
Rudolph II 鲁道夫二世
Rue des Poullies 普列大街
Rue Saint-Antoine 圣安托万大街
Rue Saint-Denis 圣丹尼斯大街
Rue Saint-Honoré 圣奥诺雷大街
Rue Saint-Jacques 圣雅克大街
Rue Saint-Martin 圣马丁大街
Russell, Lord William 威廉·拉塞尔爵士

Sagres 萨格里什
San Lorenzo, monastery of 圣洛伦索修道院
Signory 执政团
St. André 圣安德烈教堂
St. Anne's Island 圣安妮岛
St. Bartholomew's Eve 圣巴托罗缪之夜
St. Cloud 圣克卢宫
St. Eustache 圣厄斯塔什教堂
Saint–Germain 圣日耳曼
St James's 圣詹姆斯宫
St. Julian's Bay 圣朱利安湾
St. Julien–le–Pauvre 圣朱利安·勒·保弗雷教堂
St. Mary's Hall 圣玛丽学堂
St. Mary's Port 圣玛丽港
St. Paul's 圣保罗大教堂
St. Peter's 圣彼得大教堂
St. Séverin 圣塞弗林教堂
Saintonge 圣东日
Sánchez 桑切斯
San Clemente, Don Guillén de 圣克莱门特的堂吉伦
Sander, Nicholas 尼古拉斯·桑德尔
San Felipe "圣菲利佩"号
San Francesco "圣弗朗西斯科"号
San Juan de Portugal 葡萄牙的"圣胡安"号
San Juan de Ulúa 圣胡安·德·乌卢阿岛
San Lorenzo "圣洛伦索"号
Sanlúcar de Barrameda 桑卢卡
San Luis de Portugal 葡萄牙的"圣路易斯"号
San Marcos "圣马科斯"号
San Martín de Portugal 葡萄牙的"圣马丁"号
San Mateo "圣马特奥"号

San Salvador "圣萨尔瓦多"号
Santa Ana "圣安娜"号
Santa Ana de Juan Martínez, Capitana of the Biscayans 比斯开分队的旗舰"胡安·马丁内斯的圣安那"号
Santander 桑坦德
Santiago, Archbishop of 圣地亚哥大主教
São Miguel 圣米格尔岛
Savoy, Charles Emmanuel I, Duke of 萨伏依公爵查理·伊曼努尔一世
Scheldt 斯凯尔特河
Schenck, Martin 马丁·申克
Scilly Isles 锡利群岛
Sea Beggars "海上乞丐"
sea dog "海狗"
Seine River 塞纳河
Sergeant Major 军士长
Seville 塞维利亚
Seymour, Henry 亨利·西摩
Sezimbra 塞辛布拉
Shambles, the 夏波斯海滩
Sheffield, Edmund, Lord 谢菲尔德勋爵埃德蒙
's-Hertogenbosch 斯海尔托亨博斯
Shetlands 设得兰群岛
ship–of–the–line 风帆战列舰
Shrewsbury, George Talbot, Earl of 什鲁斯伯里伯爵乔治·塔尔伯特
Sicily 西西里
Sidney, Philip 菲利普·西德尼
Sixteen, the Paris Committee of 巴黎"十六人委员会"
Sixtus V 西克斯图斯五世
Sleeve, the 拉芒什海峡
Sluys 斯勒伊斯
Smithfield 史密斯菲尔德

406

Sofala 索发拉
Soissons 苏瓦松
Solent 索伦特海峡
Sorbonne 索邦（巴黎大学）
Sousa, Gaspar de 加斯帕尔·德·苏萨
Southampton, Henry Wriothesley, Earl of 南安普顿伯爵亨利·里奥谢思利
Spenser, Edmund 埃德蒙·斯宾塞
Spithead 斯皮特海德
Spy "间谍"号
Stafford, Edward 爱德华·斯塔福德
Stanley, William 威廉·斯坦利
Start Point 起点岬
Stationers' Company 书籍出版经销同业公会
Stoffler, Johan 约翰·斯托弗勒
Storton（John, Baron Stourton）斯托顿男爵约翰·斯托顿
Strada, Famiano 法米亚诺·斯特拉达
surintendant des finances 财政大臣
Sussex 苏塞克斯
Swallow "燕子"号

Tagus River 塔霍河
tall ship 高桅横帆船
Teller, Dom Hernan 堂赫尔南·特勒
Tello, Don Rodrigo 堂罗德里格·特略
Terceira 特塞拉岛
Thames River 泰晤士河
The Faerie Queene 《仙后》
Thomas "托马斯"号
Thomas, William, master gunner 炮手长威廉·托马斯
Throckmorton, Francis 弗朗西斯·斯洛克莫顿
Tilbury 提尔伯利

Tinteville, M. de 德·廷特维尔
Toledo 托莱多
Torbay 托贝
Tor Bay 托尔湾
Tours 图尔
Tower of London 伦敦塔
Treasurer 司库
Triumph "凯旋"号
Tuileries 杜伊勒里宫
Turenne, Henri de la Tour d'Auvergne, Viscount of 蒂雷纳子爵亨利
Turin 都灵
Tuscany 托斯卡纳
Tymme, Thomas 托马斯·泰姆

Ubaldini, Petruccio 佩特鲁乔·翁博蒂尼
Ushant 韦桑岛
Uther Pendragon 尤瑟王
Utrecht 乌得勒支

Valdés, Diego Flores de 迭戈·弗洛雷斯·德·瓦尔德斯
Valdés, Pedro de 佩德罗·德·瓦尔德斯
Valladolid 巴拉多利德
Vanegas, Alonso 阿隆索·瓦内加斯
Vanguard "先锋"号
Vatican 梵蒂冈
Venice 威尼斯
Vere, Sir Francis de 弗朗西斯·德·维尔爵士
Via di Monserrato 蒙塞拉托大道
Via Giulia 朱利亚大道
Victoria, Juan de 胡安·德·维多利亚
Victory "胜利"号
Vienna 维也纳
Vila do Infante "王子之家"

407

"Vilain Herodes" "恶棍希律王"
Villequier 维利奎尔
Villeroy, Nicolas de Neufville, Sgnr. de 维勒鲁瓦
Vimory 维莫里
Virginia 弗吉尼亚
Vivero 威韦罗
Vries, Wilhelm de 威尔海姆·德·弗里斯

Walcheren 瓦尔赫伦
wall gun 城墙炮
Walloon 瓦隆人
Walsingham, Francis 弗朗西斯·沃尔辛厄姆
War of the Three Henrys "三亨利之战"
Warnsfeld 沃恩斯菲尔德
Wars of the Roses 玫瑰战争
Westminster 威斯敏斯特
Westmorland 威斯特摩兰郡
Warwick, Ambrose Dudley, Earl of 沃里克伯爵安布罗斯·达德利
Weymouth 韦默斯

Whiddon, Jacob 雅各布·维登
White Bear "白熊"号
White Lion "白狮子"号
Whitsand Bay 维特桑湾
Whyte, Henry 亨利·怀特
Wight, Isle of 怀特岛
William the Silent, Prince of Orange 奥兰治亲王沉默者威廉
Williams, Sir Roger 罗杰·威廉姆斯爵士
Wyatt, Thomas 托马斯·怀亚特
Wychegerde, Jan 扬·维奇盖尔德
Wynter, Sir William 威廉·温特爵士

Xerez 赫雷斯

York 约克
York, Rowland 罗兰德·约克
Yssel River 伊赛尔河
Yzendijke Canal 岑迪克运河

Zechariah 撒迦利亚
Zeeland 泽兰
Zúñiga, Don Baltazar de 堂巴尔塔扎·德·祖尼加
Zutphen 祖芬
Zwyn 齐文

出版后记

与世界史上的诸多词汇一样，"无敌舰队"是很多中国读者耳熟能详却又对相关细节不甚了解的一个词汇。而加勒特·马丁利这部经典著作的出版，一定程度上将会打破这种局面。

自从本书于半个多世纪前荣获普利策奖以后，英语世界虽然出版过几本以无敌舰队为主题的著作，但是在大多数推荐书单上，这本"老书"始终是首选的入门读物。之所以会有如此持久的强劲影响力，主要是因为马丁利将丰富学识、清湛文笔以及精致的谋篇布局完美地融为了一体。作者本人是精研现代早期欧洲各国外交关系的专家，这使他能够将这场战役背后盘根错节的多边关系网精彩地揭示出来，而他在"二战"期间曾经加入美国海军服役的经历使他获得了海战的宝贵亲身体验，这是其他众多该题目的作者难以企及的优势。最后，如果说这段历史本身的精彩已足以使一位不那么具有天赋的写作者酿出佳作的话，更加幸运的是，马丁利还有着老到的文笔，他的人物刻画细腻而多面，篇章安排张弛有度，既向读者展现了事件逻辑环环相扣的理性之美，又使读者情不自禁地追随剧中人物或喜或悲，读毕掩卷自感荡气回肠。另一方面，读者如果认真品味，会发现在流畅的故事主线外，作者在许多细部对史料做出了讨论和反思，对其他作者的观点加以延伸或辩驳，马丁利同时向我们展现了原始文献的丰富和匮乏、历史本身既清晰又晦暗不明的丰富面貌，这同样能带来一种知性的阅读快感，使本书更加隽永耐读。

感谢译者杨盛翔博士以典雅雍容的译笔将本书介绍给中国读者，我们会相继合作出版马丁利另两部代表作《文艺复兴时期的外交》《阿拉贡的凯瑟琳》，相信读者能够从这套"现代早期三部曲"中对现代早期的欧洲有一个初步了解，敬请期待。

服务热线：133-6631-2326　188-1142-1266
服务信箱：reader@hinabook.com

后浪出版公司
2017 年 10 月

图书在版编目（CIP）数据

无敌舰队 /(美)加勒特·马丁利著；杨盛翔译
. -- 北京：民主与建设出版社，2017.10（2018.2重印）
ISBN 978-7-5139-1743-8

Ⅰ.①无… Ⅱ.①加… ②杨… Ⅲ.①战争史—欧洲—中世纪 Ⅳ.①K503

中国版本图书馆CIP数据核字(2017)第249719号

本书中文简体版权归属于后浪出版咨询(北京)有限责任公司

无敌舰队
WUDI JIANDUI

出 版 人：许久文	
著　者：［美］加勒特·马丁利	译　者：杨盛翔
筹划出版：银杏树下	出版统筹：吴兴元
责任编辑：王　越	特约编辑：张　鹏　史文轩
营销推广：ONEBOOK	装帧制造：墨白空间·陈威伸

出版发行：民主与建设出版社有限责任公司
电　话：（010）59417747　59419778
地　址：北京市海淀区西三环中路十号望海楼E座7层
邮　编：100142
印　刷：北京盛通印刷股份有限公司
版　次：2017年12月第1版　2018年2月第2次印刷
开　本：655毫米×1000毫米　1/16
印　张：27
字　数：417千
书　号：ISBN 978-7-5139-1743-8
定　价：92.00元

后浪出版咨询(北京)有限责任公司常年法律顾问：北京大成律师事务所
周天晖 copyright@hinabook.com
未经许可，不得以任何方式复制或抄袭本书部分或全部内容
版权所有，侵权必究